中国社会科学院研究生重点教材

监察法学原理

Supervision Law

主　　编　莫纪宏　姚文胜
执行主编　李　霞

中国社会科学出版社

图书在版编目（CIP）数据

监察法学原理 / 莫纪宏等主编 . —北京：中国社会科学出版社，2022.10
ISBN 978-7-5227-0839-3

Ⅰ.①监… Ⅱ.①莫… Ⅲ.①行政监察法—法的理论—中国
Ⅳ.①D922.114.1

中国版本图书馆 CIP 数据核字（2022）第 166152 号

出 版 人	赵剑英
责任编辑	高 婷 许 琳
责任校对	谈龙亮
责任印制	郝美娜

出　　版	中国社会科学出版社
社　　址	北京鼓楼西大街甲 158 号
邮　　编	100720
网　　址	http://www.csspw.cn
发 行 部	010-84083685
门 市 部	010-84029450
经　　销	新华书店及其他书店

印刷装订	北京君升印刷有限公司
版　　次	2022 年 10 月第 1 版
印　　次	2022 年 10 月第 1 次印刷

开　　本	710×1000　1/16
印　　张	29.75
插　　页	2
字　　数	486 千字
定　　价	158.00 元

凡购买中国社会科学出版社图书，如有质量问题请与本社营销中心联系调换
电话：010-84083683
版权所有　侵权必究

编写组简介

主　编

莫纪宏，江苏人，中国社会科学院法学研究所所长、研究员，中国社会科学院大学法学院院长、教授、博士生导师。主要研究方向：宪法学、立法学、行政法学、国际人权法学。出版个人专著20余部，在《中国社会科学》《法学研究》《中国法学》等中文权威和核心期刊发表学术论文百余篇。2004年被授予全国十大杰出青年法学家称号。兼任国际宪法学协会名誉主席（终身）、中国法学会学术委员会委员、中国法学会宪法学研究会常务副会长等职。

主　编

姚文胜，广东人，南方科技大学廉洁治理研究院院长，法学博士，毕业于深圳大学、厦门大学和武汉大学，中国社会科学院法学博士后（2012—2014年），西南政法大学纪检监察学院特聘教授、博士生导师。1994—2022年在基层从事纪检监察实务等工作，30年来持续研究纪检监察及相关理论。在《中国法学》《中国纪检监察报》《深圳特区报》等发表学术论文及相关研究成果百余篇，出版《国家监察体制改革研究》等专著5部。

执行主编

李霞，湖南人，中国社会科学院法学研究所宪法行政法研究室副主任、副研究员，文化法制研究中心秘书长，中国社会科学院大学法学院副教授、硕士生导师。北京大学法学学士、硕士，中国社会科学院研究生院法学博士。美国哥伦比亚大学法学院、匈牙利中欧大学、台湾地区"中央研究院"法律学研究所等的访问学者。兼任中国法学会行政法学研究会理事、政府规制专业委员会委员兼副秘书长，中国社会科学院廉政研究中心理事，中国政法大学国家监察与反腐败研究中心研究员。

主要著者

刘小妹，湖北人，中国社会科学院国际法研究所科研处处长、研究员，中国社会科学院大学法学院教授、博士生导师。曾任葡萄牙科英布拉大学访问学者。兼任中国宪法学研究会副秘书长、中国立法学研究会常务理事、北京市法学会立法学研究会秘书长等，长期从事纪检监察法学理论和实务研究。

李忠，四川人，中国社会科学院法学研究所国际研究法所法治战略研究部主任，中国社会科学院大学法学院副教授、硕士生导师。曾任英国伦敦大学国王学院、美国耶鲁大学法学院、哥伦比亚大学法学院访问学者。牵头或参与起草了《党政机关厉行节约反对浪费条例》《中国共产党党内法规制定条例》《中国共产党党内法规和规范性文件备案规定》等多部法规文件，是党内法规和监察法研究领域的权威专家。

卢希起，江西人，江西财经大学监察法研究中心执行主任、研究员，硕士生导师。兼任苏州大学国家监察研究院研究员、江西财经大学深圳研究院研究员。中国犯罪学学会理事。广东省珠海市人民检察院原高级检察官，挂职担任中央政法委教育部"卓越法律人才培养计划"北京师范大学珠海分校教授。

兰哲，四川人，中共北京市委党校（北京行政学院）讲师，法学博士，中国社会科学院法学研究所博士后研究人员。主要研究领域为刑事诉讼法学、监察法学。在《行政法学研究》等刊物发表论文多篇，参与国家社科基金、教育部、司法部等课题多项。

刘绍宇，安徽人，中国社会科学院法学研究所博士后研究人员，中国政法大学法学博士，慕尼黑大学联合培养法学博士，汉堡大学法律硕士。在《法学》《华东政法大学学报》《行政法学研究》等期刊发表论文若干篇。

周凡淼，河北人，南方科技大学廉洁治理研究院研究人员。中国社会科学院研究生院法律硕士，中国社会科学院研究生院国际人权法方向法学博士。发表论文《国家治理和社会治理的现代化与法治化》《未成年人个人信息网络保护的法治建设》等，参与多项课题研究工作。

单子洪，辽宁人，首都师范大学助理教授、硕士生导师，法学博士，中国社会科学院法学研究所博士后。主要研究领域为刑事诉讼法、纪检监察法。出版专著《论量刑事实的证明》。曾主持国家社科基金项目与中国博士后面上资助项目。在《刑事法评论》等期刊发表论文若干篇。

钟晓玲，湖南人，厦门大学法学硕士。2015年至今在基层一线从事纪检监察、审判等工作，研究方向为纪检监察、诉讼法。曾获全国法院系统学术讨论会三等奖，参与省部级课题数次，参编《晋书·刑法志译注》等。

编者自序

中国共产党经历了百年风雨沧桑，纪检监察工作在百年中也经历了从初始创建、探索前进，到开拓创新、跨越发展的历程。纪检监察工作通过发挥监督执纪问责、正风肃纪反腐的独特优势，为党的自我革命引领伟大社会革命提供了坚强政治保障，为保持党的队伍思想纯洁、组织纯洁、作风纯洁发挥了独特作用。迈进新时代，纪检监察机关作为党内监督和国家监察的专责机关，在推进自我革命、守护党的初心使命中发挥了重要而独特的作用，为护航党和国家伟大事业作出了重大贡献。纪检监察体制的奠基、创立、探索与重塑，始终与党领导的国家法治建设进程同频共振，以依规治党与依法治国双轮驱动为价值诉求，展现了权力监督和腐败治理的"中国逻辑"。刚刚结束的党的二十大修改的《中国共产党章程》明确规定："党必须保证国家的立法、司法、行政、监察机关，经济、文化组织和人民团体积极主动地、独立负责地、协调一致地工作。"因此，按照新修订的党章要求，充分发挥纪检监察机关作为反腐败专责机关的作用，必须要从制度体制机制上确保纪检监察机关在履行自身职责时与其他国家机关、社会组织和人民团体保持协调一致，形成反腐败工作的制度合力。

习近平总书记2016年5月17日在哲学社会科学工作座谈会上的讲话中指出，"坚持和发展中国特色社会主义，需要不断在实践和理论上进行探索、用发展着的理论指导发展着的实践"，"面对全面从严治党进入重要阶段、党面临的风险和考验集中显现的新形势，如何不断提高党的领导水平和执政水平、增强拒腐防变和抵御风险能力，使党始终成为中国特色社会主义事业的坚强领导核心，迫切需要哲学社会科学更好发挥作用"。具体到纪检监察学领域，多年来从事法学、政治学、社会学、马克思主义等研究的学者，依托各自的优势学科资源，围绕党风廉政建设、反腐败、监察法治等主题，形成了一系列重要的理论和学术成果。尤其是进入新时代后，伴随纪检监察体制改革的启动、推进和不断深入，纪检监察研究迅速呈现出鲜明的中国特色、强烈的政治属性和明显的学科综合性。越来越多的高校、科研院所和专家学者关注和重视纪检监察研究，理论发展方兴未艾，科研成果相继问世，为纪检监察学科的进一步发展奠定了良好基础。

2022年9月，国务院学位委员会、教育部印发《研究生教育学科专业目录（2022年）》和《研究生教育学科专业目录管理办法》，将纪检监察学列为一级学科，学科代码0308。纪检监察学一级学科的设立，是贯彻落实习近平法治思想、推动纪检监察体制改革的重要战略举措。创立与政治学、法学、社会学、管理学、公安学等平行的纪检监察学一级学科，构建起体现党的纪律检查和国家监察职能特点和实践规律的学科体系，是新时代坚持党的自我革命、健全党和国家监督体系、实现纪检监察工作高质量发展的重要要求，是"坚决打赢反腐败斗争攻坚战持久战"的需要，将为"跳出治乱兴衰历史周期率，确保党永远不变质、不变色、不变味"提供有力的理论支撑和人才资源保障。习近平总书记在党的二十大报告中强调指出："健全人大对行政机关、监察机关、审判机关、检察机关监督制度，维护国家法治统一、尊严、权威。"由此可见，加强对纪检监察法学的理论研究有助于从理论和实践两个层面来澄清纪检监察机关在履行法定职责过程中所涉及的各种社会关系，建立更加科学和有效的纪检监察监督制度体系，从而确保党和国家监督体系内外部关系的和谐一致，确保国家法治"统一、尊严、权威"。

纪检监察法学是纪检监察学科的重要组成部分，它从法学维度丰富纪检监察学科的知识内容，阐明纪严于法、纪法贯通的立场、观点和方法，为纪检监察学科提供学理支撑，推动依规治党和依法治国相互促进、相得益彰，提高党和国家的监督效能和治理效能。近年来，中国社会科学院法学研究所和国际法研究所、中国社会科学院大学法学院认真贯彻党和国家构建具有中国特色的监督体系的重大战略决策，依托强大的纪检监察法学研究基础和资源，形成了一支结构合理、能力出众的研究队伍。团队成员专业领域覆盖法学理论、宪法学与行政法学、刑法学、诉讼法学、国际人权法等多个法学二级学科。专业和学科背景的多元化配置，有助于破除法学内部的专业壁垒，为建设系统融贯的纪检监察法学提供全面丰富的视角与智识。团队积极开展纪检监察法学学术研究和人才培养工作，取得了丰硕的研究成果，在纪检监察理论界和实务界得到广泛认可，成为国内纪检监察法学的研究重镇。

学科体系同教材体系密不可分。习近平总书记对于教材体系建设十分重视，他指出："学科体系建设上不去，教材体系就上不去；反过来，教材体系上不去，学科体系就没有后劲。"近几年，纪检监察法学领域涌现了不少好的教材，帮助各方在明确纪检监察法学的学科属性和定位、研究格局和路径方面等凝聚了重要共识，在纪检监察法学的基本学术立场和命题、术语和范畴、思想和观点、话语和表达等方面也产生了许多共鸣。2020年9月底召开的相关全国性立法征求意见座谈会指出，目前开展的纪检监察学科建设，亟需相关既有理论高度又契合工作实际的专业书籍支撑，希望与会同志克服困难做出贡献。会后，中国社会科学院法学研究所研究决定组成《监察法学原理》编写小组，迅速投入编写工作。经过两年多的努力，书稿终于近日付梓。《监察法学原理》一书，是中国社会科学院法学研究所和国际法研究所、中国社会科学院大学法学院的一项重大研究成果，也是纪检监察法学学科建设的又一重要成绩。

全书近五十万字、十三章，分为三个部分：第一部分（第一、二章），从监察、监察权、监察制度、监察法等基本概念入题，追本溯源、正本清源，回顾了古今中外监察制度和理论的演进和发展，廓清了重要相关概念和命题；第二部分（第三—十二章），紧密结合《监察法》《监察官法》《监察法实施条例》等的规定及相关释义，融合实务操作、域外相关制度、学界讨论等，勾勒了监察法学的基础原理，同时对监察权的性质、监察职权行使原则、监察法和监察法规的属性等重要理论问题予以了回应。第三部分（第十三章），就监察法与党纪法规的贯通衔接进行了深入阐释。

《监察法学原理》一书具有四个鲜明特点：

首先，注重政治性与科学性的统一。本书引用了习近平总书记的相关重要论述，集中呈现党领导下国家监察体制改革的成果，深刻把握了纪检监察体制机制制度的政治考量和政治内涵，彰显了纪检监察法学学科的政治属性，体现了政治性与科学性、价值性与规律性的有机统一。坚持守正创新相结合，既在多元化的学术思潮中坚守正确的政治立场，又能突破传统学科的固有思维模式，树立全新的纪检监察学科政治思维、专业思维和创新思维，创造性运用新理论、新方法解决监察法学科创建中面临的新问题。

其次，注重理论性与实践性的统一。纪检监察活动是维护党的先进性和纯洁性、确保党和人民赋予的权力始终用来为人民谋幸福的政治规则和法治实践，这要求监察法学教材必须做到时代有所问、实践有所问，研究应作答。《监察法学原理》一书的写作紧紧围绕不敢腐、不能腐、不想腐一体推进的反腐败战略方针，关注建党百年自我革命的理论与实践，特别是新时代全面从严治党、党的自我革命制度规范体系建设和党风廉政建设的理论和实践。以学术话语为主体，同时有着强烈的现实关怀，在研究纪检监察法学领域的现实问题时，注重政策话语、学术话语和民间话语的整合，提出标识性的概念、范畴、命题和理论，深度解读纪检监察实践中的问题和现象；同时，对国际上政党监督、权力制约以及反腐败研究领域的前沿命题予以了关注、解释和归整；对近年来各地纪检监察实践中形成的经验做法有着深入了解，对中国实践、中国经验和中国理论作出了较好的诠释。

第三，注重多元的研究方法的融汇使用。监察法是一部独立的、全新的、集中体现"中国特色"的基本法律，建立在监察法基础上的监察法学，其研究对象和研究范围是特定的、独立的。《监察法学原理》一书，一是运用了法释义学的研究方法，通过对《监察法》《监察官法》《监察法实施条例》等纪检监察领域的法律、党内法规、监察法规以及中央纪委国家监委出台的有关规范性文件等的解读，深究立法原意，深入阐释法律法规文本的含义，从而使"死法"变成"活法"。二是运用了理论研究方法，对监察、监察权、监察法、监察制度等基本概念进行了全面梳理和阐释，对监察权的性质、监察权的配置、监察职权行使原则、监察法的属性、监察法规的合宪性、监察法与党规和其他法律法规的衔接、国家监察体制与治理现代化的关系等相关理论问题予以了全面分析和正面回应。三是运用了实证研究方法，借助从事纪检监察一线业务的同志参与编写的独特优势，很好体现了纪检监察实务工作者的观察分析和经验体验。四是运用了历史研究方法，回顾了古今中外监察制度和理论，以及相关理论的演进和发展，追本溯源、正本清源，同时评判是非，揭示规律，以更好地坚持、发展和完善中国特色社会主义监察制度。五是运用了比较研究方法，关注域外能够为我所用的监察文明成果，揭示了监察法律制度的一般规律。

第四，注重学习借鉴基础上的创新。近年来，围绕纪检监察法学主题，学界发表了大量成果。尤其是2017年以来，国家监察体制改革和国家监察立法的理论研究成为学术热点，一系列学术论著相继发表和出版。大批法学研究者围绕国家监察体制改革的宪法设计、监察权的配置、属性及行使，监察对象的范围界定及权利保障，国家监察体制改革中的刑事诉讼问题，国家监察体制改革对司法体制的影响，以及监察制度的比较与借鉴等议题展开探讨所取得的成果，为《监察法学原理》一书的写作提供了丰富的理论支撑和知识储备。本书写作过程中，重点学习和参考了中央纪委法规室、中央纪委网站、《中国纪检监察报》及《中国纪检监察杂志》既有的研究成果和刊发文章，以及已公开出版的优秀监察法教材，包括马怀德、谭宗泽、吴建雄教授等的著作以及姚文胜同志关于国家监察体制改革的相关研究成果。

可以期待，《监察法学原理》一书的出版，将进一步明确纪检监察法学的学科属性和定位，阐明纪检监察法学的基本立场和命题，廓清纪检监察法学核心术语和范畴，将有助于提升我国纪检监察法治理论水平，推进纪检监察工作规范化法治化正规化建设。

《监察法学原理》一书，前后经过了两年多的筹备、写作、修改和审定过程，是团队智慧和心血的结晶，是多方共同努力的成果。由中国社会科学院法学研究所、国际法研究所、中国社会科学院大学纪检监察法学研究团队，联合南方科技大学廉洁治理研究院纪检监察学研究中心的纪检监察法学专家，以及来自纪检监察一线具体工作人员组成了编写小组。编写小组克服了各种困难，以线上线下相结合的方式，进行了十余次座谈交流，对书稿的内容安排、结构体例、行文风格等作了细致深入的研究讨论，进行了不同学科、领域和观点的碰撞和交流，并对书稿进行了反复的修改和打磨。期间，有关权威专家多次进行悉心指导，亲自修改了书稿提纲，审阅了书稿，提出了重要的修改意见。来自一线的有关同志提供了许多重要资料和宝贵意见，并积极参与了书稿的修改。在此，对有关专家的高度重视和悉心指导表示衷心感谢！对焦峰、陈宝英、陈雪文、李佩雯、陈江森、刘旭、杨镇基、周洁敏以及李永辉、樊敏、何海飞、李传猛、刘启斌、方思恒等同志的辛勤付出表示衷心感谢！

  全书由莫纪宏、姚文胜统稿，李霞协助统稿。我们为保证本书的质量尽了最大的努力，但因编写时间和水平有限，错漏在所难免，恳请广大读者不吝指正。

本书编者

2022 年 10 月

目　录

第一章　监察制度概述 ……………………………………………… 1
　第一节　监察的基本概念 ……………………………………… 1
　第二节　监察制度的起源和发展 ……………………………… 11
　第三节　国家监察体制改革 …………………………………… 29

第二章　监察法概述 …………………………………………………… 49
　第一节　监察法的概念、渊源与性质 ………………………… 49
　第二节　监察法的立法目的与指导思想 ……………………… 62
　第三节　监察法的基本原则 …………………………………… 68
　第四节　监察法律关系 ………………………………………… 76

第三章　监察机关 ……………………………………………………… 88
　第一节　监察机关的性质 ……………………………………… 88
　第二节　监察机关的组织体系 ………………………………… 97
　第三节　监察机关的内部机构 ………………………………… 103
　第四节　监察机关的工作原则 ………………………………… 109

第四章　监察职责 ……………………………………………………… 112
　第一节　监察职责概述 ………………………………………… 112
　第二节　监督职责 ……………………………………………… 117
　第三节　调查职责 ……………………………………………… 122
　第四节　处置职责 ……………………………………………… 130

第五章　监察官制度 ······ 141
第一节　监察官制度概述 ······ 141
第二节　监察官制度的基本内容 ······ 146

第六章　监察范围和管辖 ······ 164
第一节　监察对象 ······ 164
第二节　监察事项 ······ 185
第三节　管辖原则和权限 ······ 188

第七章　监察权限 ······ 200
第一节　监察权限概述 ······ 200
第二节　监察职权行使原则 ······ 204
第三节　谈话、讯问与询问 ······ 208
第四节　留置 ······ 224
第五节　查询、冻结等八项措施 ······ 229

第八章　监察证据与证明 ······ 246
第一节　监察证据概述 ······ 246
第二节　监察证据与刑事证据的关系 ······ 251
第三节　监察证据的收集、固定、审查、运用 ······ 255
第四节　监察证明标准 ······ 271

第九章　监察程序 ······ 276
第一节　监察程序概述 ······ 276
第二节　受理报案和举报 ······ 279
第三节　问题线索处置 ······ 283
第四节　调查程序 ······ 288
第五节　审理与处置 ······ 294
第六节　移送审查起诉 ······ 298
第七节　特别程序 ······ 300

第十章　反腐败国际合作 ·· 303
第一节　反腐败国际合作概述 ······································ 303
第二节　反腐败国际合作的工作职责和领导机制 ············ 326
第三节　中国开展反腐败国际合作的主要内容 ················ 330

第十一章　对监察机关和监察人员的监督 ······················ 341
第一节　对监察机关和监察人员的监督概述 ·················· 341
第二节　外部监督 ·· 344
第三节　内部监督 ·· 352

第十二章　监察法律责任与监察救济 ······························ 366
第一节　监察法律责任概念与法律责任体系 ·················· 366
第二节　监察救济的机制 ·· 384

第十三章　监察法与党纪法规的贯通衔接 ······················ 393
第一节　纪法贯通、法法衔接概述 ······························ 393
第二节　纪法贯通、法法衔接的基本原则 ····················· 397
第三节　纪法贯通的主要内容 ······································ 406
第四节　监察法与其他法律的衔接 ······························ 423

参考文献 ··· 444

第一章

监察制度概述

第一节 监察的基本概念

一 监察的词源与定义

（一）"监察"的词源

从古汉字的起源来看，"监"是会意字，原意是临水自照，引申为从上往下看。如《诗经·大雅·皇矣》"监观四方，求民之莫"；再如东汉许慎《说文解字》"监，临下也"。另外，"监"也有从旁察看的意思，即监视、监督。如《尚书·酒诰》"人无于水监，当于民监"，意思是人君不要到水中去照自己的影子，而应当到臣民中去看看自己有什么缺点。再者，"监"还有借鉴、鉴戒之意。如《荀子·解蔽》"成汤监于夏桀"，即成汤从夏桀借鉴治世之道。

"察"的主要含义是仔细看，观察，也引申为考察，选拔。如《吕氏春秋·察传》"夫传言不可以不察"。《陈情表》"前太守臣逵察臣孝廉，后刺史臣荣举臣秀才"。《韩非子·八说》"察然后能知之，不可以为全，夫民不尽察"。在古汉语中，"察"与"督"用法相近，如清代陈昌治刻本《说文解字》中解释到，"督，察也"。

"监察"一词的合并使用最早见于东汉王逸的《〈离骚〉序》："屈原，序其谱属，率其贤良，以厉国士，入则与王图议政事，决定嫌疑，出则监察羣（同"群"）下，应对诸侯。"在《后汉书·窦融传》中也有"融居属国，领都尉职如故，置从事监察五郡"。以上"监察"均为动词。同时，"监察"也可为名词，指"负有监督察看之责的官吏"。如《宋史·刘挚传》:"谏官御史员缺未补,监察虽满六员,专以察治官司公事,而不预言责。"

由此可见,"监察"一词古已有之,蕴含着对权力的监督与察看之意,是我国现代意义上"监察"概念的发端与历史渊源。

(二) 监察的定义

学界对监察的定义,概括起来主要有狭义说和广义说两种。

狭义说认为,监察就是行政监察,是对行政权力的监督和制约,其目的是确保行政权力的正确行使。此种学说将行政权力的不正确行使分为违法行政行为和不良行政行为两种,认为监察是对违法行政行为和不良行政行为所进行的监督与制约。持狭义说的代表学者是英国政治学家约翰·密尔。他在解释监察机构时认为,"监察机关是对行政部门中的疏忽、徇私或假公济私行为规定精心设计出来的控制办法"。[①] 美国和日本是在行政机关内部加设监察机关的典型。美国根据《监察长法》的规定,总统在参议院的建议和同意下任命监察长,在美国联邦政府的各个行政部门设立监察长办事处,由监察长负责对行政部门内部进行监督,并向国会和总统报告工作;在地方上,由地方行政首长提名,议会审议通过的形式产生监察长,对地方的行政部门进行监督。日本在总理府内设立行政监察局,行政监察局采取垂直领导方式,对地方行政进行监察。监察局对于行政内部的其他部门而言具有独立性。我国国家监察体制改革前的监察,实际上就是狭义上的监察,即行政监察。

广义说认为,监察的范围不限于行政权,而是对公权力整体的监督和制约。我国当前的监察制度设计与广义说更加契合。根据《宪法》和《监察法》的规定,监察是国家权力机关通过专门机构,对所有行使公权力的公职人员进行的综合监督活动。国家监察体制改革丰富了监察的职能,建立了专门的监察机构,扩大了监察的对象范围,既进行综合监督制约,也对职务违法、职务犯罪行为进行调查处理,确保公权力的廉洁、高效、公正、合法运行。

本质上,监察的核心要义是对权力的监督。同时,监察本身也是国家的一项特殊权力。根据马克思主义国家主体学说,国家犹如一部机器,要

---

① [英] 约翰·密尔:《代议制政府》,汪瑄译,商务印书馆2009年版,第28页。

使它正常运转，必须由统治阶级的代表人物或其选举、任命的公职人员进行管理。为了巩固和加强这支统治队伍，就需要组织另一部分公职人员——监察队伍，专门监督各类行使公权力的公职人员。这一类专门负责监督公权力运行情况的人员，就是监察人员，其执行的职权即监察权。[1]

二　监察与相关概念的比较

（一）监察与监督

"监察"，《辞源》中解释为"犹监督"。"监察"与"监督"两词含义相近，在理论研究与实践中极易产生混淆。"监督"一词不一定作为法律用语来使用，适用范围较广泛，使用频率较高；而"监察"作为专门的法律用语，有着更为具体、特定的内涵。

1. 监督的基本概念

监督包括监察、检查、督促等含义。在我国，监督一词最早见于东汉。《周礼·地官·乡师》中云："乡师之职"，"大丧用役，则帅其民而至，遂治之"。郑玄注曰："治，谓监督其事。"此处的监督，含有监察督促之意。治理政事，应监察督促官吏的为政活动。在正史中，监督一词最早见于《后汉书·荀彧传》："古之遣将，上设监督之重，下建副二之任，所以尊严国命，谋而鲜过者也。"意思是在调兵遣将时，要派遣监军督察军事。在词义上，它是由"管理"一词演化而来。监督在英文中是supervision，为一个合成词，super的意思是"在上""上面"，vision的意思为"查看"，合意为自上往下看，也引申为上级对下级的一种监管和控制。[2] 因此，监督本身即为管理，是管理活动不可分离的职能行为之一。

从政治学角度看，监督是指权力的拥有者当其不便或不能直接行使权力，而把权力委托给他人行使以后，控制后者按照自己的意志和利益行使权力的制度安排和行为过程。[3] 有学者认为，监督除了查看，也含制权之意，监督被认为是"针对公共权力的资源配置、主体权责、运作效能

---

[1] 石俊超、刘彦伟：《比较监察制度》，中州古籍出版社1991年版，第2页。
[2] 张瑜：《从"应然"层面解析国家监察体制相关概念及内涵》，《行政法学研究》2017年第4期。
[3] 侯少文：《监督的含义及其与制约的区别》，《党政干部论坛》2003年第9期。

及其公平公正性等,开展的检查、审核、评议、批评、督促、纠正和惩戒活动"。①

2. 监察与监督的比较

作为国家治理体系的组成部分,监督是国家实现各项职能和社会治理科学化的一种特殊管理活动,监督与管理的内涵存在重叠。② 要确保社会运行各系统和各环节的有效运行,监督是其中非常重要的环节。任何国家都要对复杂的社会活动进行计划、组织、指挥、控制和调节,这也要求必须实行强有力的监督。时至今日,关于监督的各项行为和活动已经延伸至多个领域。同时,为保证监督的规范化和有效性,与社会活动相适应的各种监督制度应运而生。相应地,在监督制度体系中,监督主体、监督对象、监督形式、监督手段和后果等也是多种多样的。比如从国家层面而言,监督体系一般包括政治监督、社会监督、法律监督、经济监督,其中每一类项下又可细分多类。比如,政治监督包括政党监督、国家监督、行政监督,社会监督包括人民监督、舆论监督,经济监督包括审计监督、财政监督、统计监督、税务监督、银行监督等。③

与监督有所不同的是,监察适用于特定的语境,通常与权力、行政、机构、机关等相关,以"行政监察""监察机构""监察机关"等结合词的形式使用。实际上,作为一种专门的国家监督方式,"监察"是形式多样的监督体系中的一种,监察机关是行使国家监督权的专责机关,其监督行为必然具有宪法和法律上的意义。正因如此,相对于监督而言,监察手段具有法律强制力,其处置效果具有法律约束力。

在我国《宪法》中,由于适用范围与语境等方面的差异,关于监督的内涵以及监督与监察的关系,我们可以从以下三个层面进行理解。

第一个层面是广义的监督,泛指督促、检查、制约。例如,党的十九大报告将"深化国家监察体制改革"作为健全党和国家监督体系的一项重要任务,提出将党内监督、国家机关监督同其他监督形式贯通起来的任务要求;十九届四中全会提出,把监督纳入国家治理体系,健全党和国家监督制度。国家监察成为党和国家监督体系的重要组成部分,从这个意义上

---

① 尤光付:《中外监督制度比较》,商务印书馆2003年版,第1页。
② 张国栋:《党的领导本身包含着管理和监督》,《中国纪检监察杂志》2016年第24期。
③ 马怀平、项俊波、赵耿、刘家义主编:《监督学概论》,中国财政经济出版社1990年版。

而言，监督的外延涵盖了监察。

第二个层面的监督，主要指监察机关对监察对象的监督检查、调查和处置。行使监察权是监察机关实现权力监督的基本方式和重要手段。行使监察权的过程，就是监察机关对公权力进行监督和制约的过程。在这里，监察与监督都是"以权治权"，均是国家出于控权目的而建构的一系列相关的组织形式、权力体系、程序规则和实施机制。正是基于二者在内涵上的重合性，在官方文件和实务中，监督和监察等同适用的情况并不少见。

第三个层面是狭义的监督，特指监察权能之一的监督权能。根据《监察法》监察职责一章的规定，监察机关具有监督、调查和处置三项职责，其中，监督职责是监察机关的首要职责。监督职责主要是对国家机关和公职人员的"监督"；具体包括监察体制改革中重要的四项"监督"，如纪律监督、监察监督、派驻监督、巡视巡察监督等。可以看到，狭义的监督概念实则为监察职责的组成部分之一，其范围是小于"监察"的。

（二）行政监察与国家监察

在过去较长的一段时期，我国的"监察"仅指"行政监察"。随着国家监察体制改革的推进和《监察法》的颁布实施，监察体制和监察模式实现了从行政监察到国家监察的跨越，权力监督体系逐步从行政系统内部监察机构的行政监察过渡到独立的国家监察机关的国家监察，监察的内涵也因此发生转变。

在我国，国家监察与原行政监察虽然都叫"监察"，但是两者的主体性质、监督对象、方式手段、监督属性等都存在区别。

第一，主体性质不同。《行政监察法》第二条规定："监察机关是人民政府行使监察职能的机关，依照本法对国家行政机关及其公务员和国家行政机关任命的其他人员实施监察。"可见，行政监察的主体性质属于政府内部监察机关，受同级政府领导并对同级政府负责。目前西方有部分国家，典型如美国的监察长制度，仍采用行政监察模式，即在行政机关内部设置相对独立的监察机构，进行同体监督。《监察法》第三条规定，"各级监察委员会是行使国家监察职能的专责机关"，第八条规定"国家监察委员会由全国人民代表大会产生，负责全国监察工作"。可见，国家监察在主体性质上不再隶属于同级政府，而是与同级政府处于同一序列的国家监督机关，权力均来自人民代表大会授权，具有更强的独立性，这是确保监督具有实效性的重要前提。

第二，监督对象不同。根据《行政监察法》的规定，监察对象有四类：（1）国家行政机关及其公务员。（2）国家行政机关任命的其他人员。（3）法律、法规授权的具有公共事务管理职能的组织及其从事公务的人员。（4）国家行政机关依法委托从事公共事务管理活动的组织及其从事公务的人员。可见，行政监察的对象主要局限于行政领域。根据《监察法》第一条及第十五条关于监察目的、监察范围的规定，国家监察是对所有行使公权力的公职人员的全面监督，监察对象不仅不再局限于行政领域，扩展到对立法机关、司法机关、党群机关等领域行使公权力人员，而且覆盖国有企业、公办教科文卫体、群众自治性组织等依法履行公务的人员，实现了对公职人员的监察全覆盖。另外，在监督对象上还有一点明显区别在于，行政监察的对象还包括机关和组织，但是国家监察的对象不包括单位，指向的是所有行使公权力的公职人员。

第三，方式手段不同。根据《行政监察法》第四章"监察机关的权限"的规定，行政监察机关有权要求被监察的部门和人员提供与监察事项有关的文件、资料，要求被监察的部门和人员就监察事项涉及的问题作出解释和说明，责令被监察的部门和人员停止违反法律、法规和行政纪律的行为。在调查违反行政纪律行为时，行政监察机关可以暂予扣留、封存有关材料，责令有违反行政纪律嫌疑的人员在指定的时间、地点就调查事项涉及的问题作出解释和说明。而《监察法》除了规定监察机关享有监督、调查、处置三大基本职责以外，还赋予其多项具体权限，规定了监察机关在行使职权时可依法采取谈话、讯问、询问、查询、冻结、调取、搜查、留置等调查措施。

第四，监督属性不同。行政监察是行政部门的内部监督。国家监察体制改革则把分散的行政监察、预防腐败和检察机关反贪反渎等力量整合起来，将"一府两院"的国家政权组织架构改造为新的"一府一委两院"权能架构，促成监察由"同体监督"转向"异体监督"，原来隶属于政府的行政监察职能转变为独立的国家监察职能。

三 监察权

国家监察体制改革是政治和法律体制的综合性改革，涉及对国家组织机构和权力格局的重大调整，我国现代意义上的监察权随之产生。根据我国《宪法》《监察法》的有关规定，各级监察委员会是国家的监察机关，是行使国家监察职能的专责机关；国家各级行政机关、监察机关、审判机关、检察机关都由同级人民代表大会产生，对它负责，受它监督。相应地，监察权应是人民代表大会制度下与行政权、审判权、检察权相并列的权力。国家监察体制改革后的监察权实现了对所有行使公权力的公职人员监督全覆盖，提升反腐整体效能，全面促进和提高国家的治理能力和治理水平，维护国家和社会稳定，成为现代监察制度的标志。在中国特色社会主义国家制度和法律制度的特定语境下，监察权有其自身的属性与特点。

（一）监察权的属性

在监察权的属性以及监察权与其他权力的关系等问题上，有三种代表性观点。

第一，监察权是完全不同于其他权力的独立新权力。监察机关是为监督其他国家机关而设立的独立机关，其行使的权力性质与公安机关、检察机关行使的权力性质完全不同。例如，与一般的刑事犯罪侦查权不同，监察机关职务犯罪调查程序应当遵循《监察法》及相关监察法规的规定。因此，从这个意义上，监察权具有独立的运行规则和逻辑体系，是独立的新的国家权力。

第二，监察权是职务犯罪侦查调查等多种权力的总和。有学者认为"监察委员会的权力是纪委权力、行政监察权和检察院反贪局侦查权等职务犯罪侦查权的总和"，"原来属于检察院的职务犯罪调查权随着行使主体的改变转移至监察机关"。①

第三，监察权是一种新型的、复合型的国家权力。② 国家监察权是由行政监察权和检察院的职务犯罪侦查权等几种不同形态和属性的权力整合而形成的新权力形态，但并不是这些权力的单纯综合，而是在这些权力的基础上进行优化和改造，成为了与行政权、审判权、检察权并行独立的权力。监察权有自己的独立高阶地位和权力运行方式，又不完全独立于司法和行政；既具备司法和行政的部分功能和作用，又具有自身的内涵和属

---

① 童之伟：《对国家监察委员会自身的监督制约何以强化》，《法学评论》2017年第1期。
② 徐汉明：《国家监察权的属性探究》，《法学评论》2018年第1期。

性。组建监察委员会依法构建一个全新的反腐败工作机构,这个全新机构不是现有几个机构职能的简单叠加,而是因应我国反腐败实际而锻造出来的一个新机构,可以说是一个"凤凰涅槃"的过程。①

关于监察权的属性,如果认为其完全异于其他权力,则忽视了其在实践中具体的监察手段、措施所带有的行政、司法的特性;如果认为其是行政权、审判权、检察权等其他各种权力的加总,则忽视了监察权本身运行的独立性和其在国家权力运行体制中的特殊地位。因此,本书采第三种观点。

权力的属性,应从国家根本政治制度的设计和宪法所呈现的宪制结构来判断。根据《宪法》《地方各级人民代表大会和地方各级人民政府组织法》《监察法》的规定,各级监察委员会由本级人民代表大会产生,监察委员会主任由本级人民代表大会选举产生,各级监察委员会副主任、委员由监察委员会主任提请本级人民代表大会常委会任免。监察委员会对本级人民代表大会及其常委会和上一级监察委员会负责,并接受监督。因此,监察委员会是与政府、法院和检察院并列的、由人民代表大会产生并对人民代表大会负责的国家机关,从而共同形成了新的"一府一委两院"的组织结构。监察权也成为不同于立法权、行政权、审判权、检察权的一种新型权力。从权力来源、权力内容构成、权力指向的监察事项范畴、履职手段与措施来看,新型的监察权都承继并有机融合了改革前的行政监察权、检察机关的职务犯罪侦查权、预防腐败权等,其不仅将所有行使公权力的公职人员的依法履职、秉公用权、廉洁从政、道德操守情况纳入监督调查处置范畴,而且监督、调查措施也更加灵活多样化,体现了在作为执政党的中国共产党领导下的中国特色社会主义国家权力配置方式和权力体系运行的特点。

(二) 监察权的内容与特点

监察权具有以下几个特点。②

1. 独立性。独立性是监察权本质的体现,是监察权最重要的属性和

---

① 姚文胜:《国家监察体制改革有关问题的思考》,《环球法律评论》2017 年第 2 期。
② 参见李小勇《论监督权的独立性》,《中共福建省委党校学报》2006 年第 5 期(总共第 304 期);彭超:《国家监察权的法教义学阐释》,《中州学刊》2020 年第 5 期(总第 281 期);夏金莱:《论监察体制改革背景下的监察权与检察权》,《政治与法律》2017 年第 8 期。

特点。《监察法》第四条规定:"监察委员会依照法律规定独立行使监察权,不受行政机关、社会团体和个人的干涉。"独立性是所有监督权应有的共同特性,监察权作为一种专门的监督权,更是理当如此。无论是监督权的属性,还是监察委员会的宪法地位,抑或监察权的行使方式,都具备了独立性的特点。

2. 全覆盖性。《监察法》的立法目的之一是实现国家监察的全面覆盖,这意味着监察权作用范围的广泛性。具体体现在:第一,监察范围的全覆盖。《监察法》第三条、第十五条分别以概括性规定、列举式规定明确了六大类监察对象,涵盖了我国行使公权力的公职人员的各种类型,从而在法律层面实现了将"所有行使公权力的公职人员"纳入监察范围,真正把所有公权力都关进制度的笼子。第二,履职过程的全覆盖。国家监察权覆盖公权力运行的全过程,公权力运行的全过程,是指公职人员行使公权力、履行职责的过程,监察全覆盖就是要加强对权力运行事前、事中、事后的全过程监督。

3. 综合性。监察权的综合性具体表现在权力内容的综合性和权力运行环节的综合性两个方面。权力内容的综合性,是指监察权由监督权、调查权、处置权组成的统合性权力。根据《监察法》的规定,监察机关履行监督、调查、处置职责,对公职人员依法履职、秉公用权、廉洁从政从业以及道德操守情况进行监督检查,有权依法采取调查措施,有权依法作出政务处分决定(或组织处理决定),对失职失责者进行问责,涉嫌职务犯罪的移送检察机关审查起诉,对监督调查中发现的有关单位廉政建设和履职方面的问题提出监察建议等。权力运行环节的综合性,是指监察权意在强调惩戒与预防、教育相结合,通过事前预防、事中教育和事后监察实现标本兼治。与纪委监督执纪所依据的党内法规相对应,《监察法》也强调加强教育和预防,实行惩戒与教育、预防相结合。教育伴随着整个惩戒过程,而预防注重标本兼治。政务处分是对处分对象的惩戒,惩戒的前提是调查清楚违法事实。监察调查不仅要依据《监察法》等法律法规收集证据、查明事实,还要深入剖析被调查人的思想根源,对被调查人进行理想信念和思想政治教育,将教育工作贯穿调查全过程,这是由监察机关的政治机关属性决定的。

4. 复合性。作为新型的国家权力,监察权具有一定的复合性。纪律检查委员会（以下简称纪委）、监察委员会（以下简称监委）合署办公决定了执纪权与执法权融合于同一组织载体。监委的职责是监督调查处置，纪委的职责是监督执纪问责，二者具有相容性、衔接性。执纪权与执法权两权融合、一体运行，能够将党内监督和国家监察有机统一起来，形成纪法合力。《监察法》第三条明确规定了监察机关负有调查职务违法和职务犯罪的职责，吸收了过去行政监察权和检察机关对职务违法、职务犯罪的侦查权；同时监察机关对违法的公职人员，有依法进行政务处分的职责等。可见，监察权整合了行政监察权、职务犯罪侦查权、政务处分权等多项权力，成为一种复合性的国家权力。

四　监察制度

监察制度是指为了保证监察机关履行监察职责，制定的关于监察机关的机构设置、职责权限、工作程序、监督制约机制等方面的具体制度体系。监察制度是国家政治制度的重要组成部分，发挥着不可替代的作用。

（一）监察制度事关执政党和国家的公信力

良好的监察制度促使公职人员清廉奉公，得到民众信任。执政者能否巩固自己的地位，取决于人心向背。民众期望的是公正、廉洁、高效的执政者。执政者品德如何，公权力部门风气好坏，直接影响到民众对其信任程度。若公权力部门出现贪污、受贿、弄权勒索、挥霍公款等种种不廉洁行为，势必降低政府在民众中的形象。监察制度在这方面能够发挥积极的保障作用，国家通过设置科学完备的监察制度，可以监督公职人员的不良甚至不法职务行为，惩治腐败，确保公职人员的公正廉洁性。

（二）监察制度重在规范公权行为

政令畅通，才能使公权力发挥最大功用；政令阻塞，会导致公权力系统失控，出现上有政策、下有对策、政出多门和有令不行、有禁不止等异常现象，既损害国家整体利益，也损害公权力系统的形象。监察制度通过监督检查各级公权力部门贯彻执行国家法律、法规、法令、政令的执行情况，对拒不执行或执行得不好的行为给予妥善处置来保证令行禁止、政令畅通，从而保证公权力系统健康运转。

（三）监察制度立足于社会反腐

国家监察制度的有效运行，可以实现对公权力的制约和对公权力系统的调控。它通过监督、检查、调查等，约束公权力在法治轨道上规范运行；通过对民众进行廉洁宣传、教育，增强民众的主体意识，主动监督国家公职人员，预防腐败发生。民众通过对公职人员公权力行使过程的监督，及时发现可能损害国家利益的行为，督促有关部门查处违纪违法者，从而有效教育、警戒公职人员，以保证公权力系统的纯洁，使之处于良好的运行状态。

（四）监察制度是维护社会稳定的重要支撑

监察制度的另一个重要作用，是促进社会稳定。在公权力行使的过程中，一旦出现错误，就可能会损害到民众利益。如果民众对公权力部门的错误行为缺乏畅通的正常渠道获得救济，可能会诱发、累积社会不稳定因素。为此，赋予民众对错误的公权力行为进行申诉的权利十分必要。监察制度的设计对此提供了一个有效渠道，对公权力系统及其公职人员的错误行为，可以向监察机关反映、检举。同时，监察机关通过及时受理检举控告，及时办理相关问题线索，可以化解矛盾纠纷，维护群众利益，有利于社会稳定、持续发展。

第二节 监察制度的起源和发展

一 中国古代监察制度的起源与发展[①]

（一）中国古代监察制度的产生

监察制度源远流长。中国古代的监察制度，源自尧舜时代的"禅让制度"。根据《尚书》和《史记》记载，尧、舜想让位给某接班人，须经其他诸侯认可。《史记·五帝本纪》："帝舜推禹于天，为嗣。十七年而帝舜崩。三年丧毕，禹辞辟舜之子商均于阳城。天下诸侯皆去商均而朝禹。禹于是即天子位。"相反，禹也曾以天下授益，但受到诸侯反对只得作罢。那时的诸侯，相当于西方古代的贵族。所以说，中国古代这种认可与反对受禅者的制度，实质是贵族民主，而这种贵族诸侯对国家大事行使发言权

[①] 主要参考姚文胜《国家监察体制改革研究》，中国社会科学出版社2019年版，第146—149、156—158、199—204页。

的制度，比古罗马、希腊和英国早了一千七八百年。

尧舜时代的贵族民主监察，成为后来中国封建时期的御史制度和谏官制度的雏形。《史记·五帝本纪》载："舜曰：'龙，畏忌谗说殄伪，震惊朕众，命汝为纳言，夙夜出入朕命，惟信！'"。这里由龙担任的纳言之职，既是舜的喉舌，也是他的耳目，乃是监察人员。夏朝对官吏的监察活动在《政典》中就有体现："先时者杀无赦，不逮时者杀无赦"，官吏若不严格按照命令和制度执行任务，同样会被追究责任。周朝将监察制度具体化，以小宰和中大夫二人担任监察。《周礼》载道："小宰之职掌建邦之宫刑，以治王宫之政令，凡宫之纠察。"又载："宰夫之职，掌治朝之法，以正王及三公六卿之位，掌其禁令。"小宰、宰夫是周朝的监察官，大宰身居天子左右以辅弼要职，主持监管；小宰纠察是非，依法裁断，具有纠察权和审判权。后代的御史和谏官源于斯。应当注意的是，周朝已有"御史"一词。《周礼》云："御史掌邦国、都鄙及万民之治令，以赞冢宰，凡治者受法令焉，掌赞书，凡数从政者。"可见这里的御史还不是监察官，而是史官。但中国古代史官有着铁笔直书的传统，这本身就蕴含着监督的内涵，史官和监察官同宗同源。①

御史担当专职监察官是秦朝的事，这标志着中国监察御史制度的创立。秦开政务、军事、监察三权并立的先例。御史大夫作为秦朝中央监察机构的首长执治监掌，与丞相、太尉并列三公，共参朝政。秦制明确规定御史大夫对丞相、太尉拥有弹劾权。御史大夫的主要职责，便是听命皇帝，进行监察和责罚。御史大夫下属御史中丞和侍御史等，具体执行监察权。在地方，设监察御史巡察郡县。监察御史隶属于御史大夫，负责监察郡守和其他官吏。这样就建立起了一套从中央到地方的御史监察制度。

御史监察制度在秦朝形成后，为汉所承，并加以改革。西汉时期参照秦制在中央设置御史大夫的同时还下设御史中丞。御史中丞是御史大夫最为重要的属官。《汉书·百官公卿表》有载："掌图籍秘书，外督部刺史，内领侍御史十五人，受公卿奏事，举劾按章。"到了东汉，御史大夫不再兼掌监察，但御史中丞监察官吏的职能未变，并独立成署，即"御史台"

---

① 《御史与史官》，中央纪委国家监委网站，http://www.dunhuangdj.gov.cn/Item/Show.asp?m=1&d=102，2022年4月10日。

也称"兰台寺"或是"宪台"。御史台设置使得御史职权重心更为偏向监察职责。由此，御史监察制度初具完备，监察权在此阶段逐渐与其他权力相分离成为独立纠察官吏的职权。

直至唐朝，作为封建法制趋于成熟与完备的朝代，监察制度步入重要的发展时期，在这一时期形成较为规范的监察法律体系。唐设有专门监察法律《监察六条》[①]以指导、规范监察官的活动，并且在《唐律疏议》和《唐六典》中均能找到规范监察制度的法律条文。除此之外，与监察制度相关的内容还存在于令、格、式、敕等法律形式中，是监察法律的重要载体。宋元明清阶段的监察制度已发展至完备程度。宋朝时期，御史职权进一步与其他权力相分离，监察范围涉及大大小小各级官员，"掌纠察官邪，肃正纲纪。大事则廷辩，小事则奏弹。"[②] 元朝时期，御史台亦称"中台""内台"，虽然大体上沿袭唐宋监察制度，但独具体系。明清时期，监察制度发展至顶峰，清朝时制定了我国古代监察史上最为系统规范的一部监察法典《钦定台规》。以上为我国御史监察制度的产生和发展的大致脉络。

御史制度是传统监察制度的两翼之一，另一翼则是谏官制度。专司言谏官员的设置最早见于西周。西周时，设置采诗官"行人""道人"，到民间采诗，了解国情民情，以调控施政得失。当时还设有询问民意的官吏——小司寇、乡大夫等官职。小司寇"掌外朝之政，以致万民而询焉：一曰询国危，二曰询国迁，三曰询立君"，乡大夫可掌"大询于众庶，则各帅其乡之众寡，而致于朝"。西周设采诗官和询问官之职，将民众的舆论监察间接化、官僚机关化。民众意见不再直接奏闻天子，而是向相关职官反映，进而产生了宫廷化的谏官制度。

随着奴隶主专制的强化，这些间接的舆论监督也被禁止。历史上有名的暴君周厉王执政时，"暴虐侈傲，国人谤王。王怒，得卫巫，使监谤者以告，则杀之。国人莫敢言，道路以目"。[③] 春秋战国时期，由于新兴地主阶级竞相称雄争霸的政治需要，地主阶级内部的舆论监督又复苏起来。秦

[①] 《新唐书》卷四十八所载《监察六条》内容是："凡十道巡按，以判官二人为佐，务繁则有支使。其一，察官人善恶；其二，察户口流散，籍帐隐没，赋役不均；其三，察农桑不勤，仓库减耗；其四，察妖猾盗贼，不事生业，为私蠹害；其五，察德行孝悌，茂才异等，藏器晦迹，应时用者；其六，察黠吏豪宗兼并纵暴，贫弱冤苦不能自申者。"

[②] 《宋史·职官志四》卷一百六十四。

[③] 《史记·周本纪》卷一。

统一后，对社会舆论采取暴力镇压政策，"坑儒案"便是此政策导致的历史悲剧。与此同时，谏官制度遭到践踏，"群臣谏者以为诽谤"，依秦律，"诽谤者族，偶语者弃市"。① 此后，封建各朝均设有言谏制度或设有谏官机构，如唐代时言谏制度日趋完备，谏官为皇帝重臣，涌现出房玄龄、杜如晦、魏征等善谏、敢谏的名臣，五代、南宋还曾专设谏院执掌谏议。②

（二）中国古代监察权的内容

按上所述，可见中国传统监察制度由御史制度和谏官制度组成。秦朝大一统标志着我国中央集权的封建国家正式形成，秦朝御史制度的产生标志着监察制度的正式形成。

此后各朝代中，御史和谏官等行使的监察职权或大或小，不很一致。归纳起来，主要有以下七种：③

第一，谏正君过、纠弹百官。谏正君过是谏官的权力，史称补阙拾遗或从容献纳。自秦至宋初，原为谏官的专职。谏官都是出入皇帝左右的侍从亲信，发现皇帝言行违失，可以通过不同方式谏诤。宋真宗置言事御史后，御史也有此权，"诏御史六员，三分察，三言事"，迄清不改。纠弹官吏，史书称为"纠察百僚"，即对行政长官为首的各级官吏在施政中是否遵纪守法、贪污腐败、不作为等，进行监察，守法而有政绩者升，违法而失职者弹劾，所以弹纠权中包含相当的奖惩权。自秦至元，基本是御史的职掌。

第二，封驳诏书。封驳诏书是指对于不恰当的诏书予以封还，以及驳回朝臣违误的奏章。此权西汉时原属丞相，后几经演变，南朝的梁陈开始规定给事中"省诸奏闻，文书意异者，随事为驳"。后经唐的发扬，成为给事中专有的职权，沿袭至清朝。此权力也为谏官拥有。谏官对诏书谕令如不当或违失，可以封驳或封还。门下省是主谏官机构，其权力居于宰相之位，北朝时"政出门下"，成为中央机构的决策枢要。唐宋时，与中书、公书并列为三相，同掌机要，共议国政。中书省长官出命，门下省长官封驳，尚书省长官奉行。一切诏令须经门下省审核、副署，方能发布生效。与谏正君过、纠弹百官的职权不同的是，封驳诏书权是为监察和审核朝廷

---

① 《史记·汉高祖本纪》卷八。
② 曾坚、李雪华：《中国古代言谏制度探究》，《河北法学》2006年第6期。
③ 姚文胜：《国家监察体制改革研究》，中国社会科学出版社2019年版，第156—158页。

要臣的政令决策而设置的。

第三，司法审判监察。由于司法审判无论任何时期，都具有守护社会道德底线和正义观念、维护社会正常生活、生产秩序的功能，因而中国历代监察职能中都有对司法审判权的监督。御史自秦汉以来，便有参与或监督审判的权力。秦汉时期对司法的监督主要是以廷尉到御史府核对法令内容为主。隋唐以后御史被视为法吏，兼理司法审判，对刑部、大理院实施司法监督。元代官修《宪台格例》赋予御史纠正审判机构不合理或不合法错案的职权，且规范了御史必须参与重大案件和死刑案件的制度。作为谏官，唐代的给事中和明清两朝的刑科给事中，也掌有此项权力，"凡三法司奉旨于午门前鞫问罪囚，掌科官亦预"，可见其有司法审判活动的监督权。

第四，政务审核。史称"受公卿奏事"或"分察百司"。明清的给事中在这方面的权力很大。明朝的六科给事中，位卑权重，科政振肃，诸司惮之。清代的六科给事中，分六科对六部的政务进行审核监察。

第五，财务审核。历代察官均有权监察仓库钱粮出纳，对国家赋税收支和行政衙门财政事务监督，纠举非法。以清代为例。清朝户部都察院户科专掌财政审计权。"凡在京部院各衙门支领户部银物，各衙门每月造册送户科察核，如有浮冒舛错者，指参。"① 户科给事中还有六项审计权：（1）稽核捐项；（2）稽核直省钱粮杂税；（3）稽核漕粮：（4）稽核盐课；（5）稽核户关；（6）审计财政支付。

第六，人事考核。监察机关有考课百官功绩，荐举人才的权责，御史机关建立考绩档案。秦时，在考核官吏时，将之分为良吏和恶吏。地方监御史和令、丞认为过失较多，秉职不公的，"志千里使有籍书之，以为恶吏"②。这种考核官吏的记录簿籍，就是考核档案。汉、唐及以后历代台院，都有对官吏进行考课或课第的权力。

第七，审查礼仪、纠正朝会及祭祀违失。史称侍左右和监威仪，历代台院和给事中都有此权。封建王朝的大朝会、大祭祀，有一套等级森严的礼仪，由察官司掌。掌朝廷仪式，自秦汉始就落到御史身上。唐朝由殿中

---

① 《钦定台规》卷十五。
② 《睡虎地秦墓竹简·语书》。

侍御史（殿院）专司"凡国有大礼，（御史大夫）则乘轺车以为之导"，"殿中侍御史掌殿廷供奉之仪式。凡冬至、元正大朝会，则具服升殿。若皇帝郊祀、巡省，则具服从旌门往来检查，视其文物之有方阙，则纠举之。凡两京城内，则分知左、右巡，各察其所以之内有不法之事"①。这段文字基本说明了察官司掌礼仪权的方式和内容。

二 西方监察制度的产生与发展

（一）西方监察制度的产生

古罗马和古希腊，是西方文明的摇篮。西方的监察制度也源发于斯。古罗马于公元前509年建立共和政体，公元前443年设立监察官，负责编制户籍，监察庙堂、道路、财政税收和监察人民的品质等事务。古罗马监察官的最大权力，是推选当时三大势力之一的元老院的人选（另二大势力是执政官和国民大会），使声誉不佳的人失去当选的资格。

与古罗马相比，古希腊的监察制度更显辉煌。公元前594年梭伦改革，由国民大会选举执政官和其他重要官员，并对之行使弹劾和惩罚等监察权。梭伦改革八十多年后，"雅典民主政治之父"克里斯提尼设立参议会，代表人民监督行政机关。这时西方监察制度的核心——弹劾制得以创立，亦即历史上著名的"贝壳弹劾"制度。它的内容是：任何公民可向国民大会检举某人应予放逐，该会先对此检举进行举手表决，如果多数决定应举行贝壳投票，随即定期在各部落市场中设置投票箱，任何公民都可投票，把对方的姓名写在贝壳上，如果一万（最低法定人数）以上投票人的过半数主张放逐，被检举人则须在十天内离开国境，十年内不准返回。

作为西方监察制度的起源，古罗马、古希腊的监察制度并不具备一般监察制度的特征——监察官吏的行为并就其违法行为予以纠正或弹劾，而只是贵族民主的监察制度。

公元1642年，英国新兴资产阶级发动了推翻君主专制的革命，宣告了资本主义时代的开始，建立了近代资本主义政治制度。以权力制衡为基础的限制王权监督政府官员的监察制度随之在英国得以确立。1689年，英国

---

① 《唐六典》。

议会通过《权利法案》，规定国王无权废止法律，不得侵犯议会的征税权等条款，以明确的法律条文约束国王的权力。1701 年，议会通过《王位继承法》，规定国王颁布的法令必须经有关大臣签署方能生效，且所有大臣只对议会负责不对国王负责，英王于是真正成为"统而不治"国家元首。由此英国议会所掌握的国家权力渐渐超越王权，而监督政府及其官员的监察权力也成为议会（或称国会）一项重要职能。议会既是国家立法机关，又是监察机关。这是当代西方监察制度的正式诞生。以英国为楷模，不少西方国家以议会这个立法机关作为监察机关，对行政机关（政府）行使监察权，建立了各自的监察制度。

（二）西方监察制度的主要内容

1. 监察模式

西方国家的监察模式主要有以下三种。

一是立法机构监察模式。作为西方国家代议机关的议会，在分权制衡、以权力制约权力等理论思想影响下，监督政府行为，防止政府官员权力滥用成为议会重要的一项职能。其监督政府的形式主要有以下三种：（1）人事监督。即对政府官员人事任免上的监督，还包括对重要政府官员的职业道德、业务能力、工作态度等方面进行的监察。（2）经费监督。议会作为"政府钱袋监督人"，对以人民税收为主要来源的财政经费的使用具有重要的监督职权。议会在一定年限内有权按照法定程序和方式对政府机关预算、决算予以审议和监察。（3）政务监督。议会通过行使监察权，对涉及政府内政及外交事务的行为进行监督，这是议会对政府行使的最为广泛的监督。

二是行政机关内设监察模式。政府部门在内部设立专门机构，对行政机关及公务人员进行自主监督的一种制度。为了避免内部监察机构受到外界不应有的干扰，导致不能实现应有的监督职能，西方国家纷纷赋予其相对独立性。如法国"监察团"、美国"监察长办公室"等。

三是司法行政监察模式。在西方资本主义国家，当公民、法人认为政府实施的某项行政行为侵犯其合法权益时，可以诉诸行政司法机关或是普通法院。法院通过裁决认为该行政行为不具有正当性的，可以撤销，以此来救济公民被侵犯的权利。本质上，这是行政司法机关或法院以审理行政案件的形式，对政府机关行使职权的一种监督。此外，违宪审查监督也是西方国家监督政府行为的一种模式,通过审查行政机关制定的规范性文件,达到监督、约束行政立法权的效果。

2. 监察权的主要内容

监察权是议会监察制度的核心。西方国家议会的监察权主要体现为对政府行政行为和对政府财政收支的监察,具体权能概括起来有以下五种。

第一,弹劾权。弹劾是西方国家议会对政府机关或官员实施监察的重要制度,始自英国。1376年,英国议会因营私舞弊案弹劾了拉第麦尔(Lord Latimer)和莱安斯(R. Lyons),这是西方议会最早使用弹劾权的案例。资产阶级利用议会弹劾限制王权,随着资产阶级在议会占优势,弹劾制度得到确立。尽管后来创始弹劾制度的英国废置弹劾制度,以不信任制取代之,但西方国家仍广泛采用这种制度。

行使弹劾权的监察案件的立案和审判程序,因国情不同而有所差异。大致有以下四种情形:(1)由众议院(下院)提出弹劾,参议院(上院)进行审判,如美国;(2)由议会两院联合组成特别机构受理弹劾案和进行审判,如日本;(3)在一院制国家,由议会提出弹劾案,交宪法法院或普通法院审判,前者如法国,后者如比利时;(4)由特设审判机关弹劾法院(或称特级法庭、高级审判庭)审判,如法国。

第二,不信任权。在英国、法国、德国这些内阁责任制国家,议会如果不同意政府的政策和施政方针,可以提出不信任案,以此作为监察政府的手段。

行使不信任权的手段和方式:(1)议会提出对内阁或内阁中某一成员的不信任案;(2)议会拒绝通过政府提出的财政预算案、政府所缔结的条约,以及有关政府重要决策的议案;(3)议会否决政府就某一政策向议会提出的要求信任案;(4)议会提出反对政府提案的反对案;⑤议会通过对政府的"谴责决议案"或"弹劾案"。

议会的不信任权是不轻易使用的。责任内阁制国家,政府为议会稳定多数的政党所控制,不信任案通过,意味着内阁需要辞职或议会有被解散的风险。

第三,纠举权和纠正权。西方国家的议员有权对自己认为政府机关或官员在政策和施政方面存在的疑问提出询问,或进一步提出质询,并要求答复。这是议会监察政府最普遍的权力,也是议会(主要是反对党)批评政府的常用方法。纠举权是一种传统的监察权,而纠正权则是瑞典监察专员制产生后被赋予的。《瑞典宪法》第 96 条规定:"监察长对于上述各种人员执行公务,若发现其有不公平或枉法失职行为,得控诉于有管辖权之法院。"

第四,国政调查权。在一些西方国家,议会作为立法机关,拥有对政府的行为进行调查的权力。按法律规定,议会在行使调查权时,有权查阅政府机关的文件、会议记录;有权传唤证人到会作证,有权要求得到证言和有关证据。调查的过程,是对政府的限制和制衡。

一般情况下,由议会各委员会举行听讯会或调查会。遇有重大议案,可以成立专门调查委员会。如巴西规定,有三分之一以上议员要求,针对某一特定事项,可设调查委员会。

关于西方监察权中的调查权,值得注意的是其关于防止证人拒绝作证或作假证的规定。英国制定了国会证人宣誓法,以取得证人的宣誓权。日本国会也制定有证人宣誓及证言法,规定证人应行宣誓。如果证人拒绝作证或作假证,国会规定以"侮辱国会罪"予以处罚。美国也以"侮辱国会罪"处罚作假证者。

第五,审计权。西方议会对财政的监察权,主要体现在对政府所提出预算和决算的审计权。政府每个财政年度(或称会计年度)的总收入和总支出,都得事先经过议会的审议和批准,甚至支出的分配细目也得经议会同意。

一般情况下,议会不会拒绝政府的预算案,因为拒绝政府财政预算案就等于对政府的不信任,而这种情况在多数党执政的国家是少见的。所以,议会审议只不过是反对党的少数议员对政府的攻击,以及其他议员一般性的批评,从而使财政预算案作局部修改而已。

三 中国现代监察制度

中国现代意义上的监察制度,萌生自中华人民共和国成立前中国共产党对监察制度的探索,中华人民共和国成立后,经历了创建、调整、恢复、重组和转型的过程,不断发展和完善。

(一)新中国建立前中国共产党对监察制度的探索

1. 党内监察机构的出现

中国共产党自诞生之日起就把严明党的纪律和勇于自我革命鲜明地写

在旗帜上。1921年7月，党的第一次全国代表大会确立了党的建设各项重大原则，制定了《中国共产党第一个纲领》，初步确立了党的纪律和党内监督。① 可见，党的一大就确立了党内监督的优良传统，监察制度萌芽于此。党的三大后，伴随着革命洪流，党员队伍在蓬勃发展的同时，也不可避免地泥沙俱下、良莠不齐。在严酷的革命斗争中，年轻的中国共产党选择建立专门的纪律检查机构，以铁的纪律从严管党治党。1925年，在中共广东区委书记陈延年的领导下，在中共广东区委的组织架构里，第一次出现了"监察委员会"，这也开启了中国共产党地方党组织通过建立专门的纪律检查机构进行自我监督、自我净化的探索。1927年，中国共产党第五次全国代表大会选举产生了中共中央监察委员会，这是中国共产党历史上第一个专门的党内监察机构。1927年6月1日，中央政治局会议根据党的五大通过的《组织问题议决案》的原则和要求，通过了《中国共产党第三次修正章程决案》，明确提出成立监察委员会的目的是"巩固党的一致及权威"。② 在此后的革命、建设、改革时期，纪检监察工作一以贯之地坚守的职责使命，最根本的就是维护党中央权威和集中统一领导。这一时期，中国共产党人对监察制度的探索对纯洁党员队伍起到了非常重要的作用。

2. 监察机关的制度完善

1945年4月，中国共产党召开第七次全国代表大会，会议通过了新党章。七大党章取消了六大党章中"审查委员会"一章，新设"党的监察机关"一章，对监察机关的产生办法、任务、职权等体制机制作了明确表述。具体规定为：党的中央委员会认为必要时，得成立党的中央监察委员会及各地方党的监察委员会；中央监察委员会，由中央全体会议选举之。各地方党的监察委员会，由各该地方党委全体会议选举，并由上级组织批准之；中央及地方监察委员会的任务与职权，是决定或取消对党员的处分，受理党员的控诉；党的各级监察委员会，在各该级党的委员会指导下进行工作。七大党章对于监察委员会的设置有了新的规定，中央监察委员

---

① 党的一大通过的《党纲》中规定了党的纪律和党内监督相关内容，比如第10条规定："工人、农民、士兵和学生的地方组织中党员人数多时，可以派他们到其他地区去工作，但是一定要受该地方执行委员会的最严格的监督"；第12条规定"地方委员会的财政、活动和政策，应受中央执行委员会的监督"。参见《一大回忆录》，知识出版社1980年版，第107页。

② 参见王谦《浅析中共五大产生的中央监察委员会》，《党的文献》2010年第6期。

会不再是平行于中央委员会的机构,而是由其领导开展具体工作。各级监察机关同样是在相应的党委领导之下工作。七大党章的规定,明确了监察机构的地位及职责,为监察机构执行党的纪律,处理党员工作做好了制度保障。

从党的五大到七大,党内监察系统设立历经波折,在这个过程中,中国共产党的领导人对于党内监察的认识不断提升,不断探索党内监察制度建设发展之路,为中华人民共和国成立后监察制度的发展打下坚实基础。

中华人民共和国成立前夕,中国共产党领导的解放区地方政府也开始创建国家监察制度,为创建全国性政权的监察制度奠定了基础。[①] 例如,1948年8月,华北临时人民代表大会通过《华北人民政府组织大纲》,设立"华北人民监察院"作为监察机关;1949年4月,陕甘宁边区(包括其下辖的行署和县)也设置了隶属于边区政府的人民监察委员会。[②] 华北人民监察院和陕甘宁边区人民监察委员会,均具有反腐败和反官僚作风的双重功能。

(二)1949—1954年的监察制度

1949年,中华人民共和国成立。面对新中国成立伊始各项事业百废待兴的局面,迫切需要建立与新国情相配套的系列制度,监察制度是其中重要的一项。从1949年中华人民共和国成立起至1954年社会主义改造前的这一阶段,是新中国监察制度的创建阶段。

1. 创建人民监察委员会

1949年9月召开的中国人民政治协商会议第一届全体会议通过了《中国人民政治协商会议共同纲领》(以下称《共同纲领》)和《中华人民共和国中央人民政府组织法》(以下称《中央人民政府组织法》)。根据《共同纲领》第十九条和《中央人民政府组织法》第十八、二十一条的规定,中央人民政府政务院人民监察委员会于1949年11月挂牌,社会主义中国的第一个监察机构正式创立。1950年10月,政务院批准了《中央人民政府政务院人民监察委员会试行组织条例》。同时,《中央人民政府组织法》

[①] 参见薛小建编著《中国国家监察体制的历史与变革》,人民日报出版社2020年版,第1—4页。

[②] 参见杨永华主编《中国共产党廉政法制史研究》,人民出版社2005年版,第228—229页。

还确立要组建最高人民检察署,最高人民检察署的职责包括"对政府机关、公务人员和全国国民之严格遵守法律,负最高检察责任",这是首次规定新中国的检察机关有权对公务人员违法犯罪问题开展监督。此前,为加强党的建设,中共中央于1949年11月作出了《关于成立中央及各级党的纪律检查委员会的决定》,正式成立了中央纪律检查委员会,省、市、县等各级相继成立了纪律检查委员会。

1951年4月,人民监察委员会首先在政务院财政经济委员会所属的财政部、贸易部等七个部内,建立监察机构。1952年12月,在省(市)以上各级人民政府财政机关与国营财经企业部门建立监察室。各监察室受本机关、部门首长及上级机关监察室的双重领导,并受其主管机关的同级人民监察委员会指导。

2. 人民监察委员会的职权

根据《中央人民政府人民监察委员会试行组织条例》规定,人民监察委员会的职权包括:

(1)监察全国各级国家机关和各种公务员是否违反国家政策、法律或损害人民利益,并纠举其中的违法失职的机关和人员;

(2)指导全国各级监察机关的监察工作,颁发决议和命令,并审查其执行;

(3)接受及处理人民和人民团体对各级国家机关和各种公务员违法失职行为的控告。

这一时期,中国社会主要矛盾表现为人民对于建立先进工业国的要求同落后农业国的现实之间的矛盾,以及人民对于经济文化迅速发展的需要同当前经济文化不能满足人民需要的状况之间的矛盾。在加快经济建设、加紧建设社会主义的过程中,出现了诸如"一化三改"过程中的复杂尖锐的斗争情况。为适应当时社会主要矛盾主导下的社会环境,人民监察委员会将工作中心放在财经生产部门,着重纠察贪腐、浪费和官僚主义。

(三)1954—1959年的监察制度

从1954年社会主义改造运动起至1959年持续三年的自然灾害前,是我国社会的转型期。受特殊的政治环境和社会环境影响,这一时期是我国监察制度的调整阶段。

1. 设立监察部

1954 年,第一届全国人民代表大会通过了中华人民共和国第一部宪法。根据宪法和随后颁布的《国务院组织法》的规定,中央人民政府政务院改为中华人民共和国国务院。根据《国务院组织法》第二条规定,设立监察部,取代原来的人民监察委员会。监察部是中央监察机关,国务院所属财经部门设立国家监察局,受监察部和该部门双重领导,各该国家监察局所属各级国家监察机关改为由上而下的垂直领导。非财经部门的邮电、地质、卫生等系统的监察室和农业部、文化部的监察室,均改为内部的监察或检查机构,其任务和组织设置由各该部门自行规定,国家监察机关予以监察业务上的指导。地方层面的监察机构也进行了调整,撤销了县级监察机关。各省级行政区、设区的市和专员公署设立监察机关,各大行政区、县和不设区的市以及市辖区不设监察机关,由专署或省派监察组对之行使监察和检查权。① 1956 年,对各级人民监察机关设置的人民通讯员进行了调整,本着"注重质量、重点设置"的原则,在重点地区、重点企业中酌量设置人民监察通讯员。

在此期间,自 1955 年初至 1956 年,最高人民检察院及部分地方相继建立铁路运输法院、水上运输检察院,建立全国各级军事检察院,将对公务人员的监督延伸至铁路领域、人民军队等。

相应地,这一时期的党内监察制度也进行了一定的调整。1955 年 3 月,党的全国代表大会对监察机关组织结构进行调整,通过的《中国共产党全国代表会议关于成立党的中央和地方监察委员会的决议》规定:中央和地方要成立专门的监察委员会,以取代原来的纪律检查委员会;同时在原有纪律检查委员会权力的基础上,给予监察委员会赋予更大的权力,即各级监察委员会自身有权力对可能的违反法律、违反党纪的问题进行监察。

2. 监察部的职权

较之 1954 年以前,1954 年后监察部门的职权更为具体和明确,主要包括行政检查权、审核权、调查权。

(1) 行政检查权。监察部有权检查国务院各部门、地方各级国家行政

---

① 参见原监察部《关于调整地方各级监察机构及有关事项的指示》(1954 年 12 月 17 日)。

机关、国营企业及其工作人员是否正确行政。

(2) 审核权。监察部有权检查国务院各部门、地方各级国家行政机关国营企业执行国民经济计划和国家预算中存在的重大问题，并对上述单位、机关、企业和公私合营企业、合作社的国家资财的收支、使用、保管、核算情况进行监督。

(3) 调查权。监察部有权受理公民对违反纪律的国家行政机关、国营企业及其工作人员的控告和国家行政机关工作人员不服纪律处分的申诉，并审议国务院任命人员的纪律处分事项。

(四) 1959—1982 年的监察制度

社会主义改造完成后，在 1959 年至 1982 年这一时期，我国接连遭受三年自然灾害、"文化大革命"等的打击，社会发展一度陷入停滞。法律层面也受到"左倾"思想的影响，监察制度的发展也陷入了停滞。

1. 监察部被撤销

1959 年 4 月 28 日，第二届全国人大第一次会议通过了《关于撤销监察部的决议》，监察部被撤销，这标志着监察制度的发展陷入了停滞。从 1949 年成立人民监察委员会到 1959 年撤销国家监察部的 10 年中，监察机关在加强监察检查国家在过渡时期的各项政策法令的贯彻执行、监督检查国家建设计划特别是经济建设计划的执行、受理人民群众对政府机关和工作人员违法失职行为的检举控告等方面，做了许多卓有成效的工作，取得了不容抹杀的成绩。与此同时，检察机关也同样遭到破坏。自 1968 年 12 月开始，最高人民检察院、军事检察院和地方各级人民检察院先后被撤销，人员被遣散，检察机关被法律所赋予的监督公务人员违法犯罪的职能也因此终止。

"文化大革命"期间，党的监察机关也遭到破坏。1969 年 4 月，党的九大党章和十大党章都取消了关于党的监察机关和党的纪律检查机关。中央和地方监察机关工作陷入瘫痪，党内纪律检查机构建设出现严重倒退。"文化大革命"使新中国成立以来几经努力形成的监察机构和监察制度几乎废止。

2. 党内监察开始恢复

"文化大革命"结束后，党和政府吸取教训，开始重视监察制度的建设。1977 年 8 月，党的十一大针对党内监察现状，宣布恢复中央和地方纪律检查委员会。十一大党章重新增设党的各级纪律检查委员会,规定各级纪律检查委员会由同级党的委员会选举产生,并在同级党委的领导下开展纪律检查工作。

1978 年,最高人民检察院恢复重建,并设立经济监察机构,主要负责查处国家机关、国有企业及其工作人员的职务犯罪;1979 年颁布的《刑事诉讼法》规定贪污罪、渎职罪由检察机关立案侦查、提起公诉。①

1978 年 12 月,十一届三中全会选举产生中央纪律检查委员会,将纪律检查委员会定位为"维护党规党法、搞好党风"的专门机构。邓小平同志对新时期执政党的建设问题提出了一系列要求,要求改革党和国家的领导制度、干部制度、组织制度、工作制度。要克服官僚主义现象。要加强党风廉政建设,反对腐败,要有群众监督制度,要有专门的机构进行铁面无私的监督检查。十一届三中全会先行恢复了党的纪律检查委员会,为行政监察体制的恢复打下了基础。②

(五) 1982—1993 年的监察制度

"文化大革命"结束后,法制建设需要重新回到正轨。从 1982 年宪法通过到 1993 年中央纪委和监察部合署之前的这一时期,是我国监察制度的恢复阶段。

1. 设立监察部,恢复行政监察制度

党的十一届三中全会后,改革开放之初,我国的各项工作逐渐步入正轨。1982 年宪法的通过和实施,意味着行政监察制度获得了恢复的基础。1986 年 12 月 2 日,第六届全国人大常委会根据国务院的提请,决定恢复并确立国家行政监察体制,加强国家监察工作,设立中华人民共和国监察部。同年,国务院发布了《关于监察部机构设置和人员编制的通知》《关于在县以上地方各级人民政府设立行政监察机关的通知》,由此各级行政监察机关逐步重建。1988 年底,"全国 30 个省、市、自治区,374 个地(市、州、盟),2666 个县(市、旗、区)的行政监察机构均已建立"。③

---

① 李莉:《国家监察体制改革视域下的制度设计变迁——新中国成立以来权力监督的历史梳理》,《当代世界与社会主义》2018 年第 3 期。
② 参见姚文胜《国家监察体制改革研究》,中国社会科学出版社 2019 年版,第 142 页。
③ 舒瑜:《各级行政监察机构组建完毕一年来突出重点查处违纪案》,《人民日报》1988 年 12 月 18 日第 1 版。

这一时期恢复和重新确立的行政监察制度，与20世纪50年代相比，有以下几个方面的不同：(1) 监察对象减少了类似公私合营性质的公司、合作社及其工作人员，新增国家行政机关任命的国营企事业单位的领导干部；(2) 领导体制由原垂直制和双重制的混合制改为单一的双重领导体制，地方各级行政监察机关既受所在地人民政府的领导，又受上级国家行政监察机关的领导；(3) 监察系统的派驻机构既受派出机关的领导，又受驻在部门的领导（以受派出机关领导为主）；(4) 在权限方面，除保留20世纪50年代的检查权、调查权、建议权外，增加一定的行政处分权，减少了审核权。

1991年，在恢复行政监察制度近5年后，国务院正式颁布实施了《中华人民共和国行政监察条例》（以下称《行政监察条例》）。《行政监察条例》根据宪法，吸收20世纪50年代监察工作的有益经验，总结1987年以来的实践经验，对行政监察机关性质、领导体制、工作基本原则，机构设置及人员任免、调动、纪律要求，监察机关的职责权限、监察活动的基本程序等作了明确规定，是各级监察机关开展工作的基本法规。《行政监察条例》的颁布实施，使监察工作走上了规范化、法制化的轨道，标志着行政监察制度飞跃上新的历史台阶。

1989年8月，最高人民检察院经济监察机构更名为贪污贿赂检察厅。同年，广东省试点成立全国首个检察院反贪污贿赂工作局。随后，各地检察机关内部也相继设立反贪局，检察机关内部查办职务犯罪的内设机构日趋完备。

在这一时期，党内监督制度也得到了完善。1982年9月，党的十二大赋予纪律检查委员会新的权利和任务，即在原来的基础上协助党委整顿党风，负责党的路线、方针、政策等执行情况。同时，党的十二大提出了纪委机关双重领导体制，进一步强化了党内监督机关的职权。1987年10月，党的十三大提出要更加重视制度建设和发展党内民主。首次规定党组织讨论决定重要问题要进行表决，并将这一规定作为党的组织纪律的重要内容。1992年10月，党的十四大首次把"从严治党"写进党章，正式成为管党治党、严明党纪的总遵循和根本原则。

2. 监察机关的职权

根据《行政监察条例》规定，在这一时期，行政监察权包括检查权、调查权、监察决定权和监察建议权。

（1）检查权。监察机关对国家行政机关及其工作人员和行政机关任命的其他人员执行法律、法规和政策情况进行的检查，具有一定的强制性，即监察机关在进行检查时，相对人有服从和协助的义务，否则将承担相应的法律责任。检查权的内容主要包括查阅文件资料、列席有关会议及询问等。

（2）调查权。监察机关的调查权不同于一般的调查权，有其特定的内涵。监察机关的调查权是监察机关对于需要进行审查立案的监察事项进行查询、取证的权力，是监察机关查处违法违纪行为的重要权力。这一权力包括一定范围的行政处置权。主要有扣留封存、通知银行暂停支付、责令停止损害等。

（3）监察决定权。监察决定权是指监察机关依法直接进行处理的权力，其性质属于行政决定，以行政强制力为保障。决定的作出要经过严格的法定程序。重要的监察决定，应报经上级人民政府和上一级监察机关同意。监察决定一经作出，有关单位和人员必须执行。可以作出监察决定的情况有：一定范围的人事惩戒、奖励、依法没收、追缴、责令赔偿、责令采取补救措施以及对申诉案件的裁决。监察决定中的人事奖惩决定不受司法审查，被处分人不服监察决定不能提起行政诉讼，只能通过复审复核的途径进行救济。

（4）监察建议权。对于监察事项涉及监察机关职权以外需要处理的情况，监察机关不能作出监察决定，只能通过监察建议的形式提出，交由有处理权的单位处理。监察建议权适用的范围较广，包括建议纠正、撤销，建议处分，建议处罚等。监察建议不同于一般的建议，监察建议权的意义在于既通过建议的形式界定了监察机关和其他部门的职责分工，又通过建议使有关部门在查处违法违纪中互相配合。

（六）1993—2016年的监察制度

从1993年中央纪委和监察部合署起至2016年国家监察体制改革试点方案印发前这一时期，是我国监察制度的重组阶段。

1. 中央纪委和监察部合署

行政监察制度恢复后，党的纪律检查机关和行政监察机关两套体制并行，职能存在交叉和重复。1992年底，中共中央、国务院决定重建监察制度遵循"三个有利于"原则：有利于在中央和各级党委的统一领导下，进一步加强党的纪检和政府行政监察职能；有利于国务院和各级政府继续加强对行政监察工作的指导，便于监察机关领导班子继续向政府负责；有利于避免纪检、监察工作的重复交叉以及精简机构和人员，纪检、监察机关合署办公，实行一套班子、两块牌子、两种职能。1993年1月7日，中央纪委和监察部合署办公，此后各省、自治区、直辖市和地、市、县各级纪委和监察机关也相继合署。合署后的监察部仍然隶属于国务院，地方各级监察机关则接受同级政府和上级监察机关的双重领导，履行党的纪律检查和行政监察两项职能。这是我国监察制度的一次重大变革。[①]

1995年，最高人民检察院成立反贪污贿赂总局，标志着检察机关查办职务犯罪机构的组建完成；2000年，最高人民检察院及各地检察机关设立职务犯罪预防机构。至此，各级检察机关依法享有查办职务犯罪案件和预防职务犯罪两项职能。

2. 制定和修改《行政监察法》

1997年5月9日，八届全国人大常委会第二十五次会议审议通过了《中华人民共和国行政监察法》（以下称《行政监察法》），重新确定了监察机关的性质、工作原则、管辖、职责、权限、程序以及法律责任，为行政监察工作提供了法律层面的保障，标志着我国行政监察工作进入了一个新的发展阶段。《行政监察法》在行政监察机关的机构、监察范围、职责、权限等方面基本承袭了1991年制定的《行政监察条例》的相关规定。所以，《行政监察法》在法律名称、立法目的以及监察机关性质、监察对象范围和监察管辖原则等方面存在的问题，仍然未能得以较好解决。[②]

2004年9月6日，国务院第63次常务会议通过了《中华人民共和国行政监察法实施条例》，该条例自2004年10月1日起实施，对监察对象、派出的监察机构和监察人员、监察机关的权限、监察程序等方面进行了细化规定。

[①] 根据上级部署，1993至2016年间，深圳市纪律检查委员会与深圳市监察局依然分开设置，继续做相应探索和试验。

[②] 参见姚文胜《论〈行政监察法〉的立法缺陷与完善》，《深圳大学学报》（人文社会科学版）2000年第6期。

2010年6月25日，十一届全国人大常委会表决通过了《全国人民代表大会常务委员会关于修改〈中华人民共和国行政监察法〉的决定》，对《行政监察法》进行了修改。此次修改主要包括以下几个方面：（1）扩大了监察对象范围。明确监察对象为4类单位和人员，即：国家行政机关及其公务员，国家行政机关任命的其他人员，法律、法规授权的具有公共事务管理职能的组织及其从事公务的人员，以及国家行政机关依法委托从事公共事务管理活动的组织及其从事公务的人员；（2）完善了举报制度，增加了泄露举报信息行为的法律责任；（3）在法律上确立了监察机关对派出机构实行统一管理的体制；（4）明确规定监察机关对监察对象执法、廉政、效能情况进行监察；（5）增加了监察机关按照国务院的规定组织协调、检查指导政务公开工作和纠风工作两项职责；（6）明确了监察机关依法公开监察工作信息的义务；（7）增加了监察机关可以提出问责处理、完善廉政勤政制度两项监察建议的情形；（8）完善了处分的执行程序。

这一时期是我国监察制度的重组阶段，相关制度和法制建设为监察制度的后续发展打下了坚实的基础。但客观来看，这一时期的监察制度和监察法制仍存在不足。在中国特色社会主义进入新时代和全面推进依法治国、实现国家治理体系和治理能力现代化的大背景下，监察制度和监察法制的继续改革和完善势在必行。

第三节 国家监察体制改革

国家监察体制改革，是以习近平同志为核心的党中央作出的事关全局的重大政治体制改革，是强化党和国家自我监督的重大决策部署，是国家监察制度的顶层设计。国家监察体制改革体现了全面从严治党与全面依法治国的有机统一，体现了党内监督与人民监督的有机结合，是实现国家治理体系和治理能力现代化的需要，具有重大的现实意义和深远的历史意义。通过改革，我国建立起更加健全的国家监察组织架构，形成了适应反腐败工作需要的监察权；明确了监察对象的新范围，形成了全面覆盖公权力系统及所有行使公权力公职人员的国家监察体系；搭建了反腐败国家立法的新体系，确立起全新的中国特色监察制度。①

一 改革的背景与目的

(一) 改革的背景②

党的十八大以来，以习近平同志为核心的党中央坚持反腐败无禁区、全覆盖、零容忍，坚定不移"打虎""拍蝇""猎狐"，形成了反腐败斗争压倒性态势。但随着全面从严治党向纵深发展和反腐败斗争的深入推进，反腐败力量分散、监察范围过窄、纪法衔接不畅等问题逐渐凸显，亟须改革原有监察体制，解决严重制约统一、高效监督的问题，实现对腐败的有效治理。

第一，监察范围过窄。国家监察体制改革前，实行多元监督主体的国家反腐败体制，监督主体职责法定，监督监察形式多样，但监督监察范围明显不够周延。党内监督机构是党的纪律检查机关，监督对象包括党的各级组织和党员，非党员和非党员国家公职人员不在党内监督对象之列；监察机关是政府内设行使监察职能的机关，监察对象仅限于"国家行政机关及其公务员和国家行政机关任命的其他人员"，③ 非国家行政机关的党的机关、人大机关、政协机关、审判机关、检察机关和民主党派等的工作人员不属于监察对象；检察机关的反腐败监督对象主要是涉嫌贪污贿赂和渎职犯罪的国家公职人员，不构成犯罪的违法主体或者仅违反行政纪律的违纪主体，不属于检察机关监督范围。可见，多元监督下存在相当大的盲区，对于有违法违纪行为但不构成贪污贿赂或渎职犯罪的非党员非行政监察对象的国家公职人员，纪律检查机关、行政监察部门和检察机关都无法进行有效处置，一定程度上损害了反腐败体制的权威。

第二，反腐败力量分散。国家监察体制改革前，广义的反腐败体制包括各级纪律检查委员会、行政监察机关、检察机关的反贪反渎及预防腐败部门等机构。其中，纪律检查机关依照党章党规对党员的违纪行为

---

① 参见姚文胜《国家监察体制改革研究》，中国社会科学出版社2019年版，第42—49页。
② 参见中共中央纪律检查委员会、中华人民共和国国家监察委员会法规室编写《〈中华人民共和国监察法〉释义》，中国方正出版社2018年版，第30—31页。
③ 《行政监察法》(2018年3月20日废止)第2条："监察机关是人民政府行使监察职能的机关，依照本法对国家行政机关及其公务员和国家行政机关任命的其他人员实施监察。"

进行审查，行政监察机关依照《行政监察法》对行政机关工作人员等的违纪违法行为进行监察，检察机关依照《刑事诉讼法》对国家工作人员职务犯罪行为进行查处。可以看出，这三个机关的职能范围主要是按监督对象的身份及其违纪违法严重程度的不同来划分的。从反腐败理论和实践来看，多主体多形式的反腐败机制虽然可以从不同领域和方面加强国家监督效力，但反腐败职能分别行使，交叉重叠，"九龙治水"，各自为战，难以形成有效的反腐败合力，出现了监督"交叉地带"和"空白地带"。

第三，体现专责和集中统一不够。总结我国反腐败实践经验和教训，反腐败工作需要由一个集中统一的机构来统筹领导。党的纪检部门不适合直接作为行政监察部门和检察机关反贪部门的业务领导机构；行政监察机关作为政府内设的行使监察职能的部门，不可能处于整个监督体系的主导地位。国家监察体制改革需要突破原有的监督体系框架，由一个全新的机构作为专门的反腐败工作机构，作为履行国家监察职能的专责机关，进而通过国家立法把中国共产党对反腐败工作集中统一领导的体制机制固定下来，构建起党统一指挥、全面覆盖、权威高效的监督体系，从而把制度优势转化为治理效能。

第四，纪法衔接不畅。主要体现在：一是纪法边界不明。党纪和国法两把尺子在实践运用中常常出现打架的现象，[①] 一些地方查办职务犯罪案件"先移后处""先法后纪"，甚至存在"带着党籍蹲监狱"等突出问题。纪、法、罪的层次关系未厘清和衔接好，是出现要么"好同志"要么"阶下囚"的客观原因。二是纪法在程序上未能妥善对接。国家监察体制改革之前，纪检机关、行政监察机关的调查结果不能作为证据直接用于司法审判。问题线索移交后，检察机关还须重新立案侦查、重新制作笔录、重新取证，造成不必要的资源浪费，案件查处效率也受到影响。三是"两规""两指"措施亟待全面纳入法治轨道。

"两规""两者"作为特殊时期我国纪检监察机关查办案件时采取的一

[①] 模糊党纪与国法的区别，简单地将党纪等同于国法，没有挺纪在前，是导致一些党员干部失范行为的思想根源。习近平总书记指出："过去就存在纪法不分问题，把公民不能违反的法律底线作为党组织和党员的纪律底线，降低了对党员要求，最后造成的结果就是'违纪只是小节、违法才去处理'，'要么是好同志，要么是阶下囚'的不良后果。"

种特殊调查手段和组织措施,在遏制腐败和监督党员干部方面发挥了重要作用,但这类调查措施在实际运用中,也受到了一些关注和质疑。①

(二) 改革的目的

国家监察体制改革的目的是,加强党对反腐败工作的集中统一领导,构建集中统一、权威高效的中国特色国家监察体制,实现对所有行使公权力的公职人员监察全覆盖,促进国家公职人员依法履职、秉公用权。②

1. 坚持和加强党对反腐败工作的领导

坚持和加强党对反腐败工作的领导,是国家监察体制改革的根本目的。中国特色社会主义最本质的特征是中国共产党领导,中国特色社会主义制度的最大优势是中国共产党领导。基于我国国情和政治体制特征,任何改革都必须有利于坚持和加强党的领导,完善和发展中国特色社会主义制度。

腐败是党面临的最大威胁,人民群众最痛恨腐败现象。只有把反腐败工作领导权牢牢掌握在党的手里,以永远在路上的坚韧和执着,深化标本兼治,夺取并巩固反腐败斗争压倒性胜利,才能增强群众对党中央的信心、信任和信赖,确保党和国家长治久安。

---

① "两规"作为一项调查措施,最早见于1990年12月9日国务院颁布的《行政监察条例》中第二十一条第五项的规定:行政监察机关在检查、调查中有权"责令有关人员在规定的时间、地点就监察事项涉及的问题作出解释和说明"。1993年,中央纪委和原监察部合署办公。1994年3月印发的《中国共产党纪律检查机关案件检查工作条例》第二十八条赋予了纪委8种调查措施,其中第3项规定了"两规"措施,即调查组有权按照规定的程序,"要求有关人员在规定的时间、地点就案件所涉及的问题作出说明"。1997年颁布的《行政监察法》将原《行政监察条例》中的"规定的时间、地点"改为"指定的时间、地点",即"两指",并将"两指"措施的适用范围限定为"违反行政纪律嫌疑的人员",且增加了"不得实行拘禁或变相拘禁"这一禁止性规定。在1997年《行政监察法》的基础上,2010年修订的《行政监察法》在规制"两指"措施和保障行政监察对象的权益方面有更为重要的进步。但这些改良措施未能根本上解决"两规""两指"措施在规范层面的正当性,也难以有效打击腐败并受到相应的监督制约。参见阳平《"两规"到留置的演进历程、逻辑及启示》,《法学杂志》2021年第5期。

② 2018年2月26日至28日,习近平总书记在党的十九届三中全会《关于深化党和国家机构改革决定稿的方案稿的说明》中,指出国家监察体制改革目的是加强党对反腐败工作的统一领导,实现对所有行使公权力的公职人员监察全覆盖。国家监察委员会就是中国特色的国家反腐败机构;国家监察委员会同中央纪委合署办公,履行纪检、监察两项职责,实行一套工作机构、两个机关名称。《关于〈中华人民共和国监察法(草案)〉的说明》阐述了国家监察体制改革的目标。

在国家监察体制改革中坚持和加强党对反腐败工作的领导，集中体现在如下方面：一是发挥合署办公的组织优势。在组织体系上，通过设立国家、省、市、县监察委员会，同党的纪律检查机关合署办公，实行一套工作机制、两个机关名称，履行纪检、监察两项职能，对党中央或地方党委全面负责，健全党领导反腐败工作的组织体系。二是发挥合署办公的体制优势。在体制机制上，宪法规定的监察委员会的领导体制与党章规定的纪委双重领导体制高度一致，在国家监察体制改革的深入推进中，随着监察法律法规体系和党的相关法规体系的不断丰富完善，纪检监察工作的依纪依法有序开展，纪检监察双重领导体制得到具体化、程序化、制度化，党的领导从而贯彻到纪检监察工作全过程和各方面，以此确保纪检监察机关始终在党的领导下履职尽责。三是发挥反腐败协调小组的统筹协调作用。反腐败协调小组作为党委的反腐败工作协调机构，在党委所管的纪检监察、政法、审计等部门之间发挥着横向协调统筹的职责，在党委统一领导下，构建各部门协作配合的工作平台，建立健全问题线索移送机制、缺席审判协调机制、技术调查配合机制，完善跨区域协作办案及防逃、追逃、追赃机制，形成有效的惩治腐败的整体合力。

2. 建立集中统一、权威高效的监督体系

通过国家监察体制改革，建立集中统一、权威高效的反腐机制，整合反腐败资源力量，结束反腐败"九龙治水"局面，构建具有中国特色的国家监察体制。这样的国家监察体制是实现党内监督与人民监督有机结合的需要，是从根本上解决腐败问题的需要。

对权力如何实施有效监督，历来是对执政者的最大挑战。我国当前也不例外，特别是中国共产党领导的多党合作与政治协商制度的优势已充分显现的情况下，更不能对此问题有所忽视。实现中国共产党的历史使命，要破解自我监督这个难题，也要以党内监督带动和促进其他监督，健全完善权力监督制约体系，推进治理体系和治理能力现代化。党的十八大以来，随着党内监督的加强，已经实现了对党组织和党员监督的全覆盖，但监察工作未能覆盖政府以外的公权力机构和公职人员，形成了"一条腿长一条腿短"的局面。适应全面从严治党新形势，必须在强化党内各方面监督的同时，更好发挥监察机关职能作用，把公权力关进制度的笼子，建立一个集中统一、权威高效的公权力监督体系。

国家监察体制改革，整合行政监察、预防腐败和检察机关查处贪污贿赂、失职渎职及预防职务犯罪等工作力量，改变这些部门的隶属关系，成立监察委员会，并规定监察委员会由人民代表大会选举产生，对人民代表大会负责，形成"一府一委两院"的新格局，不仅提高监察机关的位阶，更重要的是增强其独立性。这实质上是对国家监察权力的有效配置，是中国监察体系的重新建构。其目的是把分散在不同部门的监督力量整合成有效的监督体系，以破解改革前监督面临的问题，特别是监督未能实现全覆盖、监督手段不够、监督效力有限、监督机构的独立性和权威不够等问题。另一方面，对监察权力进行重新定位。通过改革赋予监察机关更加有效的监督方式，改变以往行政监察、检察机关查处政纪案件、职务犯罪主要以事后监督为主的监督方式，综合、灵活运用更多的事前、事中监督方式。赋予监察权限新内涵，授予监察机关履职所需的各种调查手段和措施，包括可采取强制措施和强制执行的权力，如可对涉案财产和账户实施查封、冻结、扣押等措施，并赋予监察机关处置权。这些均着眼于使新的监督体制和监督机制更加制度化、规范化。

3. 推进国家治理体系和治理能力现代化

党的十八届三中全会提出，全面深化改革的总目标就是推进国家治理体系和治理能力现代化。习近平总书记在2018年十九届中央纪委二次全会上指出，"自我监督是世界性难题，是国家治理的'哥德巴赫猜想'"。没有厉行法治的决心，没有健全完备的法律制度体系，没有实施法治的能力和水平，很难称得上是现代化国家。所谓国家治理体系，是主权国家治国理政的制度体系的总称，而国家治理能力则是指一个国家治理体系实现治理目标的资格、水平和能力。[1] 治理体系和治理能力现代化，最重要的就是在治国理政方面形成一套完备的、成熟的、定型的制度，通过有效运转的制度体系，实现对国家和社会的治理，说到底就是实现治理体系和治理能力的制度化、法治化。[2]

推进国家监察体制改革，建立监察委员会，形成集中统一、权威高效的国家监察体系，将有利于提升国家治理能力，推进国家治理体系和治理

---

[1] 应松年：《加快法治建设促进国家治理体系和治理能力现代化》，《中国法学》2014年第6期。

[2] 马怀德：《再论国家监察立法的主要问题》，《行政法学研究》2018年第1期。

能力现代化。可以从以下方面来理解：第一，实现监察权运行的制度化。国家监察体制改革推动和实现监察权的制度化，实现制度反腐。其作用"不限于提高反腐败案件的处理效率和质量，更在于使制度成为反腐败的主要动力，实现可持续反腐败的目标"。[①] 从这个意义上说，推动国家监察体制改革，开展国家监察立法，既是推进全面依法治国的重要体现，也是实现国家治理体系和治理能力现代化的具体举措。第二，实现监察权运行的法治化。监察权本身作为一种重要的公权力，优化其具体权力配置、规范其权力运行规则、建立对其有效的监督制约机制，同样也是实现国家治理体系和治理能力现代化的必然要求。第三，实现国家政治体制和政治制度的重大理论和制度创新。通过国家监察体制改革实现对公职人员行使公权力的全面约束和有效统一监督，是对权力运行和监督制约体制的新探索，是重大理论和制度创新，同时也是对人民代表大会制度这一根本政治制度的丰富和发展，体现了党的领导、人民当家作主、依法治国三者的有机统一，必然有助于提升运用法律治理国家的能力，把制度优势转化为治理效能，推进党和国家治理体系和治理能力现代化。

二　改革试点与推开

党的十八大以来，党中央就一直思考和谋划如何适应全面从严治党新形势，在强化党内各方面监督的同时，更好发挥监察机关职能作用，强化国家监察，把公权力关进制度的笼子。2016年1月，习近平总书记在十八届中央纪委六次全会上指出，"要健全国家监察组织架构，形成全面覆盖国家机关及其公务员的国家监察体系"，明确了监察机构改革的方向。

（一）试点探索

2016年11月，中共中央办公厅印发的《关于在北京市、山西省、浙江省开展国家监察体制改革试点方案》，部署在北京、山西、浙江三省市设立各级监察委员会，从体制机制、制度建设上先行先试、探索实践，为在全国推开积累经验。2016年12月，第十二届全国人大常委会第二十五次会议通过《全国人民代表大会常务委员会在北京市、山西省、浙江省开

---

① 于安：《反腐败是构建新国家监察体制的主基调》，《中国法律评论》2017年第2期。

展国家监察体制改革试点工作的决定》，正式启动国家监察体制改革。① 该决定对相关地域的法律适用作出了特殊规定，全力推进试点地区的监察体制改革工作，同时强调了改革的重要意义，明确了监察机关在各个国家机关当中的法律地位，划清了相关单位的职能界限，创造了立法、监察、行政、审判、检察相互统一的法治布局。试点省市如期完成了省、市、县（区）各级监察委员会的组建和转隶工作，并迅速投入监察工作中，形成了许多可复制可推广的经验。

（二）全国推开

国家监察体制改革在试点地区取得了重要成果，随后在全国范围内推开。习近平总书记在党的十九大报告中指出，深化国家监察体制改革，将试点工作在全国推开，组建国家、省、市、县监察委员会，同时党的纪律检查机关合署办公，实现对所有行使公权力的公职人员监察全覆盖；制定国家监察法，依法赋予监察委员会职责权限和调查手段，用留置取代"两规"措施。2017年10月，中共中央办公厅印发《关于在全国各地推开国家监察体制改革试点方案》，部署在全国范围内深化国家监察体制改革的探索实践，完成省、市、县三级监察委员会组建工作，实现对所有行使公权力的公职人员监察全覆盖。2017年11月，十二届全国人大常委会第三十次会议表决通过了《关于在全国各地推开国家监察体制改革试点工作的决定》。

（三）总体框架初步建立

2018年3月11日，十三届全国人大一次会议第三次全体会议表决通过宪法修正案，在第三章"国家机构"中新增"监察委员会"一节，确立了监察委员会作为国家机构的宪法地位。2018年3月23日，中华人民共和国国家监察委员会在北京揭牌。至此，国家、省、市、县四级监察委员会全部组建产生，标志着我国监察委员会的全面成立，深化国家监察体制改革进入新阶段。

---

① 在全面深化改革时期，由于改革需求迫切，由全国人大常委会授权开展试点工作已成为一个重要惯例，其宪法依据主要是第二、三、六十二、六十七条。近年来全国人大常委会已多次就改革试点作出授权规定，如2014年授权国务院在广东、天津、福建自贸试验区及上海自贸试验区扩展区域暂时调整有关法律规定的行政审批的决定，2015年授权最高人民检察院在部分地区开展公益诉讼的决定等。

2018年3月20日，十三届全国人大一次会议表决通过了《监察法》，[①]这是中华人民共和国成立以来第一部系统的反腐败国家立法，确立了监察权配置和监察委员会组织架构的法律依据，规定了监察机关及其职责、监察管辖范围、监察权限、监察程序以及反腐败国际合作、对监察机关与监察人员的监督等基本问题。《监察法》的出台也初步构建了我国监察制度的完整框架。

从改革试点和推开的整个过程来看，国家监察体制改革具有几个鲜明特点：（1）监察体制改革是重大政治体制改革。国家监察体制改革是以习近平同志为核心的党中央作出的重大决策部署，是事关全局的重大政治体制改革，是关于我国监察制度、监督体系的重构。（2）强化党对监察工作的统一领导。改革整个过程体现了党的集中统一领导，党中央首先明确改革方向、部署改革工作、印发改革方案，确定改革时间表、路线图，推动着改革稳妥有序开展。（3）采用顶层设计与先行先试相结合的改革模式。改革遵循了顶层设计与试点经验相结合的思路，通过试点先行先试，及时总结试点中发现的问题，将试点中的成功经验吸收到国家监察法的立法中。（4）监察体制改革纳入法治轨道。改革是依法开展、有序推进、于法有据的过程，试点以及全面铺开阶段均得到人民代表大会授权，修改宪法、及时调整刑事诉讼法等法律的相关规定，出台监察法，确保了整个改革过程在法治轨道上进行，达到改革与法治同步进行的效果。（5）监察体制改革仍处于进行时。这项重要改革远非一劳永逸，建立监察法律法规体系，形成协调配合工作机制，增强公权力监督全覆盖的有效性、规范监察权的行使等方面均需要在改革中进一步探索并完善。

三　改革深入推进

2018年12月13日，习近平总书记在十九届中央政治局第十一次集体学习时作了《在新的起点上深化国家监察体制改革》的讲话，指出要在新的起点上深化党的纪律检查体制和国家监察体制改革，加强对公权力的监

[①] 在试点阶段，2017年6月底，第十二届全国人大常委会第二十八次会议对《监察法草案》进行了审议，并公开征求意见。与草案相比较，《监察法》删除了有关检察机关移送的案件，检察机关依法作出不起诉决定前"应当征求监察机关意见"等表述，使得监察机关的权力设置更加科学，权力更加受约束。

督，完善纪检监察体制机制，规范和正确行使国家监察权，为新时代完善和发展中国特色社会主义制度、推进全面从严治党提供重要制度保障。

(一) 建立监察法律法规体系

反腐败工作的深入持久推进需要法律的支撑。在过去相当长的时期里，我国反腐败的法律及相关规定分散于不同的法律、法规之中，缺乏反腐败领域的专门、统一立法。在本次改革中，宪法修正案、《监察法》相继通过之后，国家监察体制改革的宪法和基本法律依据得以确立。

十三届全国人大一次会议审议通过的宪法修正案在"国家机构"一章中专门增写"监察委员会"一节，并在其他部分相应调整充实有关监察委员会的内容，确立了监察委员会作为国家机构的法律地位，为设立国家和地方各级监察委员会提供了根本法保障，为制定《监察法》提供了宪法依据。依据宪法制定的《监察法》，是一部对国家监察工作起统领性和基础性作用的法律，是对宪法修正案相关内容的具体化，以国家立法的形式，对监察工作的指导思想和领导体制、监察工作的原则和方针、监察委员会的产生和职责进行明确，实现对所有行使公权力的公职人员监察全覆盖，赋予监察机关必要的权限，严格规范监察程序等，为监察机关依法履行职责、行使监察权力提供了依据。不过，推进国家监察体制改革，建立完善的国家监察体系是依法治国的重要内容，从法治角度看，这项改革的深入推进，仅依靠《监察法》是不够的，需要对应修改一些现有法律法规行政规章的相关内容，除了目前已修改的《地方各级人民代表大会和地方各级人民政府组织法》《刑事诉讼法》《人民检察院组织法》《公务员法》《审计法》等之外，还需要对《立法法》《国家赔偿法》等作相应修改。

《监察法》是一部集实体法与程序法于一身，集组织法、行为法、责任法和救济法为一体的综合性法律，对监察制度的方方面面作了基本规定，但这些属于概括性规定，具体实施与运用需要更加细化的法律法规规定。近年来，《公职人员政务处分法》《中华人民共和国监察官法》(以下称《监察官法》)等法律陆续出台，进一步推动了监察程序、监察组织体系的规范化、法治化发展。《公职人员政务处分法》《监察官法》是对《监察法》第十一条、第十四条、第四十五条的具体化，是构建政务处分制度、监察官制度等具体制度的立法。

制定监察法规，是国家监察委员会一项重要职权。2019年10月26日，十三届全国人大常委会第十四次会议表决通过《全国人民代表大会常务委员会关于国家监察委员会制定监察法规的决定》，明确"国家监察委员会根据宪法和法律，制定监察法规"。中央纪委国家监委随即启动《中华人民共和国监察法实施条例》（以下称《监察法实施条例》）起草工作。十九届中央纪委四次全会对条例制定工作进行了专门部署，将制定《监察法实施条例》作为健全纪检监察法规制度体系的重要工作。2021年5月17日至6月15日，《监察法实施条例》公开向社会征求意见。经党中央批准，国家监察委员会2021年9月20日发布公告，公布《监察法实施条例》，明确自公布之日起施行。这是国家监察委员会根据相关决定制定的第一部监察法规。《监察法实施条例》对国家监察体制改革以来的纪检监察制度进行了全面梳理，注重与《刑法》《刑事诉讼法》《民法典》《公务员法》《人民检察院刑事诉讼规则》等法律法规和司法解释做好协调衔接，实现了监察工作制度科学化、体系化集成。《监察法实施条例》分为总则、监察机关及其职责、监察范围和管辖、监察权限、监察程序、反腐败国际合作、对监察机关和监察人员的监督、法律责任、附则等9章，共287条，与监察法各章相对应。它在监察法相关规定的基础上，进一步廓清公职人员外延，对监察法规定的六类监察对象逐项进行细化，以明文列举的方式作出规定，明确监察全覆盖的对象范围。《监察法实施条例》的制定，是深化国家监察体制改革的重要举措，是推进监察工作规范化、法治化、正规化的有力保证，是解决监察工作中突出问题的现实需要，也是加强对监察机关监督制约的内在要求。

《监察官法》《监察法实施条例》的出台，进一步完善了以《监察法》为主体的监察法律法规体系，为监察机关依法有效地履行自身的监察职责提供了法律依据，推动了"依法监察"原则的确立和工作的开展。

近几年党内有关廉政法规体现了精细化、严密化、科学化的要求，纪委监委合署办公，在监督执纪、监察执法、追责问责工作的具体开展中，监察执法实际借鉴并运用了党内执纪一些成熟的做法，而监察法规的完备过程也可以是将有关党内法规转化为法律法规的过程。比如开展日常监督方面，可以借鉴领导干部个人事项报告制度建立公职人员个人事项报告制度，可以制定防止公职人员利益冲突法规、公职人员道德操守方面的相关立法等。

（二）不敢腐、不能腐、不想腐一体推进

不敢腐、不能腐、不想腐（以下称"三不腐"）一体推进是党中央审时度势作出的战略部署，是推进国家治理体系和治理能力现代化的重大举措。《监察法》将"三不腐"一体推进的思想和实践经验以法律形式予以固定和明确，《监察法实施条例》也牢牢把握了"三不腐"一体推进的理念和思路。

《监察法》第六条：国家监察工作坚持标本兼治、综合治理，强化监督问责，严厉惩治腐败；深化改革、健全法治，有效制约和监督权力；加强法治教育和道德教育，弘扬中华优秀传统文化，构建不敢腐、不能腐、不想腐的长效机制。

《监察法实施条例》第五条：监察机关应当坚定不移惩治腐败，推动深化改革、完善制度，规范权力运行，加强思想道德教育、法治教育、廉洁教育，引导公职人员提高觉悟、担当作为、依法履职，一体推进不敢腐、不能腐、不想腐体制机制建设。

1. 关于"三不腐"一体推进的重要论述

2013年1月，习近平总书记在十八届中央纪委二次全会上指出，要加强对权力运行的制约和监督，把权力关进制度的笼子里，"形成不敢腐的惩戒机制、不能腐的防范机制、不易腐的保障机制"。[①] 这是"三不腐"思想的首次提出。2014年1月，在中央纪委三次全会上他再次强调要形成不想腐、不能腐、不敢腐的有效机制，并把它作为党风廉政建设和反腐败斗争的主要任务之一。同年10月，相关表述调整为"形成不敢腐、不能腐、不想腐的有效机制，坚决遏制和预防腐败现象"，写入了十八届四中全会《中共中央关于全面推进依法治国若干重大问题的决定》。[②] 2017年，十九大报告中要求，"强化不敢腐的震慑，扎牢不能腐的笼子，增强不想腐的

---

① 中共中央纪律检查委员会、中共中央文献研究室编：《习近平关于党风廉政建设和反腐败斗争论述摘编》，中央文献出版社、中国方正出版社2015年版，第121页。

② 《中共中央关于全面推进依法治国若干重大问题的决定》，《十八大以来重要文献选编》（中），人民出版社2014年版，第13页。

自觉,通过不懈努力换来海晏河清、朗朗乾坤"。① 2019 年,十九届四中全会贯彻十九大精神,提出"构建一体推进不敢腐、不能腐、不想腐体制机制",作为坚持和完善党和国家监督体系的重要内容。② 2020 年,习近平总书记在十九届中央纪委四次全会上指出,"一体推进不敢腐、不能腐、不想腐,不仅是反腐败斗争的基本方针,也是新时代全面从严治党的重要方略"。③ 2021 年 1 月,习近平总书记在十九届中央纪委五次会议上强调,要坚定不移推进反腐败斗争,不断实现不敢腐、不能腐、不想腐一体推进战略目标。④ 2021 年 4 月,习近平总书记在广西考察时再次强调,要始终抓好党风廉政建设,使不敢腐、不能腐、不想腐一体推进有更多制度化成果和更大的治理成效。⑤ 2022 年 6 月,习近平总书记在中共中央政治局第四十次集体学习时强调,要加深对新形势下党风廉政建设和反腐败斗争的认识,提高一体推进不敢腐、不能腐、不想腐能力和水平,全面打赢反腐败斗争攻坚战、持久战。⑥ 党的二十大报告明确提出,"坚持不敢腐、不能腐、不想腐一体推进,同时发力、同向发力、综合发力。"⑦ 从最初的"不敢腐、不能腐、不易腐",到形成"不敢腐、不能腐、不想腐的有效机制","一体推进不敢腐、不能腐、不想腐",再到"构建一体推进不敢腐、不能腐、不想腐体制机制","坚持不敢腐、不能腐、不想腐一体推进,同时发力、同向发力、综合发力",表述的变化,顺应了新时代反腐败斗争的实践要求,反映了反腐败斗争方略和体制机制的与时俱进。

2. "三不腐"一体推进理念的重大意义

---

① 《决胜全面建成小康社会 夺取新时代中国特色社会主义伟大胜利——在中国共产党第十九次全国代表大会上的报告(2017 年 10 月 18 日)》,人民出版社 2017 年版,第 67 页。
② 《〈中共中央关于坚持和完善中国特色社会主义制度、推进国家治理体系和治理能力现代化若干重大问题的决定〉辅导读本》,人民出版社 2019 年版,第 375 页。
③ 《习近平谈治国理政》(第三卷),外文出版社 2020 年版,第 549 页。
④ 《习近平在十九届中央纪委五次全会上发表重要讲话强调 充分发挥全面从严治党引领保障作用确保 "十四五"时期目标任务落到实处》,《人民日报》2021 年 1 月 23 日第 1 版。
⑤ 《习近平在广西考察时强调 解放思想深化改革凝心聚力担当实干 建设新时代中国特色社会主义壮美广西》,《人民日报》2021 年 4 月 28 日第 1 版。
⑥ 《习近平在中共中央政治局第四十次集体学习时强调 提高"三不腐"一体推进能力和水平 全面打赢反腐败斗争攻坚战持久战》,《人民日报》2022 年 6 月 9 日第 1 版。
⑦ 习近平:《高举中国特色社会主义伟大旗帜 为全面建设社会主义现代化国家而团结奋斗——在中国共产党第二十次全国代表大会上的报告》(2022 年 10 月 16 日),《人民日报》2022 年 10 月 17 日第 4 版。

"三不腐"一体推进的重大意义体现在以下三方面：

第一，"三不腐"一体推进是对反腐败历史的新总结。中国共产党从诞生之日起就与腐败水火不容。无论是革命战争年代，还是社会主义建设和改革时期，反腐败是其始终坚持的鲜明政治立场。党的十八大以来，习近平总书记带领全党全国，部署推进正风肃纪、打虎拍蝇猎狐以及巡视巡察、"打伞破网"和加强党内法规建设、实施国家监察体制改革等，均体现着"三不腐"一体推进的重要理念，书写了一个百年大党自我革命的崭新篇章，在探索有效破解历史周期率方面取得重大突破。

第二，"三不腐"一体推进是因应形势变化的新部署。"三不腐"一体推进的论断来源于实践，也指导、推动着实践，伴随着反腐败实践而丰富发展。党的十八大以来，以习近平同志为核心的党中央有腐必反、有贪必肃，以治标为主为治本赢得时间，反腐败取得压倒性胜利，推动党内政治生态持续好转。党的十九大以来，以习近平同志为核心的党中央认识到反腐败形势依然严峻复杂，全面从严治党任重道远，在新形势下提出"三不腐"一体推进的战略部署，推进反腐败向纵深发展、基层延伸。从"不敢腐"到"不能腐"再到"不想腐"，体现了从治标为主到标本兼治、从硬性约束到思想自觉的过程，标志着党领导下的反腐败进入全新发展阶段。

第三，"三不腐"一体推进是贡献全球的新方案。反腐败是当今全球治理重要议题之一，治理腐败能力是一个国家治理能力现代化的重要标志。面对治理腐败这个全球性难题，各国都在不断探索实践。习近平总书记立足党和国家的反腐败实践，提出"三不腐"一体推进战略部署，为其他国家和政党解决腐败问题提供了新视野、新方案，受到国际社会的广泛关注和重视。

3. "三不腐"一体推进的实践探索

习近平总书记指出，"不敢腐、不能腐、不想腐是一个有机整体，不是三个阶段的划分，也不是三个环节的割裂。要打通三者内在联系。"① 各地在党中央的决策和部署下，结合本地政治生态和具体情况，因地制宜，大胆探索，积累了不少实践经验。通过建立有效的工作机制，打通三者的

---

① 《习近平在十九届中央纪委四次全会上发表重要讲话强调——一以贯之全面从严治党 强化对权力运行的制约和监督 为决胜全面建成小康社会决战脱贫攻坚提供坚强保障》，《人民日报》2020年1月14日第1版。

内在联系,取得了反腐败的良好效果,将制度优势转化为治理效能。归纳来看,主要有如下做法。[①]

第一,提升纪检监察工作的体制效能。一是推动全面从严管党治党。推动和协助党委把构建"三不腐"一体推进机制纳入管党治党全局,将其作为当地党委履行全面从严治党主体责任的重要内容,以科学合理的考核和精准严肃的问责倒逼责任落实。二是完善反腐败协调工作机制。完善反腐败协调小组的职能职责,建立健全小组成员间定期会商、信息共享、工作衔接等制度机制,加强对案件查办、以案促改等"三不腐"一体推进工作的领导、组织和协调。三是强化上级纪委监委的领导。加强上级纪委监委对下级纪委监委在查处腐败案件方面的领导,细化问题线索处置和案件查办的请示报告、沟通会商制度,将监督作为第一职责,完善政治监督和专项监督上下联动、横向协同工作机制。

第二,强化纪检监察工作的治理效能。一是推动监督、办案、惩戒、警示、整改、治理一体贯通,建立纪检监察内部相关部门之间、纪检监察机关与其他单位和部门之间的信息互通、工作互动、成果共享的统筹联动机制。实践中,有的地方还在纪检监察机关内部专门成立了"三不腐'一体推进'"办公室,具体负责机关内部及与外部相关部门在"三不腐"一体推进方面的统筹和协调。[②] 二是将以案促改、以案促治贯穿案件查办全过程,深入剖析案件背后产生腐败的深层次原因,让涉案人员帮助分析查找制度漏洞和廉政风险点,以纪检监察建议方式督促案发单位补齐制度短板,推动相关领域、行业的改革和治理。特别是紧盯审批监管、工程建设、金融信贷等重点领域权力运行完善相关制度,促进依法用权。三是坚持正面教育与反面教育相结合,引导党员干部、公职人员传承革命先烈的廉洁风范和优良作风;结合查处的案件,深入研究腐败的心理诱因,有针对性地开展警示教育。

第三,促进监察体制改革赋能国家治理。深化国家监察体制改革,是

---

① 参见姚文胜《一体推进"三不"的基层探索》,《深圳特区报》2020年9月8日第1版;代星均、杨艳:《构建一体推进"不敢腐不能腐不想腐"的体制机制》,《党政干部论坛》2020年第12期;李欣然:《坚持"三不"一体推进标本兼治深化反腐败斗争》,《中国纪检监察》2020年第16期等。

② 参见俞传冰《光明区成立全国首个"三不"一体推进办公室意义重大》,《宝安日报》2020年4月17日。

全面深化改革的重要组成部分，也是全面依法治国和全面从严治党的必然要求，推动监督体系更好融入国家治理。一是将"三不腐"一体推进与深化改革、完善党和国家监督制度结合起来，将预防做在前面，推动党委在谋划本地改革发展时把防治腐败的理念和措施融入其中，健全廉洁风险防控机制，防止改革的重点领域成为腐败的高发区域。二是通过监督以及查处案件中发现的问题，推动相关领域建章立制，完善权力制约和监督制度，推动权力运行公开，压缩权力设租寻租空间。三是坚持行贿受贿一起查的同时，着重营造风清气正的发展环境，构建亲清政商关系，为当地经济社会发展提供服务保障。

第四，发挥政策作为非正式法源的指导性作用。党"惩前毖后、治病救人"的一贯方针，监督执纪"四种形态"的理念和方法在《监察法》中得到明确，并在监察工作实际中得以充分运用。在开展日常监督、案件调查与处置中均注重将思想政治工作贯穿始终，既严格执行纪法规定，不徇私情，又体现组织关爱和人文关怀，促使被监督者、被调查对象发自内心认识到所犯错误，达到政治效果、纪法效果和社会效果的有机统一。与此同时，创新工作机制，将执法调查"前半篇文章"与整改教育"后半篇文章"融会贯通，推进廉洁文化建设，以提升反腐内生动力。

（三）"四项监督"统筹衔接

党的十九大以来，纪律监督、监察监督、派驻监督、巡视监督"四项监督"全覆盖总体格局逐步形成，监督合力不断增强，在党和国家监督体系中的支柱作用日益彰显。党的十九届四中全会提出，坚持和完善党和国家监督体系、强化对权力运行的制约和监督，推进纪律监督、监察监督、派驻监督、巡视监督统筹衔接。十九届中央纪委四次全会工作报告强调，完善纪律监督、监察监督、派驻监督、巡视监督统筹衔接制度，强化纪委监委监督的协助引导推动功能，促进党内监督与人大监督、民主监督、行政监督、司法监督、审计监督、统计监督、群众监督和舆论监督贯通融合、协调协同。党的二十大报告提出，要"健全党统一领导、全面覆盖、权威高效的监督体系，完善权力监督制约机制，以党内监督为主导，促进各类监督贯通协调，让权力在阳光下运行。"

1. 纪律监督

纪律监督是党内监督的基本形式，是对党的组织、党员、党的干部遵守党章和党的纪律、履行职责和义务情况的监督。

党的十八大以来,党中央把全面从严治党置于"四个全面"战略布局中进行总体规划、系统设计,充分考虑到党领导国家与党执掌国家权力、党领导社会又同时在基层社会执政的联动性,充分考虑到各个治理要素之间的联动性,党的建设关系重大、牵动全局。因此,加强和规范党内政治生活、加强党内监督,是新形势下加强党的建设的重要课题,也是推进全面从严治党的重要抓手。严肃党内政治生活是中国共产党的优良传统和政治优势,也是全面从严治党的基础,党要管党,首先要从党内政治生活管起;从严治党,首先要从党内政治生活严起。党内监督是党的建设的重要内容,也是全面从严治党的重要保证。党的执政地位,决定了党内监督在党和国家各种监督形式中是最基本的、第一位的。

应该看到,在党长期执政条件下,各种弱化党的先进性、损害党的纯洁性的因素无时不有,各种违背初心和使命、动摇党的根基的危险无处不在,党内存在的思想不纯、政治不纯、组织不纯、作风不纯等突出问题尚未得到根本解决。[1] 党内纪律监督是一项长期的、艰巨的任务。

2. 监察监督

监察监督是监察机关依法对行使公权力的公职人员的监督,是深化国家监察体制改革、增加对行使公权力的公职人员的监督全覆盖、有效性的具体形式。

各级监察委员会对《监察法》第十五条规定的六大类监察对象开展廉政教育,对其依法履职、秉公用权、廉洁从政从业以及道德操守情况进行监督检查,调查职务违法和职务犯罪,对履行职责不力、失职失责的领导人员进行问责,以此推进公权力运行法治化,消除权力监督的真空地带,压缩权力行使的任性空间,并对监察权和监察人员建立完善的监督机制和责任追究机制,其目标重在实现对所有行使公权力的公职人员监督全覆盖[2]。

3. 派驻监督

---

[1] 《始终做到初心如磐、使命在肩》,载中共中央党史和文献研究院编辑《习近平〈论中国共产党历史〉》,中央文献出版社 2021 年版,第 271 页。

[2] 中共中央纪律检查委员会、中华人民共和国国家监察委员会法规室编写:《〈中华人民共和国监察法〉释义》,中国方正出版社 2018 年版,第 73 页。

派驻监督是纵向建立和加强监察机关监督的重要形式。为强化监督，发挥近距离、全天候、常态化监督的优势，保证监察机关能够经常、及时了解分散在不同机关、组织和单位等的工作情况，及时发现和处置问题，中央纪律检查委员会国家监察委员会向中央一级党和国家机关以及其他组织派驻纪检监察机构，地方各级纪律检查委员会监察委员会向本级党和国家机关以及其他组织派驻纪检监察机构。派驻机构是派出机关即纪委监委的重要组成部分，是纪检监察工作的必要延伸和重要抓手。对此，2022年6月中共中央办公厅印发的《纪检监察机关派驻机构工作规则》明确派出机关对派驻机构直接领导、统一管理，向派出机关负责，受派出机关监督。派驻机构与驻在单位是监督和被监督的关系，派驻机构主要负责人按照规定担任驻在单位的党组（党委）成员，履行监督专责，不分管驻在单位工作。同时，派驻机构应当加强对驻在单位内设纪检机构及直属单位纪检机构的业务指导和监督检查，督促、支持其发挥监督职能作用。

一般而言，对系统规模大、直属单位多、监督对象多的单位，可以单独派驻纪检监察组；对业务关联度高，或者需要统筹力量实施监督的相关单位，可以综合派驻纪检监察组。对监察对象较多、任务较重的部门，如公安机关，可采取派驻纪检监察组的形式；对监察对象多在本机关及其驻京单位，监察工作量较小的行政机关，可采取派出监察专员的方式，在目标单位设立监察专员办公室；对于管理公共事务的组织或单位，如企业、高校或医院，因其监察对象相对固定，也可采用监察专员的派驻形式。[1]为加强对承担重大阶段性任务的组织和单位中行使公权力公职人员的监督，还可以采取"一事一任命""一事一授权"的方式，向承担重要任务、重大项目、重点工程建设和其他阶段性任务的组织和单位，以及其他法律法规授权或者委托管理公共事务的组织和单位派出监察专员。[2]

4. 巡视巡察监督

巡视是指中央和省、自治区、直辖市党委一届任期内，对所管理的地方、部门、企事业单位党组织全面巡视。市县两级叫巡察，是巡视工作在

---

[1] 李晓明、芮国强主编《国家监察学原理》，法律出版社2019年版，第245页。
[2] 《北京：向承担重大阶段性任务的组织派出监察专员》，中央纪委国家监委网站，https://www.ccdi.gov.cn/yaowen/201806/t20180608_173395.html？t＝636641381023906250，2022年8月28日。

基层的延伸和拓展。巡视巡察监督是全面从严治党的利剑，是加强纪检监督的战略性制度安排。

巡视巡察工作围绕党风廉政建设和反腐败工作为中心开展，以发现问题、推动整改落实为主要监督方式，着力在如下方面发现问题：领导干部是否存在权钱交易、以权谋私、贪污贿赂、腐化堕落等违纪违法问题；是否存在形式主义、官僚主义、享乐主义和奢靡之风等违反中央八项规定精神问题；领导干部是否存在对涉及党的理论和路线方针政策等重大政治问题公开发表反对意见、搞"上有政策、下有对策"等违反政治纪律的问题；是否存在买官卖官、拉票贿选、违规提拔干部等选人用人上的不正之风和腐败问题。

5. "四项监督"的逻辑关系

"四项监督"是党和国家监督体系的重要组成部分，也是反腐败工作格局中最能体现中国共产党的领导这一中国特色社会主义本质特征的制度设计。准确把握"四项监督"的逻辑关系、在实践中统筹衔接好"四项监督"首先要树立起"大监督"的格局认知。

第一，"四项监督"目标任务一致、职能职责互补，具有内在统一性和高度协同性。[①] 我国的监督体系是党领导下的监督体系，"四项监督"本质上都是政治监督，担负着"两个维护"的政治任务，围绕权力运行和职责履行开展监督，确保党和人民赋予的权力正确行使，确保党的路线方针政策贯彻落实，这是"四项监督"逻辑关系的基础，也是彼此间统筹衔接的前提。另一方面，"四项监督"主体客体部分重合、内容与方式互补，主要采取自上而下监督模式，综合运用谈心谈话、询问查询、信访举报、听取汇报、抽查核实、专项检查等多种监督方式，最终指向实现对全体党员和所有行使公权力人员的监督全覆盖。"四项监督"主体主要是纪检监察机关，虽然巡视巡察监督主体是县区以上党组织，但地方党委巡视（巡察）办设在同级纪委，巡视（巡察）办主任基本上由同级纪委常委担任，该办部分巡视（巡察）工作人员来自纪检监察机关，部分来自地方党委组织部门，为巡视巡察监督与纪律监督、监察监督、派驻监督贯通融合奠定了组织基础。

[①] 《如何正确理解四项监督逻辑关系》，《中国纪检监察报》2021年1月14日第6版。

第二,"四项监督"各有侧重,各有优势,做到各展所长、各尽其能是做好统筹协调的前提和基础。准确把握各项监督的核心要义,将把握重点和发挥优势相结合。在党和国家各项监督制度中,党内监督始终是第一位的,纪律监督应体现更高标准和更严要求,重在把纪律挺在前面、形成常态。监察监督重在实现对所有行使公权力的公职人员的全面有效覆盖,推动依法履职、秉公用权、廉洁从政。派驻监督对驻在单位履行纪律监督和监察监督双重职责,应有效嵌入驻在单位权力运行的关键环节,着力于对驻在单位的日常监督,在监督权力、防控风险上用好"驻"的优势、体现"派"的权威。巡视巡察监督,重在发现问题、推动整改、形成震慑,发挥利剑作用。① 因此,"四项监督"只有做好统筹衔接,才能真正实现对所有监督对象的全面有效覆盖。

第三,建立统筹联动工作机制,实现"四项监督"之间的成果共享,发挥好大监督合力。比如,创新联动协同运转机制,理顺各监督主体的职责定位和工作关系,确保各项监督定位准确、运行顺畅。完善人员选派、队伍共建机制,实现监督力量统筹共管。建立健全促进联动协同的制度规范,对纪检监察机关相关内设部门、派驻纪检监察组、巡视巡察机构之间的问题线索流转、信息共享、情况通报、会商会办等作出明确规定。构建"四项监督"主体间信息共享长效机制,建立相互移送成果信息的固定通道,打造统一监督信息平台,强化大数据分析,统筹做好区域政治生态研判工作,协助党委持续巩固发展良好政治生态。②

---

① 《如何推动四项监督统筹衔接》,《中国纪检监察报》2020年10月29日第6版。
② 刘海涛:《发挥四项监督整体效能》,《中国纪检监察报》2020年6月11日第6版。

第二章

监察法概述

第一节 监察法的概念、渊源与性质

一 监察法的概念

为治官而须察官，为察官而须法律。我国历朝历代非常重视监察制度建设，传统监察法制就是在这个过程中产生和发展的。早在夏商时期，随着法制的确立，治官之法和对政权内部的权力监督开始出现。西周穆王时期，《吕刑》中关于"五过之疵"[1]的规定，已经具有治官之法的性质。由于监察法制在维护国家纲纪、维持吏治、保障国家正常活动等诸多方面发挥着重要作用，因而中国古代统治者都十分注重强化监察机关的监督效能及其运行机制的制度化和法律化。从秦朝起，统治者便积极致力于制定监察法规，由秦迄清，监察法规朝着专门化和法典化的方向发展，历史源远流长。[2]

随着国家监察体制改革的深入推进，监察法被赋予了新的时代内涵。按照通说观点，监察法的内涵有广义和狭义之分。狭义的监察法专指《监察法》这部法律，广义的监察法是指构成我国监察法律法规制度的整个体

---

[1] "五过之疵"，出自《尚书·吕刑》："五罚服，正于五过。"在司法审判活动中，《吕刑》要求司法人员遵循"其罪惟均，其审克之"的办案原则，严禁出现"五过之疵"的五种情况，如犯"五过之疵"，与罪犯同等处罚。"五过"包括：一为惟官，即秉承上意，倚仗权势；二为惟反，即利用职权，报私恩怨；三为惟内，即内亲用事，暗中牵制；四为惟货，即贪赃受贿，敲诈勒索；五为惟来，即接受请托，徇私枉法。

[2] 张晋藩：《中国监察法制史》，商务印书馆2019年版，第16页。

系,即授予监察机关职责和权限进行国家监察活动,并规范监察权运行的监察法律规范的总称。2018年3月11日,第十三届全国人民代表大会第一次会议通过的宪法修正案,增加了有关监察委员会的各项规定,对国家机构作出了重要调整和完善。通过完备的法律保证宪法确立的制度得到落实,是宪法实施的重要途径。① 制定一部对国家监察工作起统领性和基础性作用的法律,有利于加强党对反腐败的集中统一领导,有利于在法治轨道上把反腐败引向深入。该次人民代表大会通过了宪法修正案,同时表决通过了《监察法》,这部为推进全面依法治国,保障宪法实施,实现国家监察全面覆盖,深入开展反腐败工作而制定的法律,是我国社会主义法律体系中的重要组成部分。随着《监察法》的实施和纪检监察工作的不断发展,相关配套法律法规也在不断制定和完善。2021年7月20日,国家监察委员会公布了《监察法实施条例》,该条例已于2021年9月20日起施行。2021年8月20日,第十三届全国人民代表大会常务委员会第三十次会议通过了《监察官法》,该法已于2022年1月1日起施行。上述与监察工作相关的法律法规和《监察法》一道,构成了广义的监察法。因此,广义的监察法是以宪法关于监察委员会组织和职权规定为核心,以《监察法》确立的各项监察制度为基础,以《监察官法》《监察法实施条例》为骨干,辅以各种规范监察关系的法律法规共同构成的层次清晰、逻辑严谨、结构合理的监察法体系。更广义的监察法还涉及与调整纪检监察关系相关的党的政策、党内法规以及各种规范性文件。此外,监察法的概念也可以从法律现象的视角,从宏观上把握监察法调整社会关系所产生的社会现象的各种特征。

二 监察法的法律渊源

水积为渊,水之所出为源。法律渊源是指法的来源、源头,其作为法学术语,语出古罗马法的 fontes juris,意为"法的源泉"。"法律渊源"的概念自清末传入中国后,我国学者沿袭通用说法,将其解释为"研究或适用法律者所有汲取法律之泉源,正如水之有源然"。② 当代中国法的渊源以

---

① 中共中央纪律检查委员会、中华人民共和国国家监察委员会法规室编写:《〈中华人民共和国监察法〉释义》,中国方正出版社2018年版,第35页。
② 韩忠谟:《法学绪论》,中国政法大学出版社2002年版,第26页。

宪法为核心、以制定法为主要表现形式，这是由中国的国情、文化、传统和社会实践决定的。① 回顾古代中国监察法制史，监察法的渊源由以国王发布的诰、命、训、誓为主，转为向成文法过渡。② 在中国历史上，制定法一直居主导地位，民众对于制定法具有特殊的心理认同。中国特色社会主义法治建设的伟大实践和宝贵经验表明：制定法公布于世，有利于发挥法的引导、教育、规范和奖惩的功能，更有助于推进法治文明进程。③ 对监察法的法律渊源的研究必须立足中国法治背景，回归中国法治现实，在中国法治语境中进行。下面将从正式渊源和非正式渊源这两个角度讨论监察法的法律渊源。

（一）宪法

宪法是国家的根本法，是治国安邦的总章程，规定了当代中国最根本的政治、经济和社会制度，具有最高的法律效力，是其他各种法律和法规的"母法"。宪法确定监察委员会的性质和地位，创设了监察权，并为监察立法提供了宪法依据。2018年宪法修正案在"国家机构"部分专门增加了监察委员会一节，规定了监察机关的性质、地位、设置、人员构成、基本职权等。监察委员会作为国家机构入宪，确定了"一府一委两院"的新型国家机构体系。《宪法》第一百二十七条规定，监察委员会依照法律规定独立行使监察权，不受行政机关、社会团体和个人的干涉。这是从宪法层面创设了监察权，使得监察权成为与行政权、审判权、检察权等居于同等地位的新型国家权力。根据《宪法》的规定，我国设立国家监察委员会和地方各级监察委员会，由其依法行使监察权。同时，在于宪有据的基础上制定了《监察法》。

《宪法》第一百二十四条规定，监察委员会的组织和职权由法律规定。该规定是制定《监察法》的宪法依据。因此，宪法是制定监察法律法规制度的直接依据和设立监察机关的根本法律渊源。监察法律制度是宪法有关监察工作规定的具体化和延伸，是监察机关机构设置的法律依据。一切关于监察制度的法律、法规、规章和其他规范性文件都不得与宪法相抵触。

---

① 张文显主编：《法理学》，高等教育出版社、北京大学出版社2018年第五版，第89页。
② 张晋藩：《中国监察法制史》，商务印书馆2019年版，第2页。
③ 张文显主编：《法理学》，高等教育出版社、北京大学出版社2018年第五版，第89页。

(二) 法律

法律是指由全国人民代表大会及其常务委员会依法制定、颁布的法律规范，地位仅次于宪法。监察法的法律渊源，可以从《监察法》和其他法律两个层面来理解。

1. 《监察法》

《宪法》对监察委员会的相关内容作出了原则性规定，涉及具体的监察权限、监察程序、法律责任等内容，需由《监察法》进行细化规定。2018年3月20日《监察法》出台，共计9章69条，初步建立起中国特色的国家监察法律制度，也标志着监察法这一新的法律部门的建立。《监察法》在监察法律制度体系中具有原创性和引领性作用，是我国监察法的主要渊源。

2. 其他法律

其他法律规定包括由全国人民代表大会及其常务委员会依法制定的与监察制度或监察工作相关的法律规范。在监察法领域，其渊源的其他法律主要是指与监察机关和监察工作相关的法律，具体包括了《地方各级人民代表大会和地方各级人民政府组织法》《公职人员政务处分法》《刑法》《刑事诉讼法》《公务员法》《监察官法》《国家赔偿法》等。

《地方各级人民代表大会和地方各级人民政府组织法》是监察法的主要渊源之一，它规定了监察机关的权力来源、机构设置、主要领导产生方式等，各级监察机关由同级人大选举产生、向其报告工作，并受其监督。

《公职人员政务处分法》是为规范政务处分，加强对所有行使公权力的公职人员的监督，促进公职人员依法履职、秉公用权、廉洁从政从业、坚持道德操守，是根据《监察法》制定的法律。《公职人员政务处分法》对公职人员的身份界定、处分程序等规定与监察工作密切关联。实践中，监察机关办理职务违法案件时，须依据《监察法》和《公职人员政务处分法》的相关规定进行办理，这也意味着《监察法》与《公职人员政务处分法》之间需要贯通适用，保证监察工作的高效和顺利进行。

监察机关依法履行调查职责，对涉嫌职务犯罪案件进行调查，因此《刑法》中有关职务犯罪的规定，如《刑法》分则第八章规定的贪污贿赂罪、第九章规定的渎职罪，以及犯罪构成、刑责等规定均为监察机关调查职务犯罪应当适用的法律规范，属于监察法的重要渊源。另一方面，《刑事诉讼法》是调整刑事诉讼活动的法律规范,虽然公职人员的职务犯罪调查工作不适用《刑事诉讼法》,但监察机关经调查后认为符合起诉标准,应当移送审查起诉的案件,应当将案件移送至人民检察院审查起诉,由此进入刑事诉讼程序,适用《刑事诉讼法》的规定。因此,《刑事诉讼法》的有关审查起诉和审判的规范也是监察法的重要渊源。例如,《刑事诉讼法》中关于司法机关对监察机关移送起诉案件的审查、对被调查人采取强制措施、对不起诉情形等规定,都与监察工作密切相关,《监察法》对于《刑事诉讼法》相关制度的适用也在法律条文中进行了规定。

值得注意的是,根据《监察法》第六十七条规定,监察机关及其工作人员行使职权,侵犯公民、法人和其他组织的合法权益造成损害的,依法给予国家赔偿。《监察法实施条例》第二百八十条对受害人可以申请国家赔偿的情形进行了细化。可见,《国家赔偿法》也是监察法的渊源之一,但现行《国家赔偿法》并未将监察机关及其工作人员在行使职权时侵犯公民、法人和其他组织合法权益的情形纳入赔偿范围,据此应尽快对《国家赔偿法》作出修改,与《监察法》及相关规定相衔接。

此外,《公务员法》《监察官法》等法律也涉及监察制度和监察工作。可见,上述与国家监察相关的法律规定均属于我国监察法的重要法律渊源。

(三) 行政法规、部门规章、国务院颁布的其他规范性文件

有学者认为,行政法规、部门规章、国务院颁布的其他规范性文件不宜作为监察法的法律渊源,主要原因在于:在 2018 年宪法修正案和《监察法》颁布后,有关行政监察的法律、行政法规便已失效,不能再为监察工作提供法律依据,且目前已形成"一府一委两院"的国家机构组织体系,监察权成为与行政权处于相同地位的、能够独立行使的权力,行政法规无权规定另一性质国家机关的事务。[1]

也有学者认为,行政法规属于监察法的法律渊源,主要原因在于其为《监察法》的立法工作提供了依据。此外,国务院各部委制定、发布的部门规章和其他规范性命令、指示等,均属于监察法的法律渊源。比如,国务院针对煤矿安全、特种设备安全等制定的《煤矿安全监察条例》《特种

---

[1] 谭宗泽、张震、褚宸舸主编:《监察法学》,高等教育出版社 2020 年版,第 131 页。

设备安全监察条例》,以及国务院办公厅发布的《关于完善煤炭安全监察体制的意见》等规范性文件,都为《监察法》立法提供了参考和依据。①

本书认为,虽然行政机关和监察机关是互相独立的国家机构,但两者所遵照执行的法律法规规章或其他规范性文件应具有一定的互通性。需要特别指出,在监察部被撤销前出台的一些法律法规规章和规范性文件对国家监察体制改革的深化和当前的监察工作实践仍有借鉴意义。如属于广义监察法范畴的《公职人员政务处分法》,其制定是对原《行政机关公务员处分条例》的继承与发展;在具体的监察工作中,《事业单位工作人员处分暂行规定》等法规依然具有一定指引意义。中国特色社会主义法律体系包含了法律、行政法规、部门规章以及其他规范性文件等,《监察法》作为其中之一,不宜将其与其他法律法规或规范性文件割裂开来。因此,《监察法》虽是一部专门规范监察工作的法律,但仍涉及与其他法律法规之间贯通的问题,对此本书在第十三章进行论述。

行政法规、部门规章、国务院颁布的其他规范性文件中涉及监察工作的条款很多,这些规范对监察工作都具有指引作用,因此都属于监察法的渊源。

(四) 监察法规

在国家监察体制改革深入推进的过程中,可能会不断出现新情况、新问题。为应对新出现的情况和问题,保证监察机关各项工作规范化,国家监察委员会有必要在《监察法》基础上制定和出台更为细致的规定。监察法规就是国家监察委员会为规范和指导国家监察工作而依法制定的法规。

2019年8月,国家监察委员会致函全国人大常委会办公厅提出,随着国家监察体制改革不断深入,监察工作中一些深层次问题逐渐显现,《监察法》中一些原则性表述需要进一步具体化。

需要指出的是,对监察法规制定权予以明确,更为理想的方式是修改《立法法》。《立法法》的制定和修改均由全国人民代表大会通过。但考虑到《立法法》的修改除涉及监察法规制定权外,关于立法的指导思想、宪法和法律委员会的职责、授权立法等规定都需要研究和修改,因此对于《立法法》的修改难以在短期内提上立法机关工作日程。基于以上原因,

---

① 谢尚果、申君贵主编:《监察法教程》,法律出版社2019年版,第7页。

全国人大常委会作出决定，明确国家监察委员会可以制定监察法规。因此，国家监察委员会制定的监察法规既具有法律效力，又能够及时地解决问题，比较适当、可行。同时，国家监察委员会作为最高监察机关，制定监察法规也是其履行宪法法律职责所需要的职权。2019年10月，全国人民代表大会常务委员会审议通过了《关于国家监察委员会制定监察法规的决定》，规定国家监察委员会根据宪法和法律，制定监察法规。之后，为便于各级监察机关更好地执行和适用法律，国家监察委员会制定了《监察法实施条例》。

在《立法法》修改前，由全国人大常委会作出关于国家监察委员会制定监察法规的决定是必要的，符合《宪法》和《监察法》的原则和精神。同时，建议抓紧研究对《立法法》的修改，结合我国监察工作的实际，待条件成熟时，通过修改《立法法》等法律的方式，对国家监察委员会制定监察法规及相关问题作出规定，有助于更好地促进国家监察委员会依法依规规范和指导全国的监察工作。

（五）国际条约

国际条约指两个或两个以上国家或国际组织之间缔结的，确定彼此间权利义务关系的协议，是国际法的主要渊源。在全球化的大背景下，增强反腐败的国际协作已逐渐成为世界各国的共识。《监察法》第六章对反腐败国际合作的相关内容进行了专章规定，凸显出新时代党和国家对于反腐败国际合作的高度重视。我国要参与到反腐败国际合作中，离不开参与相关国际条约的缔结。

2003年10月31日，第58届联合国大会审议通过了《联合国反腐败公约》。同年，我国政府签署了该公约。这部公约是世界上第一部全面的反腐败国际法律文件，是世界各国反腐败经验的总结，体现了国际社会治理腐败的共同意愿和决心，对于促进各国反腐败工作，加强反腐败国际合作具有重要意义。此外，2000年11月15日，第55届联合国大会审议通过了《联合国打击跨国有组织犯罪公约》。我国政府也签署了该公约。《监察法》对反腐败国际交流、合作，组织反腐败国际条约实施以及反腐败国际追逃追赃和防逃等工作都作出了相关规定。作为相关国际条约的缔约国，我国开展反腐败国际合作需遵守相关条约的精神和规定，反腐败国际合作的工作开展也有赖于通过相关条约的规定协调缔约国之间的活动，这体现了国际条约在监察法领域的法律渊源地位。值得注意的是，关于相关国际条约的规定是否能够直接被监察委员会适用的问题，仍有待相关机关予以明确。

（六）军事法规

军事法规是指中央军事委员会依法制定颁布的一切军事规范性文件。《监察法》第六十八条是关于中国人民解放军和中国人民武装警察部队开展监察工作的特殊规定。军队因其特殊性无法直接适用监察法，但在全面从严治军的当下，在军队开展监察工作十分必要，因而需要由中央军事委员会根据《监察法》制定适合军队的规定。中央军事委员会制定的与监察工作有关的军事法规同样属于我国监察法律体系中的一部分，也属于监察法的法律渊源。

（七）非正式渊源

非正式渊源，主要指具有法的意义的观念和政策、道德、习惯等有关准则，此外还有权威性法学学说、著作以及公平、正义、廉洁等观念。

1. 政策

政策是国家或政党为了完成一定时期的任务而制定的活动准则，包括国家政策和政党政策。国家的基本政策确定国家的大政方针，体现宪法的基本精神或直接被宪法和法律予以确认，是当代中国法的重要渊源。①

监察法多处体现了政策的指导性作用。首先，国家监察体制改革是以习近平同志为核心的党中央作出的重大决策部署，是事关全局的重大政治体制改革，党的十九大对构建我国监察体系进行了战略部署。国家监察体制改革是在党中央的领导下进行的，《监察法》的制定就是对改革过程中取得的重要成果在法律层面上的确认。其次，监察机关与党的纪律检查机关合署办公是根据党中央关于深化国家监察体制改革的部署，加强了党对监察工作的领导而进行的机构设置。从微观来讲，一些政策与《监察法》的立法精神、基本原则具有一致性，可以在实践中指导监察工作的具体开展，比较典型的包括在监督执纪执法中精准运用"四种形态"。在我国，

---

① 张文显主编：《法理学》，高等教育出版社、北京大学出版社2018年第五版，第91页。

政策在监察法领域起到了强有力的指导性作用，监察权的行使需要顺应政策指明的方向，因此，政策属于监察法重要的非正式渊源。[1]

2. 内部规定

内部规定是指监察机关内部印发的规范性文件。随着国家监察体制的深入推进，监察机关在实践中会遇到各种复杂且亟需解决的问题。为保证监察机关处理相关问题的规范性，监察机关会针对某些特定的问题制定在监察机关内部具有指导性质的规范性文件。

为明确管辖范围，国家监察委员会于2018年4月印发了《国家监察委员会管辖规定（试行）》，对《监察法》中关于管辖相关规定的进一步细化，对实务工作中涉及管辖的相关事项处理具有非常重要的指导作用，本书将在第六章中结合该规定的相关内容展开论述。

为进一步严格监督执法程序，建设一支忠诚干净担当的监察队伍，中央纪委国家监委于2019年7月印发了《监察机关监督执法工作规定》。为建立与审判机关、检察机关、执法部门之间衔接顺畅的工作机制，《国家监察委员会与最高人民检察院办理职务犯罪案件工作衔接办法》《关于纪检监察机关提请公安机关协助采取搜查、留置、通缉措施的规定（试行）》等规定相继出台。

此外，为规范各项监察程序或监察事项，国家监察委员会制定的内部规定还有很多。例如，《中央纪委国家监委立案相关工作程序规定（试行）》《纪检监察机关办理反腐败追逃追赃等涉外案件规定（试行）》《适用简易程序审理案件工作试点办法》《关于宣布处分决定工作的规范意见（试行）》等，这些内部规定对监察机关依法规范履行职责起到了非常重要的指导作用。

除了国家监察委员会印发的内部规定外，其他各级监察机关为更好地贯彻落实党委和上级监察机关的指示精神，也会印发相关的内部规定，旨在更好地指导本级及下级监察机关开展工作。这些内部规定对于指导监察机关依法开展工作具有非常重要的意义，但由于内部规定不属于法律法规的范畴，同时基于保密的要求不便向社会公众公开，因而不能归类为监察法的正式渊源，属于监察法的非正式渊源之一。

---

[1] 谭宗泽、张震、褚宸舸主编：《监察法学》，高等教育出版社2020年版，第132页。

3. 权威学说

权威学说主要指具有一定学术权威的学者针对监察工作中的问题提出的观点或者主张。在西方的一些判例法国家，权威的法学学说能够作为法院裁判的依据，成为法律渊源。在我国，法学学说无法被直接引用，但是这并不能否认其对监察工作的指导作用。

目前，我国监察法律体系的建立仍在初步阶段，需要大量的法学理论对我国原有的法律体系进行分析，对我国当下所处的形势进行判断，对法律体系框架进行搭建，学者提出的学说有利于促进法律的出台与完善，从而实现正式法律渊源的塑造。在监察机关行使监察职能的过程中，法学理论也可以对实践中产生的问题及时反应并提出解决方案，以供监察机关参考。[1] 此外，法学理论自身也是在不断发展。2021年12月，教育部公布了2021年度普通高等学校本科专业备案和审批结果，同意在法学学科门类新增纪检监察学专业。通过众多学者提出新的观点或者相互之间进行学术讨论，监察法领域现存的问题将会得到较好的解决，监察法的学理基础也会得到进一步夯实和发展。

4. 廉洁文化观念

廉洁文化以廉政为思想内涵、以文化为表现形式，是廉政建设与文化建设相结合的产物。中国传统文化素以道德为重要特色，在这种文化传统熏陶下，道德规范以及与其相关的正义观念，成为中国自古以来的一种法律渊源。尤其是在坚持依法治国和以德治国相结合的时代背景下，道德规范和正义观念是我国法律的非正式渊源的重要组成部分。[2] 习近平总书记强调，全面从严治党，既要靠治标，猛药去疴、重典治乱；也要靠治本，正心修身、涵养文化，守住为政之本。[3] 我国大力推进的国家监察体制改革，是党中央审时度势作出的重大战略决策，体现了全面深化改革、全面依法治国、全面从严治党的有机统一，充分借鉴了我国古代监察制度的积极因素，饱含优秀传统文化基因，充分体现了中华民族的文化自信。[4] 廉

---

[1] 谭宗泽、张震、褚宸舸主编：《监察法学》，高等教育出版社2020年版，第132页。
[2] 张文显主编：《法理学》，高等教育出版社、北京大学出版社2018年第五版，第91页。
[3] 张英伟：《十八大以来全面从严治党　新理念新思想新特色述略》，http://fanfu.people.com.cn/n1/2017/0623/c64371-29359270.html。
[4] 姚文胜：《国家监察体制改革研究》，中国社会科学出版社2019年版，第62页。

洁文化是党内政治文化和国家治理现代化的有机组成部分，也是文化自信的重要支撑。培育新时代廉洁文化，必须深入把握廉洁文化与文化自信的内在关联，坚持以文化自信引领新时代廉洁文化建设实践。中共中央办公厅印发的《关于加强新时代廉洁文化建设的意见》强调，加强新时代廉洁文化建设，要坚持以习近平新时代中国特色社会主义思想为指导，全面贯彻党的十九大和十九届中央历次全会精神，增强"四个意识"、坚定"四个自信"、做到"两个维护"，不忘初心、牢记使命，坚持思想建党和制度治党同向发力，坚持依法治国和以德治国相结合，以理想信念强基固本，以先进文化启智润心，以高尚道德砥砺品格，惩治震慑、制度约束、提高觉悟一体发力，推动廉洁文化建设实起来、强起来，不断实现干部清正、政府清廉、政治清明、社会清朗。党的二十大报告指出，深化标本兼治，推进反腐败国家立法，加强新时代廉洁文化建设，教育引导广大党员、干部增强不想腐的自觉，清清白白做人、干干净净做事，使严厉惩治、规范权力、教育引导紧密结合、协调联动，不断取得更多制度性成果和更大治理效能。《监察法》第十一条规定，监察委员会对公职人员开展廉政教育，对其依法履职、秉公用权、廉洁从政从业以及道德操守情况进行监督检查。可见，中华民族崇德尚廉的廉洁文化底蕴也是监察法的非正式渊源。

三 监察法的性质

（一）宪法性法律

通说认为，宪法相关法"包括国家机构的组织和行为方面的法律""民族区域自治方面的法律""特别行政区方面的基本法律""保障和规范公民政治权利方面的法律"以及"有关国家领域、国家主权、国家象征、国籍等方面的法律"。[①] 宪法性法律是"宪法"法，是"国家"法，是"权力"法和"权利"法，[②] 通过将宪法内容具体化、程序化来保障宪法。

2018 年宪法修正案增加了有关监察委员会的各项规定，对国家机构作出了重要调整和完善，并形成"一府一委两院"的格局。《监察法》的制定是加强宪法实施，丰富和发展人民代表大会制度，推进国家治理体系和

[①] 参见曹建明等《在中南海和大会堂讲法制（1994 年 12 月—1999 年 4 月）》，商务印书馆 1999 年版，第 367—375 页。

[②] 参见马岭《宪法性法律的性质界定》，《法律科学》（西北政法学院学报）2005 年第 1 期。

治理能力现代化的战略举措。旨在构建集中统一、权威高效的国家监察体制，对所有行使公权力的公职人员进行监督。《监察法》中涉及监察委员会的设置、组织方式、职责与权限、人员组成等的规定，与宪法中关于监察委员会的规定一脉相承，但又更为具体。这些规定涉及权力组织法和权力运行法，也涉及国家根本政治制度，《监察法》当然地属于宪法性法律。

（二）国家监察领域的基本法律

《监察法》是国家监察领域起统领性和基础性作用的基本法律，对监察相关制度和工作作出了较为明确的规定。监察机关严格按照《监察法》履行监察职责，而不能直接适用《民事诉讼法》《刑事诉讼法》《行政诉讼法》等其他法律的相关规定；遇到相关的民事诉讼和行政诉讼问题时，要移交有关机关处理。国家监察领域的其他法律、行政法规、地方性法规、部门规章、地方政府规章等，都必须以《监察法》为依据，不能与之抵触。《监察法》和其他法律法规等的关系，相当于总则和分则的关系：总则统率分则，分则的规定不得违反总则的精神。比如，《监察法》规定了国家建立监察官制度，但并未对监察官制度的具体内容作出规定，《监察官法》则以《监察法》的规定为统率，对监察官制度进行了明确具体的规定。

（三）调整国家监察领域各种社会关系的综合性法律

相对于其他国家机构组织法来说，《监察法》作为由全国人大审议通过的基本法律，是调整国家监察领域各种社会关系的综合性法律，包含了实体法与程序法、组织法与职权法等监察法律制度。而法院、检察院作为宪法所规定的国家机关，除了在组织体制上要遵守《人民法院组织法》《人民检察院组织法》的规定外，在职权职责和工作程序方面还需要遵循《民事诉讼法》《刑事诉讼法》《行政诉讼法》等基本法律的各项规定。因此，对于各级国家监察机关来说，不论是组建监察机关，还是依法开展监察活动，在遵守宪法的前提下，基本的法律依据就是《监察法》。当然，在监察机关开展监察活动时涉及相关法律法规的事项也需要遵守相关法律法规的规定，从而保证依宪依法行权和依法监察。[①]

[①] 莫纪宏：《准确把握监察法的属性》，《中国纪检监察》2018年第7期。

四 《监察法实施条例》的性质及制度功能

《监察法实施条例》是国家监察委员会根据《全国人民代表大会常务委员会关于国家监察委员会制定监察法规的决定》制定的第一部监察法规。

《监察法实施条例》明确监察机关调查范围,分别对监察机关调查违法和犯罪职责作出规定,列出了职务违法的客观行为类型,列举了监察机关有权管辖的 101 个职务犯罪罪名。这 101 个罪名既是监察机关调查职务犯罪的责任清单,也是对公职人员特别是领导干部履行职责的最底线要求和负面清单,是公权力行使的制度笼子,有利于教育警示公职人员特别是领导干部敬畏纪法、尊崇纪法,做到依法用权、秉公用权、廉洁用权。

按照职权法定的原则,《监察法实施条例》进一步明确了监察职责边界和措施使用规范,促使监察机关依法充分履行监督、调查、处置职责。紧盯监察措施使用中的关键点和风险点,对 15 项监察措施的适用条件、工作要求、文书手续以及告知义务等事项作出详细规定,并对监察证据种类、证据审查、证据规则等作了规定,确保监察机关依法正确采取措施。

《监察法实施条例》将《监察法》规定的监察程序分解为线索处置、初步核实、立案、调查、审理、处置、移送审查起诉 7 个具体环节,在各环节中贯通落实法治原则和从严要求,形成执纪执法贯通、有效衔接司法,权责清晰、流程规范、制约有效的程序体系。同时,强调监察机关对于线索处置、立案调查、处置执行等重要事项要严格按照权限履行请示报告程序,采取监察措施要按照规定的审批权限履行报批手续。

《监察法实施条例》还专章规定了对监察机关和监察人员的监督,要求必须自觉坚持党的领导,接受各种监督,加强内部监督制约机制建设,确保权力受到严格的约束和监督。《监察法实施条例》的公布施行,充分彰显了纪检监察机关接受最严格的约束和监督的坚定决心,有利于纪检监察机关严格按照法定权限、规则、程序开展工作,更好发挥监督保障执行、促进完善发展作用,推动新时代纪检监察工作高质量发展。

作为我国监察法的重要法律渊源,《监察法实施条例》具有以下几个

方面的特性及制度功能:

1. 在法律性质上,《监察法实施条例》是基于严格的立法程序出台的监察法规。它符合监察法规的下述三个特征:一是必须由国家监察委员会"全体会议决定";二是必须以国家监察委员会"公告"的形式发布;三是必须有明确的生效日期。①

2. 在功能价值上,《监察法实施条例》是对《监察法》的具体化和细节化。《监察法实施条例》对于监察制度的各项规定的立法权限没有超出《监察法》的立法权限范围,具有"合法性依据"。《监察法实施条例》第一条明确规定:"为了推动监察工作法治化、规范化,根据《中华人民共和国监察法》,结合工作实际,制定本条例。"因此,《监察法实施条例》的制度功能可以视为《监察法》的补充和完善,是《监察法》实施中的辅助性法规。从法理上考察《监察法实施条例》的正当性,必须要结合《监察法》的各项规定来准确地加以阐释。

3. 在治理效能上,《监察法实施条例》体现党和国家对监察工作的领导。《监察法实施条例》作为监察法规,具有不同于行政法规、军事法规和地方性法规的特点。由于在我国现行的监督体制下,实行了党的纪检工作与国家监察工作的有机统一,在组织体制上实行纪检监察合署办公,因此,《监察法实施条例》作为监察法规必须要充分体现党对立法工作的领导原则。虽然它是作为《监察法》的实施条例,但其制定和发布是经过了"党中央批准"的。由此可见,监察法规的制定和发布相对于其他法律形式来说,需要具备更加严格的批准程序,必须充分体现党对立法工作和监察工作的领导原则。

第二节 监察法的立法目的与指导思想

一 立法目的

立法目的是指立法者希望通过所立的法来获得的结果。《监察法》第

---

① 2021年9月20日,国家监察委员会发布《中华人民共和国国家监察委员会公告》(第1号):经2021年7月20日国家监察委员会全体会议决定,现将《中华人民共和国监察法实施条例》予以公布,自2021年9月20日起施行。

一条规定,"为了深化国家监察体制改革,加强对所有行使公权力的公职人员的监督,实现国家监察全面覆盖,深入开展反腐败工作,推进国家治理体系和治理能力现代化,根据宪法,制定本法。"开宗明义地规定了立法目的,清晰地表达了立法者的意图,其中包含了四层立法目的,且层层递进,构成了一个逻辑关系严密的目标体系。

(一) 深化国家监察体制改革

深化国家监察体制改革是以习近平同志为核心的党中央作出的事关全局的重大政治体制改革,是强化党和国家自我监督的重大决策部署。在宪法修正案通过之后,颁布一部对国家监察工作起统领性和基础性作用的法律,有利于加强党对反腐败工作的集中统一领导,有利于在法治轨道上把反腐败引向深入。制定《监察法》是对党的十八大以来反腐败实践经验的科学总结,是对我国历史上监察制度的有益借鉴,为国际反腐败提供了中国智慧和中国方案,意义重大、影响深远。[①] 第十三届全国人大常委会副委员长李建国在《关于〈中华人民共和国监察法(草案)〉的说明》中指出:深化国家监察体制改革是组织创新、制度创新,必须打破体制机制障碍,建立崭新的国家监察机构。制定监察法是深化国家监察体制改革的内在要求和重要环节。

党中央高度重视国家监察立法工作。党的十九大要求将国家监察体制改革试点工作在全国推开,组建国家、省、市、县监察委员会,并明确提出制定国家监察法,依法赋予监察委员会职责权限和调查手段,实现对所有行使公权力的公职人员监察全覆盖。2018年1月召开的十九届中央纪委二次全会将全面推进国家监察体制改革纳入年度重点工作。2018年2月召开的党的十九届三中全会通过了《深化党和国家机构改革方案》,明确组建国家监察委员会,同中央纪委合署办公,履行纪检、监察两项职责。出台《监察法》就是贯彻落实党中央的决策部署,使党的主张通过法定程序成为国家意志,以立法形式将实践证明是行之有效的做法和经验上升为法律,将改革的成果固定化、法治化。[②]

[①] 参见姚文胜《中国特色监察制度的重要里程碑——写在监察法实施之际》,《中国纪检监察报》2018年3月29日第6版。

[②] 中共中央纪律检查委员会、中华人民共和国国家监察委员会法规室编写:《〈中华人民共和国监察法〉释义》,中国方正出版社2018年版,第52页。

(二) 实现国家监察全面覆盖

以零容忍态度惩治腐败是中国共产党鲜明的政治立场，是党心民心所向，必须始终坚持在党中央统一领导下推进。反腐败斗争形势严峻复杂，与党风廉政建设和反腐败斗争的要求相比，此前的行政监察体制机制存在着明显不适应，反腐败监督覆盖对象范围过窄的问题较为突出。国家监察体制改革之前，依照《行政监察法》的规定，行政监察对象主要是行政机关及其工作人员，远未能实现对所有行使公权力的公职人员全覆盖。[①]

在我国，党是领导一切的，所有行使公权力的国家机关都属于"广义政府"范畴。在人民群众眼里，无论人大、政协，还是"一府两院"等行使公权力的部门，都代表党和政府，都要践行全心全意为人民服务的根本宗旨。党的十八大以来，党内监督得到有效加强，强化了全面从严治党政治责任，监督对象覆盖了所有党员，这也为国家监察覆盖所有行使公权力的公职人员作了示范、打了基础。制定《监察法》，就是要贯彻落实上述改革精神，以法律的形式全面填补国家监督空白，实现国家监察对所有行使公权力的公职人员的监督全覆盖，将公务员及参照公务员法管理的人员，法律、法规授权或者受国家机关依法委托管理公共事务的组织中从事公务的人员，国有企业管理人员，公办的教育、科研、文化、医疗卫生、体育等单位中从事管理的人员，基层群众性自治组织中从事管理的人员以及其他依法履行公职的人员，统一纳入监察范围，由监察机关按照管理权限进行全面的监察。[②]

(三) 深入开展反腐败工作

习近平总书记多次强调，要善于运用法治思维和法治方式反对腐败，加强反腐败国家立法，加强反腐倡廉党内法规制度建设，让法律制度刚性运行。以习近平同志为核心的党中央坚持改革决策和立法决策相统一，明确国家监察委员会就是反腐败工作机构、监察法就是反腐败国家立法，在宪法修正案中确立监察委员会作为国家机构的法律地位。监察法使党的主张通过法定程序成为国家意志，对于创新和完善国家监察制度，实现立法

[①] 中共中央纪律检查委员会、中华人民共和国国家监察委员会法规室编写：《〈中华人民共和国监察法〉释义》，中国方正出版社2018年版，第30—31页。

[②] 中共中央纪律检查委员会、中华人民共和国国家监察委员会法规室编写：《〈中华人民共和国监察法〉释义》，中国方正出版社2018年版，第52—53页。

与改革相衔接,以法治思维和法治方式开展反腐败工作,意义重大、影响深远。

各级监委与同级纪委合署办公,根据《监察法》的规定对行使公权力的公职人员进行监督、调查职务违法和职务犯罪、开展廉政建设和反腐败工作,有利于加强党对党风廉政建设和反腐败斗争的统一领导,形成工作合力,推进标本兼治,夺取反腐败斗争更大成果,必将不断增强人民群众对党的信心和信任,厚植党执政的政治基础。

(四) 推进国家治理体系和治理能力现代化

法治是治国理政的基本方式,是国家治理体系和治理能力的重要依托。习近平总书记在2020年中央全面依法治国工作会议上指出,只有全面依法治国才能有效保障国家治理体系的系统性、规范性、协调性,才能最大限度凝聚社会共识,强调要坚持在法治轨道上推进国家治理体系和治理能力现代化。

不断提升治国理政水平是我们党全面领导、长期执政的题中之义。党和国家治理体系包括了依规治党和依法治国两个方面,即依据党章党规党纪管党治党建设党,依据宪法法律法规治国理政。实行国家监察是对公权力最直接最有效的监督,监察全覆盖和监督的严肃性实效性直接关乎党的执政能力和治国理政科学化水平。制定《监察法》,就是落实党中央关于国家监察体制改革的决策部署,通过制度设计真正把公权力关进制度的笼子,体现依规治党与依法治国、党内监督与国家监察有机统一,探索出一条党长期执政条件下实现自我净化的有效路径,将制度优势转化为治理效能,推进治理体系和治理能力现代化,为人类社会贡献中国智慧和中国方案。

二 指导思想

《监察法》第二条是关于监察法以及新时代监察工作的指导思想的规定。第二条规定,"坚持中国共产党对国家监察工作的领导,以马克思列宁主义、毛泽东思想、邓小平理论、'三个代表'重要思想、科学发展观、习近平新时代中国特色社会主义思想为指导,构建集中统一、权威高效的中国特色国家监察体制。"本条规定主要目的在于,旗帜鲜明地宣示党对国家监察工作的领导,坚持党的领导、人民当家作主、依法治国有机统一，坚持统筹推进"五位一体"总体布局和协调推进"四个全面"战略布局，使依规治党与依法治国、党内监督与国家监察有机统一，推进国家治理体系和治理能力现代化。

（一）坚持中国共产党对国家监察工作的领导

习近平总书记指出，中国共产党领导是中国特色社会主义最本质的特征。党是我国各项事业的领导核心，党的全面领导是顺利推进国家监察体制改革的根本政治保证。古人讲"六合同风，九州共贯"，意思是全国各地风俗教化相同，九州方圆政令贯通统一，是古人推崇的一种政令统一的大一统状态。在当代中国，中国共产党是中国特色社会主义事业的领导核心，在中国特色社会主义法治建设中居于领导核心地位，这是"中国之治"的根本特征。① 深化国家监察体制改革的重要目的，就是加强党对反腐败工作的统一领导。成立监察委员会作为反腐败工作机构，与党的纪律检查机关合署办公，一体履行纪检监察两项职责，对所有行使公权力的公职人员进行监督，对违纪行为进行查处，对涉嫌违法犯罪行为进行调查处置，这是坚持党管干部原则、加强党的领导的重要体现，是完善坚持党的全面领导体制机制的重要举措。党的十八大以来，正是在党的坚强领导下，反腐败斗争才取得了压倒性胜利并巩固发展。监察法将党对反腐败工作的集中统一领导机制固定下来，着力强化不敢腐的震慑，扎牢不能腐的笼子，增强不想腐的自觉，为夺取反腐败斗争压倒性胜利提供坚强法治保证。展望未来，无论面对什么风浪考验，我们都更有信心、更有定力创造出既继承中华民族优良传统、借鉴人类制度文明优秀成果，又体现中国共产党和中国人民法治实践成果，展现中国风格和中国气派的法治文明，继续把党的领导这个中国特色社会主义法治道路的鲜明优势坚持和发展下去。②

（二）以马克思列宁主义、毛泽东思想、邓小平理论、"三个代表"重要思想、科学发展观、习近平新时代中国特色社会主义思想为指导

党的十九大通过的《中国共产党章程（修正案）》把习近平新时代中国特色社会主义思想确立为中国共产党的行动指南，实现了党的指导

---

① 孙晓勇：《党的领导是中国特色社会主义法治之魂》，《光明日报》2021年8月6日第11版。
② 莫纪宏：《党的领导是鲜明优势》，《人民日报》2018年8月31日第7版。

思想的又一次与时俱进。十三届全国人大一次会议通过的宪法修正案，明确将习近平新时代中国特色社会主义思想载入宪法。习近平新时代中国特色社会主义思想，是对马克思列宁主义、毛泽东思想、邓小平理论、"三个代表"重要思想、科学发展观的继承和发展，是马克思主义中国化的最新成果，是中国特色社会主义理论体系的重要组成部分，是全党全国人民为实现中华民族伟大复兴而奋斗的行动指南，必须长期坚持并不断发展。[①]

在新时代新起点上深化国家监察体制改革，必须以习近平新时代中国特色社会主义思想为指导，深入贯彻落实党中央各项决策部署，深刻领会习近平总书记关于全面深化改革尤其是国家监察体制改革的重要思想，把蕴含的认识论、方法论运用到改革实践中，切实担负起"两个维护"政治责任，确保党的路线方针政策和党中央重大决策部署落地见效。各级监察委员会组建后，有序有效开展工作首要的就是要全面系统学习领会习近平总书记关于深化国家监察体制改革的重要论述，以习近平新时代中国特色社会主义思想为指导开展工作。

（三）构建集中统一、权威高效的中国特色国家监察体制

国家监察体制改革前，我国担负反腐倡廉职能的机构有：党的纪律检查机关、政府系统的行政监察机构、隶属检察院的反贪部门，相关部门还包括审计部门和2007年设立的国家预防腐败部门。这些部门多渠道、多形式地开展反腐败工作，取得了反腐倡廉的巨大成就。但毋庸讳言，这种体系也存在较大弊端，主要表现在各机构的权限及相互之间的关系不够明确、监察范围过窄、多头监督导致重复劳动等等方面。随着反腐败工作的不断推进，通过一定方式，协调好纪检、监察、反贪反渎等多家机构的关系，克服现有弊端，构建一个适应形势发展需要的新的反腐倡廉工作机构，已是时之所趋。因此，十八届中央纪委七次全会公报明确指出，要整合行政监察、预防腐败和检察机关查处贪污贿赂、失职渎职以及预防职务犯罪等工作力量，成立各级监察委员会，构建集中统一、权威高效的监察体系。

[①] 中共中央纪律检查委员会、中华人民共和国国家监察委员会法规室编写：《〈中华人民共和国监察法〉释义》，中国方正出版社2018年版，第58—59页。

集中统一、权威高效的中国特色国家监察体制,主要体现在:第一,解决了监察范围过窄问题,填补了监察对象的空白。第二,解决了纪法衔接不畅问题,过去一些地方曾经出现的职务违法无人过问,查办职务犯罪案件"先移后处""先法后纪",党员"带着党籍蹲监狱"等现象得以改变。第三,解决了反腐败力量分散问题,有利于形成监督合力,提高监察工作效率。第四,解决了监督手段单一问题。监察机关被赋予法定职责和多种调查手段,用留置取代"两规"措施,提高了以法治思维和法治方式惩治腐败的水平。[①]

第三节 监察法的基本原则

一 明确监察法的基本原则的意义

原则是分析和处理事物的根本准则。从法理学的角度来看,法律原则是规定或隐含在法律中,作为法律规则产生的依据,其效力贯穿所归属法律的一切活动中,表达了所归属的法律的精神和根本价值倾向的指导思想。法律原则体现了法律的精神,反映了社会生活的趋势、要求和规律,表现了人类对法律问题认识的深化。[②] 监察法的基本原则是规定或隐含在监察法中,作为监察法律规则产生的依据,其效力贯穿于监察法所规范的一切活动中,表达了监察法的法律精神和根本价值倾向的指导思想。

监察法的基本原则无论对监察法的创制还是实施都具有重要的意义。从法律制定的角度来看,监察法的基本原则直接决定了监察法的基本性质、内容和价值取向,保障制度内部和谐统一,对监察法制改革具有导向作用。从法律实施的角度来看,监察法的基本原则指导相关法律法规的解释和推理,补充相关法律规则漏洞,强化调控能力,防止由于适用不合理的规则而带来不良后果。

关于如何界定监察法的基本原则,理论界存在不同的观点。有学者主

[①] 参见中共中央纪律检查委员会、中华人民共和国国家监察委员会法规室编写《〈中华人民共和国监察法〉释义》,中国方正出版社2018年版,第60—61页。

[②] 高其才:《法理学》,清华大学出版社2015年第三版,第45页。

张"九原则说",① 有学者主张"七原则说"。② 这两种主张都是基于对《监察法》总则相关法律条文的提炼,具有一定的合理性。但应当注意的是,总则中包含了监察法的法律原则和监察工作应当遵循的原则,有必要对这两者进行区分。监察法的法律原则应当与法理学意义上的法律原则具有共通性,并在监察法语境下能够体现监察法的特色,能贯穿于监察法的所有规则。结合上述分析,我们认为,监察法的基本原则可以归纳为以下四项:党领导监察原则、监察全面覆盖原则、权责法定原则、权利保障原则。这四项原则为监察法律制度的完善和监察法的实施提供了基本遵循。此外,关于监察工作应当遵循的原则,本书第三章第四节进行了讨论。

二 坚持党的领导原则

（一）含义

《监察法》第二条规定了国家监察工作必须坚持中国共产党的领导,这是坚持党对监察工作的领导原则在监察法中的直接体现。习近平总书记指出:"党和法的关系是一个根本问题,处理得好,则法治兴、党兴、国家兴;处理得不好,则法治衰、党衰、国家衰。"③ 社会主义法治必须坚持党的领导。改革开放以来我国社会主义法治建设的各项成就,都是在党的领导下、在党的正确路线方针政策指引下取得的。④ 深化国家监察体制改革,制定《监察法》,使国家监察工作在法治的轨道上运行,是我国社会主义法治建设的一个重大成就,这是在中国共产党的领导下实现的。以零容忍的态度惩治腐败是中国共产党鲜明的政治立场,是党心民心所向,必须始终坚持在党中央的统一领导下推进。

---

① 具体包括:1. 依法独立行使监察权原则;2. 与审判机关、检察机关、执法部门互相配合、互相制约原则;3. 有关机关和单位依法协助原则;4. 依宪依法监察原则;5. 以事实为根据,以法律为准绳原则;6. 在适用法律上一律平等,保障当事人的合法权益原则;7. 权责对等,从严监督原则;8. 惩戒与教育相结合,宽严相济原则;9. 标本兼治、综合治理原则。参见姜明安《论监察法的立法目的与基本原则》,《行政法学研究》2018年第4期。

② 具体包括:1. 坚持党的领导原则;2. 全面覆盖原则;3. 监察权独立行使原则;4. 互相配合互相制约原则;5. 依法监察原则;6. 当事人合法权益利保障原则;7. 监督优先原则。参见马怀德主编《监察法学》,人民出版社2019年版,第96—123页。

③ 莫纪宏:《党的领导是鲜明优势》,《人民日报》2018年8月31日第7版。

④ 莫纪宏:《党的领导是鲜明优势》,《人民日报》2018年8月31日第7版。

(二) 要求

1. 工作指引上，增强政治领导

2016年1月29日召开的中央政治局会议提出，要增强"四个意识"。"四个意识"，即政治意识、大局意识、核心意识、看齐意识。增强政治意识就是要自觉在思想上政治上行动上同党中央保持高度一致，使我们党更加团结统一、坚强有力，始终成为中国特色社会主义事业的坚强领导核心。国家监察机关和党的纪律检查机关合署办公，实现了党内监督和国家监察的一体化运行，加强了党的集中统一领导。监察机关是政治机关，监察权具有鲜明的政治属性，必须从政治的高度看待监督调查处置工作，坚定不移反对腐败，清除政治隐患，回应人民群众期盼，厚植党执政的政治基础。尤其是党中央提出协调推进"四个全面"战略布局以来，要求监察机关必须准确把握坚持党的领导、加强党的建设、全面从严治党、推进党风廉政建设和反腐败斗争相互之间的关系，明确内涵、厘清责任，按照全面从严治党的要求谋划部署党风廉政建设和反腐败斗争。①

2. 权力运行上，落实党委（党组）主体责任

有权就有责，权责要对等。习近平总书记在十八届中央纪委六次全会讲话中指出，全面从严治党是各级党组织的职责所在，各级党组织及其负责人都是责任主体，必须担负起全面从严治党的主体责任。党委（党组）能否落实好主体责任直接关系到党风廉政建设成效。在实际工作中，"有的党委对主体责任认识不清、落实不力，有的没有把党风廉政建设当作分内之事，每年开个会、讲个话，或签个责任书就万事大吉了；有的对错误思想和作风放弃了批评和斗争，搞无原则的一团和气，疏于教育，疏于管理和监督，放任一些党员、干部滑向腐败深渊；还有的领

---

① "四个全面"是习近平总书记在党的十八大后逐步提出的我国发展的战略布局，是党在新形势下治国理政的总方略。2014年12月，习近平总书记在江苏调研时强调，要主动把握和积极适应经济发展新常态，协调推进全面建成小康社会、全面深化改革、全面推进依法治国、全面从严治党，推动改革开放和社会主义现代化建设迈上新台阶。这是总书记第一次明确提出"四个全面"。2015年2月，习近平总书记在省部级主要领导干部学习贯彻十八届四中全会精神全面推进依法治国专题研讨班开班式上，首次把"四个全面"定位于党中央的战略布局。2017年10月，党的十九大提出，新时代中国特色社会主义事业战略布局是"四个全面"。2020年10月底，随着全面建成小康社会取得决定性进展，党的十九届五中全会对"四个全面"战略布局作出新的表述，将"全面建成小康社会"调整为"全面建设社会主义现代化国家"。

导干部只表态、不行动，说一套、做一套，甚至带头搞腐败，带坏了队伍，带坏了风气。① 因此，各级党委（党组）书记要尽到反腐败"第一责任"。既要发挥党对监察工作的统领性、方向性、指引性功能，全面落实党和国家的反腐败战略部署，又要发挥党的组织动员和决策执行功能，对重要工作亲自部署、对重大问题亲自过问、对重要环节亲自协调、对重要案件亲自督办。②

3. 工作方式上，贯彻党管干部原则

在我国，党管干部原则是干部工作的根本原则，是党的领导在干部人事工作中的重要体现，是巩固党的执政地位、履行党的执政使命的重要保证。中国共产党作为执政党，其执政活动本就体现着党管干部。监察工作与党的干部人事管理工作关系紧密，监察工作必须接受党的领导，因此坚持党领导监察原则实质上也是贯彻着党管干部原则。作为执政党，我们党不仅管干部的培养、提拔、使用，还必须对干部进行教育、管理、监督，必须对违纪违法的干部作出处理，对党员干部和其他公职人员的腐败行为进行查处。监察工作就是要对干部进行教育、管理、监督，并对违纪违法的干部进行处理。国家监察体制改革实现了对所有行使公权力的公职人员的监察全覆盖，直接体现了党对于加强干部管理的现实需求。

三 监察全面覆盖原则

（一）含义

监察全面覆盖是指监察机关依法对所有行使公权力的公职人员实施监察，保障所有公权力在法治的轨道上运行，全力杜绝公权力不受监督和约束现象的出现。《监察法》第一条规定了要加强对所有行使公权力的公职人员的监督，实现国家监察全面覆盖；第三条又规定了各级监察委员会依照本法对所有行使公权力的公职人员进行监察。可见，监察全面覆盖的目的在于加强对公职人员的监督和深入开展反腐败工作。

---

① 习近平：《在第十八届中央纪律检查委员会第三次全体会议上的讲话》（2014年1月14日），载中共中央纪律检查委员会、中共中央文献研究室编《习近平关于严明党的纪律和规定论述摘编》，中国方正出版社2016年版，第114页。

② 吴建雄、廖永安主编：《监察法学》，中国人民大学出版社2020年版，第57页。

监察全面覆盖是国家监察体制改革的主要目标之一，也是《监察法》明确规定的基本原则之一。全面覆盖意味着实现党内监督与国家监察的无缝衔接。此处的"全覆盖"，包括《监察法》所规定的六大类公职人员对公权力行使的"全过程""各领域""各方面"，是一种复合型的立体化的覆盖。

（二）要求

一是要健全、完善监督方式。国家监察体制改革后，监察对象的范围更广，人数更多，也导致监督难度加大。若监督方式不健全，难免会存在漏洞，这也将与改革的初衷相违背。在具体实践中，监察机关可以探索以下监督方式：接受各类信访举报，关注社会和网络舆情，畅通发现问题渠道；分类处置反映领导干部和公职人员问题线索，抓早抓小，对苗头性、倾向性问题提醒谈话，对轻微违纪问题诫勉谈话；用好谈话函询这个日常监督手段，主动给有错误的领导干部和公职人员说清情况、交代问题的机会，加强思想政治教育，发挥教育警示作用；对轻微违纪问题一定范围内通报批评，对普遍性问题公开批评，对系统性问题进行问责；监督检查领导干部执行《新形势下党内政治生活若干准则》《党内监督条例》《纪律处分条例》等党内法规情况，定期检查领导干部报告个人有关事项情况；对违反党的纪律和国家法律的行为及时给予党纪和政务处分；向相关部门和单位提出监督和监察建议等。①

二是要厘清监察范围。监察全面覆盖核心含义是指《监察法》和《条例》所规定六大类公职人员必须"全面"纳入"监察对象"的范围，但并不意味着"啥都管"，在制度上有一定的时空界限，特别是要尊重具有"交叉管辖"职能的其他国家机关对监察对象的依法管理。首先，监察机关应明确其职责定位，理清各主责部门承担的"职能监督"和监察机关承担的"专责监督"之间的关系。监察机关不能去管主责部门的具体业务工作，也不能事事冲锋在前，代替主责部门去行使监督责任，其工作重点是监督督促主责部门履行好职责，及时发现其中的违法行为并予以惩处，发挥好"监督的再监督、检查的再检查作用"。其次，明确监察对象是"行

---

① 王希鹏：《深化国家监察体制改革须重点把握好五个问题》，《党政干部论坛》2018年第9期。

使公权力的公职人员"。关于监察对象范围的具体内容，本书将在第六章进行深入讨论。

三是要突出监察重点，抓住"关键少数"。为政之要，莫先乎人；成事之要，关键在人。习近平总书记反复强调，全面从严治党既要用纪律管全党、治全党，又要抓住领导干部这个"关键少数"，形成"头雁效应"。包括党政主要领导在内的"关键少数"能否发挥关键作用，事关党和国家事业的前途命运。各级领导干部在推进依法治国方面肩负着重要责任。全面依法治国，必须抓住领导干部这个"关键少数"。领导干部在社会成员的数量上的确是少数，但在作用上则是十分巨大的。各级领导干部具体行使党的执政权和国家立法权、行政权、监察权、审判权、检察权等，在很大程度上决定着全面依法治国的方向、道路和进度。"关键少数"发挥着关键作用，也具有关键影响，这也是监察机关必须肩负起监督职责，并健全机制，突出重点，抓住"关键少数"的必要性之所在。

四 权责法定原则

（一）含义

十八届四中全会提出了"权责法定"的原则。广义上的权责法定原则是指公权力机关履行经济、社会、文化等事务管理职责应当依法进行，其执法权力和执法手段要有明确的法律法规依据，公权力机关违法或者不当行使职权的，应当依法承担法律责任，有权必有责，实现权力和责任的统一。

权责法定原则是监察领域的重要原则之一，其核心在于加强对权力配置运行的监督和制约，保证监察权不被滥用。权力的规范运行是国家治理关键的环节之一，强化对监察机关权力监督制约是党和国家极为重视的问题，信任不能代替监督，没有制约的权力是危险的。监察机关从来不是天然的"保险箱"，一些行使监察权的主体也存在贪污受贿等问题，"灯下黑"并非个别现象。在监察领域贯彻权责法定原则，可以实现"管住官、管住权"的目的。因此，从监察法的内容看，无论实体上还是程序上，都要求对监察权进行制约和监督，对监察机关和监察人员的权责范围、权力运行规则作出明确的规定，并明确监察机关和监察人员在履职不当或者违法时所应当承担的法律责任。从而将监察活动置于法律框架范围内，所有的监察行为依照法定的程序，符合法律的规定，避免监察机关滥用职权。

（二）要求

"权责法定"原则意在依法监察，包含职权法定和责任法定两个维度。

1. 职权法定是依法开展监察的基础

监察工作需建立在职权法定上。公权力来源于人民，应恪守"法定职责必须为，法无授权不可为"的原则。监察法以法律的形式规定了监察机关监督、调查、处置的职责。为了聚焦监察机关的反腐败职能，将其职责以法律的形式予以明确，是将党中央深化国家监察体制改革方案中关于监察机关职责的改革部署转化为国家意志和具体的法律规定，使监察机关履职尽责于法有据。因此，监察机关的职责必须在法律层面确定下来，必须严格履行其各项法定职责。另一方面，在履职的过程中，要遵循法无授权不可为。《监察法》赋予了监察机关15项调查权限，且对监察范围和管辖对象、监察程序等均作出了明确的规定。监察权作为公权力，必须在法治的轨道上运行，必须在法律划定的框架内运行。《监察法实施条例》进一步明晰了监察职责边界和措施使用规范，推进了监察机关依法充分履行监督调查处置职责。

2. 责任法定是依法开展监察的重要保障

监察机关及其工作人员违反法律规定开展监察工作，需承担相应的法律后果，构成犯罪的还应追究相应刑事责任。责任法定既是对监察对象的保护，也是对监察机关工作人员的保护。监察机关及其工作人员如以威胁、引诱、欺骗及其他非法方式收集的证据应当予以排除，不得作为案件处置依据，避免监察权被滥用，保障监察对象的合法权益；监察机关工作人员非因违反法律开展监察工作等法定事由不得追究其法律责任，避免监察权被干预，确保监察机关及其工作人员相对独立开展监察工作。《监察法》第七章和第八章分别规定了对监察机关和监察人员的监督以及法律责任，体现出监察法在制度设计时充分考虑了对监察机关和监察人员的约束，这也能够最大程度地避免监察权被滥用。权力的行使须与责任的承担紧密相连，权力是人民赋予的、法律授予的，监察权的行使也必须对人民负责、对法律负责。

五 权利保障原则

（一）含义

"权利"作为一个法律概念，指公民依法应享有的权能和利益，或者法律关系主体在法律规定的范围内，为满足其特定的利益而自主享有的权能和利益，与义务相对应，是法律赋予权利主体作为或不作为的许可、认定及保障。权利保障原则是我国宪法的一项基本原则，2004年3月全国人民代表大会通过的宪法修正案增设了"国家尊重和保障人权"这一人权保障条款。同时，权利保障原则在民法、刑法、监察法、刑事诉讼法等部门法中也有充分体现。2021年1月1日起开始施行的《民法典》确认并建立了内容全面、体系周延、层次清晰的民事权利体系，是一部公民权利的保障书。《监察法》在总则第五条中规定国家监察工作应保障当事人的合法权益，这是权利保障原则的最直接表述，同时通篇还有20多个条文与保障被调查人的合法权益相关，占整部法律条文总数的三分之一。

（二）要求

1. 尊重和保障当事人的合法权利

当事人权利保障原则的确立是现代法治的必然要求。调查职务违法和职务犯罪是监察机关的重要任务之一，但监察机关履行职责时必须符合法治的基本要求，保障公民的基本权利不受非法侵犯。如监察机关应当严格依照法定程序适用各项调查措施，保障被调查人的人身和财产权利。其中，留置作为限制被调查人的人身自由的调查措施，在适用时应当严格依照法律的规定，确保被调查人的合法权益不被侵犯。《监察法》第二十二条规定了留置对象、适用情形，第四十三条规定了留置审批权限、期限、执行和解除，第四十四条规定了及时通知家属和被调查人饮食、休息等权益保障事宜，严格规范留置措施。又如依法查封暂扣处置涉案财物，保障被调查人的财产性权利。《监察法》第二十三条、第二十五条分别对运用查询、冻结措施，调取、查封、扣押措施进行了规定；第四十六条对涉案财物的处置进行了规定。

2. 遵守程序正义，防止滥用权力

应当充分保障监察程序的中立性、参与性和公开性。程序中立性要求监察机关及其工作人员处于中立地位，监察人员与监察对象或被检举人存在利害关系的应当自行回避，其他相关人员也可申请其回避。程序参与性要求监察机关充分听取监察对象的陈述和申辩，不能片面认定职务违法犯罪事实。程序公开性要求监察权的行使保持必要的公开和透明，依法公开监察工作信息并接受监督。

3. 充分保障当事人的救济权

在监察机关及其工作人员违法行使权力，导致当事人合法利益受到侵害的情形下，立法规定了当事人的救济权和救济方式。《监察法》第四十九条、第六十条、第六十七条分别规定了监察对象、被调查人及近亲属等申请复审和复核的权利、申诉权和申请复查权，以及合法权益遭受损害后要求获得国家赔偿的权利。

4. 保障全体公民的权利

《监察法》是国家监察体制改革的重要成果，是反腐败工作的有力武器。我国宪法赋予了公民监督权，它是公民参政权中一项不可缺少的内容。《监察法》作为宪法性法律以及国家监察领域的基本法律，是对公民监督权的直接保护。国家持续推进反腐败，坚持不敢腐、不能腐、不想腐一体推进，打造风清气正的政治生态和社会生态，其实质也是对公民基本权利的保障。

第四节 监察法律关系

一 监察法律关系概述

从法理学的角度看，法律关系就是法律规范作用于社会生活的过程和结果，是法律从静态到动态的转化，是法律秩序的存在形态。监察法律关系就是以监察法律规范为基础形成的，以权利与义务为内容的一种社会关系。从社会心理学的角度看，社会关系是人们在共同的物质和精神活动过程中所结成的相互关系，包括个人之间的关系、个人与群体之间的关系、个人与国家之间的关系，还包括群体与群体之间的关系、群体与国家之间的关系。

监察法律关系具有以下三个特征：

（一）监察法律关系是以监察法律规范为基础形成的社会关系

监察法律规范的存在是监察法律关系形成的前提。有些社会关系，如友谊和恋爱关系等,通常不适宜由法律进行调整,也就不会存在相应的法律规范,也因此它们并非法律关系。另一方面,有些社会关系,虽适合由法律进行调整,甚至亟需得到法律的调整,但由于国家还未制定相应的法律规范,它们也不是法律关系。①

党的十八大以来,以习近平同志为核心的党中央坚持反腐败无禁区、全覆盖、零容忍,以雷霆万钧之势,坚定不移"打虎""拍蝇""猎狐",不敢腐的目标初步实现,不能腐的笼子越扎越牢,不想腐的堤坝正在构筑。在深入开展反腐败斗争的同时,深化国家监察体制改革试点工作积极推进。② 在这个时代背景下,迫切需要出台新的法律规范对国家监察工作予以调整、规范和完善。为了推进全面依法治国,实现国家监察全面覆盖,深入开展反腐败工作,规范监察法律关系,2018 年 3 月,第十三届全国人民代表大会第一次会议先后表决通过了宪法修正案和《监察法》。2019 年 10 月全国人大常委会通过《全国人民代表大会常务委员会关于国家监察委员会制定监察法规的决定》,明确国家监察委员会具有制定监察法规的职权。2021 年 9 月,国家监察委员会发布第 1 号公告,发布了《监察法实施条例》,进一步补充和完善了《监察法》所确立的各项监察制度。随着国家监察体制改革的深入推进,将来会有越来越多的监察法律规范的出台,这些法律规范就是监察法律关系形成的前提。

(二)监察法律关系是监察法律主体之间的社会关系

正如萨维尼所言,"所有的具体法律关系都是通过法规则而界定的人与人之间的联系"。③ 法理学意义上的法律关系并非一般意义上的人与人之间的关系,而是法律意义上的主体之间的关系。在监察法学领域,监察法律关系就是监察法律主体之间的社会关系。

监察法律主体就是在监察法律关系中享有权利和履行义务的主体,这也是监察法律关系的主导性因素。监察法律关系的存在表现为主体依法享有和行使权利或者承担和履行的义务。例如,《监察法》第四十九条规定

---

① 张文显主编:《法理学》,高等教育出版社、北京大学出版社 2018 年第五版,第 152 页。
② 《关于〈中华人民共和国监察法(草案)〉的说明》,中央纪委国家监委网站,https://www.ccdi.gov.cn/toutiao/201803/t20180314_166242.html,2022 年 9 月 8 日。
③ [德]萨维尼:《当代罗马法体系Ⅰ:法律渊源·制定法解释·法律关系》,朱虎译,中国法制出版社 2010 年版,第 258—259 页。

了监察对象享有在一定时限内申请复审的权利,也规定了监察机关收到复审申请后应当在一定时限内作出复审决定。假设某被调查人 A,对监察机关作出的涉及其本人的处理决定不服,其在收到处理决定之日起的一个月内,向作出决定的监察机关申请了复审,收到复审申请的监察机关在一个月内作出复审决定。这个复审案例就体现着监察法律关系,在该监察法律关系中,监察法律主体分别是作为监察对象的被调查人 A 以及作为复审机关的监察机关,在该复审程序中,监察法律关系就是存在于被调查人 A 和监察机关之间的一种社会关系。

(三) 监察法律关系是以权利和义务为内容的社会关系

法律关系以权利和义务作为内容,[①] 监察法律关系也是权利与义务的集合体。《监察法》等法律规范作为监察法律关系形成的依据,对监察法律权利与义务作出了明确规定。例如,《监察法》第四章规定了监察机关拥有 15 项监察权限,相应地监察对象要服从监察机关依法行使相关监察权限。又如,监察对象享有保障人身、财产不受非法侵犯的权利,相应地监察机关应当依法承担保障监察对象人身、财产权利的义务。纵观《监察法》各章节,实质上是相关主体的各项权利与义务的集合体,这些集合体就是监察法律关系的内容。

二 监察法律关系构成要素

监察法律关系的构成要素与法理学关于法律关系构成要素的原理具有共通性,包括了主体、客体、内容。

(一) 主体

监察法律关系的主体,是监察法律关系的参加者,即一定权利的享有者(权利人)和一定义务的承担者(义务人)。在监察法律关系中,主体主要包括以下五类:

1. 监察机关

监察机关作为行使国家监察职能的专责机关,对所有行使公权力的公职人员进行监察,调查职务违法行为和职务犯罪行为,开展廉政建设和反腐败工作,是所有监察法律关系的主体。《监察法》规定了监察机关拥有

---

① [英] 梅因:《古代法》,沈景一译,商务印书馆 1959 年版,第 102 页。

监督、调查、处置的职责，并赋予了监察机关在查处职务违法和职务犯罪行为时可以使用 15 种监察权限。另一方面，《监察法》也对监察机关依法履行职责进行了明确、详细的规定，如监察工作的开展需要严格按照法定的程序进行，若监察机关的监察行为违反法律规定，将承担相应的法律责任。监察机关在监察法律关系中既享有权利，同时也负有义务，是监察法律关系中的重要主体。

2. 监察人员

监察人员是指在监察机构中从事监察工作的人员，是代表国家履行监察职责的直接参与者和实际操作者。法律赋予监察人员相关职责权限的同时，也对其职业操守进行了约束。《监察法》第五十六条规定了监察人员必须模范遵守宪法和法律，忠于职守、秉公执法，清正廉洁、保守秘密；必须具有良好的政治素质，熟悉监察业务，具备运用法律、法规、政策和调查取证等能力，自觉接受监督。若监察人员存在违法行为，同样需要承担相应的法律责任。根据《监察官法》的规定，依法行使监察职权的人员在法律上的正式称谓是"监察官"，包括下列人员：（1）各级监察委员会的主任、副主任、委员；（2）各级监察委员会机关中的监察人员；（3）各级监察委员会派驻或者派出到中国共产党机关、国家机关、法律法规授权或者委托管理公共事务的组织和单位以及所管辖的行政区域等的监察机构中的监察人员、监察专员；（4）其他依法行使监察权的监察机构中的监察人员。同时，明确各级监察委员会派驻到国有企业的监察机构工作人员、监察专员，以及国有企业中其他依法行使监察权的监察机关工作人员不纳入监察官范围，但参照本法进行监督管理。鉴于国有企业监察机构人员的企业人员身份，其在编制、人事管理等方面与纳入监察官范围的人员存在较大差异，在充分考虑国有企业监察工作实际和各方意见的基础上，监察官法作出了其不纳入监察官范围的规定。[①] 由此可见，监察人员是监察法律关系的重要组成部分，包括了监察官和其他参照监察官法进行监督管理的人员，而监察官是监察人员中的核心群体。

3. 监察对象

《监察法》第十五条规定了监察对象的范围，包括了六类监察对象，

---

① 贾金峰：《准确理解和把握监察官的范围》，《中国纪检监察》2021 年第 17 期。

实现了国家监察对所有行使公权力公职人员的全覆盖。监察机关依法行使监察权时，监察对象必须配合并接受监督和检查。监察对象如果因涉嫌职务违法或职务犯罪问题接受监察机关的调查，监察机关可以依法对其采取相关调查措施，可以对其职务违法行为予以政务处分，将其涉嫌职务犯罪问题移送司法机关处理。

4. 相关国家机关

其他国家机关主要包括作为权力机关的人民代表大会，作为协商机构的中国人民政治协商会议，作为司法机关的审判机关、检察机关、公安机关，作为行政机关的人民政府及其职能部门等。根据《宪法》和《监察法》的有关规定，各级监察委员会应当接受本级人民代表大会及其常务委员会的监督；监察机关应当依法接受民主监督；监察机关行使监督、调查、处置职权时，相关国家机关依法应当予以协助和配合；公安机关有配合监察机关留置、通缉、限制出境、技术调查等义务，人民检察院有依法及时审查起诉的义务，人民法院有依法及时审判和配合监察机关查封、扣押、冻结财产的义务；人民法院、人民检察院、公安机关、审计机关等国家机关在工作中发现公职人员涉嫌贪污贿赂、失职渎职等职务违法或者职务犯罪的问题线索，一般应当移送监察机关，由监察机关依法调查处置。此外，在人民代表大会及其常务委员会机关、人民政府、人民法院、人民检察院、中国人民政治协商会议各级委员会机关等国家机关中依法行使公权力的公职人员，均是监察机关的监察对象。

5. 其他监察参与者

其他监察参与者主要是指参与到监察工作中的证人、鉴定人、翻译人、举报人、控告人等。此类监察参与者通常是因为某项特殊的工作要求参与到监察工作中，也就受到监察法律规范的管理和约束，此时也就存在于监察法律关系之中，享有法律规定的权利和负有法律规定的义务，因此其他监察参与者也是监察法律关系的主体之一。

需要注意的是，涉嫌行贿犯罪或者共同职务犯罪的涉案人员等，这些人员虽不属于公职人员，但也可以成为监察法律关系的主体。

(二) 客体

法律关系的形成必须具备客体。笼统来说，客体即是法律关系权利和义务指向的对象。通常来说，物、行为、人身、精神财富等均可成为法律关系的客体。监察法律关系的客体包括职务违法、职务犯罪事实以及监察机关享有的监察职权和行使监察权的行为。

1. 职务违法、职务犯罪事实

根据《监察法》相关规定，监察机关依法对涉嫌贪污贿赂、滥用职权、玩忽职守、权力寻租、利益输送、徇私舞弊以及浪费国家资财等职务违法和职务犯罪进行调查和处置。监察机关一般通过接受举报或日常监督检查等方式发现职务违法、职务犯罪问题线索，经过初步核实，对监察对象涉嫌职务违法、职务犯罪，需要追究法律责任的，按照规定的权限和程序进行立案调查。因此，监察法律关系也是围绕职务违法、职务犯罪事实而展开的。

2. 监察机关依法享有的监察权及行使监察权的行为

在监察法学领域，监察机关依法享有的监察权及行使监察权的行为是监察法律关系中的一个重要客体，是指监察机关依法对公职人员行使监督、调查和处置的监察职权以及实施监察职权的行为。监察机关的监察行为对监察对象及其他的监察法律关系参与者的约束力，来自监察机关依法享有的监察职权。如果监察机关缺少法律赋予的监察职权，监察机关就无法实施监察行为，因此，法律规定的监察职权和监察机关实施监察职权而产生的行为，都是监察法律关系赖以产生的制度条件，是监察法律关系主体之间发生具体权利与义务关系的客体或体现客体特征的标的物。监察机关在调查和处置的过程中，与被调查人以及其他参与者之间产生权利与义务关系，没有监察机关依法赋予的监察职权以及依法行使监察权的行为，就不会产生监察机关与其他参与者之间的权利与义务。如监察机关对被调查人调查终结后，依法进行处置，即形成了监察机关与被调查人之间的权利与义务，监察机关有权作出政务处分决定，被调查人有权依相关规定向监察机关申请复核，监察机关应当依法保障被调查人的申诉权利。

（三）内容

监察法律关系的内容就是主体之间的权利和义务，它是监察法律规范所规定的权利与义务在实际的监察工作中的具体落实。

1. 权利

权利是指监察法律规范保护的自由意志所支配的行为范围，它体现了权利人的正当利益。权利保障原则也是监察法的基本原则之一。比如，监察机关在行使监督和调查权时，有权要求相关国家机关依法予以协助和配合。实务中，监察机关决定采取技术调查、通缉、限制出境等3种调查措施，需要公安机关依法协助执行。对于拒不配合的，应当由其主管部门、上级机关责令改正，对单位给予通报批评。监察机关在行使监察权时，有权要求公职人员配合核实调查、如实陈述事实。监察机关在行使调查权时，有权对被调查人采取调查措施。另一方面，监察对象也有权依法要求监察机关保护其合法权利。监察对象对监察机关作出的涉及本人的处理决定不服的，可以向作出决定的监察机关申请复审；对复审决定仍不服的，可以向上一级监察机关申请复核。

2. 义务

义务是指监察法律规范对主体行为的约束，是规定相关主体应当作出和不得作出某种行为的界限。比如，监察机关有保守国家秘密、商业秘密和个人隐私的义务。监察机关在行使调查权时，也有义务依法保护被调查人的合法权利，对于不应当查封、扣押和冻结的财产，应当及时解除强制措施，对于不应当立案调查的，应当撤销案件，并应当依法承担保护被调查人个人隐私的义务。另一方面，被调查人有接受调查的义务，相关监察参与者有配合调查的义务。

每个监察法律关系中的主体在享有权利的同时，必须承担相应的义务，权利与义务构成了监察法律关系的内容。由于监察法律关系的复杂性，监察法律关系主体在监察程序不同阶段其权利义务关系会发生变化。如监察机关在调查阶段，人民检察院有协助与配合的义务；而在审查起诉阶段，监察机关则有配合人民检察院的义务。

三 主要的监察法律关系类型

监察法律关系的类型表现为各监察法律关系主体之间的法律关系，主要包括了以下六类：

（一）监察机关与监察对象的法律关系

监察机关与监察对象的法律关系是最核心的监察法律关系，整个监察法律制度的设计和运行都是围绕此法律关系开展的。监察机关和监察对象之间主要是"监察与被监察"的关系。① 监察机关经初步核实,认为公职人员存在职务违法和职务犯罪嫌疑,监察机关可以在经过批准程序后立案调查,被调查的公职人员即成为被调查人,监察机关与作为监察对象的被调查人之间就形成了权利义务关系。在此过程中,首先,监察机关依法履行监察职能,通过采取相应的措施,对监察对象实施监督、调查和处置,实现监察权运行的价值目标。与此同时,监察机关应当承担起相应的职责和义务,既要严格按照法定程序来行使监察权,而不能滥用或者乱用监察权;也要依法保障监察对象的合法权益,否则应当承担相应的法律责任,使得对监察对象的监察既有力、有效,又不致任性、恣意。② 比如,《监察法》第六十五条就规定了监察机关需受到处理的若干种违法行为。其次,对于监察对象而言,监察对象应当依法配合监察机关开展相应的监察工作,如实回答监察机关的问题,接受监察机关所作出的合法处置结果,不得干扰监察工作的开展。监察对象也享有法定的权利,当自身权利遭受到监察权的不当或者不法侵害时,享有相应的救济权,以保障自身权益。比如,《监察法》第四十九条就规定了监察对象享有申请复审和复核的权利。

(二)监察机关与人大、政协的法律关系

人民代表大会是我国的权力机关,监察机关由人民代表大会产生,监察机关对本级人民代表大会及其常务委员会负责,并接受其监督,即两者是"被监督与监督"的关系。《监察法》第八条规定了国家监察委员会由全国人民代表大会产生,负责全国监察工作,还规定了国家监察委员会主任由全国人民代表大会选举产生,副主任、委员由国家监察委员会主任提请全国人民代表大会常务委员会任免。国家监察委员会对全国人民代表大会及其常务委员会负责,并接受其监督。此外,《监察法》第九条规定了地方各级监察委员会的产生和主要人员的产生和任免方式。人民代表大会及其常务委员会对监察机关和监察人员的监督方式主要有听取和审议本级监察委员会的专项工作报告、组织执法检查、就监察工作中的有关问题提

---

① 张云霄:《监察法学新论》,中国政法大学出版社2020年版,第78页。
② 谢尚果、申君贵主编:《监察法教程》,法律出版社2019年版,第15页。

出询问或者质询。2020年8月，十三届全国人大常委会第二十一次会议审议了国家监察委员会关于开展反腐败国际追逃追赃工作情况的报告。这是国家监察委员会贯彻落实《宪法》和《监察法》要求，首次向全国人大常委会报告专项工作。

人民代表大会制度是我国的根本政治制度，是我国人民民主专政政权的组织形式，监察机关由人民代表大会产生并受其监督，对其负责，体现了国家的一切权利属于人民和民主集中制的原则。值得注意的是，人民代表大会对监察机关的监督是权力机关对国家机构的监督，与监察机关独立行使监察权并不冲突，在人大机构中的行使公权力的公职人员同样属于监察对象。

中国人民政治协商会议是中国共产党领导的多党合作和政治协商的重要机构，是社会主义协商民主的重要渠道和专门协商机构，是国家治理体系的重要组成部分。监察机关与政协的法律关系可概括为"双向监督、贯通协作"：一方面，监察机关主动接受政协的民主监督。根据《监察法》有关规定，监察机关应当依法公开监察工作信息，接受民主监督、社会监督、舆论监督。同时，监察机关依法对政协各级委员会的公职人员进行监察，监督其行使公权力的情况。另一方面，监察机关与政协贯通协作，共同开展监督工作。近年来，全国多地纪检监察机关和政协在助推纪检监察专责监督与民主监督贯通协同上作出了积极的尝试和努力。根据中央纪委国家监委印发的《国家监察委员会特约监察员工作办法》，监察机关可以根据工作需要，聘请政协委员担任特约监察员，以兼职形式履行监督、咨询等相关职责。2020年10月，全国政协办公厅印发《关于推进人民政协民主监督与纪检监察机关专责监督贯通协调的若干措施》，多次召开座谈会、党组会议，不断探索完善人民政协民主监督与纪检监察专责监督贯通协调工作机制。

（三）监察机关与审判机关、检察机关、执法部门的法律关系

监察机关与审判机关、检察机关、执法部门的法律关系为"互相配合、互相制约"的关系。①《监察法》第四条规定了监察机关办理职务违

---

① 《宪法》第一百二十七条规定了监察机关办理职务违法和职务犯罪案件，应当与审判机关、检察机关、执法部门互相配合，互相制约。

和职务犯罪案件，应当与审判机关、检察机关、执法部门互相配合，互相制约。《监察法》对监察机关与审判机关、检察机关、执法部门的法律关系作出明确规定，是将客观存在的工作关系制度化、法律化，有利于监察权的依法正确行使。互相配合和互相制约是辩证统一的关系，不可偏废。其中，"互相配合"要求监察机关与审判机关、检察机关和执法部门在查办职务违法和职务犯罪案件时要按照法律规定，在正确履行各自职责的基础上，互相支持，不得违反法律规定，各行其是，甚至扯皮推诿。"互相制约"要求监察机关与审判机关、检察机关和执法部门在工作中通过程序上的制约，防止和及时纠正错误，保证案件质量，正确运用法律惩罚违法犯罪。

（四）上下级监察机关的法律关系

我国上下级监察机关之间的法律关系是"领导与被领导"关系。根据《宪法》和《监察法》的规定，国家监察委员会是最高监察机关，领导地方各级监察机关；上级监察机关领导下级监察机关工作。这种法律关系包括三层含义：一是上级监察机关应当依法对下级监察机关的监察工作进行领导，上级监察机关依法发布的命令或者要求，下级监察机关必须执行。比如，《监察法》第十七条规定上级监察机关可以将其所管辖的监察事项指定下级监察机关管辖，也可以将下级监察机关有管辖权的监察事项指定给其他监察机关管辖。二是上级监察机关应当依法对下级监察机关的监察工作进行业务指导和监督。比如，《监察法》第六十条规定申诉人对处理决定不服的，可以在收到处理决定之日起一个月内向上级监察机关申请复查，上一级监察机关应当在收到复查申请之日起二个月内作出处理决定，情况属实的，及时予以纠正。三是上级监察机关应当依法支持和保障下级监察机关开展工作，排除各种干扰因素。比如，《监察法》第十七条规定监察机关认为所管辖的监察事项重大、复杂，需要由上级监察机关管辖的，可以报请上级监察机关管辖。[①]

（五）监察机关与监察人员的法律关系

监察机关与监察人员的法律关系属于监察机关内部的法律关系，两者

[①] 张云霄：《监察法学新论》，中国政法大学出版社2020年版，第80—81页。

之间是"管理与被管理、监督与被监督、保障与被保障"的关系。首先，监察机关依法对监察人员进行管理和监督，对监察人员依法履职形成约束，对违纪违法甚至犯罪的监察人员进行处置。比如，《监察法》第十五条就将监察人员纳入了监察对象。第五十五条规定了监察机关通过设立内部专门的监督机构等方式，加强对监察人员执行职务和遵守法律情况的监督，建设忠诚、干净、担当的监察队伍。其次，监察机关依法保障监察人员开展监察工作。比如《监察法》第十四条规定了国家实行监察官制度，依法确定监察官的等级设置、任免、考评和晋升等制度。第六十四条规定了监察对象对监察人员进行报复陷害的，监察机关应当依法给予处理。作为监察人员，其首先应当接受监察机关的管理与监督，依法履行职责，自觉承担法律义务，廉洁自律，勤勉工作，不得徇私枉法，不得贪污受贿，不得侵犯公民合法权益。比如，《监察法》第五十六条规定了监察人员必须模范遵守宪法和法律，忠于职守、秉公执法，清正廉洁、保守秘密；必须具有良好的政治素质，熟悉监察业务，具备运用法律、法规、政策和调查取证等能力，自觉接受监督。其次，监察人员在依法履职过程中的合法权益应当受到监察机关的支持和保障。《监察官法》第四十二条也规定："监察机关应当规范工作流程，加强内部监督制约机制建设，强化对监察官执行职务和遵守法律情况的监督。"《监察官法》还规定了监察官任职的回避制度，即第二十四条规定：监察官之间有夫妻关系、直系血亲关系、三代以内旁系血亲以及近姻亲关系的，不得同时担任下列职务：（1）同一监察委员会的主任、副主任、委员，上述人员和其他监察官；（2）监察委员会机关同一部门的监察官；（3）同一派驻机构、派出机构或者其他监察机构的监察官；（4）上下相邻两级监察委员会的主任、副主任、委员。上述条款表明，监察机关与监察人员之间的法律关系必须符合"法定"要求才能"发生"，有回避要求的人员不得在《监察官法》禁止任职的岗位上任职。

（六）监察机关与其他监察参与者之间的关系

其他监察参与者主要是指除了监察对象、不属于监察对象的被调查人、监察人员、相关单位的领导人员外，参与监察活动，而与监察机关之间形成权利义务关系的人员，实践中主要包括参与到监察活动的证人、鉴定人、翻译人、举报人、控告人等。监察机关应当保障其他监察参与者的合法权益,为其参与监察活动提供便利条件。其他监察参与者应当依法履行相应的义务,否则应当承担相应的法律责任。比如,《监察法》第六十四条规定了控告人、检举人、证人捏造事实诬告陷害监察对象的,依法给予处理。

第三章

监察机关

第一节 监察机关的性质

一 监察委员会的政策与法律双重属性

深化国家监察体制改革的目标，是建立党统一领导下的国家反腐败工作机构。实施组织和制度创新，整合反腐败资源力量，扩大监察范围，丰富监察手段，实现对行使公权力的公职人员监察全面覆盖，建立集中统一、权威高效的监察体系。[①]

在全国各地国家监察体制改革试点经验基础上，2018年3月，全国人大审议通过宪法修正案和《监察法》，明确"中华人民共和国各级监察委员会是国家的监察机关""各级监察委员会是行使国家监察职能的专责机关"，清晰地阐明了监察委员会的性质和地位。国家监察委员会由全国人民代表大会产生，负责全国监察工作。地方各级监察委员会由本级人民代表大会产生，负责本行政区域内的监察工作。可见，国家监察体制改革是涉及国家权力结构和国家机构组织结构调整的重大政治和法律改革，各级监察委员会由同级人民代表大会产生，是与"一府两院"并列的新型国家机构。

按照2018年3月中共中央印发的《深化党和国家机构改革方案》的规定，国家监委同中央纪委合署办公，履行纪检、监察两项职责，实行一

---

① 中共中央办公厅：《关于在北京市、山西省、浙江省开展国家监察体制改革试点方案》，中央人民政府网，http://www.gov.cn/xinwen/2016-11/07/content_5129781.htm，2022年8月28日。

套工作机构、两个机关名称。纪委是政治机关,讲政治是第一位的要求。①各级监委与同级纪委合署办公,共同代表党和国家行使监督权,也具备政治属性,是实现党和国家自我监督的政治机关。监察委员会作为政治机关,本质上是党和国家的反腐败工作机构。

在宪法法律层面,监察委员会是具有明确宪法地位的国家机关,是行使国家监察职能的专责机关。一方面监察委员会自身要遵循法律逻辑,严格依法行使监察权;另一方面,监察委员会的设立和运行对于构建中国特色国家监察体制,健全权力运行制约和监督体系,落实"有权必有责,用权受监督"②的法治要求具有重大意义。

综上,监察委员会作为与"一府两院"并列的新型国家机构,具有政治属性和法律属性的双重属性,③既是实现党和国家自我监督的政治机关,又是行使国家监察职能的专责机关,既要旗帜鲜明地讲政治,又要严格按照宪法、法律履行职责。其中,政治机关是监察委员会的根本属性,国家机关是监察委员会的法定属性,二者层次分明,又彼此衔接、有机统一,具有显著的制度优势,有利于加强党对反腐败工作的集中统一领导,有利于实现党内监督与国家监察的有机统一,有利于推进国家治理现代化。④

二 监察委员会是宪法权力结构重构下的新型国家机构

近代以来的政治科学和民主法治思想的核心在于科学认识权力、有效控制和约束权力。经验之一,是要以权力来制约权力。那么,如何构造权力结构来有效控制权力呢?监督和制衡是两种常见的方式。监督是通过设立专门的监督机构,对被监督者行使权力的情况进行监察和督促。即监督权是不同于且外在于被监督权力的一项专门权力,监督模式下的权力结构是单向的"监督—被监督"关系。制衡则是把权力分别授予两个或两个以上的主体,其权力结构是双(多)向的交叉关系,目的是使各方在行使权

---

① 《始终不忘"四个得益于",牢固树立"四个意识"之四》,《中国纪检监察报》2016年3月7日第1版。
② 习近平:《在首都各界纪念现行宪法公布施行30周年大会上的讲话》,《人民日报》2012年12月4日。
③ 参见陈瑞华《论国家监察权的性质》,《比较法研究》2019年第1期。
④ 参见郭文涛《论监察委员会的双重属性及其制度优势》,《深圳社会科学》2020年第6期。

力时互相制约。① 一些西方国家确立了立法、行政、司法相互独立、相互制衡的三权分立制度。而中国自1954年宪法以来,一直践行着不同于西方"分权制衡"体制的人民代表大会制度,国家机构之间均实行权力的监督与制约原则,即基于监督基础上的权力配置关系。②

我国人民民主专政的国家性质决定了我国实行人民代表大会制度,这是我国的根本政治制度。民主集中制是我国国家组织形式和活动方式的基本原则。民主集中制在理论上确认了国家权力的不可分割性和集中性。民主集中制有其自身语境,即必须以人民主权为前提,并以"谁产生谁"逻辑链条上的"监督—负责"关系为要旨。首先,监督权在中国的政治体制中承载了"以权力制约权力"的重要现代治理功能,而且监督权与被监督的权力之间也需要追求"平衡"的结构和技艺:一方面权力越是集中便越是依赖于权威、高效的监督;另一方面监督权越大越要"防止过犹不及"③。其次,把握好监督权与被监督的权力之间的"动态平衡"④关系,健全了防止监督权过犹不及的约束机制,就同时为监督权和被监督的权力提供了"限制性保护"⑤的制度框架。也就是说,监督权在中国的政治体制和权力结构中,也是一种保护机制,包含对内对外两个维度,既避免权力因不受监督而失控,也保护权力不因其他权力的过度侵犯而削弱或消亡。

纵览中外,设立专门国家监督机关的方案大致有两种:一种是在代议机关设立一个独立的监督工作机构"人民监察委员会"或"人民监督工作委员会",接受来自社会公众的投诉和举报,对反腐舆情进行汇集和初步审查,享有一定的独立调查权、建议权、报告权等权力;⑥一种是在国家机构体系中设置独立的"人民监察委员会",该监察委员会由全国人大产

---

① 参见夏正林《权力制约中的监督与制衡》,《中国纪检监察报》2017年4月19日第7版。
② 参见朱福惠《"五四宪法"与国家机构体系的形成与创新》,《中国法学》2014年第4期。
③ 王岐山:《实现对公职人员监察全覆盖完善党和国家的自我监督》,新华网,http://news.xinhuanet.com/politics/2016-11/25/c_1119993502.htm,2018年1月6日。
④ 同上注。这里的"动态平衡"可以理解为"均衡",就是各方在相互作用、相互制约和相互协调中达到目标最优化,且其中任何主体都无法或不愿改变这种状态的一种稳定的状态。参见王成礼《法治的均衡分析》,山东人民出版社2008年版,第29页。
⑤ 限制性保护是指以保护为目的的限制,例如民主与法治的关系。参见[美]埃尔斯特、[挪]斯莱格斯塔德《宪政与民主——理性与社会变迁研究》,潘勤、谢鹏程译,生活·读书·新知三联书店1997年版,第4页。
⑥ 张腾腾:《丹麦监察专员制度对中国廉政工作的启示》,《黑龙江社会科学》2016年第3期。

生,向人大负责,①是统一的和独立的专职反腐败机构。②前一种方案即西方议会监察专员制度,其实质是将议会监督权的一部分作为监察权,交由隶属于议会的专门机关来行使,是立法权"制衡"行政权和司法权的一种辅助性设计,目的是强化议会权力以与日益扩大的行政权形成新的权力结构的均衡。后一种方案为孙中山的五权宪法所首创,③最早见于1936年《中华民国宪法草案》。该宪法草案在"中央政府"一章设专节规定了"监察院",确立了监察院为"中央政府行使监察权之最高机关"的地位,也确立了监察院、监察权与其他四院、四权的平等地位。即监察院不隶属于任何机关,拥有独立行使监察权的宪法地位。④中华人民共和国行政监察体制的设立与演变,亦延续了"设置专门的监察机构纠举官员的违法失职和贪腐行为"的历史经验,秉承了"世界法制史上独一无二的独立监察体制和监察文化"的传统。⑤

2016年以来推进的国家监察体制改革,通过重新整合分散在诸多机构中的反腐败监督权,将其提升为一种新的权力类型即国家监察权,并使其成为与行政权、审判权和检察权平行的、独立的宪法性权力。⑥建立独立的监察委员会,重构国家监督体系和宪法权力结构,有利于实现全面推进依法治国的目标。随着作为新型国家机关的监察委员会的建立和运行,意味着现行宪法确立的全国人民代表大会制度下的"一府两院"权力结构转变为"一府一委两院"的权力新格局。

三 监察委员会是实现党和国家自我监督的政治机关

《中国共产党工作机关条例(试行)》第二条规定,"党的工作机关是

---

① 李景平、赵亮、于一丁:《中外行政监察制度比较及其启示》,《西安交通大学学报》(社会科学版)2008年第4期。
② 《人大"监督"职能常被忽略应设监察委员会》,《法制晚报》2014年9月23日第 版。
③ "五权宪法"是孙中山提倡的宪法原则,主张将国家治权分为立法、行政、司法、考试、监察权,分别由立法、行政、司法、考试、监察院独立行使。
④ 参见魏昌东《国家监察委员会改革方案之辨正:属性、职能与职责定位》,《法学》2017年第3期。
⑤ 朱福惠:《国家监察体制之宪法史观察——兼论监察委员会制度的时代特征》,《武汉大学学报》(哲学社会科学版)2017年第3期。
⑥ 参见周佑勇《监察委员会权力配置的模式选择与边界》,《政治与法律》2017年第11期;朱福惠:《国家监察体制之宪法史观察——兼论监察委员会制度的时代特征》,《武汉大学学报》(哲学社会科学版)2017年第3期。

党实施政治、思想和组织领导的政治机关",这不仅明确了党的工作机关是政治机关,亦界定了政治机关的内涵。所谓政治机关,是指以讲政治为第一要求,以贯彻落实党的路线、方针、政策为首要责任,直接为维护党的领导、巩固党的执政地位服务的一类组织或机构。①

深化国家监察体制改革是以习近平同志为核心的党中央作出的重大决策部署,是事关全局的重大政治体制改革,其根本目的是加强党对反腐败工作的统一领导,推进国家治理体系和治理能力现代化。在党的统一领导下,纪委监委合署办公,实现了党内监督和国家监督、党的纪律检查与国家监察有机统一。监察委员会不设党组、不决定人事事项,本质上就是党的工作机构。正是在这个意义上,监察委员会被赋予了政治机关的定位,是实现党和国家自我监督的政治机关。监察委员会作为政治机关,政治属性是第一属性、根本属性,必须始终把讲政治放在第一位。②

(一)坚持党对反腐败工作的集中统一领导

中国共产党领导是中国特色社会主义最本质的特征,是中国特色社会主义制度的最大优势。反腐败是关系党和国家生死存亡的重大政治任务。党的十八大以来,正是在党的坚强领导下,反腐败斗争才形成压倒性态势并巩固发展。党的十九大报告再次指出,"人民群众最痛恨腐败现象,腐败是我们党面临的最大威胁",强调"一个政党,一个政权,其前途命运取决于人心向背。人民群众反对什么、痛恨什么,我们就要坚决防范和纠正什么。"③ 深化国家监察体制改革、设立各级监察委员会,正是党基于此作出的重大战略部署。

国家监察体制改革是党和国家监督体系的顶层设计,其出发点、落脚点和基本点是要加强党的领导。④《监察法》把党对反腐败工作的集中统一领导机制固定下来,其第二条明确规定,"坚持中国共产党对国家监察工作的领导",着力强化不敢腐的震慑,扎牢不能腐的笼子,增强不想腐的自觉,为夺取反腐败斗争压倒性胜利提供坚强法治保证。

---

① 黄建达:《双重属性视角下监察委员会与人民代表大会的关系》,《北京社会科学》2019年第2期。

② 闫鸣:《监察委员会是政治机关》,《中国纪检监察报》2018年3月8日第3版。

③ 习近平:《决胜全面建成小康社会 夺取新时代中国特色社会主义伟大胜利——在中国共产党第十九次全国代表大会上的报告》,《人民日报》2017年10月28日第1版。

④ 袁曙宏:《深化国家监察体制改革的四重意义》,《中国纪检监察》2018年第5期。

监察委员会肩负反腐败重任，本质上是党统一领导下的国家反腐败工作机构，其使命就是构建具有中国特色的反腐败工作体系，对所有行使公权力的公职人员进行监察，通过深入开展反腐败斗争，及时清除了党和国家肌体内的腐败毒瘤，解决党面临的最大威胁，直接为维护党的领导、巩固党的执政地位服务，是典型的政治机关。监察委员会作为行使国家监察职能的专责机关，作为法治反腐的重要机构，从根本上讲是要接受党的领导，对党委负责、向党委汇报工作，坚定不移地贯彻落实党的路线、方针、政策。

(二) 纪委监委合署办公的组织架构

按照国家监察体制改革要求，全国各级监察委员会与纪律检查委员会合署办公，形成了"一套人马、两块牌子"的组织架构。其中，监察委员会是履行国家监察职能的专责机关，依据《监察法》行使国家监察权，对公职人员进行监督调查处置，实现国家监察全面覆盖；纪委是履行党内监督职能的专责机关，依据《党章》行使纪律检查权，对党的组织机构和党员进行监督执纪问责，实现党内监督全面覆盖。

在纪委监委合署办公的党政体制下，实现了国家监察与党内监督、依法治国与依规治党的有机统一，形成了发现问题、纠正偏差、惩治腐败的有效、高效、长效机制，这样一条中国特色监察道路有利于实现党和国家的长治久安。[①] 一方面，国家监察体制改革将原行政监察机关、检察院的职务犯罪预防部门等机构与反腐败有关的职能整合进监察委员会之中，再将监察委员会置于纪委与监察委员会合署办公体制之下，规定监察委员会是党统一领导下的国家反腐败工作机构，这就整合了我国原本分散的反腐败力量资源，构建了党统一领导之下的腐败治理格局；另一方面，党的纪律检查委员会与监察委员会合署办公，通过纪委的常务委员会和监察委员会组成人员相互兼职的方式，加强了党对监察委员会的思想领导和组织领导，保障了党的路线、方针、政策在国家监察机关中的贯彻执行，体现了党内监督与国家监察内在一致、高度互补。[②]

[①] 李建国：《关于〈中华人民共和国监察法（草案）〉的说明》（2018年3月13日在第十三届全国人民代表大会第一次会议上），《中华人民共和国全国人民代表大会常务委员会公报》2018年第2期。

[②] 李晓明、芮国强主编：《国家监察学原理》，法律出版社2019年版，第215页。

由纪委监委负责全面纪检监察工作，是中国特色监察权的行使方式，其正当性来源于党管干部原则。党管干部原则是中国干部人事工作的根本原则，是党的领导在干部人事工作中的重要体现。监察委员会是具有中国特色的反腐败机构，它既是党领导下的反腐败工作机构，也是在党管干部原则指导下对干部廉洁状况进行监督的专门机构。在监委与同级纪委合署办公的组织架构下，监委不设党组，事实上是由同级纪委常委会代行党组职责，监察委员会包括人事在内的重大事项是由纪委常委会、监委委务会研究决定的。监察委员会要认真履行宪法规定的"上级监察委员会领导下级监察委员会的工作"要求，同时合署办公的纪委监委共同接受同级党委领导，确保党对反腐败工作的集中统一领导。

（三）监察委员会的职能具有政治性

监察委员会成立后与同级纪检机关合署办公，共同履行纪检、监察两项职能。由此，监察委员会的监察权分为两部分：一部分是由党的执政权延伸出来的政治权力性质的监察权，这部分监察权的正当性来自党管干部原则；另一部分是需要借助于国家权力体系运行的国家监察权，这部分监察权需要纳入国家权力运行体系以及法律监督权的运行秩序中。也就是说，监察权与党的政治领导权、指挥权、监督权及对干部的问责权之间存在交叉和重叠关系。[①] 由此，监察权具有鲜明的政治属性，行使监察权的监察委员会亦具有相应的政治机关属性。

监察委员会的工作也具有很强的政治性，与党章关于纪委主要任务的规定相匹配。《监察法》第三条明确了监察委员会的三项职能：（1）对所有行使公权力的公职人员进行监察；（2）调查职务违法和职务犯罪；（3）开展廉政建设和反腐败工作，维护宪法和法律的尊严。由此，监察委员会既要加强日常监督、查清职务违法和职务犯罪事实，进行相应处置，还要对公职人员开展正风肃纪的廉政教育，对公职人员道德操守、廉洁从政、秉公用权、依法履职等情况进行监督检查，做到惩前毖后、治病救人，这既是监察委员会的法定职责，又是维护公权力廉洁性、开展党风廉政建设的政治工作。具体而言，监察委员会在履行监督、调查、处置职责过程中，始终坚持把讲政治放在首位，综合分析政治生态整体情况，把握

[①] 莫纪宏：《国家监察体制改革要注重对监察权性质的研究》，《中州学刊》2017年第10期。

"树木"和"森林"关系,有效运用监督执纪"四种形态",把党的政策策略体现在工作实践中,不断增强反腐败工作的政治效果,推动形成风清气正的良好政治生态。[1]

四 监察委员会是行使国家监察职能的专责机关

监督是民主集中制原则下约束权力的重要方式。建国以来,特别是改革开放后,随着对监督的重视日益加强,逐渐形成了纪律监督、人大监督、司法监督、行政监察、审计监督和检察院反贪污、反渎职、预防职务犯罪法律监督等并行的多元化监督体系。这些隶属于不同权力系统的监督权之间形成的多头监督、交叉监督、分散监督格局,分散和浪费了政治资源,导致监督权在整个政权系统中的级别和地位参差不齐,约束权力的效果有限,与此同时,由于缺少顶层设计而导致监督疏密不同,甚至留下盲点,影响反腐败整体效果。因此,在法治中国的建设进程中,遵循一体化的原则整合监督权,形成监督合力,是深化政治体制改革的必要之举。

在推行国家监察体制改革之前,有的地方积极探索并试验了一些方案,比如希望通过加强和完善纪检监察机关(预防腐败局)和检察机关(反贪污贿赂局、反渎职侵权局)等的纪法衔接机制,有效整合监督资源,形成监督合力。有的地方尝试对分散在党、政、司法等系统的相关机构进行整合,建立了统一的反腐败专门机构。[2] 这些机构的设立,为探索建立与我国政治体制相适应、与惩防腐败体系相衔接、与现代法律制度相配套的监督机制作出了有益尝试。

在相关探索的基础上,2018年3月23日,在全国范围内设置独立的

---

[1] 《积极探索实践形成宝贵经验国家监察体制改革试点取得实效——国家监察体制改革试点工作综述》,新华网,http://www.xinhuanet.com/2017-11/05/c_1121908387.htm,2022年6月10日。

[2] 如2012年,珠海市横琴新区成立廉政办公室,下设综合部、纪检监察部、审计监督部、反贪污贿赂和反渎职侵权部等4个部门,横琴新区不再单设纪检、监察、检察、审计等部门机构。参见《珠海横琴新区成立全国首个廉政办公室》,新华网,http://news.xinhuanet.com/politics/2012-09/10/c_113024116.htm,2020年6月10日。2013年,深圳市前海深港现代服务业合作区成立前海廉政监督局,负责该区的廉政监督工作,内设案件调查处、预防腐败处(社区工作处),人员来自市纪委、市监察局、市人民检察院、市公安局、市审计局。参见《前海监督局简介》,前海深港现代服务业合作区网站,http://qh.sz.gov.cn/ljqh/fzqh/lzjd/lzjd_jgzn/content/post_4497818.html,2022年1月20日。

监察委员会,作为行使国家监察职能的专责机关,对所有行使公权力的公职人员依法实施监察。《监察法》第三条规定,各级监察委员会是行使国家监察职能的专责机关,明确了国家监察机关作为行使国家监察职能、开展反腐败工作专责机关的性质地位和职责。一方面,纪委是党内监督的专责机关,将监委定位为行使国家监察职能的"专责机关",与纪委的专责机关定位相匹配;另一方面,"专责机关"与"专门机关"相比,不仅强调监察委员会的专业化特征、专门性职责,更加突出强调了监察委员会的责任,行使监察权不仅仅是监察委员会的职权,更重要的是职责和使命担当。①

具体而言,依照《监察法》第十一条的规定,监察委员会具有监督、调查、处置三大职责。监督是监察委员会的首要职责,即对公职人员开展廉政教育,对其依法履职、秉公用权、廉洁从政从业以及道德操守情况进行监督检查;调查是监察委员会的一项经常性工作,更是监察委员会开展廉政建设和反腐败工作、维护宪法和法律尊严、保持公权力行使廉洁性的一项重要措施,调查的主要内容包括涉嫌贪污贿赂、滥用职权、玩忽职守、权力寻租、利益输送、徇私舞弊以及浪费国家资财等职务违法和职务犯罪行为;处置是监察委员会实现职责和使命担当的重要保障,包括对违法的公职人员依法作出政务处分决定;对履行职责不力、失职失责的领导人员进行问责;对涉嫌职务犯罪的,移送人民检察院依法审查、提起公诉;向监察对象所在单位提出监察建议等形式。此外,监察机关根据监督、调查结果,对有职务违法行为但情节较轻的公职人员,可以按照管理权限,直接或者委托有关机关、人员,进行谈话提醒、批评教育、责令检查,或者予以诫勉。

综上,监察委员会作为行使国家监察职能的专责机关,有效整合了分散于各级纪检监察机关、预防腐败局、检察机关的查办和预防职务犯罪机构之中的反腐败权力和资源,破解了此前反腐败体制中行政监察职能萎缩、监察监督职能局限等瓶颈性问题,为构建党统一指挥、全面覆盖、权威高效的监督体系,完成反腐败政治任务奠定了坚实的组织基础。

---

① 中共中央纪律检查委员会、中华人民共和国国家监察委员会法规室编写:《〈中华人民共和国监察法〉释义》,中国方正出版社2018年版,第63页。

第二节　监察机关的组织体系

一　监察机关的产生与组成

（一）产生

《监察法》第八条和第九条分别对国家监察委员会和地方各级监察委员会的产生作出了规定。

1. 国家监察委员会的产生

根据宪法的规定，国家行政机关、监察机关、审判机关、检察机关都由人民代表大会产生，对其负责，受其监督。《监察法》第八条规定了国家监察委员会由全国人民代表大会产生，负责全国监察工作；国家监察委员会对全国人民代表大会及其常务委员会负责，并接受其监督。由人民代表大会产生国家监察机关，对人大负责、受人大监督，贯彻了人民代表大会制度这一根本政治制度，体现了人民当家作主的要求，有利于强化人大作为国家权力机关的监督职能，拓宽人民监督权力的途径，更好地体现党的领导、人民当家作主和依法治国有机统一。同时，规定国家监察委员会负责全国监察工作，明确了其作为最高监察机关，统一领导地方各级监察机关工作的地位。

2. 地方各级监察委员会的产生

《监察法》第九条规定了地方各级监察委员会由本级人民代表大会产生，负责本行政区域内的监察工作；地方各级监察委员会对本级人民代表大会及其常务委员会和上一级监察委员会负责，并接受其监督。

（二）组成

我国各级监察委员会采取的是委员会制的组织形式，均由主任、副主任若干人、委员若干人构成。《监察法》第八条和第九条分别对国家监察委员会和地方各级监察委员会的组成作出了规定。

1. 国家监察委员会的组成

根据《监察法》第八条的规定，国家监察委员会由主任、副主任若干人、委员若干人组成，主任由全国人民代表大会选举，副主任、委员由国家监察委员会主任提请全国人民代表大会常务委员会任免。国家监察委员会主任每届任期同全国人民代表大会每届任期相同,连续任职不得超过两届。

关于副主任和委员的职数,《监察法》未作具体规定。在产生方式方面,国家监察委员会主任由全国人民代表大会选举,副主任、委员由国家监察委员会主任提请全国人民代表大会常务委员会任免,这与最高人民法院、最高人民检察院相关领导人员产生方式相同。

关于国家监察委员会主任的任职期限,国家监察委员会由全国人大产生,任期与全国人大每届任期相同。任期届满,要重新经过全国人大选举新的国家监察委员会主任。《监察法》没有规定监察委员会副主任、委员每届任期同全国人大每届任期相同,是为了保证国家监察机关职权行使的连续性。在国家监察委员会每届任期内当选的监察委员会主任,其任期以本届人大剩余的任期为限。关于国家监察委员会主任连续任职不得超过两届的规定,与宪法关于最高人民法院院长、最高人民检察院检察长连续任职届数的规定相一致。宪法和法律对最高人民法院副院长、最高人民检察院副检察长和地方各级人民法院院长、副院长、各级人民检察院检察长、副检察长连续任职期限,未作规定。为保持一致,《监察法》也未对监察委员会副主任、委员连续任职期限作出规定。

2. 地方各级监察委员会的组成

根据《监察法》第九条的规定,地方各级监察委员会由主任、副主任若干人、委员若干人组成,主任由本级人民代表大会选举,副主任、委员由监察委员会主任提请本级人民代表大会常务委员会任免。地方各级监察委员会主任每届任期同本级人民代表大会每届任期相同。

地方各级监察委员会组成和人员产生方式,与国家监察委员会相同。此外,地方各级监察委员会主任的任期规定与国家监察委员会主任一致,每届任期与本级人大每届任期相同,随本级人大换届而换届。每届地方各级监察委员会主任行使职权至新的监察委员会主任产生为止。需要注意的是,对地方各级监察委员会组成人员的连选连任没有限制性规定。

二 监察机关的领导体制

现代国家任何国家机关组织系统内的领导活动都必须遵循一定的管理层次、等级序列、指挥链条,由此铸就一整套特定的规范化、制度化的运行模式与领导体制。科学的领导制度能够提高国家机关的效能，促进国家机构的良性运行与积极发展。监察机关的领导体制，是指监察机关内部上下级，以及各级部门间的领导权限、领导机构、领导关系及领导活动方式的制度总称。

(一) 双重领导体制

双重领导体制，是指监察机关同时接受同级党的委员会和上级监察机关的领导。党章规定，党的地方各级纪律检查委员会和基层纪律检查委员会在同级党的委员会和上级纪律检查委员会双重领导下进行工作，上级党的纪律检查委员会加强对下级纪律检查委员会的领导。党的十八届三中全会通过的《中共中央关于全面深化改革若干重大问题的决定》明确提出，推动党的纪律检查工作双重领导体制具体化、程序化、制度化，强化上级纪委对下级纪委的领导。在十八届中央纪委五次全会上，习近平总书记明确要求，深化党的纪律检查体制改革，加强制度创新，强化上级纪委对下级纪委的监督，推动纪委双重领导体制落到实处。党的十九届三中全会通过的《中共中央关于深化党和国家机构改革的决定》再次强调，深化党的纪律检查体制改革，推进纪检工作双重领导体制具体化、程序化、制度化，强化上级纪委对下级纪委的领导。党的各级纪律检查委员会与监察委员会合署办公，在《监察法》中明确规定国家监察委员会领导地方各级监察委员会的工作，上级监察委员会领导下级监察委员会的工作，为落实双重领导体制提供了坚实的法治保障。《监察法实施条例》首次将监察工作的双重领导体制法治化。

《监察法实施条例》第十条："国家监察委员会在党中央领导下开展工作。地方各级监察委员会在同级党委和上级监察委员会双重领导下工作，监督执法调查工作以上级监察委员会领导为主，线索处置和案件查办在向同级党委报告的同时应当一并向上一级监察委员会报告。上级监察委员会应当加强对下级监察委员会的领导。下级监察委员会对上级监察委员会的决定必须执行，认为决定不当的，应当在执行的同时向上级监察委员会反映。上级监察委员会对下级监察委员会作出的错误决定，应当按程序予以纠正，或者要求下级监察委员会予以纠正。"

1. 监察机关接受同级党委的领导

监察机关是政治机关,应当接受中国共产党的领导。《监察法》第二条明确规定,监察工作应当坚持党的领导。党对监察机关的领导是党对人民民主专政国家政权进行领导的组成部分,是构建具有中国特色国家监察体系的政治保证,是中国特色社会主义监察制度的重要内容。根据《中国共产党地方委员会工作条例》的规定,党的地方委员会在本地区发挥总揽全局、协调各方的领导核心作用,按照协调推进"四个全面"战略布局,对本地区经济建设、政治建设、文化建设、社会建设、生态文明建设实行全面领导,对本地区党的建设全面负责。因此,各级监察机关应当接受同级党的委员会的领导。

2. 国家监察委员会领导地方各级监察委员会的工作

领导的本义是率领并引导。领导本身包含着教育、管理和监督。国家监察委员会在全国监察体系中处于最高地位,主管全国的监察工作,率领并引导所属各内设机构及地方各级监察委员会的工作,一切监察机关都必须服从它的领导。《监察法》第十条规定了国家监察委员会领导地方各级监察委员会的工作,在《监察法》中确立这样的监察机关领导关系,能够保证"全国一盘棋",保证全国监察机关集中统一领导、统一工作步调、统一依法履职。

3. 上级监察委员会领导下级监察委员会的工作

地方各级监察委员会负责本行政区域内的监察工作,除了依法履行自身的监督、调查、处置职责外,还应对本行政区域内下级监察委员会的工作实行监督和业务领导。按照党的十八届三中全会通过的《中共中央关于全面深化改革若干重大问题的决定》精神,推动党的纪律检查工作双重领导体制具体化、程序化、制度化,强化上级纪委对下级纪委的领导。《监察法》第十条规定了上级监察委员会领导下级监察委员会的工作,在《监察法》中确立这样的监察机关上下级领导关系,有利于地方各级监察委员会在实际工作中减少或排除各种干扰、依法行使职权。监察工作牵涉各方面的利益,地方各级监察委员会在查办案件或办理其他监察事项过程中,可能会遇到来自某些方面的阻力和地方保护主义的干扰,因此规定上级监察委员会领导下级监察委员会的工作,一方面有利于加强对下级监察委员会履行监察职责情况的监督,上级监察委员会可以通过检查工作、受理复核申请等方式,对发现的问题予以纠正,监督下级监察委员会严格依法办事,公正履职;另一方面当下级监察委员会遇到阻力时,上级监察委员会可以支持其依法行使职权,帮助其排除各种干扰。

值得注意的是,我国监察机关的上下层级关系不同于人民法院上下级之间的监督关系,也不同于人民检察院上下级之间的领导关系。设立监察机关,实行党委统一领导下纪律检查委员会与监察委员会合署办公,从组织形式和职能定位上实现了中国共产党对监察机关的集中统一领导,党委在监察工作中掌握重要的领导权。与之相对应,中国共产党对检察工作、审判工作的领导,主要是通过各级党委政法委这个工作部门加以协调,并通过在检察机关、审判机关内设立党组的形式予以实现。在检察工作、审判工作中,党委一般不参与、不讨论、不干涉个案处理,检察权、审判权依法独立行使。换言之,党委在监察机关的工作中起到主导作用,能够直接参与案件的调查和处置环节,而在检察机关、审判机关的工作中,党委起的主要是协调作用,一般不直接参与案件的具体办理。

(二) 内部领导体制

《宪法》《监察法》《监察法实施条例》等法律法规并未就监察机关的内部领导体制作出一般性规定。一方面,在一些具体问题上,比如对监察对象采取留置措施,《监察法》规定应当由监察机关领导人员集体研究决定。由于留置措施是一项限制公民人身自由的措施,应当严格规范该项措施的使用,对监察机关而言,使用留置措施是一项重大事项,从这个意义上讲,监察机关在重大事项上实行的是集体负责制。另一方面,监察机关承担着依法办理职务违法和职务犯罪案件的重要职能,业务上具有很强的专业性,也有必要给予具体承办案件的监察人员在法律限度内相应的自主权。此外,《监察法实施条例》第六条原则性规定:"监察机关坚持民主集中制,对于线索处置、立案调查、案件审理、处置执行、复审复核中的重要事项应当集体研究,严格按照权限履行请示报告程序。"因此,有学者认为,监察机关内部领导体制实行的是混合制,即重大事项上实行集体负责制,一般事项上实行个人负责制,且"个人"不单指监察机关的主要负责人,也包括其他领导班子成员等。[①]

[①] 马怀德主编:《监察法学》,人民出版社2019年版,第132页。

也有学者认为，我国监察机关的内部领导体制为"集体领导制"，并建议制定《监察委员会组织法》，从法律规范的角度对于监察机关的内部领导体制予以明确和细化，尤其是对于"集体研究决定"的参与领导人员范围、具体事项、议事规则等予以完善，形成结构科学合理、程序高效流畅的内部领导体制。① 其理由主要有两点。第一，依据《宪法》第三条的规定，国家机构实行民主集中制原则。民主集中制原则是民主和集中的统一，即民主基础上的集中和集中指导下的民主。监察机关作为国家机构，也需要贯彻宪法所规定的"民主集中制"，实行集体领导制。从《监察法》来看，其中的一些规定也体现了这一原则，如被调查人主动认罪认罚，监察机关在移送检察院时可以提出从宽处罚建议，必须经监察机关领导人员集体研究。第二，党章第十条规定，党是按照民主集中制组织起来的统一整体；《中国共产党纪律检查机关监督执纪工作规则》第十条也规定，纪检监察机关应当坚持民主集中制，对于线索处置、谈话函询、初步核实、立案审查调查、案件审理、处置执行中的重要问题，经集体研究后，报纪检监察机关相关负责人、主要负责人审批。由于纪检机关和监察机关合署办公，监察机关内部领导体制当然要遵循党的纪检机关领导体制要求。

目前未有相关法律对监察机关的内部领导体制作出全面、系统和明确的界定。根据《监察法实施条例》第六条规定的原则，监察机关内部就重大事项作出决策必须采取集体研究的方式。在实践中，纪检监察机关的所有重大事项都需经由纪委常委会、监委委务会讨论并作出决策。一般来说，在地方上，纪委书记同时兼任监委主任，纪委副书记通常兼任监委副主任，部分纪委常委兼任监委委员，此外通常还设有非纪委常委的监委委员，前述人员也是纪委常委会的参会人员。虽然部分监委委员非纪委常委，但在纪委监委合署办公的大背景下，若将该部分监委委员排除在纪委常委会之外，显然不利于纪检监察机关工作的顺利运行。因此，纪委书记监委主任、纪委副书记监委副主任、纪委常委、监委委员共同构成了纪检监察机关内部的领导集体。根据纪委监委合署办公体制，监委委务会与纪委常委会议合并召开，一般不单独召开。此外，纪检监察机关的内设部门

---

① 张云霄：《监察法学新论》，中国政法大学出版社2020年版，第117—119页。

也通过召开室务会及层级审批的方式，集体研究决定各室（组）的重大事项。

第三节 监察机关的内部机构

国家监察体制改革的重要方面就是将原属于检察机关的反贪、反渎和预防职务犯罪等部分侦查职能转移至新成立的国家监察机关。这就意味着，新设立的各级监察委员会必须因职能而设置其内部组织机构，明确其内部组织机构的具体工作职责，并配备相应的组织资源，以保障监察机关履职过程中人、财、物、事相配套。从实际情况来看，大致是按照在纪委监委合署办公这一特定工作模式的前提下，保障"两委"各自能够切实履行调查、处置、监督职责与执纪、监督、问责等职能，同时又能落实其相应的监督管理职责的要求而设置的。

目前，中央纪委国家监委的组织机构体系基本成型且具有一定的示范效应，主要包括内设职能部门、直属单位和派驻纪检监察组三类机构[1]。随着纪律检查体制改革和国家监察体制改革的深入推进，上述机构也将作出相应调整。

一 监察机关的内设职能部门

（一）中央纪委国家监委职能部门的设置情况

中央纪委国家监委的内设职能部门包括办公厅、组织部、宣传部、研究室、法规室、党风政风监督室、信访室、中央巡视工作领导小组办公室、案件监督管理室、第一监督检查室至第十一监督检查室、第十二审查调查室至第十六审查调查室、案件审理室、纪检监察干部监督室、国际合作局、机关事务管理局、机关党委、离退休干部局。

有学者将监察委员会内部组织机构分为支持类机构和业务类机构。其中，就中央纪委国家监委而言，办公厅、组织部、宣传部、研究室、法规

---

[1] 中央纪委国家监委网站，https://www.ccdi.gov.cn/xxgkn/zzjg/202104/t20210412_40535.html，2022年1月7日。

```
                                    ┌─ 办公厅            ─ 第一监督检查室
                                    ├─ 组织部            ─ 第二监督检查室
                                    ├─ 宣传部            ─ 第三监督检查室     ┌─ 案件审理室
                                    ├─ 研究室            ─ 第四监督检查室     ├─ 纪检监察干部监督室
                          ┌─ 内设    ├─ 法规室            ─ 第五监督检查室     ├─ 国际合作局
                          │  职能   │                                        ├─ 机关事务管理局
                          │  部门   ├─ 党风政风监督室     ─ 第六监督检查室     ├─ 机关党委
                          │        ├─ 信访室            ─ 第七监督检查室     └─ 离退休干部局
                          │        ├─ 中央巡视工作领导   ─ 第八监督检查室
                          │        │  小组办公室         ─ 第九监督检查室
                          │        └─ 案件监督管理室     ─ 第十监督检查室
            中央纪委     │                              ─ 第十一监督检查室
            国家监委     │                              ─ 第十二审查调查室
                          │                              ─ 第十三审查调查室
                          │                              ─ 第十四审查调查室
                          │                              ─ 第十五审查调查室
                          │                              ─ 第十六审查调查室
                          │
                          │        ┌─ 新闻传播中心
                          │        ├─ 中国纪检监察杂志社
                          ├─ 直属   ├─ 中国方正出版社
                          │  单位   ├─ 机关综合服务中心
                          │        ├─ 信息中心
                          │        ├─ 中国纪检监察学院
                          │        └─ 中国纪检监察学院北戴河校区
                          │
                          └─ 派驻纪检监察组
```

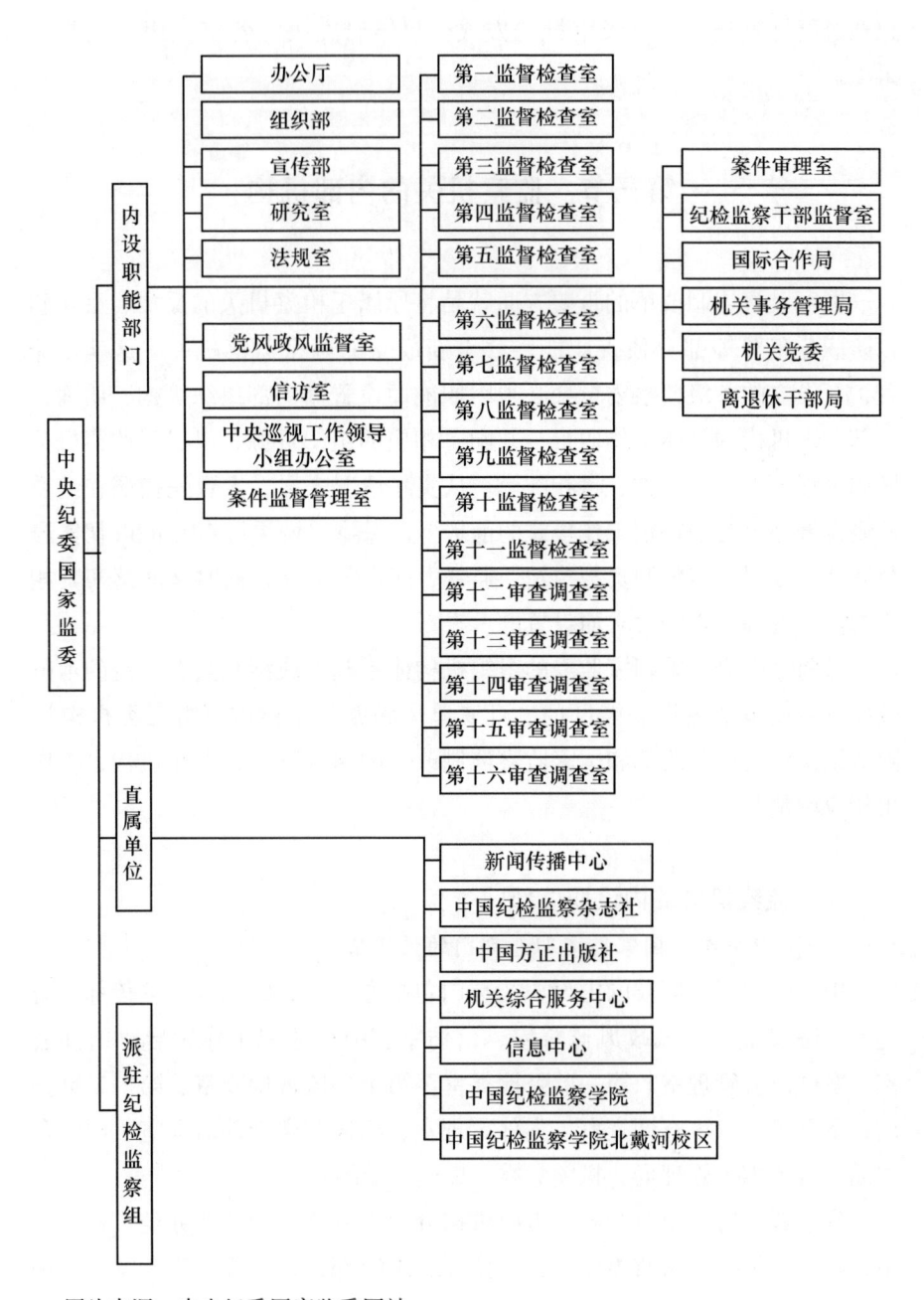

图片来源：中央纪委国家监委网站。

室、机关事务管理局、机关党委、离退休干部局属于支持类机构。党风政风监督室、信访室、中央巡视工作领导小组办公室、案件监督管理室、监督检查室、审查调查室、案件审理室、纪检监察干部监督室、国际合作局属于业务类机构。①

(二) 地方纪委监委职能部门的设置情况

地方各级监察委员会根据《宪法》《监察法》《监察法实施条例》等相关法律法规规定的监察机关职责权限，遵照党和国家关于监察机关内部组织机构设置的政策原则，同时参照中央纪委国家监委内部组织机构设置的基本架构逐层予以落实。尽管如此，由于各地各级纪检监察机关设置的实际需求不尽相同，各地各级监察机关内部组织机构的数量和具体情况也呈现出一定的地方特色和层级差异。因此，各地各级纪委监委的机构设置与中央纪委国家监委并非一一对应，尤其是一些地方无法设立专门履行日常监督职能的监督检查室。例如，某区纪委监委目前共有13个内设职能部门，即办公室（干部监督室）、组织宣传室、党风政风监督室、信访室、案件监督管理室、第一至第七纪检监察室、案件审理室。

二 派驻机构与派出机构

建立健全系统集成、协同高效的派驻监督体制机制，由监察委员会向有关机关、组织和单位等派驻或者派出监察机构或者监察专员，有利于增强"派"的权威和"驻"的优势，使监察的触角得到延伸，保障监察全覆盖的实现，一体推进不敢腐、不能腐、不想腐，充分发挥监督保障执行、促进完善发展作用。

(一) 组织形式

《监察法》第十二条、第十三条对派驻或派出监察机构及专员的机构设置、领导关系及职责权限等分别进行了规定；《中国共产党章程》第四十五条规定党的中央和地方纪律检查委员会向同级党和国家机关全面派驻党的纪律检查组；《中国共产党纪律检查委员会工作条例》专章规定了派

---

① 杜倩博：《监察委员会内部机构设置与运行机制：流程导向的组织变革》，《中共中央党校学报》2018年第4期。

驻、派出机构。从党章、党内法规和法律上将这一党和国家强化自我监督的重要形式固定下来,为派出和派驻纪检监察机构提供了根本遵循。

1. 派出机构

纪检监察机关向同级党委的派出代表机关和向所管辖的某个行政区域派的叫派出。如,某省纪委省监委向省直机关工委派出省直机关纪检监察工委,向某区党工委派出某区纪检监察工委。《中国共产党纪律检查委员会工作条例》第四十二条第二款就规定:"党的中央和地方各级委员会派出党的机关工作委员会、街道工作委员会等代表机关的,党的中央纪律检查委员会国家监察委员会、地方各级纪律检查委员会监察委员会可以相应派出纪检监察工作委员会。"又如,有些地方的县级监察委员会向管辖的乡镇(街道)派出监察办公室,与乡镇纪委(街道纪工委)合署办公,实行"一套机构、两个名称",按照管理权限依法行使职权,就近解决群众身边的腐败问题。

2. 派驻机构

纪检监察机关向同级党和国家机关,或者向国有企业、事业单位等其他组织和单位派的叫派驻。《中国共产党纪律检查委员会工作条例》第四十二条第一款规定:"党的中央纪律检查委员会国家监察委员会、地方各级纪律检查委员会监察委员会向同级党和国家机关全面派驻纪检监察组,按照规定可以向国有企业、事业单位等其他组织和单位派驻纪检监察组。"例如,根据《某省纪委监委派驻机构设置方案》,该省纪委监委统一派驻24个纪检监察组,负责监督103家省级党和国家机关。

派驻、派出的组织形式,包括监察机构、监察专员。设置派驻、派出监察机构还是监察专员,应根据实际需要,根据监察对象数量、监察任务量、监察工作难易程度而定。[①] 中央纪律检查委员会国家监察委员会向中央一级党和国家机关、中管金融企业派驻纪检监察组。地方各级纪律检查委员会监察委员会向本级党和国家机关、所管辖的国有金融企业派驻纪检监察组。中央纪律检查委员会国家监察委员会、地方各级纪律检查委员会监察委员会按照规定向国有企业等单位派驻纪检监察组;或者依法派驻监

---

① 例如,目前深圳市监察委员会向深汕特别合作区、大鹏新区、前海深港现代服务业合作区三个功能区派出了监察专员办公室。监察专员办公室与功能区纪工委合署办公,监察专员办公室主任由纪工委书记担任。

第三章 监察机关

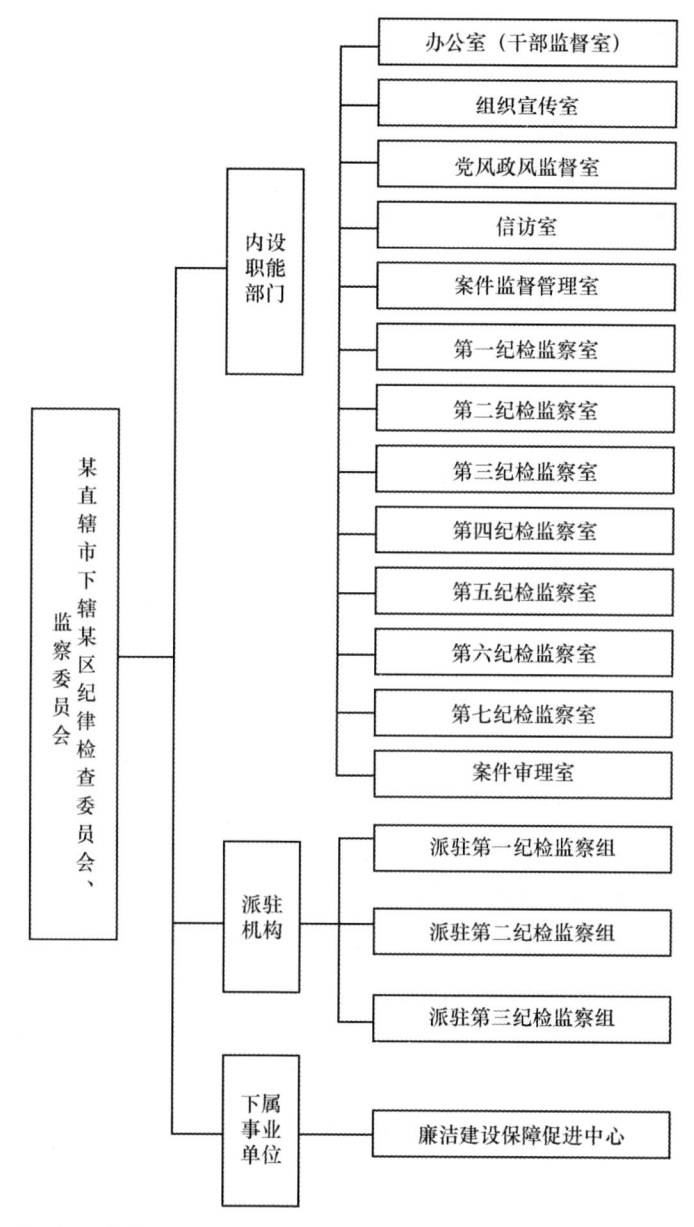

```
某直辖市下辖某区纪律检查委员会、监察委员会
├── 内设职能部门
│   ├── 办公室（干部监督室）
│   ├── 组织宣传室
│   ├── 党风政风监督室
│   ├── 信访室
│   ├── 案件监督管理室
│   ├── 第一纪检监察室
│   ├── 第二纪检监察室
│   ├── 第三纪检监察室
│   ├── 第四纪检监察室
│   ├── 第五纪检监察室
│   ├── 第六纪检监察室
│   ├── 第七纪检监察室
│   └── 案件审理室
├── 派驻机构
│   ├── 派驻第一纪检监察组
│   ├── 派驻第二纪检监察组
│   └── 派驻第三纪检监察组
└── 下属事业单位
    └── 廉洁建设保障促进中心
```

察机构，派驻监察专员并设立监察专员办公室，与该单位党的纪律检查机构合署办公。对系统规模大、直属单位多、监督对象多的单位，可以单独派驻纪检监察组；对业务关联度高，或者需要统筹力量实施监督的相关单位，可以综合派驻纪检监察组。

(二) 领导体制

派驻监督是中国共产党自我监督的重要形式。根据《党章》的规定，党的中央和地方纪律检查委员会向同级党和国家机关全面派驻党的纪律检查组。《中国共产党党内监督条例》也把派驻监督纳入党内监督的制度框架，明确纪委派驻纪检组与派出机关的工作关系、派驻纪检组的职责任务、派出机关的领导方式。根据《监察法》和《监察法实施条例》有关规定，各级监察委员会可以依法向本级中国共产党机关、国家机关、法律法规授权或者委托管理公共事务的组织和单位以及所管辖的行政区域、国有企业等派驻或者派出监察机构、监察专员。省级和设区的市级监察委员会依法向地区、盟、开发区等不设置人民代表大会的区域派出监察机构或者监察专员。县级监察委员会和直辖市所辖区（县）监察委员会可以向街道、乡镇等区域派出监察机构或者监察专员。监察机构、监察专员开展监察工作，受派驻或者派出它的监察委员会领导，并对其负责，受其监督。这种领导体制有利于避免驻在单位的不当干预，保障派驻或者派出监察机构、监察专员履职的独立性、公正性。

(三) 权限

《监察法》第十三条规定，派驻或者派出监察机构、监察专员的法定职责是对公职人员进行监督，提出监察建议，依法对公职人员进行调查、处置。派驻或者派出的监察机构、监察专员的职责、权限，由相关法律文件进行授权，根据授权开展工作。《监察法实施条例》第十三条规定：派驻或者派出的监察机构、监察专员根据派出机关授权，按照管理权限依法对派驻或者派出监督单位、区域等的公职人员开展监督，对职务违法和职务犯罪进行调查、处置。监察机构、监察专员可以按规定与地方监察委员会联合调查严重职务违法、职务犯罪，或者移交地方监察委员会调查。未被授予职务犯罪调查权的监察机构、监察专员发现监察对象涉嫌职务犯罪线索的，应当及时向派出机关报告，由派出机关调查或者依法移交有关地方监察委员会调查。《纪检监察机关派驻机构工作规则》中明确派驻机构依规依纪依法履行监督执纪问责和监督调查处置职责，按照规定受理和处置对反映驻在单位党组织和党员、干部以及监察对象问题的检举控告。

第四节 监察机关的工作原则

监察机关严格按照《监察法》《监察法实施条例》等法律法规开展监察活动，因此监察机关的工作原则与监察法的法律原则有相似之处，可以归纳为依法独立行使监察权；权责对等、严格监督；惩教结合、宽严相济；标本兼治、综合治理等几个方面。

一 依法独立行使监察权

《宪法》第一百二十七条第一款规定，"监察委员会依照法律规定独立行使监察权，不受行政机关、社会团体和个人的干涉"。《监察法》第四条第一款也作出了同样的规定。这些规定为监察机关依法独立行使监察权原则的确立提供了宪法和法律依据。

依法独立行使监察权原则主要具有三层含义。首先，要"依法"行使监察权。监察委员会作为行使国家监察职能的专责机关，履行职责必须遵循社会主义法治原则的基本要求，必须严格依照法律进行活动，既不能滥用或者超越职权，也不能不担当、不作为，更不允许利用职权徇私枉法。其次，要"独立"行使监察权。监察权的行使不受行政机关、社会团体和个人的干涉。此处的"个人"，包括了监察系统内部的人员。凡是非相应案件的办案人员或者负责人，即使是监察机关内部的领导干部或其他国家机关领导干部打听案情、说情干预的，均应当记录在案并追究责任。此处的"干涉"，主要是指行政机关、社会团体和个人利用职权、地位，或者采取其他不正当手段干扰、影响监察人员依法行使职权的行为，如利用职权阻止监察人员开展案件调查，利用职权威胁、引诱他人不配合监察机关工作，等等。第三，监察权运行要有边界。监察权运行应做到不错位、不越位、不缺位。具体而言，监察机关不能代替其他国家机关行使其他国家权力，不能超越法定权限采取非法定手段、措施，同时还需要依法积极主动地、独立地开展工作，而不能不作为。

二 权责对等、严格监督

《监察法》第五条规定，国家监察工作要权责对等，严格监督。这总结了党的十八大以来管党治党的做法和经验，体现了行使权力和责任担当相统一的思想，也体现了"严管就是厚爱""信任不能代替监督"的理念。需要强调的是，监察机关既要监督乱作为、滥作为，也要管消极的不作为、慢作为，保证公权力正确行使。

权责对等、严格监督原则可以从以下方面把握：一是有权必有责。只要行使公权力，就必须为此承担相应的责任，所承担的责任大小与所行使的公权力大小有关系。二是监督要从严。"严格监督"是从严治党在国家监察领域的体现和要求。反腐败工作实践证明，对公权力的监督不到位就容易滋生腐败问题。行使公权力的公职人员担负着管理国家和为人民服务的职责，需要接受严格的监督和管理，确保公权力在阳光下运行。三是权益要保护。"权责对等、严格监督"并不意味着对公职人员只讲义务不讲权利，对公职人员的监督要与保护公职人员的合法权益紧密结合起来。《监察法》等法律中多处体现了保护监察对象合法权益的立法精神，在实务中应当严格遵照执行，依法依规开展监察活动。

三 惩教结合、宽严相济

根据《监察法》《监察法实施条例》的相关规定，监察工作要惩戒与教育相结合，宽严相济。惩前毖后、治病救人，是我们党的一贯方针，是从丰富的实践经验和深刻的历史教训中总结出来的。历史证明，只有坚持这一方针，才能达到既严明法纪、又团结同志的目的。惩戒与教育相结合，宽严相济原则是惩前毖后、治病救人方针在监察工作中的具体体现，体现了党的十八大以来监督执纪"四种形态"的思想和理念。

坚持惩教结合、宽严相济原则，实现"惩治极少数"与"管住大多数"的有机结合，应做好以下方面的工作：一是树立正确的工作理念。监察机关要坚持惩前毖后、治病救人的工作方针，坚持惩戒与教育相结合的工作原则，把执纪和执法贯通起来，坚持纪严于法、纪在法前，把纪律和监督挺在前面，在抓早抓小上下功夫，及时纠正苗头性、倾向性问题。二是依法履行监察工作职责。监察机关在履行监督、调查、处置职责时要严格遵照宪法及监察法等相关法律法规，做到事实清楚、证据确凿、定性准确、处理恰当、程序合法、手续完备，确保公职人员所受的处理结果与其行为的性质、情节、危害程度相适应。在认定公职人员有无法定、酌定处理情节等问题时,要以事实为根据,既不夸大,也不缩小,做到客观公正。①

四 标本兼治、综合治理

《监察法》第六条规定,国家监察工作坚持标本兼治、综合治理,强化监督问责,严厉惩治腐败。党的十八大以来,习近平总书记高瞻远瞩,与时偕行,带领全党不断深化对反腐败规律的认识,充满自信地走出一条标本兼治、综合施治的反腐新路。2013年,习近平总书记在十八届中央纪委二次全会提出,要"形成不敢腐的惩戒机制、不能腐的防范机制、不易腐的保障机制"。2017年,在党的十九大明确指出:"强化不敢腐的震慑,扎牢不能腐的笼子,增强不想腐的自觉"。十九届中央纪委四次全会上,习近平总书记强调指出:"一体推进不敢腐、不能腐、不想腐,不仅是反腐败斗争的基本方针,也是新时代全面从严治党的重要方略"。十九届中央纪委五次全会上进一步把"三不腐"一体推进确定为战略目标。十九届中央纪委六次全会上,习近平总书记指出,要保持反腐败政治定力,不断实现不敢腐、不能腐、不想腐一体推进的战略目标。党的二十大报告明确提出,坚持不敢腐、不能腐、不想腐一体推进,同时发力、同向发力、综合发力。

坚持标本兼治、综合治理原则,坚持不敢腐、不能腐、不想腐一体推进,应做好以下方面的工作:一是保持惩治腐败高压态势,强化"不敢腐"。坚持"严"的主基调不动摇,聚焦群众反映强烈的突出问题,严厉打击重点领域、关键岗位的党员领导干部违纪、职务违法、职务犯罪问题。二是做实做细日常监督工作,强化"不能腐"。着重在公职人员权力制约、监督管理、以案促改等方面下功夫,进一步铲除滋生腐败的土壤和条件。三是坚定信念筑牢防线,强化"不想腐"。通过正向引导和反向警示相结合,促使党员干部提高党性修养,坚定理想信念、严守党纪国法、严明公私界限、筑牢拒腐防变的思想防线。②

---

① 《综合运用监督执纪"四种形态"做到宽严相济、精准科学》,中央纪委国家监委网站,http://www.sdjj.gov.cn/zyzt/gc/jd/201812/t20181214_11389151.htm,2021年12月12日。

② 王生霞:《深化标本兼治 增强综合效应》,中央纪委国家监委网站,https://www.ccdi.gov.cn/yaowenn/202011/t20201104_82920.html,2022年6月18日。

第四章 监察职责

第一节 监察职责概述

一 监察职责的概念

"职责",《现代汉语词典》解释为"职务与责任",意为职务上应尽的责任。在此基础上,关于法律意义上的"职责",《中华法学大辞典·法理学卷》的解释为"国家机关及其公职人员依照法律规定在执行公务中必须履行的义务或责任"。此外,《北京大学法学百科全书》将职责定义为"公职系统内一定职务所要履行的责任"。[1]

监察职责,是指法律、法规等规定的监察机关为实现监察职能所承担的与其性质、职能相适应的责任。在法定职责范围内,监察机关有权依法对监察对象工作履职、行为规范等行为情况作出一定的处理。[2]

(一)监察职责与监察职权

"职权"意为"职务范围以内的权力"。[3] "职责"与"职权"为不同的概念,两者既有联系,也有区别,职权来自职责。职责是职权的对称,一定的职责是以一定的法定职权为前提的,职责又是行使职权的体现。没有无职权的职责,也没有无职责的职权。未尽职责或者尽责不善者,要依

---

[1] 参见吴建雄、廖永安主编《监察法学》,中国人民大学出版社 2020 年版,第 100 页。
[2] 参见李晓明、芮国强主编《国家监察学原理》,法律出版社 2019 年版,第 399 页。
[3] 中国社会科学院语言研究所词典编辑室编:《现代汉语词典》,商务印书馆 2016 年第 7 版,第 1682 页。

法承担相应的责任或后果。① 因此，我们认为，监察职权是指监察机关依法实施监察监督所享有的权力，包括对所有行使公权力的公职人员依法行使监督、调查和处置工作的各项权力。②

《监察法》规定了监察机关应当履行的各种职责。为了使监察机关能顺利有效地完成法律赋予它的职责，《监察法》赋予监察机关享有与监察职责相对应的监察职权以及各种监察手段和措施。③ 简言之，《监察法》第11条规定了监察机关应当履行监督、调查、处置三项职责。与此相适应，监察机关应当享有与其职责相对应的职权，即监督权、调查权和处置权。其中，监督是监察机关的首要职责、基本职责，监督也是监察机关调查、处置的重要基础，监督有力才能发现问题，为调查以及后续的处置提供"弹药"；④ 调查和处置是监察机关的主导性职责，它们共同支撑和保障着监督权的有效运行。监督、调查、处置，三者相互联系、相互促进，统一于反腐败实践。

（二）监察职责与监察职能

一般认为，职能是指人、事物、机构所应有的职责和功能。职能是组织或部门的整体责任，是由法律规范要求的组织或部门必须完成的任务。监察机关的基本职能，是指监察机关在履行法定监察职责、行使监察权力时对国家及社会所发挥的功能和作用。具体而言，是监察机关根据工作职责，应当履行宪法和法律赋予的工作要求。监察职责则是监察机关应当承担的责任。职能与职责相对应，具备监察职能是监察机关承担监察职责的前提。

基于监察机关的职责和性质，根据《监察法》及相关规定，监察机关的基本职能有三项：一是对所有行使公权力的公职人员进行监察；二是调查职务违法和职务犯罪；三是开展廉政建设和反腐败工作，维护宪法和法律的尊严。《监察法》关于监察机关职能的规定，与党章关于纪委主要任务的规定，是相匹配的。

---

① 参见孙国华主编《中华法学大辞典：法理学卷》，中国检察出版社1997年版，第516页。
② 杜兴洋主编：《国家监察概论》，武汉大学出版社2019年版，第124页。
③ 参见谢尚果、申君贵主编《监察法教程》，法律出版社2019年版，第109页。
④ 参见黄武《述评之二 监督是纪委监委的首要职责基本职责》，《中国纪检监察》2018年第9期。

（三）《监察法》规定的监察职责

《监察法》第十一条规定，监察委员会依照本法和有关法律规定履行监督、调查、处置职责：第一，监督职责，即对公职人员开展的廉政教育，对其依法履职、秉公用权、廉洁从政从业以及道德操守情况进行监督检查。第二，调查职责，即对涉嫌贪污贿赂、滥用职权、玩忽职守、权力寻租、利益输送、徇私舞弊以及浪费国家资财等职务违法和职务犯罪进行调查。第三，处置职责，即对违法的公职人员依法作出政务处分决定；对履行职责不力、失职失责的领导人员进行问责；对涉嫌职务犯罪的，将调查结果移送人民检察院依法审查、提起公诉；向监察对象所在单位提出监察建议。

在纪委监委合署办公的体制安排下，《监察法》对监察委员会职责的规定，与党章规定纪委的监督、执纪、问责职责相一致，确保与纪委合署办公的监察委员会在职责上与纪委相匹配，避免实际工作中的混乱和职责发散等问题。[①]

需要注意的是，《监察法》对监督、调查、处置三项职责采用了不同的规定方式。首先，从"正面"规定监督职责，其涉及范围广、比较原则，采用了概括的方式，将公职人员依法履职、秉公用权、廉洁从政从业以及道德操守等情况都包括在内；其次，采用"具体列举＋概括"的方式规定调查职责，一方面，监察机关对所有行使公权力的公职人员的职务违法和职务犯罪行为都可以进行调查，另一方面，基于工作的实效性，主要将涉嫌贪污贿赂、滥用职权、玩忽职守、权力寻租、利益输送、徇私舞弊以及浪费国家资财七种具体的职务违法、职务犯罪规定为调查范围；最后，采用"具体列举"的方式规定处置职责，针对职务违法犯罪情节，分别规定了相应的处置方式，包括政务处分、问责、移送审查起诉和监察建议。[②]

二 监察职责的基本内涵

（一）履行监察职责的主体是各级监察委员会

根据《监察法》规定，监察职责的履行主体为国家监察委员会和地方

[①] 参见中共中央纪律检查委员会、中华人民共和国国家监察委员会法规室编写《〈中华人民共和国监察法〉释义》，中国方正出版社2018年版，第88页。

[②] 参见姚文胜《国家监察体制改革研究》，中国社会科学出版社2019年版，第78页。

各级监察委员会。在中央设立国家监察委员会作为最高监察机关,在省、自治区、直辖市、自治州、县、自治县、市、市辖区设立地方各级监察委员会,作为行使国家监察职能的专责机关。国家监察委员会领导地方各级监察委员会的工作,上级监察委员会领导下级监察委员会的工作,地方各级监察委员会要对上一级监察委员会负责。各级监察委员会根据法律授权,专门行使国家监察权,针对各类监察对象的职务违法和职务犯罪行为进行监督、调查、处置。

(二) 监察对象为所有行使公权力的公职人员

根据《监察法》的规定,监察职责针对的是六类监察对象,从而把所有行使公权力的公职人员纳入监察范围,突破性地解决了原行政监察范围过窄的问题,填补了之前的空白地带,实现了对公权力监督和反腐败的全覆盖、无死角。党的十九届中央纪委三次全会明确,深化国家监察体制改革,把增强对公权力和公职人员的监督全覆盖、有效性作为着力点,全面贯彻监察法,把法定监察对象全部纳入监督范围。[①]

对国家监察的理解离不开党内监督,尤其是国家监察体制改革后形成了纪委监委合署办公的组织体系,整合了纪委、监委机构和人员,同时履行纪检、监察两项职能,将纪律监督与监察监督相融合,统一致力于健全党和国家监督体系。就本质而言,纪律监督和监察监督都是党领导下的监督,纪委监委的监督工作始终都建立在党的坚强领导基础之上。纪委和监委的首要职责都是监督,并且在监督的指导思想、基本原则方面都具有统一性。纪委监督党的组织和党员干部遵守党章党规党纪的情况,包括依规依纪依法履行职责和行使权力,监察机关监督公职人员秉公用权、依法履职;党章规定,要运用监督执纪"四种形态",《监察法》也明确监察工作应当坚持惩戒与教育相结合,宽严相济。这充分说明了监察监督与纪律监督密不可分。同时,纪委监委的各项职责之间,具有协调统一、层层推进的关系,纪检监察机关通过灵活运用监督执纪问责和监督调查处置的方

---

① 例如,深圳市认真贯彻落实全会部署,加快完善市、区、街道、社区四级纪检监察监督体系,充实大鹏、前海、深汕三个功能区监察专员办公室,推进派驻机构、街道纪工委、街道监察机构一体运作,推动监察职能向国企、高校、医院拓展,构建起纵向到底、横向到边的完整体系,推动有形覆盖转化为有效监督。参见王丹《深化监察全覆盖增强监督有效性》,《中国纪检监察报》2019年7月23日第1版。

式，把党执纪与国家执法有机贯通起来，做到纪法贯通、法法衔接，党纪和国法都成为党员干部和公职人员的刚性约束。

(三) 三项职责的功能定位各有侧重、不可混同

《监察法》赋予了监察机关监督、调查、处置三大职责。但三者并非完全并列等同，而是具有一定的逻辑关系。首先，监督是监察机关的首要职责。《监察法》将监督作为监察机关的首要职责基本职责，是贯彻落实标本兼治反腐败策略的必然要求。大量案例表明，"破法"必先"破纪"，职务违法和职务犯罪的产生，往往源于监督疏漏引发的权力越位行为，公权力一旦缺乏监督容易产生腐败，而反腐败仅靠传统的事后追究方式难以取得根本性胜利。监督职责也是监察机关调查、处置职责的重要基础。通过监督全覆盖，及时发现问题，为监察调查及后续处置提供指引，推动标本兼治目标的顺利实现。其次，调查和处置职责是监督职责的逻辑延伸。调查是对针对涉嫌职务违法和职务犯罪的公职人员，处置是根据监督、调查的结果，对违纪违法的公职人员作出政务处分、问责、移送等。总体而言，监督职责针对的是日常对公职人员的监督管理，强调抓早抓小，防微杜渐，及时从监督工作中发现苗头性、倾向性的问题，重在事前事中；调查处置针对的是可能已经存在的腐败行为，重在事中事后。三项职责在功能定位上各有侧重，并且具有逻辑上的先后次序。

(四) 监察职责是事前、事中、事后全过程的衔接

监督、调查和处置这三项职责涵盖了监察机关对职务违法和职务犯罪行为的事前预防、事中调查、事后处置的责任和义务。[①] 监督的内容包括教育和检查，致力于把权力滥用扼杀在摇篮中，坚决把反腐败工作做在前头。调查是监督的深化，也是处置的前提。作为查清职务违法、职务犯罪行为的重要活动，监察机关通过履行调查职责，既维护了国家法律法规，又督促了公职人员依法履行职责。处置职责作为最后一道关卡，依托监督阶段的线索发现及调查阶段的证据获取，在事实清楚、证据确实充分的前提下，视不同情况作出不同处理结果。这三项职责层层铺垫，环环相扣，形成了一个完整的监察职责链条。

[①] 参见吴建雄、廖永安主编《监察法学》，中国人民大学出版社2020年版，第101页。

第二节 监督职责

一 监察监督的内涵和特点

（一）监察监督的内涵

监察监督有广义和狭义之分。广义的监督是指监察机关依照《宪法》《监察法》和有关法律法规，对所有公职人员行使公权力的情况进行监督。广义的监督含义等同于"监察"，涵盖了监察机关的所有职责，包括监督、调查、处置等全部监察活动的过程。从时间段来看，广义的监督包括"预防性监督""发现性监督"和"惩治性监督"，在事前、事中和事后三个阶段均有可能出现。而狭义的监督仅指"预防性监督"，主要发生在事前。"预防性监督"是指通过事前合理的制度设计，确保公权力运行的合规性，减少越轨行为的发生概率。[1]《监察法》第十一条将监督、调查、处置三项职责并列，表明该条文中监察监督仅指狭义上的监督，即通常意义上的预防性监督。

理解监察机关的监督职能，要充分认识到党内监督与国家监察是一体两面，二者相互促进、相得益彰。有关统计表明，在我国，80%的公务员、95%以上的领导干部都是共产党员，党内监督和国家监察既具有高度内在一致性，又具有高度互补性。一方面，强化党内监督，坚持纪严于法、纪在法前，用纪律管住党员干部，保持党的先进性纯洁性；另一方面，构建国家监察体制，党内监督达不到的地方，或者对不适用执行党的纪律的公职人员，依法实施监察，实现监察全覆盖，真正把公权力关进制度的笼子。可见，国家监察与党内监督辩证统一，本质上都属于党和国家的内部监督范畴。[2]

（二）监察监督的特点

1. 监督是监察机关的基本职责

监督是监察机关的基本职责，中央纪委国家监委多次强调要把监督工

---

[1] 参见钱小平《监察委员会监督职能激活及其制度构建——兼评〈监察法〉的中国特色》，《华东政法大学学报》2018年第3期。

[2] 《深化监察体制改革 推进试点工作之三——完善党和国家的自我监督》，《中国纪检监察报》2017年7月10日第1版。

作摆在第一位①。也有学者把监察职责称之为"第一职责",是国家监察工作的中心②。如前所述,监督职责是监察机关对所有行使公权力的公职人员履职用权等情况进行检查督促,目的在于及时发现问题、纠正偏差,把权力关进制度的笼子里,防止权力的滥用。一直以来,我国坚持标本兼治、综合治理、惩防并举、注重预防等方针,在坚决惩治腐败的同时,注重治本,从源头上预防腐败。党的十八大以来,党中央把党风廉政建设和反腐败斗争提升到新的高度,在严厉打击腐败违法犯罪的同时,突出了制度反腐、法治反腐的重要性。国家监察体制改革实现了对所有行使公权力的公职人员的监察全覆盖,不敢腐的目标初步实现,不能腐的笼子越扎越紧,不想腐的堤坝正在构筑。其中,监督作为"三不腐"一体推进体制机制建设的重要一环,只有充分发挥这一首要功能,努力实现监督的全面、有效、到位,才能最大限度发现和纠正问题,减少违法犯罪行为的产生,抑制腐败动因,实现公权力的规范运行。

2. 监察监督的范围较为广泛

《监察法》将监督事项确定为公职人员"依法履职、秉公用权、廉洁从政从业以及道德操守情况"四个方面,从法律层面和道德层面约束公权力,最大限度地防止产生腐败问题,实现对所有公职人员的监督全覆盖。由此可见,监察监督的范围较为广泛且全面。与刑事法律注重打击惩治犯罪不同,对公职人员行使公权力的合法性、合理性、廉洁性等三个方面进行监督检查。监察监督既注重监督公权力运行的合法性问题,即公权力的运行是否严格遵守实体法和程序法律规范,是否存在违法行为。同时,监察监督兼顾了公权力运行的合理性问题,即公职人员是否做到了不徇私情、秉公用权,是否存在不作为、慢作为、乱作为等问题。此外,监察监督还注重对公职人员的廉洁从政从业情况进行监督检查。即公职人员是否廉洁从政、廉洁用权,行权是否符合道德要求,是否在工作中最大限度地维护人民群众的合法权益等。

---

① 参见黄武《述评之二 监督是纪委监委的首要职责基本职责》,《中国纪检监察》2018 年第 9 期。

② 参见魏昌东《监督职能是国家监察委员会的第一职能:理论逻辑与实现路径——兼论中国特色监察监督系统的规范性创建》,《法学论坛》2019 年第 1 期。

3. 监察监督的重要方式包含教育和预防

监察机关履行监督职责的方式包括教育、检查和预防，其中教育是防止公职人员出现职务违法和职务犯罪问题的基础性工作。监察机关通过开展廉政教育，警示和引导党员干部依法履职、秉公用权、廉洁从政从业，从而达到预防腐败和渎职行为发生的目的。廉政教育的根本内容是加强理想信念教育，使公职人员牢固树立马克思主义的世界观、人生观、价值观和正确的权力观、地位观、利益观，不断增强不想腐的思想自觉，使讲规矩、守法律成为公职人员的行动自觉。[①] 其工作重点是预防监察对象在思想作风上蜕化变质、在行使权力过程中产生问题、偏差，以期从源头上解决贪腐、渎职等盘踞在机关内部的"毒瘤"。

二 监督的具体内容

具体而言，监察机关的监督职责包括以下几个方面的内容。

（一）开展廉政教育

通常认为，腐败现象的发生往往受到多方面因素的影响，其中有外部环境的影响，但更为根本的原因是理想信念的缺失。从已经发生的违纪违法案例来看，私欲膨胀、抵御不住诱惑，利欲熏心，以权谋私，成为公职人员走向违纪违法的精神鸦片。因此，加强廉政教育，通过教育感化不断改造主观世界，是预防腐败的重要方式。监察机关对公职人员开展廉政教育的根本内容是加强理想信念教育，使公职人员牢固树立马克思主义的世界观、人生观、价值观和正确的权力观、地位观、利益观，使讲规矩、守法律成为公职人员的自觉行动，不断增强不想腐的自觉。[②]

廉政教育的主要目的是加强理想信念教育，提高公职人员的思想政治素养，增强拒腐防变能力，不断增强不想腐的自觉。根据《监察法》与《监察法实施条例》的规定，廉政教育具体包括以下几个方面：一是加强对公职人员的理想信念教育和为人民服务教育，使公职人员能够牢固树立马克思主义的世界观、人生观、价值观和正确的权力观、地位观、利益

---

① 参见中共中央纪律检查委员会、中华人民共和国国家监察委员会法规室编写《〈中华人民共和国监察法〉释义》，中国方正出版社2018年版，第91页。

② 参见中共中央纪律检查委员会、中华人民共和国国家监察委员会法规室编写《〈中华人民共和国监察法〉学习问答》，中国方正出版社2018年版。

观,把为人民服务作为价值追求,真正做到权为民所用、情为民所系、利为民所谋。二是进行宪法法律法规教育、优秀传统文化教育,弘扬社会主义核心价值观,使公职人员树立法治意识,依法行政、带头守法。三是深入开展警示教育、以案说法,教育引导公职人员树立正确的权力观、责任观、利益观,保持为民务实清廉本色。

(二) 开展监督检查

1. 政治立场监督

《监察法实施条例》第十五条规定,监察机关应当坚决维护宪法确立的国家指导思想,加强对公职人员特别是领导人员坚持党的领导、坚持中国特色社会主义制度,贯彻落实党和国家路线方针政策、重大决策部署,履行从严管理监督职责,依法行使公权力等情况的监督。政治立场,集中反映了一定阶级、政治集团、派别的利益和要求。实践中,个别党员干部和公职人员在大是大非问题上出现动摇,甚至彻底背道而驰,表面上看是工作态度、工作能力的问题,实质上是政治意识不强、政治站位不高、政治立场不坚定的表现。中国共产党之所以始终保持先进性,就是因为她始终代表了中国最广大人民群众的根本利益,奉行了全心全意为人民服务的宗旨。公职人员最根本的政治立场,就是要自觉遵守宪法和法律的规定,同党中央保持高度一致,坚决贯彻执行党和国家路线方针政策和各项决策部署。只有这样,才能让公职人员以实现人民群众根本利益为标准,带动全社会知法、守法、尊法、用法。

2. 履职用权监督

履职用权监督指监察机关对公职人员依法履职、秉公用权、廉洁从政从业以及道德操守情况进行监督检查。监督检查的方法包括收集群众反映、座谈走访、查阅资料、列席或者召集会议、听取工作汇报和述职述廉、专项检查、谈心谈话、调阅、审查文件和资料等。

(1) 依法履职情况

公职人员依法履职情况主要分为两个方面:一是公职人员行使职权是否合法。公职人员行使职权必须于法有据,符合法律规范的程序要求。二是公职人员是否积极履行职责。公职人员的不作为也是监察法惩处的主要情形之一。在法律法规授权范围内,公职人员有积极作为的责任和义务,利用依法有据的职权实现服务人民的目标,坚决杜绝懒政惰政、为官不为的现象。

（2）秉公用权情况

国家的权力是人民赋予的，因此公职人员的权力也应遵循"来自于民，用之于民"的原则。公职人员行使公权力，要站在维护公众利益的角度上，经得起公益性、利民性的检验。监察机关对公职人员的秉公用权情况进行监督，是指监督检查公职人员是否存在以权谋私，利用职权或职务上的影响为自己及配偶、子女及其配偶等亲属和其他特定关系人谋取利益的情况。

（3）廉洁从政从业情况

监察机关对公职人员廉洁从政从业情况的考察是重中之重。包括监督公职人员是否廉洁从政，自觉保持人民公仆本色，是否廉洁用权，自觉维护人民根本利益，是否廉洁修身，自觉提升思想道德境界，是否存在贪污受贿、权钱交易、权色交易等违法乱纪的情况。值得注意的是，《监察法》在"廉洁从政"的基础上增加了"从业"，体现了党和国家对于实现反腐败"全覆盖"的决心。

3. 道德操守监督

道德操守作为监督事项之一写进《监察法》，成为法定的监督检查对象。公职人员的道德操守问题是其世界观、人生观、价值观的综合反映和体现，广义的道德操守除了在言行上表现为违纪、职务违法和职务犯罪之外，还涉及政治上的言行、价值取向以及道德风险等。公职人员因其身份和地位的特殊性，理应是优良道德品行的践行者，应模范遵守党纪国法，带头践行社会主义核心价值观，弘扬中华民族传统美德。[1] 但也存在个别公职人员因道德品行问题受到党纪或政务处分。[2] 对公职人员的道德操守进行监督，就是要检查公职人员是否言行一致、公正诚实，是否遵守公序

---

[1] 近年来，国家公务员考试将道德品行作为报考的基本条件。例如，2022 国家公务员考试报考条件包括：1. 具有中国国籍；2. 18 周岁以上、35 周岁以下；3. 拥护中国宪法，拥护中国共产党领导和社会主义制度；4. 具有良好的政治素质和道德品行；5. 具有正常履行职责的身体条件和心理素质；6. 大学专科及以上文化程度。这也是近年来公务员报考的基本条件。

[2] 例如，2021 年 11 月，黑龙江佳木斯市一女子殴打年迈母亲上热搜，后查实该女子系该市自然资源和规划局公务员，纪检监察机关对其立案审查。参见《公职人员实施家庭暴力应承担哪些纪法责任》，中央纪委国家监委网站，https://www.ccdi.gov.cn/yaowen/202111/t20211130_255381.html，2022 年 4 月 20 日。

良俗、坚守道德底线，是否对自己的行动和决定及其后果负责，不做工作和生活上的"双面人"，从根源处断绝腐败的衍生。对公职人员道德操守的监督并非我国独创，古罗马监察制度中就包含了对公民及元老等社会成员的品德调查。[①]

第三节 调查职责

一 调查职责的内涵与特点

（一）调查职责的内涵

监察调查是指监察机关根据《监察法》和其他有关的法律法规，对经过初步核实已经立案的职务违法、职务犯罪案件，进行收集证据、查清事实的专门调查工作和采取有关的调查措施。[②] 据此，监察调查具有两项基本内容，"专门调查工作"主要是指监察机关为收集证据、查明案件事实而进行的各项调查工作，如讯问被调查人、勘验、检查、鉴定等活动。调查措施是指监察机关为收集证据、查明案件事实而采取的一系列调查措施。监察调查是监察机关工作的核心环节，查清职务违法、职务犯罪的事实，是后续处置环节和进入司法程序的基础，同时还可以发现腐败行为发生的隐患和漏洞，从而加强对公职人员的监督管理，预防和减少职务违法和职务犯罪的发生。

可从以下几个方面把握监察调查职责的内涵：一是把握监察调查的适用时机。履行监察调查职责，应当是在公职人员可能构成涉嫌贪污贿赂、滥用职权、玩忽职守、权力寻租、利益输送、徇私舞弊以及浪费国家资财的职务违法和职务犯罪行为时，需要追究相关公职人员的法律责任。二是把握监察调查的具体事项。监察调查涉及职务违法行为和职务犯罪行为两类。"职务违法"是指公职人员实施的与其职务相关联，虽不构成犯罪但依法应当承担相关法律责任的违法行为。具体来看，职务违法具有三性：第一，"职务相关性"，是与公职人员职务相关联的行

[①] 参见姚文胜《国家监察体制改革研究》，中国社会科学出版社2019年版，第11页。
[②] 此处采狭义的调查概念，即立案后的调查。广义的调查，还包括初步核实。根据《监察法实施条例》的规定，在初步核实阶段亦可采取谈话、讯问、查询、鉴定等调查措施。

为；第二，"违法性"，它违反的是关于公职人员职务职责和义务的法律规范，包括《监察法》《政务处分法》等专门对职务违法行为作出规定的法律法规规章、监察法规、其他规范公职人员履职行为的法律法规①等；第三，"应受处罚性"，但并不构成犯罪，这是职务违法与职务犯罪区分的关键。在具体类型上，职务违法主要包括：利用职权实施的违法行为，利用职务上的影响实施的违法行为，履行职责不力、失职失责的违法行为和其他违反与公职人员职务相关的特定义务的违法行为。②"职务犯罪"是指公职人员利用职权或职务上的影响实施的行为触犯刑法，构成犯罪，需要承担刑事责任的行为。三是把握监察调查的依据。监察机关调查职务违法行为主要依据《监察法》及其相关监察法规，同时因纪检监察合署办公，还应依据相关的党内监督法规，如《中国共产党纪律检查机关监督执纪工作规则》等。涉及职务犯罪的调查活动除了受《监察法》约束外，还要符合《刑法》《刑事诉讼法》的规定。四是把握监察调查的措施。监察机关在调查中，可采取谈话、讯问、询问、查询、冻结、调取、查封、扣押、搜查、勘验检查、鉴定、留置等措施。根据调查措施是否具有明显强制性，分为特殊调查措施和一般调查措施。特殊调查措施对监察对象的人身、财产等基本权利限制较大，具有明显强制性。一般调查措施相对而言不具有明显的强制性

（二）调查职责的特点

1. 调查职责具有鲜明的政治属性

监察机关本质上属于政治机关，承担着关系党和国家生死存亡的重大政治任务，在党的直接领导下，代表党和国家对所有行使公权力的公职人员履行调查职责，既调查职务违法行为，又调查职务犯罪行为。在纪委监委合署办公后，监察机关要认真履行宪法规定的"上级监察委员会领导下

---

① "其他规范公职人员履职行为的法律法规"，具体包括《公务员法》《人民警察法》等"身份法"和《税收征收管理法》《海关法》等各类"行业管理法"。

② 此外，《监察法实施条例》第二十四条规定，监察机关发现公职人员存在其他违法行为，具有下列情形之一的，可以依法进行调查、处置：（一）超过行政违法追究时效，或者超过犯罪追诉时效、未追究刑事责任，但需要依法给予政务处分的；（二）被追究行政法律责任，需要依法给予政务处分的；（三）监察机关调查职务违法或者职务犯罪时，对被调查人实施的事实简单、清楚，需要依法给予政务处分的其他违法行为一并查核的。监察机关发现公职人员成为监察对象前有前款规定的违法行为的，依照前款规定办理。

级监察委员会的工作"要求,重要事项由同级党委批准,与纪律检查机关一同向同级党委、上级纪委监委报告工作,这是党对监察工作领导的具体化、程序化,表明监察机关本质上是实现党和国家自我监督的政治机关,具有鲜明的政治属性。

2. 调查职责有别于侦查职责

作为党统一领导下的开展反腐败工作的专责机关,监察机关调查的范围是涉嫌职务违法与职务犯罪的行为,与一般的刑事犯罪有所不同。尽管从形式上看,"调查"与"侦查"均属于收集证据、查明案件事实的活动,都包括询问、讯问、查询、冻结、搜查、查封、鉴定等措施,但是,并不能据此认为监察机关的调查权等同于公安机关、检察机关等的侦查权。两者存在着明显的差异。首先,在法律依据方面,监察机关行使调查权依据的是《监察法》及其相关监察法规,而刑事侦查权的行使主要依据《刑事诉讼法》等法律及相关司法解释。其次,在主体方面,调查权的行使主体是监察机关,监察机关的性质是政治机关而非司法机关,在行使权限时,重要事项需由同级党委批准。侦查权的行使主体是公安机关、人民检察院、国家安全部门和军队保卫部门。再次,适用对象方面,监察调查适用对象为涉嫌职务违法和职务犯罪的公职人员,刑事侦查适用的对象为涉嫌刑事犯罪的犯罪嫌疑人,其范围不仅限于公职人员。最后,在涉及人身自由的强制性措施方面,监察调查措施与刑事侦查措施的种类也略有不同,监察调查中对人身自由的限制性措施为留置措施一项,刑事侦查则包括了拘传、取保候审、监视居住、拘留、逮捕等五项强制措施。

3. 调查的目的在于查明违法犯罪事实

对公职人员涉嫌职务违法和职务犯罪的调查,突出体现了监察委员会作为国家反腐败工作机构的定位,体现了监察工作的特色。和普通犯罪不同,实践中,以行受贿犯罪为主要类型的职务违法和职务犯罪,隐蔽性较强,时间跨度较长,线索来源、可获取的证据材料有限;同时,腐败的形式往往多种多样,腐败犯罪日趋"专业性""智能化",或披上合法外衣,进一步加大了查处和打击腐败违法犯罪的难度。监察调查工作主要目的就在于通过一系列的调查措施,掌握违法犯罪事实及证据,达到揭露犯罪、追诉犯罪的目的;对于仅构成职务违法的,通过调查查明事实和后续处理,达到惩戒和教育的目的。可以说,调查是最有威慑的一种履职手段。做好调查工作，有利于维护宪法和法律的尊严，增进公权力行使的廉洁性。

4. 履行调查职责应保障公民的合法权益

保障当事人的合法权益是监察法的基本原则之一。《监察法》第五条规定，国家监察工作在适用法律上一律平等，保障当事人的合法权益。这既是对《宪法》第三十三条第三款"国家尊重和保障人权"的直接呼应，也是贯穿于监察法始终的基本遵循。监察机关的调查活动涉及公民的人身自由和财产等基本权利，而只要是涉及对基本权利的限制，就理应受到严格的法律程序规制。例如，留置作为限制被调查人人身自由的调查措施，备受关注。对于被采取留置措施的对象，监察机关应当根据《监察法》的规定，保障其饮食权、休息权、健康权等合法权益，严禁以各种方式体罚或侮辱被调查对象。除了对被调查人的权利保障外，在调查过程中，监察机关也还应当注意保护其他涉案人的合法权益。例如，在请有关证人和企业协助配合调查时，既要达到审查调查目的，又要尽量不影响他们正常的生活和经营秩序，对涉案企业，不轻易采取查封、冻结账户等措施。[①]

二 监察调查的具体内容

根据《监察法》第十一条第二款的规定，调查的主要内容包括贪污贿赂、滥用职权、玩忽职守、徇私舞弊、权力寻租、利益输送、浪费国家资财等7类职务违法和职务犯罪行为，基本涵盖了公职人员的腐败行为类型。这7类行为都是党的十八大以来通过执纪审查、巡视等发现的较为突出的职务违法犯罪行为。其中，贪污贿赂、滥用职权、玩忽职守、徇私舞弊与刑法规定的罪名一致。权力寻租、利益输送、浪费国家资财与刑法规定的罪名和有关法律法规规定的违法行为不完全一一对应，但其实质是一致的。

（一）贪污贿赂

贪污贿赂主要是指贪污、挪用、私分公共财物以及行贿受贿等破坏公权力行使廉洁性的行为。如果贪污贿赂行为触犯了《刑法》，符合贪污罪、受贿罪等具体犯罪的犯罪构成，达到刑事立案标准的，将构成贪污罪、受

[①] 参见王爱平《在审查调查工作中严格规范保护公民合法权益》，中央纪委国家监委网站，https://www.ccdi.gov.cn/yaowen/202007/t20200715_221968.html，2022年5月27日。

贿罪等刑事犯罪。根据《监察法实施条例》的规定，监察机关依法调查涉嫌贪污贿赂犯罪，包括贪污罪，挪用公款罪，受贿罪，单位受贿罪，利用影响力受贿罪，行贿罪，对有影响力的人行贿罪，对单位行贿罪，介绍贿赂罪，单位行贿罪，巨额财产来源不明罪，隐瞒境外存款罪，私分国有资产罪，私分罚没财物罪，以及公职人员在行使公权力过程中实施的职务侵占罪，挪用资金罪，对外国公职人员、国际公共组织官员行贿罪，非国家工作人员受贿罪和相关联的对非国家工作人员行贿罪。

受贿罪直接侵犯的是职务行为的廉洁性、不可收买性，间接必然影响职务行为的公正性；贪污罪主要侵犯的是公共财物所有权、职务行为的廉洁性。其中，贪污、挪用公共财物的犯罪表现为直接利用职务取得公共财物，侵犯了职务行为的廉洁性，同时也侵犯了公共财物所有权；贿赂犯罪表现为以职务换取财物或者相反，侵犯了职务行为的廉洁性、不可收买性和公正性。我国廉政制度建设的核心是国家公职人员克勤克俭、廉洁奉公，禁止其贪污腐败，无论是公职人员自身对廉政建设制度进行侵犯，还是其他人员从外部拉拢、腐蚀公职人员，都会对国家廉政制度造成损害。

（二）滥用职权

滥用职权主要是指公职人员不依法正当行使职权或任意扩大自己的职务权限，致使公共财产、国家、人民或社会遭受了重大损失的行为，或是有其他严重违法行为；滥用职权主要有以下几种情况：一是超越职权擅自决定或处理没有具体决定、处理权限的事项；二是玩弄职权，随心所欲地对事项作出决定或者处理；三是故意不履行应当履行的职责，或者说任意放弃职责；四是以权谋私、假公济私，不正确地履行职责。[①]

具体而言，监察机关依法调查公职人员涉嫌滥用职权犯罪，包括滥用职权罪，国有公司、企业、事业单位人员滥用职权罪，滥用管理公司、证券职权罪，食品、药品监管渎职罪，故意泄露国家秘密罪，报复陷害罪，阻碍解救被拐卖、绑架妇女、儿童罪，帮助犯罪分子逃避处罚罪，违法发放林木采伐许可证罪，办理偷越国（边）境人员出入境证件罪，放行偷越国（边）境人员罪，挪用特定款物罪，非法剥夺公民宗教信仰自由罪，侵

---

① 参见法律出版社法规中心编《〈中华人民共和国刑法〉注释本》，法律出版社2017年版，第331页。

犯少数民族风俗习惯罪，打击报复会计、统计人员罪，以及司法工作人员以外的公职人员利用职权实施的非法拘禁罪、虐待被监管人罪、非法搜查罪。

（三）玩忽职守

玩忽职守主要是指公职人员严重不负责任，不履行或不正确履行职责，致使公共财产、国家和人民利益遭受损失的行为。玩忽职守罪侵犯的是国家机关对社会生活各个领域的管理活动，如各级政府及其职能部门对社会的管理活动等。其中，不履行职责表现为擅离职守或者对自己工作范围内的事项不传达、不布置、不报告、不检查、不执行等；不认真履行职责表现为行为人虽然履行了职责，但却不尽职尽责，而是马虎草率、粗心大意、敷衍塞责。

监察机关依法调查公职人员涉嫌玩忽职守犯罪，包括玩忽职守罪，国有公司、企业、事业单位人员失职罪，签订、履行合同失职被骗罪，国家机关工作人员签订、履行合同失职被骗罪，环境监管失职罪，传染病防治失职罪，商检失职罪，动植物检疫失职罪，不解救被拐卖、绑架妇女、儿童罪，失职造成珍贵文物损毁、流失罪，过失泄露国家秘密罪。

（四）徇私舞弊

徇私舞弊主要是指为了私利而采取欺骗、包庇等方式从事违法的公务行为。2006年实施的最高人民检察院《关于渎职侵权犯罪案件立案标准的规定》附则第（五）项规定，徇私舞弊是指国家机关工作人员为徇私情、私利，故意违背事实和法律，伪造材料，隐瞒情况，弄虚作假的行为。其中，徇私属于主观要素，包括个人的私利和单位的私利，两者都侵害了国家机关公务的合法、公正、有效执行及国民对此的信赖，而且徇单位、集体的私利造成的损害往往更加严重。舞弊属于客观要素，表现为不正确履行职责，采用弄虚作假手段做违法乱纪的事情。如《刑法》第402条"对依法应当移交司法机关追究刑事责任而不移交司法机关"的行为，就属于舞弊。

监察机关依法调查公职人员涉嫌徇私舞弊犯罪，包括徇私舞弊低价折股、出售国有资产罪，非法批准征收、征用、占用土地罪，非法低价出让国有土地使用权罪，非法经营同类营业罪，为亲友非法牟利罪，枉法仲裁罪，徇私舞弊发售发票、抵扣税款、出口退税罪，商检徇私舞弊罪，动植物检疫徇私舞弊罪,放纵走私罪,放纵制售伪劣商品犯罪行为罪,招收公务员、学生徇私舞弊罪,徇私舞弊不移交刑事案件罪,违法提供出口退税凭证罪,徇私舞弊不征、少征税款罪。

（五）权力寻租

权力寻租主要是指公职人员以公权力为筹码违反或者规避法律法规而获取经济利益的腐败行为。这种腐败行为通常会涉及贿赂。如果行贿方是利益集团或企业,就是商业贿赂;如果只是一些特殊的个人,就是一般的贿赂。近年来各地监察机关开展的正风肃纪专项行动,所针对正是"权力寻租"行为,包括所有的腐败形式,以规范公共权力,减少和消除权力寻租空间。

（六）利益输送

"利益输送"本为经济学领域的一种现象,指企业的控制者将企业资产、利润转移出去,侵占少数股东或其他权益人的利益。该概念被《监察法》吸纳,变成了一种新型职务犯罪行为,即公职人员利用职权将公共利益转换成私人利益的活动过程,其实质是公权力的私有化使用。利益输送的具体方式包括：官商之间通过虚构价格获取不正当利益,企业改制时将国有、集体资产私有化,低价贱卖公共资源、公共利益,公共项目运作中"暗箱操作"等。根据利益输送方式的不同,可以将利益输送行为分为以下几种类型：

1. 贪污侵占型

该种利益输送行为是指公职人员利用职权将本人可支配和控制的公共利益直接转移给自己。

2. 为亲友牟利型

该种利益输送行为是指公职人员利用职权将本人可支配和控制的公共利益转移给自己的近亲属、情妇（夫）及其他特定关系人。

3. 权钱交易型

该种利益输送行为是指公职人员利用职权向请托人输送公共利益,作为回报,请托人以现金、干股、房产等形式向公职人员或其特定关系人输送私人利益。

4. 权权交易型

该种利益输送行为是指公职人员利用职权相互为对方及对方的特定关

系人谋取利益。[①]

（七）浪费国家资财

浪费国家资财主要是指公职人员违反规定，利用职权之便大肆挥霍浪费国家资财的行为。虽然我国《刑法》没有与浪费国家资财明确对应的罪名，但可结合相关廉政规定进行理解。如《中国共产党党员领导干部廉洁从政若干准则》规定禁止以下行为：在公务活动中提供或者接受超过规定标准的接待，或者超过规定标准报销招待费、差旅费等相关费用；违反规定决定或者批准兴建、装修办公楼、培训中心等楼堂馆所，超标准配备、使用办公用房和办公用品；擅自用公款包租、占用客房供个人使用；违反规定配备、购买、更换、装饰或者使用小汽车；违反规定决定或者批准用公款或者通过摊派方式举办各类庆典活动。又如《行政机关公务员处分条例》第24条规定："违反财经纪律，挥霍浪费国家资财的，给予警告处分；情节较重的，给予记过或者记大过处分；情节严重的，给予降级或者撤职处分。"

（八）重大责任事故犯罪及其他犯罪

除《监察法》第十一条第二款列举的七类职务违法和职务犯罪行为外，《监察法实施条例》第三十条和第三十一条还分别详细列举了监察机关依法调查的公职人员在行使公权力过程中涉及的重大责任事故犯罪，以及公职人员在行使公权力过程中涉及的其他犯罪。其中，公职人员在行使公权力过程中涉及的重大责任事故犯罪，包括重大责任事故罪，教育设施重大安全事故罪，消防责任事故罪，重大劳动安全事故罪，强令、组织他人违章冒险作业罪，不报、谎报安全事故罪，铁路运营安全事故罪，重大飞行事故罪，大型群众性活动重大安全事故罪，危险物品肇事罪，工程重大安全事故罪。公职人员在行使公权力过程中涉及的其他犯罪，包括破坏选举罪，背信损害上市公司利益罪，金融工作人员购买假币、以假币换取货币罪，利用未公开信息交易罪，诱骗投资者买卖证券、期货合约罪，背信运用受托财产罪，违法运用资金罪，违法发放贷款罪，吸收客户资金不入账罪，违规出具金融票证罪，对违法票据承兑、付款、保证罪，非法转

[①] 参见冷大伟《利益输送有哪些常见类型》，中央纪委国家监委网站，https://www.ccdi.gov.cn/yaowen/202012/t20201216_232009.html，2022年3月24日。

让、倒卖土地使用权罪，私自开拆、隐匿、毁弃邮件、电报罪，故意延误投递邮件罪，泄露不应公开的案件信息罪，披露、报道不应公开的案件信息罪，接送不合格兵员罪。以上违法犯罪的具体类型均属于监察机关的调查范围。

第四节 处置职责

一 处置的内涵与特点

（一）处置的内涵

《监察法》第十一条赋予了监察机关监督、调查、处置三项职责。这三项职责既相互独立有紧密联系。其中监督是基础，在三项职责中处于首要地位，通过监督发现问题线索进而展开调查程序。处置则是对监督、调查结果的反馈回应，确保前两项职责得到实效化的保障。[①]《监察法》法条中共有14处使用了"处置"一词，但其含义并不相同，主要表现为两种类型：第一种类型主要是指针对问题线索的处理行为，属于监督或者调查程序中的某个环节，是监察机关开展监督调查处置工作的基础和前提。[②]如《监察法》第三十七条的规定，"监察机关对监察对象的问题线索，应当按照有关规定提出处置意见，履行审批手续，进行分类办理。线索处置情况应当定期汇总、通报，定期检查、抽查"。第二种类型的处置特指监察机关根据监督、调查结果依法作出相应决定的处理职责。如《监察法》第十一条第三款规定的处置权限。处置职责针对调查发现的职务违法和职务犯罪问题，监察机关通过运用处置权限，既要使违法者受到必要的惩处，又能使不法行为得到纠正，促进公职人员廉洁奉公、遵纪守法、为民勤政。本章"处置"一词采第二种类型的处置。

（二）处置的特点

1. 处置职责的独立性

作为三项职责中的最后一道关口，处置工作还应对监督和调查工作质

[①] 参见马德怀主编《监察法学》，人民出版社2019年版，第174页。

[②] 参见《图解监察法实施条例（三十二）：监察机关处置问题线索》，中央纪委国家监委网站，https://new.qq.com/omn/20220107/20220107A0AMZW00.html，2022年8月28日。

量进行把关,必须保持其独立性,确保公正执法。处置的独立性具体体现在:

(1) 处置的宏观独立性

以监察机关法律地位的独立性为前提,处置不受行政机关、社会团体和个人的干涉。反腐败专责机关应有必要的独立性,以免受任何不当影响,有效履行职责。这是反腐败专责机关建设的基本要求,直接关系到反腐败工作的力度和效果。

(2) 处置的中观独立性

处置应独立于监督职责和调查职责。处置职责既是在监督职责、调查职责的基础上开展,也要独立于前两者,对监督职责获取的线索、调查职责调取的证据进行选择和判断,作出最恰当的处置结果。

(3) 处置的微观独立性

处置过程中加强内部监督,拒绝任何打听案情、过问案件、说情干预,以及私自接触被调查人、涉案人员及其特定关系人,或者存在交往情形,避免人为地增添执纪执法的难度,影响执纪执法的公正性。因此,要确保处置职责的独立性,以免腐败分子逍遥法外,得不到应有的惩罚,破坏监察的威严和震慑。

2. 处置效力的强制性

处置是监察机关依据监督、调查情况,经过集体研究乃至上级监察机关批准程序而形成的决定,代表着监察机关的集体意志,处置直接关系到案件的处理结果。《监察法》第六十二条规定:有关单位拒不执行监察机关作出的处理决定,或者无正当理由拒不采纳监察建议的,由其主管部门、上级机关责令改正,对单位给予通报批评;对负有责任的领导人员和直接责任人员依法给予处理。可见,监察机关作出的处置并非只有"建议性质"的处分和处理,而是以法律强制力为支撑和保障。拒不履行处置决定的单位和个人应承担相应的法律后果,从而确保监察的威慑力和权威性。

二 处置的方式

在监察活动中,确定监督、调查终结并进入处置环节,应当符合以下条件:一是案件事实已调查清楚;二是证明案件事实的证据确凿或证据确实充分；三是从启动监督、调查到终结全过程法律程序完备规范。监察处置职责的内容主要包括：一是对公职人员在履行职务过程中的职务违法行为依法作出政务处分决定；二是对领导人员在履职过程中的不当行为进行问责追究；三是发现公职人员在履行职务过程中有职务犯罪行为的，依法将调查结果移交人民检察院，由人民检察院依法审查并决定是否提起公诉；四是对被调查单位存在的廉政建设问题或者被调查人履行职责存在的问题依法提出监察建议。

（一）对违法的公职人员依法作出政务处分决定

政务处分是指国家监察机关依据《监察法》《政务处分法》等相关法律法规，对有职务违法行为且应当承担相关法律责任的公职人员进行的惩戒措施。[①] 它是伴随国家监察体制改革进程，由"政纪处分"演变而来的新的法律概念。"政纪"是历史形成的，中国共产党早在陕甘宁边区就开始使用这一概念。改革开放以来，随着依法治国的深入推进，我国法律体系不断完善，与政纪有关的规则上升为国家立法，体现为《公务员法》《行政机关公务员处分条例》等法律法规。在全面依法治国条件下，党纪与法律之间没有中间地带。监察机关依据相关法律对违法的公职人员作出政务处分决定，将进一步推动依法执政，实现纪法分开和纪法衔接。[②] 2020年，我国制定了《公职人员政务处分法》，将监察法的原则规定具体化，把法定对象全面纳入处分范围，使政务处分能够匹配党纪处分、衔接刑事处罚，构筑惩戒职务违法的严密法网，对涉嫌职务违法的公职人员进行及时有效的处置，堵住了处置范围和手段上的漏洞。

根据监督、调查结果，监察机关对违法且依法需要给予政务处分的公职人员，依照法定程序作出警告、记过、记大过、降级、撤职、开除等六项政务处分决定。[③] 受处分的期间分别为：警告6个月，记过12个月，记大过18个月，降级和撤职为24个月。所有受到处分的公职人员在受处分

---

① 参见朱福惠《论监察法上政务处分之适用及其法理》，《法学杂志》2019年第9期。
② 《深化监察体制改革 推进试点工作之四——使党的主张成为国家意志》，《中国纪检监察报》2017年7月17日。
③ 《监察法实施条例》第二百零一条规定："监察机关对于公职人员有职务违法行为但情节较轻的，可以依法进行谈话提醒、批评教育、责令检查，或者予以诫勉。上述方式可以单独使用，也可以依据规定合并使用。"

期间不得晋升职务、职级、衔级和级别；其中，受记过、记大过、降级、撤职处分的不得晋升工资档次，受撤职处分的须按照规定降低职务、职级、衔级和级别，同时降低工资和待遇。

监察机关在对公职人员进行政务处分时，应注意以下几点：一是对于公职人员的同一违法行为，任免机关、单位和监察机关不得重复给予政务处分；二是公职人员涉嫌犯罪的，一般应当先依法给予政务处分，再依法追究其刑事责任；三是下级监察机关根据上级监察机关的指定管辖决定，在调查终结后，应当按照管理权限交有处分权限的任免机关、单位或者监察机关依法作出处分决定。

（二）对履行职责不力、失职失责的领导人员进行问责

问责，是指领导干部因其职责和义务履行情况受到质询，进而承担否定性后果（谴责和制裁）的治吏机制。[1] 中国特色的问责之路主要起源于2003年非典期间，多名公职人员因隐瞒非典疫情或者防治非典不力被罢免。[2]《监察法》明确赋予监察机关问责权，既是践行"一切权力属于人民"执政理念的必由之路，也是实现领导责任法定化、解决问责机构专责化、提升问责决定权威性的必然之举。《监察法》为问责制度有效运转提供了法律依据；同时，监察机关作为政治机关，通过行使问责权，亦切实解决了领导人员政治责任法定化的问题。[3] 与之对应，党纪中的问责是指由党组织按照职责权限，追究在党的建设和党的事业中失职失责党组织和党的领导干部的主体责任、监督责任和领导责任。[4] 因此，《监察法》中的问责，是指被问责的领导人员本身没有职务违法和职务犯罪行为，但对其所领导的单位或所领导的人员负有廉政建设责任、领导责任或监督责任等，不履行或者不正确履行职责造成严重后果或者恶劣影响的，监察机关

---

[1] 参见曹鎏《行政官员问责的法治化研究》，中国法制出版社2011年版，第50页。

[2] 问责在我国的发展分为四个阶段：1979年，发生"渤海二号"沉船事故导致时任石油部部长引咎辞职，这是我国改革开放以后第一起高官辞职案件，后又陆续发生几起；2003年非典疫情爆发，多名高官因防治非典不力而被罢免，问责正式成为我国重要治吏机制；2009年党中央和国务院联合发布《关于实行党政领导干部问责的暂行规定》，首次从中央层面对问责内涵以及个案办理作出统一规定；2018年《监察法》颁布施行，问责被赋予法定涵义。参见曹鎏《行政官员问责的法治化研究》，中国法制出版社2011年版，第18—24页。

[3] 曹鎏：《论监察问责的基本法律问题概念澄清与构成要件解析》，《中外法学》2020年第4期。

[4] 参见《中国共产党党内问责条例》第4条。

根据问责的有关规定，按照管理权限对领导人员作出问责决定，或者向有权作出问责决定的机关提出问责建议。

问责的主体是监察机关或者有权作出问责决定的机关。监察机关依法可以直接作出问责决定，或者向有权作出问责决定的机关提出问责建议。问责的对象是公职人员中的领导人员，[①] 主要是指中国共产党机关、立法机关、行政机关、监察机关、审判机关、检察机关、政协机关、民主党派和工商联机关中担任各级领导职务和处级以上非领导职务的人员；参照公务员法管理的单位中担任各级领导职务和处级以上非领导职务的人员；大型、特大型国有和国有控股企业中层以上领导人员，中型以下国有和国有控股企业领导班子成员，以及上述企业中其他相当于县处级以上层次的人员；事业单位领导班子成员以及其他六级以上管理岗位人员。[②] 问责的方式包括：监察机关可以按照管理权限采取通报、诫勉、政务处分等方式进行问责；提出组织处理建议。

（三）对职务犯罪案件移送审查起诉

监察机关对涉嫌职务犯罪的人员，经调查认为犯罪事实清楚，证据确实、充分，需要追究刑事责任的，依法移送人民检察院审查起诉。这是监察执法与刑事司法紧密衔接，依法惩治腐败犯罪的重要环节。[③] 首先，移送审查起诉的主体是有管辖权的监察机关，包括接受指定管辖的监察机关；其次，移送的对象是涉嫌职务犯罪的被调查人；再次，移送的案卷材料包括监察机关制作的起诉意见书、案卷材料、证据材料等；最后，移送的条件主要包括：1. 罪责条件：被调查人涉嫌职务犯罪。监察调查结果显示，被调查人的行为已经涉嫌职务犯罪，需要追究刑事责任。2. 证据条件：被调查人涉嫌职务犯罪的犯罪事实清楚，证据确实、充分。3. 程序条件：制作起诉意见书，连同案卷材料、证据一并移送检察机关审查起诉。另外，对于涉嫌行贿等犯罪的非监察对象（涉案单位和人员）需要追究刑事责任的，监察机关应当在调查终结后移送审查起诉。

[①]《中国共产党问责条例》第五条规定："问责对象是党组织、党的领导干部，重点是党委（党组）、党的工作机关及其领导成员，纪委、纪委派驻（派出）机构及其领导成员。"

[②] 参见中共中央纪律检查委员会、中华人民共和国国家监察委员会法规室编写《〈中华人民共和国监察法〉释义》，中国方正出版社2018年版，第93—94页。

[③] 吴建雄主编：《监督、调查、处置法律规范研究》，人民出版社2018年版，第70页。

接受移送审查起诉的主体是检察机关。对监察机关移送的案件，应由检察机关作为公诉机关直接依法审查、提起公诉。在审查起诉阶段，检察机关对被调查人采取的拘留、逮捕等强制措施属于保障刑事诉讼进行的必要措施。[1]

（四）提出监察建议

监察建议是指监察机关依法根据监督、调查结果，针对监察对象所在单位廉政建设和履行职责存在的问题等，向相关单位和人员提出的具有一定法律效力的建议。[2] 其中，"具有一定法律效力"是指监察建议的相对人无正当理由必须履行监察建议要求其履行的义务，否则，就应当承担相应的法律后果，因此，监察建议不同于一般的工作建议。[3]

一般来讲，监察机关可以针对以下情形提出监察建议：拒不执行法律、法规或者违反法律、法规，应当予以纠正的；有关单位作出的决定、命令、指示违反法律、法规或者国家政策，应当予以纠正或者撤销的；给国家利益、集体利益和公民合法权益造成损害，需要采取补救措施的；录用、任免、奖惩决定明显不适当，应当予以纠正的；依照有关法律、法规的规定，应当给予处罚的；需要完善廉政建设制度的等。[4]

三　精准规范运用"四种形态"

（一）"四种形态"的内涵

"四种形态"是中国共产党一贯坚持的惩前毖后、治病救人方针在新时代全面从严治党实践中的具体体现和创新发展，是管党治党的重要手段和政策策略。[5] 2016年10月27日，中国共产党第十八届中央委员会第六

---

[1] 参见谭宗泽、张震、褚宸舸《监察法学》，高等教育出版社2020年版，第198页。

[2] 《监察法》第六十二条规定："有关单位拒不执行监察机关作出的处理决定，或者无正当理由拒不采纳监察建议的，由其主管部门、上级机关责令改正，对单位给予通报批评；对负有责任的领导人员和直接责任人员依法给予处理。"

[3] 参见吴建雄主编《监督、调查、处置法律规范研究》，人民出版社2018年版，第222页。

[4] 参见中共中央纪律检查委员会、中华人民共和国国家监察委员会法规室编写《〈中华人民共和国监察法〉释义》，中国方正出版社2018年版，第208页。

[5] 参见新疆维吾尔族自治区纪委监委调研组《把握政策策略精准运用"四种形态"》，《中国纪检监察报》2020年7月23日第8版。

次全体会议审议通过了《中国共产党党内监督条例》，首次把"四种形态"写入党内法规。① 2017年10月24日新修订的《党章》，2018年8月新修订的《中国共产党纪律处分条例》均对"四种形态"进行了规定。② 四种形态具体是指：

"第一种形态"，即经常开展批评和自我批评、约谈函询，让"红红脸、出出汗"成为常态。主要讲的是加强对党员干部的日常监督管理，体现了党组织对党员干部的关心爱护和严格要求。实现"第一种形态"，要求党内政治生活必须正常化，组织与个人之间、同志与同志之间应经常性地开展批评和自我批评，及时有效地相互监督、提醒，开展约谈函询。

"第二种形态"，即党纪轻处分、组织调整成为违纪处理的大多数。运用"第二种形态"，对违反党纪的党员干部，依据党纪党规，根据违纪行为的性质、情节及其造成的后果，作出党纪轻处分和组织调整的，应是大多数。从实践情况来看，受到党纪轻处分和组织调整的是"大多数"。对于轻微的违纪行为不处理，党员干部就会在违纪的道路上越走越远。

"第三种形态"，即党纪重处分、重大职务调整的是少数，是对有严重违纪行为党员的处理方式。根据《中国共产党纪律处分条例》，对于构成严重违纪的党员干部，给予重处分、作出重大职务调整。"第三种形态"，是阻止党员滑向违法犯罪的一道重要防线。

"第四种形态"，即严重违纪涉嫌违法立案审查的成为极少数。"第四种形态"是对严重违纪涉嫌违法的进行立案审查，体现了纪严于法、纪在法前。

监督执纪"四种形态"究其本质，是党的"惩前毖后、治病救人"方

---

① 《中国共产党党内监督条例》第七条规定，党内监督必须把纪律挺在前面，运用监督执纪"四种形态"，经常开展批评和自我批评、约谈函询，让"红红脸、出出汗"成为常态；党纪轻处分、组织调整成为违纪处理的大多数；党纪重处分、重大职务调整的成为少数；严重违纪涉嫌违法立案审查的成为极少数。

② 《党章》第四十条第二款规定，坚持惩前毖后、治病救人，执纪必严、违纪必究，抓早抓小、防微杜渐，按照错误性质和情节轻重，给以批评教育直至纪律处分。运用监督执纪"四种形态"，让"红红脸、出出汗"成为常态，党纪处分、组织调整成为管党治党的重要手段，严重违纪、严重触犯刑律的党员必须开除党籍。《中国共产党纪律处分条例》第5条规定，运用监督执纪"四种形态"，经常开展批评和自我批评、约谈函询，让"红红脸、出出汗"成为常态；党纪轻处分、组织调整成为违纪处理的大多数；党纪重处分、重大职务调整的成为少数；严重违纪涉嫌违法立案审查的成为极少数。

针的深化和具体化。对于党员干部,坚持严管和厚爱相结合、激励和约束并重,是党管理干部的重要原则。纵观过往的职务违法和职务犯罪案件,无不是从违纪开始的,并且发展轨迹通常是逐步从轻微违纪再到严重违纪最后走向违法犯罪。针对违纪违法行为的基本规律与态势,监督执纪"四种形态"就是通过设置多重防线,综合运用批评教育、组织处理、纪律处分等手段,层层阻挡,防微杜渐。通过对四种形态的类型化,形成了"常态""大多数""少数"和"极极少数"的处理方式。首先从严明党的纪律入手,将纪律挺在前面,对苗头性、倾向性问题,展开批评教育、红脸出汗,防止党员犯错误。同时,又强调言出必行、执纪必严、违纪必究,体现了全面从严治党治本和治标的统一。① 对此,《监察法》也有所体现。《监察法》第四十五条第一款第一项规定:"对有职务违法行为但情节较轻的公职人员,按照管理权限,直接或者委托有关机关、人员,进行谈话提醒、批评教育、责令检查,或者予以诫勉。"这不仅与监督执纪与"四种形态"的内涵与目的相一致,又符合我国宽严相济的刑事政策。

(二)"四种形态"的重要意义

"四种形态"是全面从严治党的具体举措,目的是维护党的有序运作,是我们管党治党的重要制度创新。

1. "四种形态"是日常监督的重要手段

监察机关监督、调查、处置三大职责中的监督职责被摆在了更加重要的位置上,监察机关不是单纯的办案机构,监督是其首要职责、基本职责。"四种形态"强调抓早抓小的重要性,突出强调监督的重要性,植根于实践又运用于实践。全面从严治党、依法治国,不能只依靠处理极少数严重违纪违法的公职人员,只有把党的纪律、国家法律法规作为尺子衡量公职人员的日常行为,让所有公职人员对待工作、生活的态度严谨、严肃起来,体现"管"和"治"的日常性、长期性,才能真正做到管住绝大多数。同时,"四种形态"强调日常发现,做到动辄则咎、治于初萌,着眼预防"治未病"。无数案例表明,"破法"必先"破纪",违纪必有苗头,如果在党员干部、公职人员有问题苗头或者初次出问题时,能够把监督挺在前面,"大喝一声""猛击一掌",就可以避免许多从"好同志""好职

---

① 宋健:《监督执纪"四种形态"的科学内涵》,《学习时报》2018年7月13日第A4版。

员"一步步沦为腐败分子。① 对日常监督中发现的苗头性、倾向性问题，采取约谈函询、民主生活会等方式开展批评教育，红脸出汗成为常态，确保监督无处不在，既有助于形成强大震慑，端正公职人员思想认识、规范用权行为，以防思想滑坡，又有利于实现对所有公职人员的关爱和呵护。

2. "四种形态"体现了"惩前毖后、治病救人"的方针

据中央纪委国家监委工作报告统计，2021年全国纪检监察机关运用"四种形态"批评教育帮助和处理212.5万人次，其中第一、第二、第三、第四种形态分别占比70%、23.2%、3.3%、3.5%，实现了政治效果、纪法效果、社会效果相统一。第一种形态占比较2020年扩大1.9个百分点，前两种形态占"四种形态"总数达到93.2%。② 从"批评教育帮助和处理"这一表述，反映出纪检监察机关对"惩前毖后、治病救人"方针的贯彻落实，纪检监察工作不仅仅着眼于查处、惩治，更着眼于统筹运用党性教育、政策感召、纪法威慑，在思想教育中释纪释法，在执纪执法中传道传情。随着国家监察体制改革的持续深化，"四种形态"从监督执纪向监察执法拓展，成为纪检监察机关实践中的自觉遵循。

《公职人员政务处分法》第十一条：公职人员有下列情形之一的，可以从轻或者减轻给予政务处分：（一）主动交代本人应当受到政务处分的违法行为的；（二）配合调查，如实说明本人违法事实的；（三）检举他人违纪违法行为，经查证属实的；（四）主动采取措施，有效避免、挽回损失或者消除不良影响的；（五）在共同违法行为中起次要或者辅助作用的；（六）主动上交或者退赔违法所得的；（七）法律、法规规定的其他从轻或者减轻情节。

《监察法》第三十一条：涉嫌职务犯罪的被调查人主动认罪认罚，有下列情形之一的，监察机关经领导人员集体研究，并报上一级监察机关批准，可以在移送人民检察院时提出从宽处罚的建议：（一）自动投案，真诚悔罪悔过的；（二）积极配合调查工作，如实供述监察机关还未掌握的违法犯罪行为的；（三）积极退赃，减少损失的；

---

① 参见黄武《述评之二 监督是纪委监委的首要职责基本职责》，《中国纪检监察》2018年第9期。

② 数据来源：《十九届中央纪委六次全会工作报告》，2022年2月24日。

（四）具有重大立功表现或者案件涉及国家重大利益等情形的。

《监察法》第三十二条：职务违法犯罪的涉案人员揭发有关被调查人职务违法犯罪行为，查证属实的，或者提供重要线索，有助于调查其他案件的，监察机关经领导人员集体研究，并报上一级监察机关批准，可以在移送人民检察院时提出从宽处罚的建议。

对于符合《政务处分法》第十一条中所规定的七种从轻或减轻情形之一的人员，监察机关可以从轻或减轻给予政务处分。对于符合《监察法》第三十一条、三十二条所规定情形的涉嫌职务犯罪的被调查人、职务违法犯罪的涉案人员，监察机关可以提出从宽处罚的建议。这与"四种形态"的基本精神相一致，让监督执法分出层次、分好轻重。因此，"四种形态"是全面从严治党的重大创新，在法律上把握住原则、把握住底线的同时，改变以往要么是"好同志"、要么是"阶下囚"的不正常现象。

3."四种形态"旨在实现反腐败的标本兼治

国家监察体制改革从强调末端惩治转向前端预防，更加强调积极预防腐败、治理腐败，而非完全依赖于调查、处置形成的压力导向。[1]"四种形态"为监察机关监督执法工作提供了新思路，即从源头抓起，有利于减少腐败存量，遏制腐败的滋生。在"四种形态"指导下，通过咬耳扯袖、红脸出汗的提醒，有效将问题的发生遏制在萌芽状态和轻微状态，只对极少数严重违法犯罪公职人员以及重处分，最大化减少违法犯罪处分的数量，探索一条标本兼治的路径。

（三）精准规范运用"四种形态"

监察机关必须深刻理解、准确把握"四种形态"的价值理念、目标导向和实践要求，做到深化运用、贯通运用、规范运用，切实履行国家赋予的职责使命。

1."四种形态"在监察工作中的运用应于法有据

随着国家监察体制的发展，"四种形态"对监察工作的影响进一步扩大，对监察工作的实务运用有关键性指导作用。《监察法》和《政务处分法》对职务违法、职务犯罪的相关规定，与党章、党纪处分条例关于"四

---

[1] 参见刘艳红《〈监察法〉与其他规范衔接的基本问题研究》，《法学论坛》2019年第1期。

种形态"规定相匹配。其中,《监察法》第五条所规定的惩戒与教育相结合、宽严相济原则是惩前毖后、治病救人方针在监察工作中的具体体现。《政务处分法》对职务违法行为从轻或减轻情形的规定、对给予政务处分的档次明确对应的事实情节及行为后果,同样体现了"四种形态"精准规范运用的理念。但实践中个别案件的处理出现了"以罚代刑"现象,损害了法治反腐的权威性。法治反腐是指通过制定和实施法律,限制和规范公权力行使的范围、方式、手段、条件与程序,为公权力执掌者创设公开、透明和保障公正、公平的运作机制,以达成使公权力执掌者不能腐败、不敢腐败,从而逐步减少和消除腐败的目标。[①] 因此,运用"四种形态"要以法治反腐为前提,要精准把握适用形态,确保于法有据,实现政治效果、法治效果和社会效果的有机统一。

2. 运用"四种形态"应有效推动纪法贯通、法法衔接

在纪委监委合署办公的体制下,"四种形态"促进了纪检监察机关对纪律与法律内在统一关系的认识,有重要的政治价值与法律意义。特别是监察机关在运用第四种形态时,对严重违纪涉嫌违法立案审查调查的极少数人员,严格依照程序移送司法机关,充分发挥了震慑功能。《宪法》第一百二十七条第二款规定了"监察机关办理职务违法和职务犯罪案件,应当与审判机关、检察机关、执法部门相互配合,互相制约"。总体来看,实践中监察机关很好地运用了"四种形态",但由于监察前置,监察机关主导职务犯罪的调查,有必要在现有基础上进一步梳理好"四种形态"与《监察法》、刑事法律及其他法律规范的关系,有效实现纪法贯通、法法衔接。

[①] 参见姜明安《论法治反腐》,《行政法学研究》2016年第2期。

第五章 监察官制度

第一节 监察官制度概述

监察人才队伍建设是深化国家监察体制改革,推动纪检监察工作行稳致远的重要保障。建设一支忠诚、干净、担当的监察队伍,是加强纪检监察机关规范化、法治化、正规化建设的内在要求,不仅事关党和国家监督体系的完善,也是不断推进全面从严治党、党风廉政建设和推进反腐败工作的重要前提。

一 《监察官法》的立法历程

早在国家监察体制改革试点阶段,北京、山西与浙江等省市就开始积极探索"建立监察官制度"。例如,浙江省监察委员会建立了与监察官等级序列配套的相关制度。[①] 2018年3月,《监察法》正式颁行,其中第十四条明确规定,国家实行监察官制度,依法确定监察官的等级设置、任免、考评和晋升等制度。此外,《监察法》第五十五条规定要建设忠诚、干净、担当的监察队伍。第五十六条明确监察人员必须模范遵守宪法和法律,忠于职守、秉公执法,清正廉洁,保守秘密;必须具备良好的政治素质,熟悉监察业务,具备运用法律、法规、政策和调查取证等能力,自觉接受监督。《监察法》出台后,国内学界也呼吁尽快构筑具有中国特色的

---

① 参见《改革,不止于挂牌——浙江开展国家监察体制改革工作纪实(下)》,《中国纪检监察报》2017年6月14日第1版。

监察官制度，指出建立监察官制度的现实迫切性，建议应当依据监察法的基本规定，立足中国历史文化传统，在吸收国（境）外有益经验的基础上，结合国情，尽快构筑中国特色监察官制度，建议《监察法》应当明确监察官制度的基本内容与高素质、专业化监察官应当具备的基本条件等。①

为进一步深化国家监察体制改革，推进监察工作的规范化、法治化水平，2018年9月，制定监察官法列入全国人大常委会2020年度立法工作计划，起草工作由国家监察委员会牵头，全国人大监察和司法委员会、全国人大常委会法制工作委员会参加。2019年2月，中央纪委国家监委法规室表示将研究起草《监察官法》。② 2020年1月，在十九届中央纪委四次全会上，中央纪委工作报告提出，2020年要推动研究制定《监察官法》，建设忠诚干净担当的高素质监察官队伍。2020年12月，《监察官法》（草案）首次提请十三届全国人大常委会第二十四次会议审议；2021年4月，《监察官法》（草案）提请十三届全国人大常委会会议第二次审议；并将《监察官法》（草案）全文公布，向社会公开征求意见；2021年8月，《监察官法》（草案）提请十三届全国人大常委会会议第三次审议，十三届全国人大常委会第三十次会议审议并表决通过了《监察官法》，该法于2022年1月1日起施行。由此开始，监察官法正式成为我国监察法律体系的一个重要组成部分。

根据《监察官法》的规定，我国监察官制度具体包括了监察官的职责、义务与权利，监察官的条件和选用，监察官的任免，监察官的管理，监察官的考核和奖励，监察官的监督和惩戒以及监察官的职业保障等内容。

二 《监察官法》出台的重要意义

构建具有中国特色的监察官制度，是国家监察体制改革中明确的一项政治任务。《监察官法》的制定实施，对于加强党对监察工作的集中统一领导、转化国家监察体制改革制度优势为治理效能、实现对监察官权力制

---

① 姚文胜：《尽快构筑具有中国特色的监察官制度》，《深圳特区报》2018年8月28日第C1版。

② 瞿芃、孙灿：《今年将研究起草政务处分法检察官法》，《中国纪检监察报》2019年2月15日第1版。

约与职业保障的多元平衡、打造高素质、专业化的监察官队伍都具有重要意义。

(一) 有利于加强党对监察工作的集中统一领导

国家监察体制改革是事关全局的重大政治体制改革,是强化党和国家自我监督的重大决策部署。① 出台《监察官法》是对国家监察体制改革成果的总结提炼,有利于实现对反腐败工作的集中统一领导。将党的领导融入《监察官法》,并不是抽象、空洞、虚化的,而是具体的、务实的、全面的、系统的、整体的。

党的领导全面、系统、整体体现在,《监察官法》的出台有利于从选人用人、职能职责、管理监督等各个方面、各个环节落实党对反腐败工作的集中统一领导,进一步加强监察机关作为政治机关的政治建设,推动监察官牢固树立"四个意识"、坚定"四个自信"、做到"两个维护"。如《监察官法》在总则第二条中明确"监察官的管理和监督坚持中国共产党的领导""坚持党管干部原则"。

党的领导具体、务实体现在,党的领导成为监察官开展监察工作的指引以及监察机关开展对监察官监督管理的指引等具体工作与行动中。如《监察官法》第十条规定监察官应当履行"自觉坚持中国共产党领导,严格执行中国共产党和国家的路线方针政策、重大决策部署"的法定义务;再如《监察官法》第三十条规定"对监察官应当有计划地进行政治、理论和业务培训""培训应当突出政治机关特色"。

(二) 有利于国家监察体制改革形成的制度优势转化为治理效能

改革的生命力在于执行。国家治理能力"是运用国家制度管理社会各方面事务的能力,包括改革发展稳定、内政外交国防、治党治国治军等各个方面"。这需要我们提高国家机构履职能力,提高依法管理国家事务、经济社会事务和自身事务的能力。而出台《监察官法》有利于加强监察官队伍的规范化、法治化、正规化建设,将国家监察体制改革的制度优势不断转化为治理效能。

监察官法坚持责任法定位,着重规范和促进监察官履职尽责,对监察

---

① 参见《重整行装再出发,以永远在路上的执着把全面从严治党引向深入》,《习近平谈治国理政》(第三卷),外文出版社2020年版,第512页。

官的监督管理、选任、考核等都作出了具体的规定，确保监察官权责法定、权责透明、权责统一，解决了在改革过程中出现的监察队伍权责规范化管理问题，助推监察权能和监察官职责的规范化管理；推进监察工作和监察官队伍建设法治化，进一步为国家监察体制改革奠定法治基础。同时，通过建立专业化导向的监察官队伍以提升监察人员的业务能力，确保监察机关的各项职能得到有效、依法贯彻执行，有利于促进监察工作高质量发展，是制度优势转化为治理效能的生动体现。

（三）有利于实现对监察官权力制约与职业保障的多元平衡

《监察官法》的制定出台有利于实现对监察官权力制约、职业权威树立、职业保障提供的多元平衡。

1. 强化对监察机关和监察官的权力制约

习近平总书记多次强调，信任不能代替监督，对监察机关自身的要求必须严之又严，慎之又慎。国家监察体制改革以来，就有学者担心监察机关会不会变成一个"超级权力机构"。《监察官法》的出台，是对监察权监督制约的进一步强化，有力回应了监察机关不是权力集中的"超级机构"。监察官法坚持从严管理，坚守责任法定位，明确监察官法定职责，聚焦履职风险点，建立健全监督制约机制，确保监察权规范正确行使。可以说，《监察官法》从立法目的、总则到专章多个维度突显强化对监察机关和监察官的权力制约。如《监察官法》开宗明义，第1条规定了立法目的，而立法目的之一就是"加强对监察官的管理和监督"；总则部分共8个条文，其中6条涉及对监察官的监督，对监察官强化自我约束、自觉接受各方面监督提出总体要求，凸显了强化监督的导向；第七章专章规定监察官的监督与惩戒，共计13个条文，是内容最多、篇幅最长的一章，详细规定了具体监督制度和措施，以及监察官违纪违法应当承担的法律责任。

2. 推动监察官职业权威的树立

监察官是代表国家行使监察权，履行监督职责，应当具有相应的职业权威。这种职业权威性，来源于法律赋予监察官权力、职业尊崇感与社会公众对监察官发自内心的信服。其一，出台《监察官法》将监察官权力运行纳入法治轨道，在《宪法》和《监察法》的基础上，进一步明确赋予监察官相应的职权、职业保障，这是通过法律赋予监察官权力，推动树立监察官的权威。其二，出台《监察官法》，要求监察官的选任需具备相应的知识水平、职业道德、职业伦理,并履行法定职责和法定义务,这样方能赢得声望和名誉,树立真正的职业权威,担当起国家监察的重任。其三,出台《监察官法》将监察官的职权行为纳入法治轨道,有利于增强社会公众对监察官的信服,进而推动树立监察官的职业权威。

3. 完善监察官的职业保障

《监察官法》注重对监察官的正向激励和职业保障,在总则中明确立法目的之一是"维护监察官合法权益",强调"监察官依法履职受法律保护,不受行政机关、社会团体和个人的干涉";设置第八章"监察官的职业保障",以专章形式对监察官职业保障作出系统性规定;还通过设置监察官称谓和等级,增强监察官的使命感、责任感、荣誉感。对监察官的保障具体分为以下几方面[①]:(1)职务保障。第五十五条明确不得随意将监察官调离工作岗位。(2)履职保障。第五十六条明确任何单位和个人不得要求监察官从事超出其法定职责范围的事务。(3)人身安全和名誉保障。如五十八条规定监察官遭受不实举报等,需依法追究相关单位或个人的责任。(4)工资福利保障。明确了监察官工资待遇以及相关福利待遇政策。(5)权利救济。明确对侵犯监察官权利的行为,监察官有权提出控告。

(四)有利于打造高素养专业化监察官队伍

监察权是由监察官掌握的核心权力。作为国家权力的重要组成,监察权本质上是独立的国家监督权。与传统意义上的监督权不同,监察权专属于监察机关,与审判机关、检察机关、行政机关相比,监察机关具有鲜明的政治属性。国家监察体制改革的核心就是加强党对反腐败工作的集中统一领导,完善党和国家的自我监督体系。党内监督和国家监察的高度统一性,要求由监察机关代表国家行使监督权,对所有行使公权力的公职人员实现监察全覆盖。在纪委监委合署办公的组织架构下,做好监察工作,既需要掌握监察相关专业知识,还需要熟练掌握党内法规、刑事司法知识等,这对监察官的政治素养与专业能力提出了更高要求。制定和出台《监察官法》,通过高标准设置监察官条件、严格对监察官的考核、加强教育培训基础作用、加强监察学科建设,助推理论研究与监察实务规律的总结,有利于实现监察队伍的专业化,打造高素质专业化监察官队伍。

---

① 刘呈祥:《注重对监察官的职业保障》,《中国纪检监察》2021年第17期。

第二节　监察官制度的基本内容

《监察官法》的制定充分吸收并借鉴了我国传统监察制度、相关立法成果和域外监察体制的经验，是我国监察体制改革的重要成果。根据《监察法》和《监察官法》的规定，监察官制度包括监察官的范围、任职条件、选用与任免、义务与权利、职责、监督管理和职业保障等一系列内容。

一　监察官的范围

监察官制度建设首先要解决的问题是合理划定监察官的范围。对此，早在国家监察体制改革试点阶段，改革试点地区就已经开始探索。例如，浙江省曾适用全部纳入方式，将全部监察机关内设机构的工作人员纳入监察官的范围。在《监察官法》出台前，对于监察官的界定主要依据《监察法》的相关规定。例如，除《监察法》第五十五条、第五十六条的基本规定外，第五十七、五十八、五十九、六十、六十四条都涉及关于监察官与监察人员的表述。但《监察法》并未明确监察官的范围，这给监察职权的实际运行带来了一定的困难。《监察官法》较好地解决了这个问题，对监察官的范围作出了明确规定。

（一）准确理解和把握监察官的范围

准确理解和把握监察官的范围，是贯彻落实好监察官法的前提，也是开展监察工作的重要基础。《监察官法》第三条对此予以了明确。根据该条规定，以下人员属于监察官的范围：

1. 监察委员会组成人员和监察委员会机关中的监察人员

监察官法第三条第一款第一项和第二项明确监察官包括各级监察委员会的主任、副主任、委员和各级监察委员会机关中的监察人员。监察法规定，国家监察委员会、地方各级监察委员会由主任、副主任若干人、委员若干人组成。作为监察委员会的组成人员，其依法领导监察委员会的工作、履行相应监察职责，是监察官队伍的领导人员。各级监察委员会机关中的监察人员是监察工作的具体承担者，根据分工承担监督、调查、处置的监察职责，代表机关对外行使监察权。将监察委员会机关中的监察人员纳入监察官范围，既可以通过法律保障其依法履职，也为加强对其监督提供重要的法律依据。需要说明的是，纪委监委合署办公，地方纪委监委中不兼任监委委员的纪委常委，同样肩负着领导纪检监察工作的责任，并从事相应监察工作，这些人员应当依照"监察委员会机关中的监察人员"的规定纳入监察官范围。

2. 派驻或者派出到相应监察机构中的监察人员、监察专员

监察官法第三条第一款第三项明确，各级监察委员会派驻或者派出到中国共产党机关、国家机关、法律法规授权或者委托管理公共事务的组织和单位以及所管辖的行政区域等的监察机构中的监察人员、监察专员，属于监察官范围。"中国共产党机关、国家机关、法律法规授权或者委托管理公共事务的组织和单位"实质上是通常意义上所说的机关事业单位。上述派驻或者派出监察机构，本质上是监察委员会的延伸，是各级监察委员会的重要组成部分。这部分监察人员、监察专员根据授权依法对驻在组织和单位公职人员进行监督调查处置，提出监察建议等，代表派驻或者派出监察机构依法行使相应的监察权，是监察力量的重要组成部分，应当依法将其纳入监察官范围。

3. 其他依法行使监察权的监察机构中的监察人员

监察官法第三条第一款第四项规定，监察官还包括"其他依法行使监察权的监察机构中的监察人员"。在监察工作实践中，监察委员会组成人员、监察委员会机关中的监察人员以及派驻或者派出到相应监察机构中的监察人员、监察专员并不能完全涵盖依法行使监察权的所有情况，需要设计一个兜底条款，以增强涵盖性，体现了监察官法立法的周延性。同时，考虑到党和国家纪检监察体制改革仍在深化过程中，对于派驻、派出的形式以及其他授权行使监察权的形式，将来随着改革的深化还可能不断发展和创新，因此设计这一规定，可以为将来解决有关具体问题预留空间和制度接口，体现了监察官法立法的前瞻性。

值得关注的是，国有企业监察机构工作人员、监察专员是否应纳入监察官范围？关于这个问题，《监察官法》第三条第二款规定，对各级监察委员会派驻到国有企业的监察机构工作人员、监察专员，以及国有企业中其他依法行使监察权的监察机构工作人员的监督管理，参照执行本法有关

规定。理解把握该规定，需要注意两点：

（1）国有企业监察机构工作人员、监察专员一般不纳入监察官范围。《监察官法》第三条第一款的前三项规定的三项纳入监察官范围的人员如无例外，应属于公务员。监察官依法行使谈话、讯问、留置等十二项履职措施，其中既涉及公职人员调整等组织调整措施，还涉及对监察对象人身自由及财产的限制。若将所有国企人员都纳入监察官范围，则身为企业人员却可行使诸如留置等限制人身自由的权力，将违背监察权作为国家公权力，应当规范和严肃行使的基本要求。鉴于国有企业监察机构人员的企业人员身份，其在编制、人事管理等方面与纳入监察官范围的人员存在较大差异，在充分考虑国有企业监察工作实际和各方意见的基础上，监察官法作出了其不纳入监察官范围的规定。

（2）对国有企业监察机构中的工作人员、监察专员的监督管理，应当参照执行监察官法有关规定。监察官法立足责任法定位，规定国有企业监察机构工作人员、监察专员应当参照监察官法的相关要求进行严格监督管理，一体贯彻落实党中央关于加强纪检监察干部队伍建设的相关要求。要求对国有企业监察机构人员的监督管理参照执行本法有关规定，立法本意是对监察人员加强监督、严格管理。本着这一精神，监察官法第七章"监察官的监督和惩戒"的规定，应当参照执行；其他章的内容凡是符合加强监督、严格管理要求的，也要参照执行；但涉及等级制度等方面的条文不能参照。

（二）明确了监察官不适用"员额制"

关于监察官是否有必要实行"员额制"的问题，我们认为，监察官不宜适用"员额制"。理由如下：

1. 推行"员额制"将加剧监察机关事多人少的矛盾

国家监察体制改革后，由于实行监察全覆盖，监察对象的数量骤增。纪检监察机关既要承担原来纪检监察的职能，还要承担反贪反渎预防职务犯罪等职能，还要具体负责、参与巡视巡察工作，而员额制的推行将行政事务部门与专业职能部门区分，将极大减少现有业务编制数量，不利于纪委监委全面妥善履职。尽管有部分人员从检察机关转隶到监察机关，但无法从根本上缓解事多人少的基本矛盾。有数据显示，国家监察体制改革后监察对象呈几何倍数增长，如北京市在监察体制试点改革后，监察对象新增近4倍，监察对象从21万人增长至99.7万人，较改革前增加78.7万人,但只实际转隶768人,共划转编制971名。①

2."员额制"不符合监察官的职责定位和综合性专业特色

国家监察体制改革后,纪委监委合署办公的组织结构意味着监察官身份具有双重属性,即在承担党的纪律检查工作的同时,也要履行监察机关的各项职能。正是由于其工作性质的综合性与复杂性,法律素质只是其中一方面的能力要求,很难以法律作为单一维度对人员进行区分,使得失去了实行员额制的一个重要基础。②

第一,从决策机制看,监察官不宜实行"员额制"。监察工作坚持党的领导,实行民主集中制,重大事项要集体决策、严格履行审批程序。人民法院和人民检察院的"员额制",则更强调人员分类管理,员额法官、检察官主要工作是办案,从行政事务中脱身,强调办案中的独立性,比如员额法官可径行签发法律文书。

第二,从法定职责看,监察官不宜实行"员额制"。监察机关依法履行监督调查处置的职责,其中监督是第一职责、首要职责。监察机关要通过加强教育、日常监督、专项整治等多种方式实施监督检查,对职务违法犯罪问题进行调查处理,开展监察问责,提出监察建议等,从事这些工作都是在行使监察权、履行监察职责。可以说,"办案"并不是监察机关和监察官的首要职责,这与法检两院"员额制"法官、检察官主责主业是办案存在明显区别。

第三,从监察工作特点看,监察官不宜实行"员额制"。监察工作特点是团队协作、集体作战,日常工作和专项工作相结合,监察人员依据职责分工和组织的安排开展工作。不论在哪个岗位,只要承担具体监察职责,都应当依法接受管理和监督。法官、检察官员额制,目的就在于使得这些法官检察官的工作聚焦于审理案件,而其他的工作交由司法行政人员进行,存在明显的分工。

3."员额制"不利于监察官队伍管理

如果采用员额制,势必在纪委监委内部划分出两种身份,由此产生晋

---

① 新华社:《近百万公职人员监察全覆盖——来自北京的监察体制改革试点报告》,http://www.gov.cn/xinwen/2018 - 01/07/content_5254133.htm,2022年6月30日。

② 参见姚文胜《尽快构筑具有中国特色的监察官制度》,《深圳特区报》2018年8月28日第C1版。

升、薪酬等方面的差异，不利于队伍团结，也不利于后续岗位交流。①

因此，综合这些因素，《监察官法》并未按照检察官、法官分类管理的方法对监察官实行员额制，而是对监察官的范围作了更为合理、宽泛的划定，从而与监察官的职业特点与职责要求相契合。

二　监察官的条件、选用和任免

（一）监察官的条件

监察官的任职条件是指初任监察官应当达到的基本要求和标准。对于监察官任职条件设置，要遵循高标准、严要求的基本原则，同时要考虑对监察官岗位的能力与素质的具体要求。具体而言，在选任条件上要满足以下几个方面的要求。

1. 突出政治标准

纪检监察机关是政治机关，所处的特殊位置和承担的重要职责，决定了监察官的任职需突出强调政治建设，要把坚持和加强党的领导落实到监察官选用任免上，确保监察官在党的领导下依法履职尽责。

第一，监察官应具有中华人民共和国国籍，忠于中华人民共和国宪法，拥护中国共产党领导和社会主义制度。这是对监察官的身份和政治立场的要求。从事纪检监察工作，坚定的政治立场、政治方向、政治原则是最基本的要求，身份和政治立场是确保监察官在政治上信得过、过得硬、靠得住的前提。

第二，具有良好的政治素质、道德品行和廉洁作风。要锻造出一支政治过硬、本领高强的纪检监察铁军，崇高的政治理想和政治追求，良好的政治品质，以及清正廉洁的工作作风都是必不可少的。在全面从严治党与高压态势反腐的背景下，一名合格的监察官不仅需要面临急难险重的任务，身边也存在各种诱惑，存在被"围猎"的可能。讲政治、练内功、提素质、强本领，是身处反腐败第一线所必须具备的。在各种诱惑面前站稳立场，保持清醒，守住底线，良好的政治素质、道德品行和廉洁作风极为重要。

2. 强调能力素养

监察官应熟悉法律、法规、政策，具有履行监督、调查、处置等职责

---

① 参见姚文胜《国家监察体制改革研究》，中国社会科学出版社2019年版，第115页。

的专业知识和能力。纪检监察工作与对党纪国法的熟练运用密切相关。可以说，监察官各项权限的正确行使都离不开对党纪国法的熟练掌握，必须熟练把握党纪国法两把尺子，实现纪法贯通、法法衔接。对案件事实调查、证据收集等，都要求监察官能够做到依法办案，以法治思维和程序意识解决问题。纪检监察工作具有极强的法治性与政策性，这就要求监察官不仅要知法懂法，还要做到灵活运用党纪国法。

在《监察官法》立法过程中，有观点提出，应将具有法学教育背景或通过法律职业资格考试作为初任监察官任职条件。[①] 最终立法未采纳这一主张，而是规定采取公开考试、严格考察、平等竞争、择优录取的办法录用监察官。我们认为，这是从监察工作业务的广泛性及监察队伍现状出发考虑的。全面学习法律制度只是监察官履职的一方面基础要求，包括法律素养和法律能力在内的监察官的综合素质和专业能力才是体现监察官职业特点、衡量监察官履职水平的重要指标，表现为具有良好的政治素质、道德品行和廉洁作风，具备运用法律、法规、政策实施监督、调查、处置等的能力。初任监察官采用考试、考核的办法，从具备监察官条件的人员中择优选用，工作能力条件明确为"熟悉法律、法规、政策，具有履行监督、调查、处置等职责的专业知识和能力"。

在学历要求方面，《监察官法》对于具备本科以上学历的要求设定了一定例外情形，即在《监察官法》施行前的监察人员不具备本科以上学历条件的，应当接受培训和考核，具体办法由国家监察委员会制定。适用学历条件确有困难的地方，经国家监察委员会审核确定，在一定期限内，可以将担任监察官的学历条件适当放宽。

3. 严格任职限制

在规定监察官任职的积极条件的同时，《监察官法》还对监察官设置了一定的任职限制。根据《监察官法》第十三条的规定，下列情形之一的，不得担任监察官：（一）因犯罪受过刑事处罚，以及因犯罪情节轻微被人民检察院依法作出不起诉决定或者被人民法院依法免予刑事处罚的；（二）被撤销中国共产党党内职务、留党察看、开除党籍的；（三）被撤职

[①] 曹志瑜：《法律职业资格考试有助监察队伍专业化》，《法治日报》2017年8月10日第一版。

或者开除公职的;(四)被依法列为失信联合惩戒对象的;(五)配偶已移居国(境)外,或者没有配偶但是子女均已移居国(境)外的;(六)法律规定的其他情形。

法律上通常把因犯罪受过刑事处罚、被开除公职、被开除党籍等作为相关公职人员的任职限制。与对普通公职人员的任职限制相比,《监察官法》第13条对监察官设定了更为严格的任职限制,比如规定"被撤职""被撤销中国共产党党内职务、留党察看"的不得担任监察官,"裸官"不得担任监察官等,确保队伍素质过硬。同时,相较于《法官法》和《检察官法》,《监察官法》规定的任职限制也更严。《法官法》《监察官法》只规定受过刑事处罚的不能担任法官、检察官,而《监察官法》还要求"相对不起诉"和"定罪免罚"的,也不能担任监察官。

(二)监察官的选用

对于监察官的选用标准,应坚持德才兼备、以德为先,坚持五湖四海、任人唯贤,坚持事业为上、公道正派,突出政治标准,注重工作实绩。目前选用主要有以下几种方式:

1. 初任监察官的选用。根据《监察官法》的规定,初任监察官的选用,采用的是考试、考核的办法,从符合监察官条件的人员中择优选用。考试、考核的具体办法由国家监察委员会会同有关部门制定。

2. 选调。① 选调是指公开选拔调用公职人员,与初任公职人员不同,选调通过公开竞争等方式是从外单位调入已经录用的公职人员。根据监察工作需要,监察委员会可以按照规定程序,从中国共产党机关、国家机关、事业单位、国有企业等机关、单位从事公务的人员中选择符合任职条件的人员担任监察官。

3. 选拔。根据《监察官法》的规定,监察委员会可以根据监察工作需要,在从事与监察机关职能职责相关的职业或者教学、研究的人员中选拔或聘任符合任职条件的人员担任监察官。例如,监察机关可以根据工作需要,选拔律师、高校教师等人员加入监察官队伍,以进一步提高监察工作的专业化、法治化和职业化。

(三)监察官的任免

《监察官法》规定了监察官的任免权限和程序。根据《监察官法》的

---

① 参见《公务员调任规定》《公务员转任规定》等。

规定，监察官的任免实行选举制和任命制两种，其中监察委员会主任实行选举制，副主任、委员实行任命制。

《监察官法》第十九条规定，国家监察委员会主任由全国人民代表大会选举和罢免，副主任、委员由国家监察委员会主任提请全国人民代表大会常务委员会任免。同时，地方各级监察委员会主任由本级人民代表大会选举和罢免，副主任、委员由监察委员会主任提请本级人民代表大会常务委员会任免。新疆生产建设兵团各级监察委员会主任、副主任、委员，由新疆维吾尔自治区监察委员会主任提请自治区人民代表大会常务委员会任免。其他监察官的任免，则按照管理权限和规定的程序办理。

在任免程序方面，《监察官法》第二十条规定，监察官就职时应当依法进行宪法宣誓。对新任职的国家工作人员，依照宪法和法律规定公开地进行宪法宣誓，可以增加监察官履职的责任感和使命感，在其心中树立维护宪法权威，促使其依法依规执法。

监察官的免职，实质依法享有任免权的机关单位根据法律的规定和免职条件，通过法定程序免除监察官职务的制度。《监察官法》第二十一条规定，有下列情形之一的，应当免去其监察官职务：1. 丧失中华人民共和国国籍的；2. 职务变动不需要保留监察官职务的；3. 退休的；4. 辞职或者依法应当予以辞退的；5. 因违纪违法不宜继续任职的；6. 法律规定的其他情形。免职的情况多种多样，与撤职不同，免职不一定带有惩罚，其适用包括监察官因工作需要调任至其他工作、任职期满、退休等因素，但也可在某些情况下适用于有过错行为的公职人员。

（四）明确党管干部原则

中国共产党领导是中国特色社会主义最本质的特征和最大的制度优势。坚持和加强党的领导，既是深化国家监察体制改革的根本目的、根本保证，也是实行监察官制度必须坚持的首要原则。党管干部是坚持和加强党的领导的重要原则，是一个重大的、不可动摇的组织原则。监察官的选用任免除了应符合《监察官法》规定的相关条件、符合相应程序以外，还需要坚持党管干部的组织原则。《监察官法》坚持党管干部原则，全面落实政治过硬、本领高强要求，结合监察官队伍特点，高标准设定监察官条件，严把准入关口，力求将党的组织路线和好干部标准更好落实到监察官制度中，有利于从选人用人上落实党对反腐败工作的集中统一领导。

三 监察官的义务、权利和职责

(一) 监察官的义务和权利

监察官的义务和权利是国家对监察官进行管理的基本依据和重要内容,《监察官法》对监察官的各项义务和权利作出了明确具体的规定。与普通公民的权利和义务不同,监察官的义务权利有双重性,一是作为普通公民应当享有的宪法规定的基本权利和应尽的义务,二是因其监察官身份而享有的《监察官法》所赋予的特殊的义务和权利;同时,监察官是义务在前,权利在后。《监察官法》的编排就是遵循这一逻辑,将义务条款列于权利之前,规定监察官应当首先履行好义务,体现出对监察官的严格要求。

1. 监察官的义务,是监察官必须作一定的行为或者不得作出某种行为,即具有主动作为或者不作为的义务,从而形成对监察官的约束。《监察官法》第十条规定,监察官的义务包括:(1)自觉坚持中国共产党领导,严格执行中国共产党和国家的路线方针政策、重大决策部署;(2)模范遵守宪法和法律;(3)维护国家和人民利益,秉公执法,勇于担当、敢于监督,坚决同腐败现象作斗争;(4)依法保障监察对象及有关人员的合法权益;(5)忠于职守,勤勉尽责,努力提高工作质量和效率;(6)保守国家秘密和监察工作秘密,对履行职责中知悉的商业秘密和个人隐私、个人信息予以保密;(7)严守纪律,恪守职业道德,模范遵守社会公德、家庭美德;(8)自觉接受监督;(9)法律规定的其他义务。

2. 监察官的权利,是指监察官基于其身份和职责,有资格享受的某种权益,可以选择作出或者不作出某种行为,监察官的权利是其有效履职的基本保障。《监察官法》第十一条规定,监察官的权利包括:(1)履行监察官职责应当具有的职权和工作条件;(2)履行监察官职责应当享有的职业保障和福利待遇;(3)人身、财产和住所安全受法律保护;(4)提出申诉或者控告;(5)《中华人民共和国公务员法》等法律规定的其他权利。

需要指出的是,监察官相比法官、检察官,在是否需由人大任命上存在不同。《监察官法》并未规定监察官需由人大任命,而法官、检察官需由同级人大任命。《监察法》和《地方各级人民代表大会和地方各级人民政府组织法》只规定监察委员会主任由同级人大选举和罢免,并根据监察委员会主任的提名,任命同级监察委员会副主任、委员。而依据《法官法》,地方各级人民法院院长由本级人民代表大会选举和罢免,副院长、审判委员会委员、庭长、副庭长和审判员,由院长提请本级人民代表大会常务委员会任免。

(二)监察官的职责

监察机关是国家专责监督机关,代表党和国家,依照宪法、监察法和有关法律法规,监督所有公职人员行使公权力的行为是否正确。监察官作为在具体工作中代表监察机关履行监督、调查、处置职责的人员,依法履行下列职责:1. 对公职人员开展廉政教育;2. 对公职人员依法履职、秉公用权、廉洁从政从业以及道德操守情况进行监督检查;3. 对法律规定由监察机关管辖的职务违法和职务犯罪进行调查;4. 根据监督、调查的结果,对办理的监察事项提出处置意见;5. 开展反腐败国际合作方面的工作;6. 法律规定的其他职责。

四 对监察官的监督和管理

(一)强化对监察官监管的重要意义

国家监察体制改革以来,监察机关承担着专责监督的职能,肩负着特殊使命和重大政治责任。监察官作为监察机关行使职权的执行主体也面临着严峻复杂的挑战和风险。总的来说,强化对监察队伍的监管,确保监察官尽职履责,不仅是法治化规范化的要求,也是高质量推进监察工作的实践需要。因此,强化对监察官的监管具有重要的政治意义、法治意义与现实意义。

1. 政治意义:强化党对监察工作领导和监察机关权威性

宪法和监察法赋予了监察机关独立行使监察权的权威地位,明确各级监察委员会是行使国家监察职能的专责机关,履行监督、调查、处置职责。监察官作为代表监察机关行使监察权的主体,是落实制度安排,保证监察实效的决定因素。为保证监察机关高效、规范地运行,首先要确保监察官率先垂范,使监察官能够不断加强自律,依法依规查办案件,加强内部监督。从某种意义上说,监察官应该是公平和正义的化身,是保证法律得到公平公正执行的重要载体。监察行为的失范,将直接影响党和国家的形象和威信。所以,在要求监察官做到洁身自好,清正廉洁的同时,还要注重强化对监察官的监督和管理，只有如此，才能跳出"谁来监督监督者"的逻辑困境，确保监察官在法治轨道上依规依纪依法行使监察权，保证监察机关在法治轨道上运行。

2. 法治意义：促进监察机关和监察官依法履职

监察机关作为中国特色的反腐败工作机构，在国家治理体系和治理能力现代化建设中发挥了不可替代的重要作用。但同时也应清醒地认识到，作为监督机构，监察机关具体行使党和人民赋予的监督权，如果缺乏必要的监督，权力也同样会被滥用，同样会滋生腐败，对党的形象、党的事业造成更大的危害。因此，监察官要想更好地履行职责，应正确地把握监督和被监督的关系，从强化内部监督制约机制入手，先做被监督的对象。

3. 现实意义：打造高素质专业化监察官队伍

从实践来看，纪检监察队伍中执法违法的现象仍然时有发生。个别意志薄弱的监察干部受利益驱动，在办理职务违法和职务犯罪案件的过程中，知法犯法。因此，监察官要正确行使职权，公平公正执法，仅仅依靠干部自身的修养和自觉性是远远不够的，必须要配以行之有效的监督管理机制，确保各个环节、步骤都能得到有效的监督。因此，强化对监察官的监管，是保证监察官严格执法的重要手段，只有加强对监察权行使的监督制约，才能增强国家监察体制改革实效，推进监察工作高质量发展。

(二) 监察官的等级设置

根据《监察官法》的规定，我国监察官实行等级制度。监察官等级，是表明监察官身份和级别的称号，科学设置监察官的等级，可以增强监察官的责任心和荣誉感，体现出监察官职业水平和综合能力，是国家给予监察官能力的确认和荣誉。在等级设置上，主要参考了法官法、检察官法和警衔条例的相关做法，将监察官等级共分为十三级，依次为总监察官、一级副总监察官、二级副总监察官，一级高级监察官、二级高级监察官、三级高级监察官、四级高级监察官，一级监察官、二级监察官、三级监察官、四级监察官、五级监察官、六级监察官。其中，国家监察委员会主任为总监察官。

在等级的评定和晋升方面，主要以监察官职务职级、德才表现、业务水平、工作实绩和工作年限等为依据进行综合评定。按照法律规定，监察官的等级晋升采取按期晋升和择优选升相结合的方式：（1）按期晋升。按期晋升是指监察官在所任职务编制等级幅度内按照规定的年限，经考核合格后逐级晋升。（2）择优晋升。即根据限额和需要，按照规定的条件择优晋升。此外，特别优秀或者作出特别贡献的，可以提前选升。

（三）监察官的回避制度

监察官的回避，是指为了保证监察工作公正、客观、合法，监察官在遇到有法律规定的情形时，应当退出监察执法活动的制度。根据情况的不同，监察官的回避包括以下几种类型：

1. 工作回避。根据《监察法》第五十八条和《监察官法》第四十七条的规定，办理监察事项的监察人员有下列情形之一的，应当自行回避，监察对象、检举人及其他有关人员也有权要求其回避；没有主动申请回避的，监察机关应当依法决定其回避：（一）是监察对象或者检举人的近亲属的；（二）担任过本案的证人的；（三）本人或者其近亲属与办理的监察事项有利害关系的；（四）有可能影响监察事项公正处理的其他情形的。其中，关于第四项"可能影响监察事项公正处理的其他情形"包括了是监察对象、检举人及其他有关人员的朋友、亲戚；与监察对象有过恩怨；与监察对象有借贷关系；等等。只要可能影响公正办理监察事项的，都应当成为回避的正当理由。

2. 离任回避。《监察官法》第四十九条规定，监察官离任三年内，不得从事与监察和司法工作相关联且可能发生利益冲突的职业。监察官离任后，不得担任原任职监察机关办理案件的诉讼代理人或者辩护人，但是作为当事人的监护人或者近亲属代理诉讼或者进行辩护的除外。离任回避制度的设立是为了防止监察官在离任后的执业过程中利用任内的利益关系干扰监察活动，影响执法公正。

3. 亲属从业回避。《监察官法》第五十、五十一条规定，监察官应当遵守有关规范领导干部配偶、子女及其配偶经商办企业行为的规定。违反规定的，予以处理。监察官的配偶、父母、子女及其配偶不得以律师身份担任该监察官所任职监察机关办理案件的诉讼代理人、辩护人，或者提供其他有偿法律服务。

需要指出的是，监察官回避制度的要求高于法检两院法官检察官的回避制度。《法官法》第二十四条规定的亲属从业回避对象是法官的配偶、父母、子女，这三类人不得担任该法官所任职人民法院辖区内律师事务所的合伙人或者设立人的；不得在该法官所任职人民法院辖区内以律师身份担任诉讼代理人、辩护人，或者为诉讼案件当事人提供其他有偿法律服务的。而《监察官法》第五十条、第五十一条规定的亲属从业回避对象是监察官的配偶、父母、子女及其配偶，相较而言，还约束了子女的配偶，亲属回避对象扩大；同时，亲属回避范围也扩大，除了不能担任律师、诉讼代理人、辩护人或提供其他有偿服务，还要求要规范亲属经商办企业行为。

（四）监察官的培训制度

在全面从严治党和监察全覆盖的背景下，监察实践对监察官的素质能力提出了新的要求。虽然当前监察干部队伍的整体素质已经有了较大提升，但要使监察官成为高素质专业化人才，仍需要建立健全科学合理的培训制度。

《监察官法》对监察官的培训作出了明确的规定。根据《监察官法》第二十九、三十、三十一、三十二条的规定，目前对监察官的培训包括了职前培训和日常培训两种方式。

1. 职前培训。对于初次上任的监察官，实行统一的职前培训制度。例如对符合任职条件，经过公开选拔录用为监察官的，应统一接受任职前的培训，通过对监察法相关理论和实务等内容的职前教育，使其能快速了解、适应监察机关的工作内容。

2. 日常培训。日常培训是指对现任的监察官，有计划地进行政治、理论和业务培训。日常培训的内容较为丰富，应当突出政治机关特色，提高监察官正确理解、掌握党和国家的方针、政策的能力。同时，要坚持理论联系实际，既要注重提高监察官的监察理论修养，也要注重提升办案技能和法律适用能力，按需施教、讲求实效。

监察官培训情况，是作为监察官考核的内容和任职、等级晋升的依据之一。

（五）监察官的保密制度

监察工作涉及大量国家秘密和案件秘密，案卷材料、文件等都是重要的秘密载体。因此，做好保密工作是监察官工作的重要内容。

《监察法》第十八条第二款规定，监察机关及其工作人员对监督、调查过程中知悉的国家秘密、商业秘密、个人隐私，应当保密。《监察官法》

第四十八条规定，监察官应当严格执行保密制度，控制监察事项知悉范围和时间，不得私自留存、隐匿、查阅、摘抄、复制、携带问题线索和涉案资料，严禁泄露监察工作秘密。上述保密要求明确了监察官应当切实履行保密义务，不得泄露和遗失秘密。同时，在监察官离岗离职后，应当遵守脱密期管理规定，严格履行保密义务，不得泄露相关秘密。

（六）监察官的交流和退出制度

监察官的交流制度，指监察官以各种不同形式在监察机关内部实行任职交流，也可以交流到其他机关、事业单位、国有企业任职。任职交流制度是我国在党政机关的一种常见的公务员管理方式，包括了调任、转任和挂职锻炼等方式，促使各部门之间的人员流动，提升公职人员的整体素质。监察官交流制度也属于监察官管理制度的一种，主要目的在于丰富监察官的工作经历，提高监察官的综合素质和能力，同时防止监察官在一个岗位上时间过长而产生廉洁风险。监察官任职交流具体包括监察机关内部不同岗位的监察官、监察机关与其派驻（出）机构的监察官和参照监察官进行管理的人员交流轮岗，以及监察官交流到其他党政机关等工作。

监察官的退出制度，主要指监察官离开监察系统，失去监察官身份的制度。退出制度主要包括了监察官的辞职、辞退、退休等相关的法律规定。（1）辞职。监察官申请辞职，应当由本人书面提出，按照管理权限批准后，依照规定的程序免去其职务。（2）辞退。监察官有依法应当予以辞退情形的，依照规定的程序免去其职务。辞退监察官应当按照管理权限决定。辞退决定应当以书面形式通知被辞退的监察官，并列明作出决定的理由和依据。（3）退休。监察官退休后，享受国家规定的养老金和其他待遇。

（七）监察官的奖励制度

监察官的奖励制度，是监察机关依照监察官的管理规范和权限，对工作中表现突出、有显著成绩或贡献的监察官予以激励，以加强监察官队伍建设。

与奖励制度密切相关的是监察官的考核制度，监察官的考核结果是奖惩的重要依据。监察官的考核应当按照管理权限，全面考核监察官的德、能、勤、绩、廉，重点考核政治素质、工作实绩和廉洁自律情况。对监察官的考核，实行平时考核、专项考核和年度考核相结合，其中，年度考核按照法律法规的规定确定等次。年度考核结果以书面形式通知监察官本人。监察官对考核结果如果有异议，可以申请复核。考核结果不仅影响对监察官的奖惩，同样是作为调整监察官等级、免职、降职、辞退的依据。

根据《监察官法》第四十一条的规定，监察官有下列表现之一的，给予奖励：（1）履行监督职责，成效显著的；（2）在调查、处置职务违法和职务犯罪工作中，做出显著成绩和贡献的；（3）提出有价值的监察建议，对防止和消除重大风险隐患效果显著的；（4）研究监察理论、总结监察实践经验成果突出，对监察工作有指导作用的；（5）有其他功绩的。监察官的奖励按照有关规定办理。

（八）监察官的监督和法律责任

对监察官的监督，是通过法定的方式和程序对监察官的行为进行综合性约束管理。监察官长期工作在反腐败斗争一线，因为掌握着监察权，可能被拉拢腐蚀，产生腐败现象，因此，要加强对监察官的监督，保证监察官遵纪守法、清正廉洁。当前，对监察官的监督主要包括内部监督和外部监督两种方式。其中，内部监督主要是由监察机关通过规范工作流程，严格审批程序和内控制度来加强内部监督制约机制建设，强化对监察官的管理监督。例如规定事项报告备案制度，即监察官不得有打听案情、过问案件、说情干预的行为。对于上述行为，办理监察事项的监察官应当及时向上级报告。有关情况应当登记备案。外部监督则是指监察官接受外界各方面的监督。包括司法执法监督、特约监察员监督和对监察官的检举控告等。

关于监察官的法律责任。《监察官法》聚焦责任法定位，强调义务在前和"严于律己"。在监督过程中，当监察官有违纪违法行为，影响监察官队伍形象，损害国家和人民利益的，应当依法处理，涉嫌犯罪的，还要追求其刑事责任。主要包括下列行为：（一）贪污贿赂的；（二）不履行或者不正确履行监督职责，应当发现的问题没有发现，或者发现问题不报告、不处置，造成严重影响的；（三）未经批准、授权处置问题线索，发现重大案情隐瞒不报，或者私自留存、处理涉案材料的；（四）利用职权或者职务上的影响干预调查工作、以案谋私的；（五）窃取、泄露调查工作信息，或者泄露举报事项、举报受理情况以及举报人信息的；（六）隐瞒、伪造、变造、故意损毁证据、案件材料的；（七）对被调查人或者涉案人员逼供、诱供，或者侮辱、打骂、虐待、体罚或者变相体罚的；（八）违反规定采取调查措施或者处置涉案财物的；（九）违反规定发生办案安全事故，或者发生安全事故后隐瞒不报、报告失实、处置不当的；（十）其他职务违法、职务犯罪行为。

此外，对于监察官实行履职责任制度，对滥用职权、失职失责造成严重后果的，终身追究责任或者进行问责。但履职责任制度并非一概论之，应区分具体情况。其中，针对监察官涉嫌严重职务违法、职务犯罪或者对案件处置出现重大失误的，应当追究负有责任的领导人员和直接责任人员的责任。对于监察官已经履职尽责，但是因不可抗力、难以预见等因素造成损失的，以及在集体决策中对错误决策提出明确反对意见或者保留意见的，不承担责任。

五　监察官的职业保障

监察官的职业保障是指为了保障监察官依法公正地履行职责而设定的关于监察官行使职权、监察官的身份、工资保险福利、人身财产、退休等方面的保障制度。监察官职业保障体系的建立，是增强监察官职业荣誉感，推动其敢于担当、严格公正执法的重要保证。

（一）人身安全保障

《监察官法》明确规定，监察官的职业尊严和人身安全受法律保护。这就要求，任何单位和个人不得对监察官及其近亲属打击报复。对监察官及其近亲属实施报复陷害、侮辱诽谤、暴力侵害、威胁恐吓、滋事骚扰等违法犯罪行为的，将依法从严惩治。同时，监察官因依法履行职责，本人及其近亲属人身安全面临危险的，监察机关、公安机关应当对监察官及其近亲属采取人身保护、禁止特定人员接触等必要保护措施。

（二）物质保障

监察官实行国家规定的工资制度，享受监察官等级津贴和其他津贴、补贴、奖金、保险、福利待遇。关于监察官的工资及等级津贴制度，由国家另行规定。对于监察官因公致残的，应享受国家规定的伤残待遇。监察官因公牺牲或者病故的，其亲属享受国家规定的抚恤和优待。在监察官退休后，享受国家规定的养老金和其他待遇。

（三）名誉保障

名誉保障主要是指对监察官的澄清正名。如果监察官因依法履行职责遭受不实举报、诬告陷害、侮辱诽谤，致使名誉受到损害的，监察机关应当会同有关部门及时澄清事实，消除不良影响，并依法追究相关单位或者个人的责任。

（四）权利救济

保障监察官的合法权益是监察官法的立法精神和立法目的之一，当其权利受到侵害时，有权获得救济。具体而言，监察官的权利保障包括以下几项：1. 控告权。对于国家机关及其工作人员侵犯《监察官法》第十一条规定的监察官权利的行为，监察官有权提出控告。2. 申请复审复核权。监察官对涉及本人的政务处分、处分和人事处理不服的，可以依照规定的程序申请复审、复核，提出申诉。3. 权利救济。对监察官的政务处分、处分或者人事处理错误的，应当及时予以纠正；造成名誉损害的，应当恢复名誉、消除影响、赔礼道歉；造成经济损失的，应当赔偿。对打击报复的直接责任人员，应当依法追究其责任。

（五）职务保障

《监察官法》明确不得随意将监察官调离工作岗位。第五十五条规定，除下列情形外，不得将监察官调离，主要包括任职回避，任职交流，因机构、编制调整需要调整工作，违纪违法不适合继续从事监察工作等。

（六）履职保障

《监察官法》明确任何单位和个人不得要求监察官从事超出其法定职责范围的事务。第五十六条第一款强调任何单位或者个人不得要求监察官从事超出法定职责范围的事务。该条第二款明确对任何干涉监察官依法履职的行为，监察官有权拒绝并予以全面如实记录和报告；有违纪违法情形的，由有关机关根据情节轻重追究有关人员的责任，为保证监察官依法履职提供法律支撑。

六　监察人员与监察官

（一）监察人员的概念

《监察法》多次提到了"监察人员"这一概念。根据《监察法》的规定，监察人员是指监察机关的工作人员，即在监察机关中从事各项具体工作的人员。监察人员承担着监察机关的各项具体工作和任务，是监察机关的基本组成。如《监察法》第五十五条规定，加强对监察人员执行职务和遵守法律情况的监督，建设一支忠诚、干净、担当的监察队伍。《监察官法》中关于"监察人员"的称谓出现于第三条，其余条文都是用"监察官"的称谓。监察人员与监察官的关系殊值关注。

本书认为，《监察法》中使用了"监察人员"的称谓，而没有出现"监察官"的概念，主要原因是《监察法》制定出台时，尚不确定《监察官法》是否会出台。当前，结合《监察官法》的规定来分析《监察法》关于监察人员的诸多具体条文，同时考虑到监察官制度不采用员额制，这意味着现有监察人员基本都可以获得监察官身份。而《监察官法》第三条第二款中尚未纳入监察官范畴的国有企业人员使用的是"监察机构工作人员"的说法，而不是"监察人员"。并且，《监察法》第五十七条、五十八条、五十九条对"监察人员"的监督管理与《监察官法》第四十六条至四十九条"监察官"的监督管理的要求相一致。

第六章

监察范围和管辖

第一节 监察对象

一 监察对象的范围

准确识别监察对象是监察工作的起点,也是监察权行使的基础。确定监察对象范围,需要明确监察对象的认定标准,从而快速识别哪些主体能够纳入监察法律关系,成为接受监察机关依法监督的人员。根据《监察法》有关规定,是否"行使公权力"是确定监察对象范围的基本标准。

(一)监察对象范围的发展变化

监察对象范围并非恒久不变,纵览我国古代监察史,或是横向分析域外国家和地区的监察制度,都可以发现监察对象处于不断变化调整之中。

中国古代监察制度的建立以及监察官职的设置,以其体系之完备、内涵之丰富而在人类政治制度史上占据了重要的地位。古代中国界定监察对象范围大抵为"各级官吏",纠举不法官员,"彰善瘅恶、浊清激扬",保持官员的廉洁性。早在商周时期,统治者就认识到"国家之败,由官邪也""乱臣不难破国"和"锄奸之要,存乎治官",重视对官吏的管理。古代监察机关主要为御史组织,"监察百官"是其专门的职责,"百官"成为古代监察对象。秦汉时期,御史中丞的监察职责包括纠察百官和统领监察官员,其中监察对象包括中央公卿百官、部刺史郡国二千石、侍御史等。西晋以后,御史中丞监察对象进一步扩大,"从皇太子以下无所不纠,初不得纠尚书,后亦纠之"①。西汉御史"察举非法,受公卿群吏奏事,有违失者举劾之""于国家政事得失,生民休戚,百官邪正,虽王公将相,亦宜纠察"②。明代都察院的职责为"主察纠内外百司之官邪"③。同时,我国古代还存在谏官制度,不少朝代或是设有专门的谏官机构,或虽无专门谏官机构但设置了谏官官职,主要负责纠弹君主。例如宋代时谏官兼任御史,还可纠弹宰相等官员。总体而言,我国古代的监察,主要涉及上下一切文武官员的职务履行及考核。④

在西方,古希腊和古罗马的监察制度表现为公民大会和监察院行使监察权,都强调对于国王或执政官的制约。中世纪的监察制度主要是一种弹劾制度,对象多为达官贵族。拜占庭的巡按使、西班牙的察访使,是古代西方社会具有代表性的监察制度,监督对象是地方官。

瑞典王国是君主立宪制的国家,1809年《瑞典政府组织法》创建"议会监察专员"公署(ombudsman),⑤代表瑞典议会对行政及司法机构以及法律法规的使用情况进行监督。另外,还设有政府监察专员、种族歧视监察专员、新闻监察专员等专门事务监督专员履行监察职责。《议会监察专员指令法》中规定:"承担公共事务的政府机构以及行使国家权力的机构内任职人员,以及受行政机关委托代行其实际事务的雇员和非正式职员",均属于监察对象的范围。⑥议会监察专员对于所有的公共权力机关及其任职人员均有权进行调查、批评、提出建议以及提起控诉。

美国的监察长制度源自其本土的监察制度,经参议院同意,由总统任命,向总统和国会负责。美国1978年《监察长法案》规定,监察长可以根据情况独立调查,对于"政府雇员、行政长官以及相关企业,只要认为有必要的人员、机构",监察长都可以调查。⑦

目前我国香港地区拥有完备的廉政制度体系。其《廉政公署条例》

---

① 《通典·职官六》。
② 《汉书·朱博传》。
③ 《明史·职官志二》。
④ 蔡放波主编:《中国行政制度史》,武汉大学出版社2009年版,第149页。
⑤ 我国译为议会督查专员、议会司法专员等。
⑥ [瑞典]本特·维斯兰德尔:《瑞典的议会监察专员》,程洁译,清华大学出版社2001年版,第60—61页。
⑦ 参见刘明波主编《国外行政监察理论与实践》,山东人民出版社1990年版,第219页。

《防止贪污条例》《防止贿赂条例》等，将"政府部门、公私营机构及非牟利机构"均纳入反贪范围。香港廉政公署直接对特首负责，实行"大小皆打"，对腐败"零容忍"，全面肃贪以及高效廉洁的办事作风，加上广大市民的支持，使得香港地区成为亚洲数一数二的廉政地区。[①]

(二) 新时代我国的监察对象范围

随着国家监察体制改革的全面推开，我国实现了对所有行使公权力的公职人员的监察全覆盖。但监察全覆盖的实现并非一蹴而就。国家监察体制改革前，监察工作指的是行政监察工作，监察对象则是行政监察对象，即《行政监察法》第二条规定的"国家行政机关、国家公务员和国家行政机关任命的其他人员"。《行政监察法》第十五条和第十六条对监察对象的范围作了更加细化的规定，[②] 除此之外的其他行使公权力的人员都不在监察对象的范围之内。2010 年《行政监察法》修改时适当扩大了行政监察对象范围。虽然国家监察体制改革前，党内监督已经实现了全覆盖，即党的纪律检查机关对全体党员进行监督，但行政监察仅对行政机关及其工作人员等进行监察，转隶前，检察机关的反贪、反渎和预防部门主要对贪污贿赂、失职渎职案件开展侦查，其前提是涉嫌相关的职务犯罪，在现实中导致一部分行使公权力的公职人员被"漏监"。例如，若某个村委会成员非党员，其在村务管理工作中存在违法行为但未达到构成犯罪的程度，则党的纪律检查机关、行政监察机关和检察机关都难以依法依规对其进行处理。因为村委会成员是村民根据《村民委员会组织法》选举出的管理人

---

① 参见郭译仁《中国廉政法制建设的进程与研究》，国家行政学院出版社 2012 年版，第 52 页。

② 《行政监察法》于 1997 年施行，2010 年修改，在 2018 年 3 月 20 日《监察法》通过并施行后废止。

《行政监察法》第十五条规定：国务院监察机关对下列机关和人员实施监察：

(一) 国务院各部门及其公务员；

(二) 国务院及国务院各部门任命的其他人员；

(三) 省、自治区、直辖市人民政府及其领导人员。

该法第十六条规定：县级以上地方各级人民政府监察机关对下列机关和人员实施监察：

(一) 本级人民政府各部门及其公务员；

(二) 本级人民政府及本级人民政府各部门任命的其他人员；

(三) 下一级人民政府及其领导人员。

县、自治县、不设区的市、市辖区人民政府监察机关还对本辖区所属的乡、民族乡、镇人民政府的公务员以及乡、民族乡、镇人民政府任命的其他人员实施监察。

员，不需要乡镇一级人民政府任命，村委会也非行政机关，所以村委会成员不属于行政监察对象。行政监察范围过于狭窄，不能做到对所有行使公权力的公职人员全覆盖，已不能适应新时代的反腐败需求。

国家监察体制改革的初衷之一，就是改变过去行政监察范围太窄、存在监察空白地带的弊端，将全部行使公权力的公职人员纳入监察范围，促使公权力廉洁规范运行。改革后，监察机关的监督范围不限于行政权，而是涉及所有行使公权力的公职人员。根据《监察法》第三条的规定，各级监察机关是行使国家监察职能的专责机关，依照该法对所有行使公权力的公职人员进行监察。但值得注意的是，国家监察体制改革前的行政监察范围包括机关和人，即既可以对机关进行监察，也可以对人进行监察，改革后的监察体制则仅对人进行监察。

《监察法》将监察对象界定为"所有行使公权力的公职人员"，并具体规定了监察机关对六类人员进行监察。中央纪委国家监委法规室编写的《〈中华人民共和国监察法〉释义》对六类监察对象的具体范围进行了详细解读。[①]《监察法实施条例》等进一步对六类监察对象的范围进行了细化规定。

1. 公务员和参公管理人员

根据《公务员法》第二条的规定，公务员是指依法履行公职、纳入国家行政编制、由国家财政负担工资福利的工作人员。在我国，公务员身份的确定，有一套严格的法定程序，只有经过有关机关审核、审批及备案等程序，登记、录用或者调任为公务员后，方可确定为公务员。参公管理的人员是指根据《公务员法》规定，法律、法规授权的具有公共事务管理职能的事业单位中除工勤人员以外的工作人员，经批准参照《公务员法》进行管理的人员。例如，中国证券监督管理委员会，就是参照《公务员法》管理的事业单位。列入参照《公务员法》管理范围，应当严格按照规定的条件、程序和权限进行审批。

《监察法》规定的第一类监察对象是监察的关键和重点。该类监察对象包括以下九类人员：[②]

[①] 参见中共中央纪律检查委员会、中华人民共和国国家监察委员会法规室编写《〈中华人民共和国监察法〉释义》，中国方正出版社2018年版，第105—114页。

[②] 参见中共中央纪律检查委员会、中华人民共和国国家监察委员会法规室编写《〈中华人民共和国监察法〉释义》，中国方正出版社2018年版，第108—111页。

（1）中国共产党机关公务员。包括：中央和地方各级党委、纪律检查委员会的领导人员；中央和地方各级党委工作部门、办事机构和派出机构的工作人员；中央和地方各级纪律检查委员会机关和派出机构的工作人员；街道、乡、镇党委机关的工作人员。

（2）人民代表大会及其常务委员会机关公务员。包括：县级以上各级人民代表大会常务委员会领导人员；乡、镇人民代表大会主席、副主席；县级以上各级人民代表大会常务委员会工作机构和办事机构的工作人员；各级人民代表大会专门委员会办事机构的工作人员。

（3）人民政府公务员。包括：各级人民政府的领导人员；县级以上各级人民政府工作部门和派出机构的工作人员；乡、镇人民政府机关的工作人员。

（4）监察委员会公务员。包括：各级监察委员会的组成人员；各级监察委员会内设机构和派出监察机构的工作人员，派出的监察专员等。

（5）人民法院公务员。包括：最高人民法院和地方各级人民法院的法官、审判辅助人员；最高人民法院和地方各级人民法院的司法行政人员等。

（6）人民检察院公务员。包括：最高人民检察院和地方各级人民检察院的检察官、检察辅助人员；最高人民检察院和地方各级人民检察院的司法行政人员等。

（7）中国人民政治协商会议各级委员会机关公务员。包括：中国人民政治协商会议各级委员会的领导人员；中国人民政治协商会议各级委员会工作机构的工作人员。

（8）民主党派机关。包括中国国民党革命委员会中央和地方各级委员会，中国民主同盟中央和地方各级委员会，中国民主建国会中央和地方各级委员会，中国民主促进会中央和地方各级委员会，中国农工民主党中央和地方各级委员会，中国致公党中央和地方各级委员会，九三学社中央和地方各级委员会，台湾民主自治同盟中央和地方各级委员会的公务员。

（9）群团组织机关公务员。中央编办管理机构编制的群众团体机关包括22家，如中华全国总工会、中国共产主义青年团中央委员会、中华全国妇女联合会、中华全国工商业联合会等。

2. 法律、法规授权或者受国家机关依法委托管理公共事务的组织中从事公务的人员。

《监察法实施条例》第三十九条规定，该类监察对象是指在上述组织中，除参照公务员法管理的人员外，对公共事务履行组织、领导、管理、监督等职责的人员，包括具有公共事务管理职能的行业协会等组织中从事公务的人员，以及法定检验检测、检疫等机构中从事公务的人员。

在我国，事业单位人数多、分布广，由于历史和国情等原因，在一些地方和领域，法律、法规授权或者受国家机关依法委托管理公共事务的事业单位工作人员，其数量甚至大于公务员的数量。由于这些人员也行使公权力，为实现国家监察全覆盖，有必要将其纳入监察对象范围，由监察机关对其监督、调查、处置。

值得注意的是，根据相关规定，银行保险、证券等监督管理机构的工作人员，注册会计师协会、医师协会等具有公共事务管理职能的行业协会的工作人员，以及法定检验检测检疫鉴定机构的工作人员等也属于该类监察对象。我国的银行保险、证券监督管理机构为中国银行保险监督管理委员会和中国证券监督管理委员会，这两个管理机构是参照《公务员法》管理的事业单位，其中的参公管理人员属于前述第一类监察对象，非参公管理人员属于前述第二类监察对象。另外，虽然从性质上看，行业协会是民间组织，不属于政府工作机构，实务中对行业协会工作人员是否属于监察对象需进一步明确，但由于部分行业协会具有明确的法律授权或受委托管理公共事务，是公权力的重要行使主体，其工作人员应属于监察对象。例如，中国注册会计师协会是在财政部党组领导下开展行业管理和服务的法定组织，依据《注册会计师法》和《社会团体登记条例》的有关规定设立，承担《注册会计师法》赋予的职能以及财政部等委托或授权的其他有关工作。[1] 该协会有关工作人员属于法律、法规授权或者受国家机关依法委托管理公共事务的组织中从事公务的人员，因而被纳入监察对象范围。

---

[1] 中国注册会计师协会，https://www.cicpa.org.cn/jggk/association_intro/gk/201501/t20150127_13645.html，2022年8月16日。

3. 国有企业管理人员

《监察法实施条例》第四十条规定，国有企业管理人员是指国家出资企业中的下列人员：在国有独资、全资公司、企业中履行组织、领导、管理、监督等职责的人员；经党组织或者国家机关，国有独资、全资公司、企业，事业单位提名、推荐、任命、批准等，在国有控股、参股公司及其分支机构中履行组织、领导、管理、监督等职责的人员；经国家出资企业中负有管理、监督国有资产职责的组织批准或者研究决定，代表其在国有控股、参股公司及其分支机构中从事组织、领导、管理、监督等工作的人员。

具体来看，主要包括以下五类：[①]

（1）国有独资企业、国有控股企业（含国有独资金融企业和国有控股金融企业）及其分支机构的领导班子成员。包括设董事会的企业中由国有股权代表出任的董事长、副董事长、董事，总经理、副总经理，党委书记、副书记、纪委书记、工会主席等；未设董事会的企业的总经理（总裁）、副总经理（副总裁），党委书记、副书记、纪委书记，工会主席等。

（2）对国有资产负有经营管理责任的国有企业中层和基层管理人员，包括部门经理、部门副经理、总监、副总监、车间负责人等。

（3）在管理、监督国有财产等重要岗位上工作的人员，包括会计、出纳人员等。

（4）国有企业所属事业单位领导人员。

（5）国有资本参股企业和金融机构中对国有资产负有经营管理责任的人员。

总的来说，该类监察对象包括国有企业的领导班子成员和其他负有经营、管理、监督等责任的人员。

4. 公办的教育、科研、文化、医疗卫生、体育等单位中从事管理的人员

《监察法实施条例》第四十一条规定，该类监察对象是指国家为了社会公益目的，由国家机关举办或者其他组织利用国有资产举办的教育、科研、文化、医疗卫生、体育等事业单位中，从事组织、领导、管理、监督

[①] 中共中央纪律检查委员会、中华人民共和国国家监察委员会法规室编写：《〈中华人民共和国监察法〉释义》，中国方正出版社2018年版，第111—112页。

等工作的人员。

具体来看,主要包括以下两类:①

(1) 公办教科文卫体等单位及其分支机构的领导班子成员以及国家工作人员。例如,公办学校的校长、副校长,科研院所的院长、所长,公立医院的院长、副院长等。

(2) 公办教科文卫体等单位及其分支机构中层和基层管理人员,包括管理岗六级以上职员,从事与职权相联系的管理事务的其他职员;在管理、监督国有资产等重要岗位上工作的人员,包括会计、出纳人员,采购、基建部门人员。对于这些人员,不论职级或职别为何,只要是在公办教科文卫体等单位及其分支机构从事领导、组织、管理、监督等活动,即属于该类监察对象。

5. 基层群众性自治组织中从事管理的人员

根据《监察法实施条例》第四十二条规定,基层群众性自治组织中从事管理的人员,是指该组织中的下列人员:一是从事集体事务和公益事业管理的人员;二是从事集体资金、资产、资源管理的人员;三是协助人民政府从事行政管理工作的人员,包括从事救灾、防疫、抢险、防汛、优抚、帮扶、移民、救济款物的管理,社会捐助公益事业款物的管理,国有土地的经营和管理,土地征收、征用补偿费用的管理,代征、代缴税款,有关计划生育、户籍、征兵工作,协助人民政府等国家机关在基层群众性自治组织中从事的其他管理工作。

值得注意的是,1997 年刑法实施后,有关部门反映,实践中村委会等农村基层组织的人员利用职务上的便利,非法侵占、挪用公共财物,索取、收受他人财物的情况多发,对于这些人员实施上述行为的,应当如何处理,一

---

① 中共中央纪律检查委员会、中华人民共和国国家监察委员会法规室编写:《〈中华人民共和国监察法〉释义》,中国方正出版社 2018 年版,第 112—113 页。值得注意的是,《〈中华人民共和国监察法〉释义》对该类监察对象的解读中,还包括"临时从事与职权相联系的管理事务,包括依法组建的评标委员会、竞争性谈判采购中谈判小组、询价采购中询价小组的组成人员,在招标、政府采购等事项的评标或者采购活动中,利用职权实施的职务违法和职务犯罪行为,也属于监察范围",《监察法实施条例》制定时吸收了这一类人员,但将其归于第六类监察对象,作为《监察法实施条例》第四十三条第四款的内容。应该说,《监察法实施条例》将其作为兜底条款的归类方式更加科学,因为不仅仅是公办教科文卫体等单位及其分支机构在执行公务时,需要邀请评标、谈判专家等临时工作人员。

些部门的意见很不统一,建议全国人大常委会就此类人员是否属于国家工作人员,实施上述行为是否构成犯罪,应当如何适用法律予以明确。2000年4月29日,全国人民代表大会常务委员会讨论了村民委员会等村基层组织人员在从事哪些工作时属于《刑法》第九十三条第二款规定的"其他依照法律从事公务的人员",并通过《全国人民代表大会常务委员会关于〈中华人民共和国刑法〉第九十三条第二款的解释》予以公告。该立法解释是关于村民委员会等村基层组织的人员,在什么情况下属于刑法第九十三条第二款中规定的"其他依照法律从事公务的人员",应当以国家工作人员论的说明。可以说,自该立法解释实施后至国家监察体制改革前的这段时间,群众性基层组织人员的职务犯罪行为已实质上纳入了监察范围,但对其职务违法行为并未纳入监察范围,仍然存在监察的空白地带。《监察法》和《监察法实施条例》将基层群众性组织人员实施的职务违法行为也纳入了监察范围,这是对该立法解释的继承与发展,实现了对基层群众性自治组织中从事管理的人员监察全覆盖、无死角。该立法解释规定了七类行政管理工作,具体如下:(1)救灾、抢险、防汛、优抚、扶贫、移民、救济款物的管理;(2)社会捐助公益事业款物的管理;(3)国有土地的经营和管理;(4)土地征用补偿费用的管理;(5)代征、代缴税款;(6)有关计划生育、户籍、征兵工作;(7)协助人民政府等国家机关在基层自治组织中从事的其他行政管理工作。村基层组织人员协助人民政府从事上述行政管理工作时,属于《刑法》第九十三条第二款规定的"其他依照法律从事公务的人员"。

对于上述人员,不管在基层群众性自治组织中任何职务,只要从事了集体事务管理,以及协助人民政府从事行政管理工作,即属于该类监察对象。

6. 其他依法履行公职的人员

《监察法》第十五条第七款设定了"其他依法履行公职的人员"的兜底条款,目的在于防止出现对监察对象列举不全的情况,避免挂一漏万。但是对于该兜底条款不能无限制地扩大解释。判断某人是否属于监察对象的基本标准,是其是否属于行使公权力的公职人员,其所涉嫌的违法或者犯罪是否损害了公权力的廉洁性。[①]

[①] 中共中央纪律检查委员会、中华人民共和国国家监察委员会法规室编写:《〈中华人民共和国监察法〉释义》,中国方正出版社2018年版,第114页。

《监察法实施条例》第四十三条规定,其他依法履行公职的人员指的是下列人员:

(1)履行人民代表大会职责的各级人民代表大会代表,履行公职的中国人民政治协商会议各级委员会委员、人民陪审员、人民监督员;

(2)虽未列入党政机关人员编制,但在党政机关中从事公务的人员;

(3)在集体经济组织等单位、组织中,由党组织或者国家机关,国有独资、全资公司、企业,国家出资企业中负有管理监督国有和集体资产职责的组织,事业单位提名、推荐、任命、批准等,从事组织、领导、管理、监督等工作的人员;

(4)在依法组建的评标、谈判、询价等组织中代表国家机关,国有独资、全资公司、企业,事业单位,人民团体临时履行公共事务组织、领导、管理、监督等职责的人员;

(5)其他依法行使公权力的人员。

其他依法行使公权力的人员,包括人大代表、政协委员、党代会代表、人民陪审员、人民监督员、仲裁员等,以及其他在国家机关、国有公司、企业、事业单位、群团组织中依法从事领导、组织、管理、监督等公务活动的人员。

此处应予明确的一个问题是,《监察法实施条例》第四十三条的规定与第三十八条至第四十二条规定的关系。第四十三条规定是对《监察法》第十五条第六项兜底条款的细化,涵盖人员范围较广。纪检监察工作实践中有些公职人员由于身份的多重性,从形式上看,可能会存在既符合《监察法实施条例》第四十三条规定的公职人员标准,同时也满足第三十八条至第四十二条规定的情况。比如,被选为人大代表的党政机关公务员,同时具有公务员身份和人大代表身份。从立法本意上讲,《监察法实施条例》第四十三条规定的其他依法履行公职的人员不包括第三十八条至第四十二条规定已明确列举的公职人员。因为,认定公职人员属于何种类型,直接关系政务处分的执行问题。根据《政务处分法》第二十三条的规定,对于其他依法履行公职的人员有违法行为的,监察机关可以予以警告、记过、记大过,情节严重的,由所在单位直接给予或者监察机关建议有关机关单位给予降低薪酬待遇、调离岗位、解除人事关系或者劳动关系等处理,在政务处分的规定上不同于公务员等"体制内"的公职人员,所以在认定上要准确区分开来。

此外,关于单位违法如何处理的问题。根据《监察法》规定,监察对象是公职人员,不包括单位。关于单位违法的法律责任如何追究,《政务处分法》第十条明确规定,"有关机关、单位、组织集体作出的决定违法或者实施违法行为的,对负有责任的领导人员和直接责任人员中的公职人员依法给予政务处分"。《监察法实施条例》第四十四条与《政务处分法》相协调,明确了单位违法的责任追究办法。

总体而言,《监察法实施条例》施行后,监察对象的范围更加明晰,对于在实务中准确界定监察对象具有重要的指导作用。不过,在确定监察对象范围这个问题上,仍然有着继续探索的余地。

(三) 科学界定监察对象的重要性

科学界定监察对象必须与国家的政治和社会背景相适应。《监察法》首次以立法的方式,明确界定了监察对象的范围,实现了监察全覆盖。对监察对象进行科学的界定,对于做好新时代监察工作意义重大,直接关系到国家监察体制改革的成果。

1. 反腐败领域科学立法的现实需求

在我国立法中,虽然在《公务员法》《行政监察法》等法律中,已有了"公务员"的法律概念,但"公职人员"作为法律概念却一直没有在基本法律条文中体现出来。在我国的基本法律中,一般以"国家工作人员"[1]或"国家机关工作人员"[2]指代"公职人员"。《监察法》首次将"公职人员"作为法律概念写进法律中,尽管并未对"公职人员"进行具体解释或

---

[1] 根据《中华人民共和国刑法》第九十三条的规定,国家工作人员,是指国家机关中从事公务的人员。国有公司、企业、事业单位、人民团体中从事公务的人员和国家机关、国有公司、企业、事业单位委派到非国有公司、企业、事业单位、社会团体从事公务的人员,以及其他依照法律从事公务的人员,以国家工作人员论。

[2] 2005年12月29日,根据《刑法》《刑事诉讼法》和其他法律的有关规定,最高人民检察院出台《最高人民检察院关于渎职侵权犯罪案件立案标准的规定》,在该规定的附则当中对"国家机关工作人员"的概念进行了司法说明:国家机关工作人员,是指在国家机关中从事公务的人员,包括在各级国家权力机关、行政机关、司法机关和军事机关中从事公务的人员。在依照法律、法规规定行使国家行政管理职权的组织中从事公务的人员,或者在受国家机关委托代表国家行使职权的组织中从事公务的人员,或者虽未列入国家机关人员编制但在国家机关中从事公务的人员,在代表国家机关行使职权时,视为国家机关工作人员。在乡(镇)以上中国共产党机关、人民政协机关中从事公务的人员,视为国家机关工作人员。

定义，但结合该法第三条的立法精神，"所有行使公权力"的人员均可以理解为"公职人员"，具体包括了该法第十五条所规定的六类监察对象①。

相比较而言，"公职人员"法律概念的内涵性、科学性和法律性均比"国家工作人员"或"国家机关工作人员"更强，也比一般意义上的公务员范围更广。一般而言，"所有行使公权力的公职人员"具有从事公共职能、社会管理职能或提供公共服务的基本特性，具体包括从事党政事务、立法与司法事务、监察事务、政协事务等党和国家管理事务，或提供公共服务，或者经授权管理公共事务、管理公共财物等人员。《监察法》第十五条规定的公职人员范围，是迄今为止我国法律界定的最为广泛的法律调整对象，这也弥补了改革前行政监察对象范围过窄的问题，通过科学立法实现对所有行使公权力的公职人员的监察全覆盖。

2. 反腐败工作与国际接轨的必然要求

在国际立法中，"公职人员"的提法是国际社会通行的做法。

《联合国反腐败公约》第 2 条第 1 项规定，"公职人员"系指：无论是经任命还是经选举而在缔约国中担任立法、行政、行政管理或者司法职务的任何人员，无论长期或者临时，计酬或者不计酬，也无论该人的资历如何；依照缔约国本国法律的定义和在该缔约国相关法律领域中的适用情况，履行公共职能，包括为公共机构或者公营企业履行公共职能或者提供公共服务的任何其他人员；缔约国本国法律中界定为"公职人员"的任何其他人员，即可以指依照缔约国本国法律的定义和在该缔约国相关法律领域中的适用情况，履行公共职能或者提供公共服务的任何人员。

《联合国打击跨国有组织犯罪公约》第 8 条第 4 款界定的"公职人员"，为"任职者任职地国法律所界定的且适用于该国刑法的公职人员或提供公共服务的人员"。

《美洲国家组织反腐败公约》将公职人员、政府官员和公务员的定义等同，该公约第 1 条规定："公职人员""政府官员"或"公务员"是指国家及其机构的任何官员或雇员，包括被挑选、任命或选举的，在任何级别以国家名义或为国家服务时执行公务或职能的人员。

---

① 陈雷：《监察法对监察对象进行法律界定具有重要意义》，《中国纪检监察报》2018 年 5 月 17 日第 5 版。

上述国际公约中，虽然"公职人员"的定义和含义各不相同，范围也不完全一样，但"履行公共职能或者提供公共服务"的基本特性与我国法律界定的"公职人员"特性一致。上述公约规定的"公职人员"的范围，以《联合国反腐败公约》第 2 条第 1 项规定的范围最广，除包括担任立法、行政、行政管理或者司法职务的任何人员外，公约还确认了各国法律界定的"履行公共职能或者提供公共服务"的其他人员。

3. 融入国际反腐败立法趋势的需要

在各国反腐败的相关立法中，一般对公职人员采取广义的定义方式，秉持着较为宽泛的态度，尽可能将惩治公职人员腐败行为的范围扩大，这应当属于目前国际反腐败立法的趋势。

在美国，公职人员包括了公务员和政党职员。其中"公务员"是指政府官员或者雇员，包括议员、法官和陪审员、顾问、咨询员或者以其他身份参与政府职能运转的人。"政党职员"指在美国政党中以选举或者任命方式担任一定职位，不论职责大小，凭借该职位指挥、实行或者参与指挥、实行政党事务的人。在法国，行使公安、司法权的人或者负责公共服务事业的人、公共财务会计人员、公共财产保管人或者其下属人员，均可定义为公职人员。在意大利，公职人员除在立法、司法或行政方面行使公共职能的人员外，还包括了受委托从事公共服务的人员，即以任何名义提供公共服务的人员。在日本，公职人员包括了依法从事公务的职员，以及依法从事"准公务"的人，包括官吏、公吏、依法令从事公务的议员、委员及其他职员。在芬兰，公职人员被定义为在国家、市、市政当局协会或者根据市、议会制定的公法建立的合作机构、国有公司、基督教路德福音教派教堂、东正教教堂或者其教区、教区之间的合作体、阿兰德省、芬兰银行、社会保险机构、职业卫生机构、市养老机构、市担保中心或市劳动力市场办公室工作的服务人员和在上述机构中处于类似地位的人员。

我国《监察法》对公职人员进行界定并划定具体范围，既是对我国立法及其实践的成果归纳、总结和完善，同时也借鉴了各国先进的反腐败立法经验，并且与《联合国反腐败公约》提法一致，符合国际反腐败立法的趋势，有助于我国反腐败立法内容不断得到充实和丰富。

三 监察对象界定的标准——是否行使公权力

监察对象的范围与监察对象的判断标准密切相关。《监察法》中的监察对象是所有行使公权力的公职人员，其中涉及两个关键词："行使公权力"和"公职人员"。前者是一种职位标准，强调行为属性；后者是一种职务标准，强调身份属性。① 就此，有学者提出，"行使公权力"和"公职人员"是识别监察对象的两大标准。② 不过，通过文义解释等方法分析《监察法》第三条和第十五条，"公职人员"的划定需要通过"行使公权力"要素来把握，③ 并且"行使公权力"可有效弥补"公职人员"泛化的弊端。④ 进言之，"行使公权力"是通过认定行为的公共属性和国家财政供养的身份进行综合判断。⑤ 多数学者将"是否行使公权力"作为判断是否属于监察对象的基本标准。⑥

以"行使公权力"作为监察对象的判断标准，可以破除"公职人员"标准的局限性，同时防止监察对象的不当扩大，不仅符合当前监察工作的实际情况，而且为进一步探索完善监察对象范围预留了空间。具体而言，该标准可以从静态和动态两个维度去理解和把握。

（一）静态维度

所谓静态维度，指的是在确定监察对象时的静态依据，即是否具有某种公职人员身份，以相对固定的形态行使公权力。新中国成立后，监察对象范围虽一直处于变化之中，但共同的特征则是以"身份标准"作为划分依据。判断是否属于监察对象，主要看是否具有相应规定的身份特征。例如，1949年《共同纲领》和1950年《政务院人民监察委员会试行组织条例》规定的监察对象是"各级国家机关和各种公务人员"；1990年《行政监察条例》规定的是"国家行政机关及其工作人员和国家行政机关任命的

---

① 常保国、刘思涵：《〈监察法〉中监察对象范围的认定标准》，《人民论坛·学术前沿》2019年第7期。

② 谭宗泽：《论国家监察对象的识别标准》，《政治与法律》2019年第2期。夏金莱：《论监察全覆盖下的监察对象》，《中国政法大学学报》2021年第2期。

③ 宗婷婷：《国家监察对象的认定标准：核心要素、理论架构与适用场域》，《中共中央党校（国家行政学院）学报》2019年第4期。

④ 常保国、刘思涵：《〈监察法〉中监察对象范围的认定标准》，《人民论坛·学术前沿》2019年第7期。

⑤ 秦涛、张旭东：《国家监察对象的认定：以监察权为进路的分析》，《中共中央党校（国家行政学院）学报》2019年第5期。

⑥ 参见姚文胜《"是否行使公权力"是确定监察对象范围的基本标准》，《南方》2018年第18期。

其他人员"；1997年《行政监察法》规定的是"国家行政机关、国家公务员和国家行政机关任命的其他人员"；2010年修订的《行政监察法》增加了两类监察对象，其中一类是"法律、法规授权的具有公共事务管理职能的组织中从事公务的人员"。这些法律法规确定监察对象范围的依据都是静态的身份标准。

根据以上分析，现行《监察法》第十五条规定的前三类监察对象用的就是静态的身份依据。第一类概括来说是公务员和参公管理人员。第二类主要是指除参公管理外的其他管理公共事务的事业单位的相关工作人员。第三类是国有企业管理人员等。之所以说确定这三类监察对象采用的是"静态维度"，主要原因是这三类人员都有固定的公职人员身份。例如，第二类监察对象，由于历史和国情等原因，他们担负着种类繁多的公共事务管理职能，在这些事务的管理中行使的公权力往往与群众的利益息息相关，而且这类人员的数量甚至大于公务员的数量。当然，运用"静态维度"确定监察对象范围时要注意一个问题，并不是符合相应身份特征的公职人员的所有行为，均纳入监察事项。"全覆盖不是什么人都管，全覆盖不是什么事都管"①。当公职人员所做的事情与行使公权力无关时，其相关个体行为不列入监察事项，例如，公务员以平等民事主体身份实施的合法民事行为等。

（二）动态维度

所谓动态维度，指的是在确定监察对象时的动态依据，即是否行使公权力。国家监察体制改革以前，我国监察对象主要采用静态身份标准，而且对身份的规定过于狭窄，导致廉政监督对象存在交叉地带和空白地带，造成对不少相关人员的"漏监"和"虚监"。②

随着国家监察体制改革的持续推进，《监察法》对监察对象的范围作出科学合理的重新划定，实现了国家监察全面覆盖。"判断一个人是不是公职人员，关键看他是不是行使公权力、履行公务，而不是看他是否有公职"③。对此，我们可以从两方面理解：一是公职人员的范畴并非静态不变

---

① 石艳红：《"全覆盖"不是"啥都管"》，《中国纪检监察》2018年第14期。
② 姚文胜：《国家监察体制改革有关问题的思考》，《环球法律评论》2017年第2期。
③ 中共中央纪律检查委员会、中华人民共和国国家监察委员会法规室编写：《〈中华人民共和国监察法〉释义》，中国方正出版社2018年版，第107页。

的，不能简单只看是否具有公职身份。二是没有公职身份的人员，在合法获得授权行使公权力后，也就成为了《监察法》规定的"行使公权力的公职人员"。根据公法相关理论，行使公权力者与国家的这种关系可以看作是一种公共契约关系，前者按照契约规定行使职权并自愿接受后者的监督。一个没有公职身份的人员，通过公共契约获得了授权，从授权的那一瞬间起到结束的整个被授权时期内，他就获得了行使公权力的公职身份，那么他在行使公权力时的行为，无疑必须接受监察。例如，《中国纪检监察报》刊登过一个案例：被采取留置措施的杨某原是广州市白云区太和镇城管辅助执法队组长，既不是公务员，也非中共党员，是一名政府临聘人员，但由于其被政府授予行使巡查、管控违章建筑的公权力而成为监察对象[①]。

运用动态维度把握监察对象在实践中非常重要。《监察法》规定的第四类监察对象为"公办的教育、科研、文化、医疗卫生、体育等单位中从事管理的人员"，此类人员与前三类人员相比，不能单纯用身份去确定其是否属于监察对象范围。他们掌握组织、监督和管理职责，却不具有特定职务身份，若不纳入监察范围，所造成的消极影响不可估量。[②] 例如，对教师来说，一般认为，单纯从事教学的普通教师不是监察对象，而一旦参与了招生、采购、基建等与公权力有关的事宜，就成为监察对象。还有依法组建的评标委员会、竞争性谈判采购中谈判小组、询价采购中询价小组的组成人员，尽管这些人可能有的不具备"静态"的公职人员身份，但由于在招标、政府采购等事项的评标或者采购活动中，临时受委托行使公权力而纳入监察对象范围。

《监察法》规定的第六类监察对象是一个兜底条款，更多的是采用动态维度。

(三)"静态+动态"维度

对《监察法》规定的第五类监察对象"基层群众性自治组织中从事管理的人员"的把握，则需要综合运用"静态+动态"结合的维度。第五类

---

① 刘泽琦：《那些大肆进行的违法建设背后，往往有权力在为其撑腰。广州市纪委监委向此类腐败行为亮剑——紧盯痛点难点坚决斩除病根》，《中国纪检监察报》2019年7月10日第4版。

② 常保国、刘思涵：《〈监察法〉中监察对象范围的认定标准》，《人民论坛·学术前沿》2019年第7期。

监察对象包括村委会、居委会主任、副主任和委员，以及其他受委托从事管理的人员。认定"村委会、居委会主任、副主任和委员"为监察对象采用的是静态维度，也就是说，这些人一旦具备上述身份，履职时必然需要行使公权力，就必然属于监察对象。对于此处所指的"其他受委托从事管理的人员"，采用的是"动态维度"，也就是只有受委托从事管理时，其才成为监察对象。这类人员只有在协助人民政府管理基层事务①时，才成为属于监察对象的公职人员。

判断一个人是否属于监察对象，基本标准就是其是否行使公权力，其所涉嫌的职务违法或者职务犯罪是否损害了公权力的廉洁性。无论是立足当前还是着眼长远，我国监察对象范围很难做到一成不变。当工作实践中遇到一些特殊情形时，判断相关人员是否纳入监察对象范围，需要具体问题具体分析。

四　公权力内涵的演变与发展②

以是否行使公权力作为监察对象的判断标准在理论界和实务界已成共识，但如何准确界定"公权力"是一个值得探讨的问题。厘清和认识公权力的内涵，对如何准确界定监察对象有着根本性意义。

（一）公权力的历史演变

权力是一种社会关系，是指一方社会主体能够运用其拥有的资源，对他人发生强制性的影响力、支配力，促使、命令或强迫对方按权力者的意志和价值标准作为或不作为。③ 在相当长的一个时期内，按照传统公法学理论，权力、公权力、国家公权力三个概念是混同的，国家公权力是公权力的唯一形态。随着经济社会的发展，特别是20世纪70年代以来，无论是西方发达国家还是中国，行政改革浪潮的兴起促使公共行政向公共

---

① 2004年10月20日修正的《全国人民代表大会常务委员会关于〈中华人民共和国刑法〉第九十三条第二款的解释》规定了村民委员会等村基层组织人员协助人民政府从事下列行政管理工作时，属于《刑法》第九十三条第二款规定的"其他依照法律从事公务的人员"：（1）救灾、抢险、防汛、优抚、扶贫、移民、救济款物的管理；（2）社会捐助公益事业款物的管理；（3）国有土地的经营和管理；（4）土地征用补偿费用的管理；（5）代征、代缴税款；（6）有关计划生育、户籍、征兵工作；（7）协助人民政府从事的其他行政管理工作。

② 参见姚文胜《监察法中"公权力"相关问题的探讨》，《南方》2021年第5期。

③ 郭道晖：《社会权力：法治新模式与新动力》，《学习与探索》2009年第5期。

管理转型，国家将公权力"下放"给各种社会组织，公共治理的理念不断深入人心，"国家—社会"二元结构日趋成熟，公权力理论也因此不断丰富完善。

公权力，是以公权、公职、公务、公财为基本要素组合所构成的权力。[1] 有学者认为，《监察法》所规范的"公权力"，超越了传统公权力的内涵和外延，[2] 包含国家公权力、社会公权力和国际公权力。[3] 对此我们认为，国际公权力的行使主体主要是各类国际组织，对国际公权力的监督涉及外交、国际管辖权以及调查处分如何落地等多种问题，另有其他途径予以解决。我国通过国家监察体制改革建构的国家监察体系主要针对的是国家内部，即国家监察属于国内法的范畴。因此，从国家监察角度来看，公权力特指国家公权力和社会公权力。国家公权力是基于主权国家的建立而构建起来以实现国家职能的一种公权力，载体为各类国家机关，其纵向可划分为中央与地方权力，横向可划分为立法权、行政权、司法权、监察权等[4]。社会公权力是社会主体以社会公共利益的实现为根本目的，以其所占有的社会资源对国家和社会的有机运行予以制约、支配的一种公共权力类型。社会公权力的行使主体主要是各种非营利的非政府组织，例如行业组织、社会团体组织、社区组织等。社会公权力的兴起既与全球范围内公共管理社会化的浪潮密不可分，也是由于社会公权力的行使主体在行使公共权力方面有其独特优势。例如，其人员一般具有某领域的专门知识、经验与技能，其管理相对政府管理更直接，但手段却比政府的单方行政更为灵活多样，而且由于组织成员的参与，相应利益诉求的直接表达，在实施中更容易得到支持。

（二）公权力在我国的分布情况

在我国，伴随着经济政治体制改革的深入有序进行，国家权力也从经济、社会领域有序退出，市场经济体制日益完善，社会承接起越来越多的

---

[1] 谭宗泽：《论国家监察对象的识别标准》，《政治与法律》2019年第2期。
[2] 宗婷婷：《国家监察对象的认定标准：核心要素、理论架构与适用场域》，《中共中央党校（国家行政学院）学报》2019年第4期。
[3] 蔡乐渭：《论国家监察视野下公权力的内涵、类别与范围》，《河南社会科学》2018年第8期。蔡乐渭认为，按照不同的分类标准，公权力可以分为制定规则的权力、执行规则的权力和裁决纠纷的权力，决策权力、组织执行权力和监督权力。
[4] 姜明安：《公法学研究的几个基本问题》，《法商研究》2005年第3期。

公共管理职能。国家主要通过法律法规授权或委托等方式授权某些合乎法定条件的社会组织协助行政管理。十八大报告指出"加强社会建设,是社会和谐稳定的重要保证";要"引导社会组织健康有序发展,充分发挥群众参与社会管理的基础作用"。十八届三中全会报告进一步明确要"激发社会组织活力,正确处理政府与社会关系,推进社会组织明确权责、依法自治、发挥作用。适合由社会组织提供的公共服务和解决的事项,交由社会组织承担。"社会公权力的有效行使对推进我国治理能力现代化、完善国家治理体系有着非常重要的作用。

我国国家公权力的行使主体主要是各类国家机关和事业单位[1]。社会公权力的行使主体主要是国有企业、具有公共管理职能的社会组织、基层群众性自治组织等。国有企业对公共财产中的国有财产行使管理、使用、监督等职责,通过使国有财产保值增值来提供公共服务。公办教育、科研、文化、医疗卫生等单位一方面对相关领域公共资源配置有着重要支配权,直接影响公众生活;另一方面,这些单位还管理使用着相当数量的公共财产。[2] 具有管理公共事务职能的社会组织(如行业协会)也是社会公权力的重要行使主体[3]。而基层群众性自治组织行使的职权主要有两部分:协助乡镇人民政府、街道办事处从事的行政管理工作,以及根据法律法规办理基层组织的公共事务和公益事业,前者行使的是国家公权力,后者行使的是社会公权力。除此之外,近年来有些地方和部门以劳动合同方式聘用编外人员,例如辅警、行政执法临聘人员等,虽然没有固定公职身份,但在履职时显然也是履行公权力的行为。

不管是国家公权力还是社会公权力都具有一定的内在共同特征,例如,强制性、支配性、公共性、扩张性等。公权力的行使是为了促进、维

---

[1] 事业单位是我国行政体制独有。在国外没有事业单位的称谓,相似的组织一般被称作公共利益部门、公共事务部门或社会公益部门,行使的是社会公权力,根据我国历史和国情,事业单位职权多来自法律法规授权或受国家机关依法委托,归入国家公权力更合适。

[2] 参见袁柏顺《范围、界限与动态发展:也论监察对象"全覆盖"》,《河南社会科学》2019年第1期。

[3] 《国家监察委员会管辖规定(试行)》第四条进一步列举了六大类监察对象,其中对第二类监察对象明确为:法律、法规授权或者受国家机关依法委托管理公共事务的组织中从事公务的人员,包括银行保险、证券等监督管理机构的工作人员,注册会计师协会、医师协会等具有公共事务管理职能的行业协会的工作人员,以及法定检验检测检疫鉴定机构的工作人员等。

护公平正义,更好地实现公共利益①。另外,不论是国家公权力还是社会公权力在行使过程中均不可避免涉及公共财产的使用与管理,这也需要公开化、透明化、接受监督。像国家公权力经费来源主要是财政拨款,其运行主要是为了社会福祉;而社会公权力组织在经费来源上一般不来自政府财政拨款,而是通过社会募捐、政府资助、社会收费等方式,解决国家公权力主体所忽视或无力顾及的重大或重要社会问题,其也不得从事以营利为目的的生产经营,不能进行剩余收入的分配,不得将组织资产以任何形式转变为私人财产。绝对的权力必然产生绝对的腐败,不受监督和约束的权力必然会被滥用。也正因此,公权力都必须受到严格监督,保证其在法治轨道上运行。

(三) 对公权力进行准确界定的探索

由于《监察法》未对公权力作出具体规定,目前也无相关权威解释,导致实务中对公权力的认识和界定存在问题。

1. 公权力界定标准缺失

《监察法》及相关规定缺乏关于公权力的界定标准。《监察法》第十五条列举了六类监察对象,相关法律法规及释义对此六类监察对象的人员构成进行了明确,但实务中仍会遇到一些疑难问题。例如,"管理公共事务""从事公务""履行公职"等如何准确把握?除了一些行业协会工作人员以外,还可以有哪些?基层群众性自治组织中其他参与管理的人员如何认定?社区股份公司这类集体公司的管理人员是否属于监察对象?公立教科文卫体等单位的普通员工是否属于监察对象?第十五条的兜底条款目前也尚未明确认定标准。存在这些疑问的根源在于公权力的界定标准阙如。

2. 法法衔接不够顺畅

《监察法》与《刑法》等的妥善衔接面临困难。《刑法》中贪污贿赂罪的犯罪主体为"国家工作人员",渎职罪的犯罪主体为"国家机关工作人员",范围更小。它们与基于"公权力"标准的监察法中"公职人员"的内涵和具体构成有一定差异。《刑法》对国家工作人员的认定主要以"国家"或"国有"为标准,相关司法解释将"从事公务"解释为纯粹的

---

① 社会公权力的目的也是更好地实现公共利益,其出现主要就是因为在所存在的领域通常具有一定专业性,在某些层面具有特殊的知识或者行业优势,可以特有的人力、财力、物力、智力等更好地为社会或特定领域的人们提供服务。

国家事务、国家参与管理的社会事务以及国有公司、企业或者其他单位对国有资产经营、管理事务等，并未包括集体事务在内的公共事务。《刑法》中的国有企业仅指国有全资企业，而中央纪委国家监委相关管辖规定所规定的国有企业包括国有独资、控股、参股企业及其分支机构等国家出资企业，忽视了这些企业相关人员行使社会公权力的实际。显然，这些企业如不纳入监察委员会管辖，则权力监督真空地带仍然存在。在反腐败实践中，监察调查阶段因职务犯罪被查处的公职人员进入刑事司法程序后，可能因主体身份因素而定罪量刑迥异，例如，贪污罪和职务侵占罪的量刑差异较大，甚至可能因"主体不适格"而脱罪。因此，有必要参照《联合国反腐败公约》的规定引入"公权力"标准。再者，公权力内涵未明确界定，可能影响监察全覆盖的效果。

为更好地实现国家监察体制改革的目标，结合反腐败工作实践要求，有必要在深入推进改革的过程中，以恰当方式将公权力内涵明晰化。以一定标准对公权力进行较为明确的界定，可参考以下三个标准：

一是以权力来源为法律法规授权或者委托为标准。《监察法》第十五条规定第一类监察对象公务员及参公管理人员、第二类监察对象管理公共事务的事业单位的工作人员符合此标准。另外，也有些人员由于符合此标准可归入第六类"其他依法履行公职的人员"。例如，人大代表、政协委员提出议案、批评建议、执法检查、参政议政等的职责来自宪法及法律的规定，获得公权力授权，现已明确为监察对象。类似情形还有人民陪审员、人民监督员、仲裁员等。

二是以参与国家和社会治理为标准。从公共管理角度，行使公权力即为参与了国家和社会的治理，影响到公共利益。因此，可以此标准来判断是否属于第二类监察对象具有公共事务管理职能的社会组织的工作人员，第四类监察对象公办教科文卫体等单位中从事管理的人员，以及第五类监察对象基层群众性自治组织中从事管理的人员。基层群众性自治组织的授权主要来自宪法、村民委员会组织法、城市居民委员会组织法等法律，但这类授权是授予自治组织而非人员，因此对于是否属于其中从事管理的人员，根据第一个标准就不是很好判断，而应主要依靠本条标准。例如，新冠肺炎疫情防控时期，在本村民小组从事卫生、治安等管理工作的村民小组长、志愿者等，已由普通公民变成特定时期自治组织中从事一定公共管理事务的人员，行使了公权力，应纳入监察对象范围。

三是以涉及公共财产的使用和管理为标准。除了国有企业管理人员在行使公权力的过程中涉及公共财产的管理和监督外，有关社会组织和团体的资金来源于国家财政划拨或在此基础上的增值等，例如，临时参与评标委员会、竞争性谈判采购中谈判小组、询价采购中询价小组等的人员，因履职涉及公共财产的管理和监督，其全部成员无论是否属于临时聘请，都属于监察对象。再如，公办教科文卫体等单位的会计、出纳、基建部门人员等，因管理监督公共财产，同样是监察对象。对公共财产的界定应当符合《宪法》规定的"社会主义公有制包含全民所有制和劳动群众集体所有制"的精神。①

第二节 监察事项

监察事项，是监察机关对事的管辖范围，是各项监察工作所针对的事项。根据《监察法》的规定，监察机关拥有监督、调查、处置的职责，履行职责的方式主要包括开展廉政教育、进行监督检查、调查职务违法和职务犯罪行为以及对违法的公职人员作出处分和问责等。各项监察工作的开展，无论是监督检查工作、调查工作还是审理工作等，实质上就是针对监察对象是否存在职务犯罪行为、职务违法行为以及其他的一般违法行为展开。

一 职务犯罪行为

《监察法》中的"职务犯罪"是指公职人员利用职权实施的依照《刑法》应当予以刑事处罚的行为。其在范围上大于国家监察体制改革之前检察机关管辖的职务犯罪范围，即并不仅限于《刑法》第八章、第九章相关

---

① 《刑法》第九十一条规定："本法所称公共财产，是指下列财产：（一）国有财产；（二）劳动群众集体所有的财产；（三）用于扶贫和其他公益事业的社会捐助或者专项基金的财产。在国家机关、国有公司、企业、集体企业和人民团体管理、使用或者运输中的私人财产，以公共财产论。"公权力对公共财产的界定可以借鉴并适当加以扩展（主要是"以公共财产论"的部分可以扩大至社会组织）。

罪名，而是列举了公职人员在行使公权力过程中可能涉嫌的相关罪名。《监察法》第十一条第二项对监察机关管辖的职务违法和职务犯罪行为进行了规定："对涉嫌贪污贿赂、滥用职权、玩忽职守、权力寻租、利益输送、徇私舞弊以及浪费国家资财等职务违法和职务犯罪进行调查。"《监察法实施条例》进一步明确了监察机关有权依法对职务犯罪进行调查，并且在第二十六至第三十一条中详细列举了相应罪名。

职务犯罪的主体包括公职人员，也包括涉嫌行贿犯罪或者共同职务犯罪的涉案人员，这些人员很多并不属于公职人员，但也可以成为职务犯罪主体。从行为本质来看，职务犯罪和职务违法都是危害公权力公信力的行为，均具有职务相关性。但职务犯罪是具有严重社会危害性的行为，职务违法尚未构成刑事犯罪，危害性相对较小。与此相适应，职务犯罪的法律责任要比职务违法的法律责任严厉。

二　职务违法行为

《监察法》将"职务违法"正式写入国家法律，旨在加强对所有行使公权力的公职人员的监督，全面填补国家监督的空白，解决了国家监察体制改革前违纪和职务犯罪"有人管"，违反行政纪律之外的其他职务违法"无人管"的问题，有利于加强党对反腐败工作的集中统一领导。

职务违法指的是行使公权力的公职人员实施的与其职务相关联，违反职务法律法规，虽不构成犯罪但依法应当承担法律责任的行为。[①] 首先，职务违法具有"职务关联性"，表明职务违法是与公职人员行使公权力密切相关的行为。从体系上讲，职务违法中的"职务"与职务犯罪中的"职务"范畴基本一致。《监察法》第十一条第二项列举的职务违法和职务犯罪的主要形式并无差别。其次，职务违法具有"违法性"，是违反职务法律法规的行为。职务违法的"法"，应当是规定职务职责和义务的法律法规，即"职务法律法规"。如果公职人员行使公权力的行为未违反职务法律法规，就不应认定为职务违法。再次，职务违法是具有"应受处罚性"且不构成犯罪的行为。公职人员违法行使公权力构成职务违法的，应当承担相应的法律责任，依法给予处罚。但如果已违反《刑法》的规定构成犯

---

① 本书第四章曾介绍了职务犯罪的"三性"，此处从不同角度展开。

罪的，就应作为职务犯罪处理。

针对公职人员的职务违法行为，有过多种不同的表述。1943年4月《陕甘宁边区政纪总则（草案）》明确规定，各级政府机关和政府人员的行为有违背该总则者，即认为"违犯行政纪律"。1949年9月《中央人民政府组织法》规定，中央人民政府对人民监察委员会的主要任务包括接受和处理对各级国家机关和公务人员"违法、失职行为"的控告。1954年监察部主要任务中也包括接受及处理对各级国家机关和公务人员"违法失职行为"的控告。改革开放后，出现了"违反政纪"的提法。1985年彭真同志曾说过："讲监督，党有党纪，政有政纪，国有国法。违反党纪的，由党组织管，违反政纪的，由政府管。违法犯罪的，由司法机关管。"① 1990年《行政监察条例》中使用的也是"违反政纪"。之后，《行政监察法》及其《实施条例》使用的则是"违纪违法""职务违反行政纪律"等表述。修订前的《公务员法》用的是"违纪违法"，修订后则在保留"违纪违法"的基础上，引入了"职务违法"这个术语。在国家监察体制改革前，国家法律并没有"职务违法"的表述，《监察法》是首次对"职务违法"作出规定的基本法律。这一概念的引入突出体现了我国反腐败立法的特色，解决了追究职务违法行为法律依据不足的问题。

职务违法有狭义和广义之分，广义的职务违法包括职务犯罪，而《监察法》规定的职务违法是狭义的职务违法，是党纪规定的违纪行为与《刑法》规定的犯罪行为的中间形态，属于"法"的范畴，但承载的却是与"纪"相似的功能，是"纪在法前"等反腐败新思想新理念的直接体现，具有重大的理论和实践意义。

三　一般违法行为

此处的一般违法行为，是指公职人员违反非职务法律法规，且不构成职务违法或职务犯罪的行为。职务违法行为和一般违法行为均是违法行为，均没有触犯《刑法》，均应承担法律责任。首先，从行为本质上看，

---

① 时任全国人大常委会委员长的彭真同志在六届全国人大常委会第十次会议上就监督和改革问题发表讲话时提及。

一般违法行为不是危害公权力公信力的行为，不具有职务相关性。例如，与职务毫无关联的赌博、吸毒等违反治安管理法律法规的行为；违约、侵权等违反民事法律的行为等。实践中，比较难以界定的是公职人员实施的附着公职身份因素的违法行为。对于此类行为应具体考量公职人员是否利用了职权或地位形成的便利条件，即围绕是否影响公正行使公权力，是否涉及履职尽责等进行判定。这里的便利条件必须与公权力行使相关联，但仅仅是因职务身份而产生的时间、空间等自然属性的方便条件不可认定为职务违法。其次，从违反的规范来看，职务违法行为违反的是职务法律法规，一般违法行为违反的是一般法律法规。相比于普通公民，法律对公职人员提出了道德先进性、职务廉洁性等要求，这就决定了公职人员应履行比公民更多的义务，这些义务均在职务法律法规中有明确规定，公职人员必须严格遵守。例如，《公职人员政务处分法》第三章对公职人员应当受到政务处分的违法行为类型进行了明确规定。

值得注意的是，将一般违法行为作为监察事项是出于执行党规党纪和加强公职人员管理的需要。监察机关会根据违法行为的严重程度，对当事人进行进一步的处理，但这种事后的处分，并不代表监察机关对这些案件有管辖权，只是履行对公职人员监督职责的一种体现。

第三节　管辖原则和权限

一　管辖原则

国家监察全覆盖的目标应贯穿于监察活动的全过程。监察管辖原则关系到各级监察机关对监察对象实施监督、调查、处置的权限分配，直接影响着监察全覆盖的实现与效果。《监察法》第十六条和第十七条是关于监察机关管辖原则的规定，旨在明确各级监察机关办理监察事项的职权分工。监察机关各司其职、各尽其责的前提是分工明确、责任清晰。为明确各级监察机关的管辖范围，《监察法实施条例》等详细规定了监察管辖的原则。

（一）一般管辖原则

国家监察体制改革前，党纪案件的管辖实行分级负责制。1983年中央纪委《关于处分违反党纪的党员批准权限的具体规定》首次提出纪检分级负责原则,成为之后纪检案件管辖的基本原则。各级纪检机关受理和审查同级党委委员、候补委员,同级纪委委员,同级党委管理的党员干部的违纪问题。对一般党员干部违纪行为由其党组织关系所在地纪检机关处理。对公务员违反行政纪律进行处理的行政监察,以干部管理权限为原则划分管辖权属。检察机关查处职务犯罪的管辖原则是以属地管辖为主,即确定由哪个地区的检察机关来侦办案件时,以犯罪行为地(司法解释进一步明确为"犯罪嫌疑人工作单位所在地")作为确定管辖的首要依据,这种规定有助于当地的检察机关展开侦查取证。此外,为排除地方阻力和干扰,为公正查办案件,对一些特殊案件也可以指定异地管辖。

国家监察体制改革后,根据《监察法》第十六条第一款规定:"各级监察机关按照管理权限管辖本辖区内本法第十五条规定的人员所涉监察事项。"这对监察机关的一般管辖原则作出了规定,即级别管辖与地域管辖相结合的原则。《监察法实施条例》第四十五条重申了上述原则。"按照管理权限"指的是按照干部管理权限,即各级监察机关按照干部管理权限对本辖区内的监察对象依法进行监察,也可理解为属人管辖原则。例如,国家监察委员会管辖中管干部所涉监察事项,省级监察委员会管辖本省省管干部所涉监察事项,市级监察委员会管辖本市市管干部所涉监察事项等。国家监察委员会在一般管辖原则下,负责调查中央管理的公职人员职务违法和职务犯罪案件,以及有全国性影响的其他重大职务违法和职务犯罪案件。设区的市级以上监察委员会、县级监察委员会、直辖市所辖区(县)监察委员会根据《监察法实施条例》第四十六条的规定,行使各自的管辖权限。

需要注意的是,级别管辖和地域管辖的存在并不是说各级监察机关只能接受反映本单位管辖范围内的监察对象的问题线索。《监察法》第十六条所说的管辖范围和管辖原则,主要是指对监察对象进行问题线索处置、立案、调查、处理等方面的权限,而不是接受人民群众反映监察对象问题线索的权限。实务中,如果人民群众向某级监察机关反映监察对象的问题线索,该监察机关应当依法受理而不得拒绝。只是在受理问题线索后,若该线索指向的监察对象属于本单位管辖的,则直接由本单位进行处置;若该线索指向的监察对象不属于本单位管辖的,则应当依法移送有管辖权的监察机关处理。

此外,关于《监察法》第十五条第五项规定的"基层群众性自治组织中从事管理的人员",在实务中因其大多是村级组织、社区组织中的人员,难以直接按照干部管理权限确定对应的管辖权,其所涉监察事项应当由其所在的县级监察机关管辖,县级监察机关可以依法授权其所在街道、乡镇派出监察机构、监察专员进行管辖。

(二)提级管辖原则

《监察法》第十六条第二款规定:"上级监察机关可以办理下一级监察机关管辖范围内的监察事项,必要时也可以办理所辖各级监察机关管辖范围内的监察事项。"该款规定了提级管辖原则,这是对一般管辖原则的必要补充,意在便于处理实务中一些难度较大的监察事项。上级监察机关首先要按照一般管辖的分工,管好自己管辖范围内的监察事项。《监察法实施条例》第四十七条规定,具有下列情形之一的,可以依法提级管辖:在本辖区有重大影响的;涉及多个下级监察机关管辖的监察对象,调查难度大的;其他需要提级管辖的重大、复杂案件。上级监察机关对于所辖各级监察机关管辖范围内有重大影响的案件,必要时可以依法直接调查或者组织、指挥、参与调查。地方各级监察机关所管辖的职务违法和职务犯罪案件,具有第一款规定情形的,可以依法报请上一级监察机关管辖。

值得注意的是,如果按规定应由下级监察机关管辖的事项,上级监察机关也都去办理,管得太多,不仅管不过来,也不可能管好,不利于发挥下级监察机关工作的主动性和积极性,影响监察工作有序、正常开展。在实务中,上级监察机关办理下级监察机关管辖范围内的监察事项主要限于以下几种情况:(1)上级监察机关认为在其所辖地区有重大影响的监察事项;(2)上级监察机关认为下级监察机关不便办理的重要复杂的监察事项,以及下级监察机关办理可能会影响公正处理的监察事项;(3)领导机关指定由上级监察机关直接办理的监察事项[①]。

---

① 中共中央纪律检查委员会、中国人民共和国国家监察委员会法规室编写:《〈中华人民共和国监察法〉释义》,中国方正出版社2018年版,第116—117页。

提级管辖原则是一项重要的变通管辖原则。一般管辖原则是按照管理权限管辖本辖区内的监察事项，这是坚持和加强党对反腐败工作集中统一领导的重要体现，也是党管干部原则的重要体现。但是在实践中，案件情况千差万别，若一律按照一般管辖原则，有些情况下一些特殊案件可能很难得到及时公正合理的处理，需要由上级监察机关提级办理。上级监察机关提级管辖也并不意味着就需要全部包办整个案件的调查工作，在案件查办过程中，也要注意发挥下级监察机关的作用，上下联动、同频共振，形成案件办理合力。

（三）指定管辖原则

《监察法》第十七条第一款规定："上级监察机关可以将其所管辖的监察事项指定下级监察机关管辖，也可以将下级监察机关有管辖权的监察事项指定给其他监察机关管辖。"该款规定了指定管辖原则，指定管辖是指根据上级监察机关的指定而确定监察事项的管辖机关。《监察法实施条例》第四十八条规定了指定管辖的原则。

指定管辖原则的情形包括两种，第一种是上级监察机关将原属于自己管辖的监察事项，指定给所辖的下级监察机关管辖。例如，省级监察委员会可以将自己管辖的监察事项指定本省内的某个市级监察委员会管辖。指定管辖原则的规定，体现了上级监察机关对下级监察机关的领导，同时也能够增强工作灵活性。进行指定管辖的主要原因是根据工作需要，在指定时上级监察机关要予以通盘考虑。例如，上级监察机关的工作任务比较饱满，而下级监察机关的人员和能力又足以承担移交给其办理的监察事项，为尽快保质保量完成工作任务，上级监察机关可以将其所管辖的监察事项指定下级监察机关管辖。

需要注意的是，根据《监察法实施条例》第四十八条第二款的规定，设区的市级监察委员会将同级党委管理的公职人员涉嫌职务违法或者职务犯罪案件指定下级监察委员会管辖的，应当报省级监察委员会批准；省级监察委员会将同级党委管理的公职人员涉嫌职务违法或者职务犯罪案件指定下级监察委员会管辖的，应当报国家监察委员会相关监督检查部门备案。

第二种是上级监察机关可以将下级监察机关有管辖权的监察事项指定给自己所辖的其他监察机关管辖。《监察法实施条例》第四十八条第三款进行了详细规定：上级监察机关对于下级监察机关管辖的职务违法和职务犯罪案件，具有下列情形之一，认为由其他下级监察机关管辖更为适宜的，可以依法指定给其他下级监察机关管辖：（1）管辖有争议的；（2）指定管辖有利于案件公正处理的；（3）下级监察机关报请指定管辖的；（4）其他有必要指定管辖的。具体而言，第一种情形是管辖有争议或管辖不明，例如，涉嫌职务违法、职务犯罪行为由分属两个或者两个以上行政区域的监察对象共同所为，可以由上级监察机关指定其中一个下级监察机关将有管辖权的监察对象的涉嫌职务违法、职务犯罪行为交由另一个下级监察机关管辖。第二种情形是原有管辖权的监察机关不适宜或者不能办理某监察事项，指定管辖有利于案件公正处理的。例如，为了排除干扰，上级监察机关可以指定该监察机关将该监察事项交由其他监察机关办理，以保证监察事项能够得到正确、及时处理[①]。

值得注意的是，指定管辖的适用前提是两个监察机关之间具有领导和被领导关系。上述两种指定管辖，进行指定的监察机关和接受指定的监察机关之间均必须有领导和被领导的关系，属于上下级监察机关，否则不能进行指定。此外，被指定的下级监察机关未经指定管辖的监察机关批准，不得将案件再行指定管辖。

（四）报请管辖原则

《监察法》第十七条第二款规定："监察机关认为所管辖的监察事项重大、复杂，需要由上级监察机关管辖的，可以报请上级监察机关管辖。"该款规定了报请管辖原则，这也是一项重要的变通管辖原则。当监察机关考虑到所在地方的实际情况，以及本机关的地位、能力，认为所管辖的监察事项实属重大、复杂，而尽自己力量不能或者不适宜管辖的，可以报请上级监察机关管辖。省级监察机关认为所管辖的案件重大、复杂，需要由国家监察委员会管辖的，可以报请移送国家监察委员会管辖。国家监察委员会受理后，认为需要调查的，可以自行调查，也可以指定其他省级监察机关办理。

从实践来看，适用报请管辖应当注意以下几个方面：

[①] 中共中央纪律检查委员会、中华人民共和国国家监察委员会法规室编写：《〈中华人民共和国监察法〉释义》，中国方正出版社2018年版，第119—120页。

一是确有必要是条件。各级监察机关首先应当按照一般管辖原则的分工，做到守土有责、守土尽责，尽全力管好本机关管辖范围内的监察事项，不能将报请管辖制度作为不履职尽责、不担当作为的借口，监督调查工作中稍有困难就报请上级监察机关管辖，这是对报请管辖制度的曲解。实践中，报请上级监察机关管辖具体主要包括以下几种情况：（1）监察机关认为有重大影响、由上级监察机关办理更为适宜的监察事项；（2）监察机关不便办理的重大、复杂监察事项，以及自己办理可能会影响公正处理的监察事项；（3）因其他原因需要由上级监察机关管辖的重大、复杂监察事项①。上级监察机关接到下级监察机关的报请管辖请示后，既可以自己管辖，也可以根据办理监察事项的实际需要和下级监察机关的办理能力等因素指定给其他下级监察机关管辖。

二是决定权限在上级监察机关。下级监察机关认为监察事项重大、复杂，可以报请上级监察机关进行管辖，但这并不意味着报请之后，管辖权就当然地转移给上级监察机关。上级监察机关经研究认为可以由下级监察机关管辖的，下级监察机关应当切实负起责任，认真履行监督调查处置职责，不能消极怠工，对有关监察事项久拖不决，影响监察机关的威信。

三是积极配合义务。上级监察机关决定管辖下级监察机关报请的监察事项以后，并不意味着下级监察机关就可以当"甩手掌柜"。下级监察机关要积极配合上级监察机关做好相关工作，全面提供所掌握的有关问题线索和材料，积极配合上级监察机关开展监督调查处置，形成工作合力。

值得注意的是，报请管辖与提级管辖一样都是将管辖权自下向上转移，所不同的是提级管辖对于下级监察机关来讲管辖权是被动地自下向上转移，而报请管辖是下级监察机关主动地将管辖权自下向上转移②。

（五）管辖争议处理

管辖争议，是指对于同一监察事项，有两个或者两个以上监察机关都

---

① 中共中央纪律检查委员会、中华人民共和国国家监察委员会法规室编写：《〈中华人民共和国监察法〉释义》，中国方正出版社2018年版，第120页。

② 中共中央纪律检查委员会、中华人民共和国国家监察委员会法规室编写：《〈中华人民共和国监察法〉案例解读》，中国方正出版社2018年版，第151页。

认为自己具有或者不具有管辖权而发生的争议。《监察法》第十六条第三款对管辖争议的处理方式作出了规定："监察机关之间对监察事项的管辖有争议的，由其共同的上级监察机关确定。"根据该规定，两个或者两个以上监察机关发生管辖争议以后，应当报请它们的共同上级监察机关，由该上级监察机关确定由哪一个监察机关管辖。"共同的上级监察机关"，是指同发生管辖争议的两个或者两个以上监察机关均有领导与被领导关系的上级监察机关。这一规定的基础是隶属关系，例如，同一省的两个地市监察委员会的共同上级监察机关，是该省监察委员会；两个县级监察委员会，如分属同一省内的两个不同地市，其共同的上级监察机关还是该省监察委员会。

需要注意的是，监察机关在工作中，既不能越权办理不属于自己管辖的监察事项，也不能放弃职守把自己管辖的监察事项推出不管。如果不能依法确定某个监察事项是否属于自己的管辖范围，要及时请示上级监察机关予以明确。

（六）管辖实践的突出问题

《监察法》关于监察对象以及管辖原则的规定，使监察全覆盖的目标得以基本实现，填补了过去监察体系的空白。但是随着改革的深入，新问题也日益凸显，主要体现在对垂直管理部门监察对象的监察上。

垂直管理是我国行政体制管理的一大特色，实行垂直管理意味着脱离地方管理序列，人、财、物、事直接由省级或者中央主管部门统筹管理。目前一些比较重要的政府职能部门如海关、税务、烟草、盐业等的中央或者省级以下机关多数实行垂直管理。除此之外，人民银行、银保监、证监等单位，以及相当多的国有企业、高等院校等也是如此。这些部门和单位中的公职人员显然是监察对象，且多数是在重点行业关键领域。

按照《监察法》规定的管辖原则，监察机关对于不属于本级组织人事部门管理的监察对象不具有管辖权。这种管辖原则主要沿袭了《行政监察法》的相关规定，但问题也比较突出：广大外驻单位里的公职人员实际上受不到有效的监督，容易产生下级监察机关想管没权管、上级监察机关有权管却没精力管的问题，这种与现状脱节的问题使得监察全覆盖的实际效果打了"折扣"。例如，像海关、税务等部门公职人员的履职用权问题，有管辖权的派驻该部门的纪检监察组的监督和调查力量十分有限，有限人手监督几千甚至上万人的现象非常普遍,而地方纪检监察机关在经与其主管部门协调后才能管辖。此外,还有对广大的中央、省驻地方企业、高等院校、民航、铁路等单位管理人员的监督问题一样突出,监察力量与监察对象的数量之间严重失衡,不利于对这部分监察对象实施日常监督。而且,被调查对象的工作地一般属于违法犯罪行为发生地,从便于核实、调查取证角度考虑,地方监察机关较之主管机关纪检监察部门也更具有优势。

就此,《监察法实施条例》第四十九条规定,工作单位在地方、管理权限在主管部门的公职人员涉嫌职务违法和职务犯罪,一般由驻在主管部门、有管辖权的监察机构、监察专员管辖;经协商,监察机构、监察专员可以按规定移交公职人员工作单位所在地的地方监察委员会调查,或者与地方监察委员会联合调查。地方监察委员会在工作中发现上述公职人员有关问题线索,应当向驻在主管部门、有管辖权的监察机构、监察专员通报,并协商确定管辖。前款规定单位的其他公职人员涉嫌职务违法和职务犯罪,可以由地方监察委员会管辖;驻在主管部门的监察机构、监察专员自行立案调查的,应当及时通报地方监察委员会。地方监察委员会调查前两款规定案件,应当将立案、留置、移送审查起诉、撤销案件等重要情况向驻在主管部门的监察机构、监察专员通报。

二 职能管辖

《监察法》第三条规定,监察机关对所有行使公权力的公职人员进行监察,调查职务违法和职务犯罪,开展廉政建设和反腐败工作,维护宪法和法律的尊严。第十一条确立了监察机关管辖的案件范围:"……对涉嫌贪污贿赂、滥用职权、玩忽职守、权力寻租、利益输送、徇私舞弊以及浪费国家资财等职务违法和职务犯罪进行调查……"

根据《监察法实施条例》第二十六至第三十一条和第五十二条的规定,监察机关管辖101个罪名。但这些罪名并非全部由监察机关单独管辖,具体包括三种情况:第一,监察机关专属管辖的罪名,共计49个。包括14个贪污贿赂类犯罪,如贪污罪、受贿罪、行贿罪;35个滥用职权、玩忽职守、徇私舞弊类犯罪,如枉法仲裁罪、放纵走私罪、非法经营同类营业罪、为亲友非法牟利罪等。第二,监察机关与公安机关共同管辖的罪名，共计38个。具体包括故意泄露国家秘密罪，打击报复会计、统计人员罪，重大责任事故罪，破坏选举罪，违法发放贷款罪等。第三，监察机关与检察机关共同管辖的罪名，共计14个。也就是依据《刑事诉讼法》第十九条第二款规定，可以由检察机关管辖的相关犯罪所涉及的罪名。这101个罪名既是监察机关调查职务犯罪的责任清单，也是对公职人员特别是领导干部履行职责的底线要求和负面清单，是公权力行使的制度笼子，有利于教育警示公职人员特别是领导干部敬畏纪法、尊崇纪法，做到依法用权、秉公用权、廉洁用权。

监察机关管辖的犯罪可以分为以下几类：第一，贪污贿赂类犯罪。《监察法实施条例》第二十六条对《监察法》第十一条第二项规定的"贪污贿赂"职务犯罪作出细化，规定了19个罪名。第二，滥用职权类犯罪。涉及《监察法实施条例》第二十七条和第五十二条，共包含21个罪名。第三，玩忽职守类犯罪。涉及《监察法实施条例》第二十八条和第五十二条，共包含13个罪名。第四，徇私舞弊类犯罪。涉及《监察法实施条例》第二十九条和第五十二条，共包含19个罪名。第五，重大责任事故类犯罪。涉及《监察法实施条例》第三十条，共包含12个罪名，都是由监察机关和公安机关共同管辖。第六，公职人员在行使公权力过程中涉及的其他犯罪。涉及《监察法实施条例》第三十一条规定的17个罪名，也都是由监察机关和公安机关共同管辖。

（一）贪污贿赂类犯罪

根据《监察法实施条例》第二十六条的规定，贪污贿赂类犯罪共涉及19个罪名，具体包括两类。第一类是监察机关专属管辖的14个罪名：贪污罪，挪用公款罪，受贿罪，单位受贿罪，利用影响力受贿罪，行贿罪，对有影响力的人行贿罪，对单位行贿罪，介绍贿赂罪，单位行贿罪，巨额财产来源不明罪，隐瞒境外存款罪，私分国有资产罪，私分罚没财物罪。第二类是监察机关与公安机关共同管辖的5个罪名：职务侵占罪，挪用资金罪，对外国公职人员、国际公共组织官员行贿罪，非国家工作人员受贿罪，对非国家工作人员行贿罪。

（二）滥用职权类犯罪

根据《监察法实施条例》第二十七条、五十二条的规定，滥用职权类犯罪共包含21个罪名，具体包括三类。第一类是监察机关专属管辖的

11个罪名：国有公司、企业、事业单位人员滥用职权罪，滥用管理公司、证券职权罪，食品、药品监管渎职罪，报复陷害罪，阻碍解救被拐卖、绑架妇女、儿童罪，帮助犯罪分子逃避处罚罪，违法发放林木采伐许可证罪，办理偷越国（边）境人员出入境证件罪，放行偷越国（边）境人员罪，非法剥夺公民宗教信仰自由罪，侵犯少数民族风俗习惯罪。第二类是监察机关与公安机关共同管辖的3个罪名：打击报复会计、统计人员罪，挪用特定款物罪，故意泄露国家秘密罪。第三类是监察机关与检察机关共同管辖的7个罪名：滥用职权罪，非法拘禁罪，虐待被监管人罪，非法搜查罪，刑讯逼供罪，暴力取证罪，执行判决、裁定滥用职权罪。

（三）玩忽职守类犯罪

根据《监察法实施条例》第二十八、五十二条的规定，玩忽职守类犯罪共包含13个罪名，具体包括三类。第一类是监察机关专属管辖的9个罪名：国有公司、企业、事业单位人员失职罪，签订、履行合同失职被骗罪，国家机关工作人员签订、履行合同失职被骗罪，环境监管失职罪，传染病防治失职罪，商检失职罪，动植物检疫失职罪，不解救被拐卖、绑架妇女、儿童罪，失职造成珍贵文物损毁、流失罪。第二类是监察机关与公安机关共同管辖的1个罪名：过失泄露国家秘密罪。第三类是监察机关与检察机关共同管辖的3个罪名：玩忽职守罪，执行判决、裁定失职罪，失职致使在押人员脱逃罪。

（四）徇私舞弊类犯罪

根据《监察法实施条例》第二十九、五十二条的规定，徇私舞弊类犯罪共包含19个罪名，具体包括两类。第一类是监察机关专属管辖的15个罪名：徇私舞弊低价折股、出售国有资产罪，非法批准征收、征用、占用土地罪，非法低价出让国有土地使用权罪，非法经营同类营业罪，为亲友非法牟利罪，枉法仲裁罪，徇私舞弊发售发票、抵扣税款、出口退税罪，商检徇私舞弊罪，动植物检疫徇私舞弊罪，放纵走私罪，放纵制售伪劣商品犯罪行为罪，招收公务员、学生徇私舞弊罪，徇私舞弊不移交刑事案件罪，违法提供出口退税凭证罪，徇私舞弊不征、少征税款罪。第二类是监察机关与检察机关共同管辖的4个罪名：徇私枉法罪，民事、行政枉法裁判罪，私放在押人员罪，徇私舞弊减刑、假释、暂予监外执行罪。

（五）重大责任事故类犯罪

根据《监察法实施条例》第三十条的规定，公职人员在行使公权力过程中发生的重大责任事故犯罪共包括12个罪名：重大责任事故罪，教育设施重大安全事故罪，消防责任事故罪，重大劳动安全事故罪，强令、组织他人违章冒险作业罪，危险作业罪，不报、谎报安全事故罪，铁路运营安全事故罪，重大飞行事故罪，大型群众性活动重大安全事故罪，危险物品肇事罪，工程重大安全事故罪。这12个罪名均系《刑法》第二章危害公共安全罪规定的罪名，均由公安机关的管辖案件范畴划转而来，现均为监察机关与公安机关的共管罪名。

（六）公职人员在行使公权力过程中涉及的其他犯罪

根据《监察法实施条例》第三十一条的规定，公职人员在行使公权力过程中涉及的其他犯罪共包含17个罪名：破坏选举罪，背信损害上市公司利益罪，金融工作人员购买假币、以假币换取货币罪，利用未公开信息交易罪，诱骗投资者买卖证券、期货合约罪，背信运用受托财产罪，违法运用资金罪，违法发放贷款罪，吸收客户资金不入账罪，违规出具金融票证罪，对违法票据承兑、付款、保证罪，非法转让、倒卖土地使用权罪，私自开拆、隐匿、毁弃邮件、电报罪，故意延误投递邮件罪，泄露不应公开的案件信息罪，披露、报道不应公开的案件信息罪，接送不合格兵员罪。这17个罪名，涉及《刑法》第三章破坏社会主义市场经济秩序罪；第四章侵犯公民人身权利、民主权利罪；第五章侵犯财产罪；第六章妨害社会管理秩序罪；第七章危害国防利益罪，均由公安机关的管辖案件范畴划转而来（国家机关工作人员实施的破坏选举罪由检察机关的管辖案件范畴划转而来），现均为监察机关与公安机关的共管罪名。

需要注意的是，对于《监察法》第三十四条第二款规定的互涉案件由监察机关为主调查，各地在理解认识和具体做法上各有不同。比如实践中有人认为，由监察机关为主调查意味着监察机关可以一体调查公职人员涉嫌的全部犯罪问题，直接替代办理其他机关职能管辖权限范围内的案件。《监察法实施条例》第五十一条对此作出统一规范，明确了由监察机关为主调查的内涵，即"监察机关承担组织协调职责，协调调查和侦查工作进度、重要调查和侦查措施使用等重要事项"。因此，在互涉案件分案办理过程中，公安机关等其他机关依照《刑事诉讼法》规定收集证据、查明案情，在监察机关的组织协调下，确保形成工作合力。试举一案例说明：杨某（某市副市长、公安局局长，中共党员）因涉嫌严重违纪违法，被省纪委监委立案审查调查。调查期间，省纪委监委发现杨某除涉嫌受贿犯罪外，还涉嫌包庇纵容黑社会性质组织罪。在这种情况下，一般应当由监察机关和公安机关分别依职权立案调查（侦查）。在案件调查（侦查）过程中，监察机关要承担组织协调职责，协调调查和侦查工作进度、重要调查和侦查措施使用等重要事项。

第七章 监察权限

第一节 监察权限概述

一 监察权限的概念

监察权限，可以在不同层次上加以定义。在通常意义上，监察权限是指监察机关和监察官依法可以行使的监察职权，与国家监察权和法治原则密切相关，目的是要解决国家机关及其公职人员依法履职和廉洁自律的问题。

在国家制度上，监察权限表现为监察机关和监察官依法享有的监察职权。从权力来源来看，监察机关和监察官对监察对象行使的监察职权来源于国家监察权。从权力性质来看，监察机关和监察官依法享有的监察职权不同于国家监察权，它是由法律所明确规定的一项与机关和职务性质相关的"职权"，是国家监察权制度化的体现。作为"职权"，有"职"才有"权"。监察机关和监察官依法享有的监察职权必须是与处理监察业务有关的，监察职权具有明确的行使主体、相对人、权能事项、职权界限和时空上的确定性效力。

在学理上，监察权限的内涵和外延可以从广义和狭义两个角度来认识。从广义上看，监察权限涵盖了监察机关和监察官为处理监察业务所从事的一切公务活动，既包括有权对监察对象或者监察相对人采取各项法律所规定的调查、监督和处理措施，也涉及监察机关从事监察业务所进行的机关内部管理、监察规范的制定以及处理与其他国家机关之间的公务关系方面的公务职权；狭义上的监察权限主要是指监察机关和监察官依据《监察法》第四章"监察权限"的规定所享有的法定监察职权。本章主要采广义的监察权限概念，同时亦从具体的监察手段和措施角度来阐释和解读狭义的监察权限。此外，为贴合汉语表述和理解习惯，本章有些地方使用"监察职权"一词来指代"监察权限"概念。

二 监察权限的主要内容

根据法治原则，公权的特征是"法无明文规定不可为"，监察权概莫能外。宪法第一百二十四条第五款规定，监察委员会的组织和职权由法律规定。2018年3月20日十三届全国人大一次会议通过的《监察法》是目前全面和系统规定监察机关和监察官职权的基本法律。监察机关行使监察职权必须严格遵守《监察法》第四章关于"监察权限"的各项规定，做到既不越权，也不滥权。

根据《监察法》规定，包括国家监察委员会和地方各级监察委员会在内的监察机关依法享有的监察职责和权限，可从以下几个方面进行把握：

第一，监察主体。根据现行宪法、监察法、监察官法的相关规定，各级监察委员会与国家行政机关、国家审判机关、国家检察机关一样，都由国家权力机关产生，对国家权力机关负责，受国家权力机关监督。监察委员会与人民政府、人民法院、人民检察院构成由人大产生的国家机关，俗称"一府一委两院"。宪法第一百二十七条规定：监察委员会依照法律规定独立行使监察权。上述规定表明，监察委员会作为国家监察机关是监察职权行使的主要主体，《监察法》第四章所规定的"监察权限"主要围绕监察机关在开展监察业务活动中的监察职权进行制度设计。监察机关行使监察职权由监察官具体实施。《监察官法》第三条规定：监察官是依法行使国家监察权的监察人员。监察机关对监察官行使监察职权的公务行为必须承担法律上的连带责任，包括国家赔偿责任。值得注意的是，监察官作为依法行使国家监察权的监察人员，只有从事监察业务、履行监察职责时才能行使监察职权，如果监察官在履职中处理与监察业务无关的公务，则不能行使监察职权。《监察官法》对此作了明确规定。该法第九条规定：监察委员会主任、副主任、委员除履行监察职责外，还应当履行与其职务相应的职责。上述规定在肯定监察官作为监察职权行使主体的合法身份之外，还肯定了监察官可以基于职务要求行使其他性质的公务职权。此外，根据《监察法》第十二条规定，各级监察委员会可以向本级中国共产党机关、国家机关、法律法规授权或者委托管理公共事务的组织和单位以及所管辖的行政区域、国有企业等派驻或者派出监察机构、监察专员。监察机构、监察专员对派驻或者派出它的监察委员会负责。据此，派驻或者派出监察机构、监察专员也可以依法行使部分监察职权。监察法第十三条对此明确规定：派驻或者派出的监察机构、监察专员根据授权，按照管理权限依法对公职人员进行监督，提出监察建议，依法对公职人员进行调查、处置。值得注意的是，派驻或者派出国有企业的监察机构、监察专员也可在派驻或者派出它的监察机关的授权范围内行使监察职权。此外，在监察机关具体行使监察职权的过程中，还可以委托特定的主体来代行部分监察职权。监察法第十九条规定：对可能发生职务违法的监察对象，监察机关按照管理权限，可以直接或者委托有关机关、人员进行谈话或者要求说明情况。

第二，监察相对人。监察职权作为一项实现国家监察权的监察制度，具有社会管理的职能，因此，受监察职权约束的特定利害关系人即监察相对人。监察相对人既包括了监察法所列举的监察对象，也涉及与监察对象存在法律上直接利害关系的人。监察相对人必须接受监察机关和监察官行使监察职权行为的约束，不得拒绝监察机关和监察官在行使职权过程中对其所采取的各种法定措施。当然，监察机关和监察官超越监察职权或者是滥用监察职权给监察相对人的合法权益造成损害的，监察相对人可以依法请求监察救济。对于监察法第十五条规定的作为监察对象的公职人员和有关人员之外的其他性质的监察相对人，《监察法》第三条第四款作了原则性规定：监察机关在工作中需要协助的，有关机关和单位应当根据监察机关的要求依法予以协助。《监察法》第十八条也规定：监察机关行使监督、调查职权，有权依法向有关单位和个人了解情况，收集、调取证据，有关单位和个人应当如实提供。监察法规定的监察对象之外的监察相对人一般是监察对象的近亲属、具有法律上利益关系的单位或个人以及作为受贿行为相对应的行贿人及其他与监察对象的违法违纪行为有法律上密切关联的人。

第三，监察权能。监察职权直接关系到监察机关和监察官可以依法对监察相对人采取监察措施的种类、范围和方式，是国家监察权的制度功能的重要体现。监察机关和监察官只有依法享有必要和充分的监察职权，才能对监察对象依法履职和自身廉洁情况进行全面和系统的了解，并在此基础上作出正确的法律处理。根据《监察法》第四章"监察权限"的规定，监察职权的权能事项分为监督、调查、处置三类，相关内容见本书第四章。

三 监察权限的基本特点

不论是监察机关还是监察官，其监察权限都具有以下几个重要特点：

一是权限法定。监察机关是《宪法》和《监察法》设定的专门履行监察职权的国家机关。根据法治原则的要求，监察机关在履行监察职权时，首先必须要有宪法、监察法等法律上的明确规定，不能超越宪法、监察法等法律的规定，也不能在法定职权范围内滥用职权，否则就构成监察无权或者是监察违法。宪法第一百二十四条第五款规定，监察委员会的职权由法律规定。监察机关必须按照监察法等法律所赋予的监察职权来履行自身的职责。为保证监察机关切实履行调查职务违法和职务犯罪的法定职责，《监察法》赋予了监察委员会必要的措施和调查手段，明确监察机关可以采取谈话、讯问、询问、留置、查询、冻结、搜查、调取、查封、扣押、勘验检查、鉴定、技术调查、通缉、限制出境等措施开展调查。其中，前12项措施由监察机关决定和实施，后3项措施由监察委员会审批、交由公安机关等其他机关执行。这"12+3"项措施并未超出以往行政监察机关和检察院反贪部门使用措施的范围，有着深厚的实践基础，总体上与监察机关承担的职责任务相匹配，有利于实现监察工作的规范化、法治化、正规化。

二是与职能、职务相一致。监察机关、监察官依法享有的监察职权是与监察机关的职能和监察官的职务相一致的。根据宪法和监察法的规定，我国现行监察机关分为两种类型：一是作为国家最高监察机关的国家监察委员会；二是省、自治区、直辖市、自治州、县、自治县、市、市辖区设立的监察委员会（以下统称为地方各级监察委员会）。国家监察委员会与地方各级监察委员会虽然在国家机构序列中都属于监察机关，但各自依法享有的监察职权并不相同。作为国家最高监察机关的国家监察委员会，不仅依据宪法、监察法等法律规定享有办理监察业务所需要的各种法定职权，而且国家监察委员会基于2019年10月26日第十三届全国人民代表大会常务委员会第十四次会议通过的《全国人民代表大会常务委员会关于国家监察委员会制定监察法规的决定》，有权根据宪法和法律，制定监察法规。但是，地方各级监察委员会不享有制定监察法规这项法定职权。此外，上级监察委员会依据宪法、监察法、《监察法实施条例》等的规定，享有监督下级监察委员会的法定监督职权，通过专项检查、业务考评、开展复查等方式，强化对下级监察机关及监察人员执行职务和遵纪守法情况的监督。根据《监察官法》的规定，监察官分为四等十三级，包括总监察官、副总监察官、高级监察官和监察官。首先，监察官不分等级高低，都有权行使《监察法》《监察官法》赋予监察官的法定职权；其次，不同等级的监察官职务所规定的岗位要求不一样，与职务相应的职权也不尽相同。下级监察官在未经上级监察官委托或者监察机关明确授权的前提下，不得随意行使上级监察官才能行使的监察职权。

三是具有"有限性"。主要体现为两方面：一方面是法律本身的明确规定，另一方面是监察相对人依法享有的各种合法权益。监察机关和监察官行使监察职权不得侵害监察相对人的合法权益。此外，监察职权的边界也体现在正确处理监察权与审判权、检察权及其他性质的国家权力之间的关系上，《监察法》第四条清晰地表达了监察权与其他性质的国家权力之间的"法律边界"：一方面，监察委员会依照法律规定独立行使监察权，不受行政机关、社会团体和个人的干涉；另一方面，监察机关办理职务违法和职务犯罪案件，应当与审判机关、检察机关、执法部门互相配合，互相制约。此外，《监察法》第三十四条也明确规定：人民法院、人民检察院、公安机关、审计机关等国家机关在工作中发现公职人员涉嫌贪污贿赂、失职渎职等职务违法或者职务犯罪的问题线索，应当移送监察机关，由监察机关依法调查处置。被调查人既涉嫌严重职务违法或者职务犯罪，又涉嫌其他违法犯罪的，一般应当由监察机关为主调查，其他机关予以协助。由此可见，监察职权的性质、职权构成、权能事项、法律界限等均通过具体的监察制度加以控制，以实现国家监察权的基本制度功能。

第二节 监察职权行使原则

国家监察权在具体制度上表现为监察机关和监察官依法享有的监察职

权。监察职权行使原则是针对监察机关和监察官具体行使监察职权的公务活动而言的,对于指导监察机关和监察官正确和有效地行使监察职权具有非常重要的意义。监察职权行使原则具有丰富内涵,具体包括以下几个方面:

一 合法性原则

合法原则是一项非常重要的法治原则,也是监察职权行使原则的重要体现。国家监察权作为独立的一项国家权力,通过法定监察职权的运行来实现其制度功能。国家监察权性质是多元的,在不同的政治和法律体制下,国家监察权存在的方式有所不同。我国是中国共产党执政的社会主义国家,党的领导是中国特色监察体制最鲜明的特征,监察机关本质上是政治机关,因此,监察权首先是一种政治权力。其次,在依法执政和依法治国的方针下,监察权必须受到宪法和法律的制约,因此,合法性原则是监察职权的一项重要特性。合法性原则要求监察权通过具体的制度设计变成法律上所规定的监察机关和监察官行使的监察职权,通过职权法定原则约束监察机关和监察官行使监察权的公务行为,将监察权始终关在"法律"和"制度"的笼子中。

相对于监察权的政治属性及其在党和国家反腐败中的重要制度功能来说,监察权更需要通过制度化的职权实施行为,来实现其担负的反腐败国家权力功能。因此,《监察法》第五条对监察职权行使原则作了明确规定:国家监察工作严格遵照宪法和法律,以事实为根据,以法律为准绳。

在贯彻监察职权行使合法原则的过程中,需要关注的问题包括:

1. 法律保留是前提

法律保留是指特定范围内的事项专属于立法者规范,也即是,凡属于宪法、法律规定的只能由法律规定的事项,只能由法律规定。[①] 监察机关和监察官依法行使的监察职权必须由全国人大及其常委会制定的基本法律和其他相关法律加以规定。

2. 职权法定是基础

监察机关和监察官针对监察相对人行使监察职权的公务行为必须严格

---

① 周佑勇:《行政法原论》,北京大学出版社 2018 年第 3 版,第 61 页。

限制在法律赋予的职权范围,不得越权或滥用职权。监察职权的行使给监察相对人的合法权益造成损害的,必须给予其必要的救济。

3. 权责对等是保障

监察机关和监察官在依法行使监察职权的过程中所承担的监察职责必须与其享有的监察职权相适应,对此《监察法》第五条明确提出了"权责对等"的法律要求。

二 比例原则

比例原则是现代法治社会一项最重要的法治原则,最早起源于德国警察法。比例原则目前主要适用于公法领域,但近年来被不断拓展至各个部门法领域。其在监察法领域也有适用空间,[1] 监察职权的行使要符合比例原则。

具体来说,比例原则要求监察机关在行使监察职权时,应当遵循下面三项子原则。[2]

一是适当性原则。根据该原则,监察机关在对被调查人进行调查的过程中,特别是采取不利于被调查人的措施时,该措施必须有助于监察目的的达成。如果该措施根本无法实现监察目的,那么监察机关应该终止措施或者选择其他的监察措施。

二是必要性原则。根据该原则,监察机关行使监察职权对被调查人进行监督、调查和处置时,如果存在多种措施可以选择,那么应当选择对被调查合法权益损害最小的措施。

三是均衡性原则。均衡性原则又被称为狭义比例原则,是指公共权力所采取的措施与其所达到的目的之间必须合比例或相称。根据该原则,监察机关行使监察职权对被调查人进行监督、调查和处置时,应当对各方利益进行权衡,使监察措施增进的公共利益与其造成的损害成比例。[3]

对于监察权行使而言,比例原则的要求是在合法履行监察职权的前提下,保证履职行为产生的社会效果达到最佳比例。其最简单的制度形态,

---

[1] 参见陈辉《论监察委员会处置权的合理配置与规范运行》,《社会主义研究》2019年第6期。

[2] 参见谢尚果、申君贵编《监察法教程》,法律出版社2019年版,第103页。

[3] 刘权:《均衡性原则的具体化》,《法学家》2017年第2期。

是监察机关和监察官行使监察职权查处监察对象所产生的积极社会效果，要远远大于其所产生的负面社会影响。"利大于弊"或者说让绝大多数人对行使监察职权的社会效果予以认同，是监察权行使比例原则的基本要求，也是提升监察机关和监察官行使监察职权能力的重要制度约束。《监察法》虽然没有对监察权行使的比例原则作出制度上的明确规定，但相关条文中已经包含了比例原则的价值要求。例如《监察法》第六条规定："国家监察工作坚持标本兼治、综合治理，强化监督问责，严厉惩治腐败。""标本兼治""综合治理"中都包含了监察权行使的"比例原则"的价值要求，监察机关和监察官在依法行使监察职权时必须把监察行为和监察效果紧密结合起来，实现监察行为政治效果、法律效果和社会效果三者的有机统一。

三 惩治腐败与保障合法权益相平衡原则

国家监察体制的建立，既要考虑该制度在反腐败领域所具有的独特优势，也要关注该制度可能对监察对象的合法权益产生的不良影响。所以，国家监察权行使不能只强调促进反腐败工作顺利开展的一面，还要重视监察权行使对监察相对人的合法权益所造成的影响。作为一项独立的国家权力，监察权并不具有"对世权"的法律属性，只是针对行使公权力的公职人员以及有关人员，这就在制度上使得监察相对人比一般的社会公众可能承担了一份自身权利受到更多更大的法律限制的"风险"。

因此，在监察机关和监察官依法行使监察职权的过程中，必须在提高反腐败工作效率与保障监察对象的合法权益之间努力寻找一个最佳平衡点。为了实现这一目标，一方面，要强化监察机关和监察官行使监察职权的监督和问责制度；另一方面，要对监察机关和监察官行使监察职权的行为进行必要和有效的监督。特别是监察机关办理职务违法和职务犯罪案件，应当与审判机关、检察机关、执法部门互相配合，互相制约。此外，对于合法权益因为监察机关和监察官行使监察职权而受到非法侵害的监察对象，要在制度上给予必要的法律救济，《监察法》第六十七条规定监察机关及其工作人员行使职权，侵犯公民、法人和其他组织的合法权益造成损害的，依法给予国家赔偿。《监察法》第七章全面和系统地规定了"对监察机关和监察人员的监督"，但对监察对象的救济还没有成为一项系统化的制度,虽然《监察法》第五条明文规定了保护当事人的合法权益,第四十九条也规定了对监察决定的复议制度,但以保障监察对象的合法权益为主题的"监察救济"理念尚未上升到制度层面,这是不断完善国家监察体制需要重点解决的问题。

第三节 谈话、讯问与询问

一 谈话

谈话措施源于党内监督制度中的谈心谈话、廉政谈话、调查谈话、谈话提醒等多种类型的谈话举措,最早见于《中国共产党纪律检查机关案件检查工作条例》。① 随着国家监察体制改革的推进,尤其是《监察法》的制定与出台,监察机关可以对所有行使公权力的公职人员行使谈话职权。《监察法》明确了监察机关在办案实践中普遍使用的"谈话""要求说明情况"等措施,赋予监察机关使用谈话措施的权力,使谈话成为一种法律手段。

《监察法》第十九条:"对可能发生职务违法的监察对象,监察机关按照管理权限,可以直接或者委托有关机关、人员进行谈话或者要求说明情况。"

《监察法》第二十条第一款:"在调查过程中,对涉嫌职务违法的被调查人,监察机关可以要求其就涉嫌违法行为作出陈述,必要时向被调查人出具书面通知。"

《监察法实施条例》第十八条:"监察机关可以与公职人员进行谈心谈话,发现政治品行、行使公权力和道德操守方面有苗头性、倾向性问题的,及时进行教育提醒。"

《监察法实施条例》第七十条第一款:"监察机关在问题线索处置、初步核实和立案调查中,可以依法对涉嫌职务违法的监察对象进

---

① 《中国共产党纪律检查机关案件检查工作条例》第二十五条规定:"调查开始时,在一般情况下,调查组应会同被调查人所在单位党组织与被调查人谈话,宣布立案决定和应遵守的纪律,要求其正确对待组织调查。调查中,应认真听取被调查人的陈述和意见,做好思想教育工作。"

行谈话，要求其如实说明情况或者作出陈述。"

（一）谈话的含义

《监察法》和《监察法实施条例》规定的谈话，可分为监督谈话和调查谈话两类。

其中，监督谈话包括谈心谈话、问题线索处置谈话、初步核实谈话等。根据《监察法》《监察法实施条例》有关规定，监察机关可以与公职人员进行谈心谈话，发现政治品行、行使公权力和道德操守方面有苗头性、倾向性问题的，及时进行教育提醒；监察机关在问题线索处置、初步核实中，可以依法对涉嫌职务违法的监察对象进行谈话，要求其如实说明情况或作出陈述。

调查谈话，是指监察机关在立案调查期间，可以依法对涉嫌职务违法的监察对象进行谈话，要求其如实说明情况或者作出陈述。换言之，监察机关在立案调查中，有权以言辞交流的方式对被调查人进行调查。

谈话一方面让监察机关及时掌握和了解监察对象的有关情况，另一方面也是对具有苗头性、倾向性问题的监察对象的一种提醒和警示，使其及时收敛收手，不至滑向严重违法犯罪的深渊。《中国共产党纪律检查机关监督执纪工作规则》将采取谈话函询作为处置问题线索的方式之一。《监察法》借鉴其规定，明确了对可能发生职务违法行为的监察对象可以进行谈话或者要求说明情况。可见，谈话既是监察机关调查公职人员涉嫌职务违法、职务犯罪的措施手段，也是对公职人员进行监督的重要方式，有较强的严肃性和一定的强制性。谈话情况报告以及有关人员的情况说明等材料应当存入监察对象的个人廉政档案。

谈话并非一般意义上的交谈，也并非把谈话对象当成犯罪嫌疑人，而是在与监察对象以诚相待的基础上，对其依法履职和廉洁从政等情况进行监督，起到红脸出汗、咬耳扯袖的提醒作用。谈话首先具有监督方面的政治含义，然后才是发现问题和进行追责处理。因此，谈话的第一目的不是惩处，而是本着对监察对象高度负责的态度，让被谈话人把问题如实讲清楚，让有错误的监察对象改正错误，及时回到正确的轨道上来。

各类谈话含义辨析①

法律、党规党纪中关于谈话的种类较多,如谈心谈话、提醒谈话、谈话提醒、约谈函询、诫勉谈话、初核谈话、审查谈话、调查谈话、审理谈话、廉政谈话等。对于各类谈话,实务工作中应予以明确区分。

1. 谈心谈话。《关于新形势下党内政治生活的若干准则》规定,要坚持谈心谈话制度。这里的谈心谈话,是指党组织领导班子成员之间、班子成员和党员之间、党员和党员之间交流思想,交换意见式的谈话。根据规定,领导干部要接受党员、干部提出的约谈。

2. 提醒谈话。《中国共产党党内监督条例》第二十一条规定,要坚持党内谈话制度,认真开展提醒谈话。所谓提醒谈话,是指发现领导干部有思想、作风、纪律等方面的苗头性、倾向性问题的,由有关党组织负责人对其进行提醒的谈话。

3. 谈话提醒和约谈函询。《中国共产党党内监督条例》第三十一条规定,接到对干部一般性违纪问题的反映,应当及时找本人核实,谈话提醒、约谈函询,让干部把问题讲清楚。约谈被反映人,可以与其所在党组织主要负责人一同进行。从上述规定看,这里的"谈话提醒、约谈函询",与《中国共产党纪律检查机关监督执纪工作规则》所规定的"谈话函询"在概念、工作程序上均较为接近,是核实一般性违纪问题的方式之一。《中国共产党党内监督条例》第三十五条第二款规定,初核后,按照拟立案审查、予以了结、谈话提醒、暂存待查等方式提出处置建议。这里的"谈话提醒",则是一种作出组织处理、进行处置的方式。对此,《监察法》第四十五条第一项,也作出了相应规定。

4. 诫勉谈话。《中国共产党党内监督条例》第二十一条规定,坚持党内谈话制度,认真开展诫勉谈话。发现轻微违纪问题的,上级党组织负责人应当对其诫勉谈话,并由本人作出说明或者检讨,经所在党组织主要负责人签字后报上级纪委和组织部门。《中国共产党纪律

---

① 参见叶勤《准确理解适用各类谈话的概念与规定》,《党风廉政建设》2018年第7期;孙倩《如何把握〈规则〉规定谈话函询的谈话与其他谈话的区别?注意区分谈话主体、适用对象及针对的问题等因素》,《中国纪检监察》2019年第13期。

检查机关监督执纪工作规则》第三十条规定，谈话函询后，应根据不同情形作出相应处理，对问题轻微，不需要追究党纪责任的，也可以采取诫勉谈话的方式处理。由此可见，诫勉谈话适用于有违纪问题但情节比较轻微的情况。需要注意的是，《关于对党员领导干部进行诫勉谈话和函询的暂行办法》第三条规定了进行诫勉谈话的具体范围，并规定对领导干部进行诫勉，可以采用谈话的方式，也可以采用书面的形式。《监察法》第四十五条第一款第一项规定，对有职务违法行为但情节较轻的公职人员，按照管理权限，直接或者委托有关机关、人员，进行谈话提醒、批评教育、责令检查，或者予以诫勉。

5. 初核谈话。初步核实中的谈话，可简称为"初核谈话"。这种谈话是审查调查部门在对线索问题采取初步核实方式处置过程中，使用最为广泛和有效的方式之一。谈话人必须为纪检监察机关工作人员，谈话对象为线索问题所涉及的各种人员，谈话场所为纪检监察机关办公场所、专门谈话场所或者其他具备安全保障条件的场所。重要重大问题应全程录音录像，其目的是通过谈话了解还原事实真相，查清在整个过程中所涉及人员的言行情况。

6. 审查谈话和调查谈话。《中国共产党纪律检查机关监督执纪工作规则》第七章审查调查部分规定了审查谈话和调查谈话的内容。其中，第四十条规定，审查调查组可以依照党章党规和监察法，经审批进行谈话。第四十八条、第四十九条规定，对涉嫌严重违纪或者职务违法、职务犯罪问题的审查调查谈话，应当全过程进行录音录像。未经批准并办理相关手续，不得将被审查调查人或者其他重要的谈话对象带离规定的谈话场所，不得在未配置监控设备的场所进行审查调查谈话或者其他重要的谈话，不得在谈话期间关闭录音录像设备。

7. 审理谈话。《中国共产党纪律检查机关监督执纪工作规则》第五十五条第四款规定，案件审理部门根据案件审理情况，应当与被审查调查人谈话，核对违纪或者职务违法、职务犯罪事实，听取辩解意见，了解有关情况。对于该规定的一般理解是：对于党纪案件，除被审查人有严重疾病等难以进行审理谈话的特殊情况以外，案件审理部门一般应当与被审查调查人谈话。《监察法实施条例》第一百九十五条规定，案件审理部门根据案件审理情况，经审批可以与被调查人谈话。并列举了一般应当与被调查人谈话的情形。对于该规定的一般理解是：对于监察案件，除非有明确列举的应当谈话的情形，否则案件审理部门可以视案件的审理情况，决定是否与被审查人谈话。

8. 廉政谈话。廉政谈话实践中一般作为日常监督的一种方式，一般可分为任前廉政谈话和履职廉政谈话。任前廉政谈话一般是对新提拔重用的领导干部及早提醒、申明纪律，使其提高廉政意识，自觉履行党风廉政建设"一岗双责"。履职廉政谈话一般是针对领导干部遵守党的纪律、落实"一岗双责"情况以及本地区、本部门党风廉政建设等有关情况进行了解和分析，针对存在的突出问题提出意见建议等。

(二) 谈话主体与谈话对象

适用谈话措施前，应当依法确定谈话的主体。《监察法》第十九条规定：监察机关可以直接或者委托有关机关、人员进行谈话或者要求说明情况。《监察法实施条例》第七十二条规定：采取谈话方式处置问题线索的，经审批可以由监察人员或者委托被谈话人所在单位主要负责人等进行谈话。委托谈话的，受委托人应当在收到委托函后的十五个工作日以内进行谈话。由此可知，谈话的主体有二：一是监察人员；二是监察机关委托的有关人员，包括被谈话人所在单位主要负责人。《监察法实施条例》第七十条第二款规定：谈话应当个别进行。负责谈话的人员不得少于二人。《监督执纪工作规则》第二十八条作了更为细致的规定："谈话应当由纪检监察机关相关负责人或者承办部门负责人进行，可以由被谈话人所在党委（党组）、纪委监委（纪检监察组、纪检监察工委）有关负责人陪同；经批准也可以委托被谈话人所在党委（党组）主要负责人进行。"实务中，何种情况下由相关负责人谈话，何种情况下由承办部门负责人谈话，需要根据谈话对象的职务、岗位、问题线索以及所在地区、部门的实际情况来具体安排。

问题线索处置阶段和初步核实阶段的谈话措施的适用对象，是可能发生职务违法的公职人员，即《监察法》第十五条所规定的六类人员。同时监察机关采取谈话措施，必须按照管理权限进行。换言之，监察对象必须符合《监察法》第十六条、第十七条规定的管辖原则。若监察机关对监察对象没有管辖权,则不得擅自越权使用谈话措施或要求监察对象说明情况。"可能发生职务违法",是指监察对象有相关问题线索反映,或者有职务违法方面的苗头性、倾向性问题等。

立案阶段的谈话对象,是涉嫌职务违法的被调查人,包括未被限制人身自由的被调查人,被留置的被调查人,在押的犯罪嫌疑人、被告人,在看守所、监狱服刑的人员等。

(三)谈话的程序

《监察法实施条例》第七十三至八十条,对初步核实和立案阶段谈话的程序要求作出了较为细致的规定。第一,初步核实阶段,与被核查人谈话有两个条件:一是"确有必要",二是"应当按规定报批"(第七十三条)。第二,对涉嫌职务违法的被调查人立案后的谈话,必须遵守以下程序性规定:与被调查人首次谈话时,应当出示《被调查人权利义务告知书》,由其签名、捺指印。被调查人拒绝签名、捺指印的,调查人员应当在文书上记明。对于被调查人未被限制人身自由的,应当在首次谈话时出具《谈话通知书》。与涉嫌严重职务违法的被调查人进行谈话的,应当全程同步录音录像,并告知被调查人。告知情况应当在录音录像中予以反映,并在笔录中记明(第七十四条)。第三,立案后,对于未被限制人身自由的被调查人,被留置的被调查人,在押的犯罪嫌疑人、被告人,在看守所、监狱服刑的人员,谈话的场所、所需的手续等不尽相同:与未被限制人身自由的被调查人谈话的,应当在具备安全保障条件的场所进行。调查人员按规定通知被调查人所在单位派员或者被调查人家属陪同被调查人到指定场所的,应当与陪同人员办理交接手续,填写《陪送交接单》;与被留置的被调查人谈话的,按照法定程序在留置场所进行;与在押的犯罪嫌疑人、被告人谈话的,应当持以监察机关名义出具的介绍信、工作证件,商请有关案件主管机关依法协助办理;与在看守所、监狱服刑的人员谈话的,应当持以监察机关名义出具的介绍信、工作证件办理(第七十六条);第四,为了保障被调查人的人身权,与被调查人进行谈话,应当合理安排时间、控制时长,保证其饮食和必要的休息时间(第七十七条)。

(四)谈话后的处置方式

问题线索处置阶段的谈话,应当形成谈话笔录或者记录,谈话结束后,可以根据需要要求被谈话人在十五个工作日以内作出书面说明;委托谈话的，谈话结束后及时形成谈话情况材料报送监察机关，必要时附被谈话人的书面说明。由监察机关写出情况报告，提出处理意见（《监察法实施条例》第七十二条第二、三款）。

初步核实和立案阶段的谈话，谈话笔录应当在谈话现场制作。笔录应当详细具体，如实反映谈话情况。笔录制作完成后，应当交给被调查人核对。被调查人没有阅读能力的，应当向其宣读。笔录记载有遗漏或者差错的，应当补充或者更正，由被调查人在补充或者更正处捺指印。被调查人核对无误后，应当在笔录中逐页签名、捺指印。被调查人拒绝签名、捺指印的，调查人员应当在笔录中记明。调查人员也应当在笔录中签名（《监察法实施条例》第七十八条）。被调查人请求自行书写说明材料的，应当准许。必要时，调查人员可以要求被调查人自行书写说明材料。被调查人应当在说明材料上逐页签名、捺指印，在末页写明日期。对说明材料有修改的，在修改之处应当捺指印。说明材料应当由二名调查人员接收，在首页记明接收的日期并签名（《监察法实施条例》第七十九条）。

二 谈话函询

(一) 谈话函询的含义

谈话函询是纪检监察机关对问题线索进行处置的一种重要方式，多个党内法规对其作出规定。《中国共产党纪律处分条例》第五条规定，运用监督执纪"四种形态"，经常开展批评和自我批评、约谈函询，让"红红脸、出出汗"成为常态。《中国共产党纪律检查机关监督执纪工作规则》第二十一条规定："纪检监察机关应当结合问题线索所涉及地区、部门、单位总体情况，综合分析，按照谈话函询、初步核实、暂存待查、予以了结4类方式进行处置。"可见，谈话函询是处置问题线索的方式之一。《中国共产党纪律检查机关监督执纪工作规则》还在第五章对谈话函询进行了集中规定。《监察法》中虽然没有出现"函询"二字，但在监察实践过程中，谈话函询经常也被用于处置问题线索。《监察机关监督执法工作规定》里面也将谈话函询作为处置问题线索的方式之一，其中第十二条规定："对反映监察对象一般性职务违法的问题线索，可以依法采取谈话函询方式进行处置。"

谈话函询，顾名思义，包括了谈话与函询两种处置方式。谈话是被反映人以言辞方式当面向谈话人进行说明,函询则是被反映人以书面方式向函询机关作出说明。《监察法》以立案为界点,将案件查办过程分为两个阶段:立案前的线索处置阶段和立案后的正式调查阶段。此处所讨论的谈话函询就是立案前线索处置阶段的线索处置方式之一。除谈话函询以外,监察机关对于接受报案、举报或者在监督履责过程中发现的问题线索,还可以根据具体情况选择以初步核实、暂存待查、予以了结的方式进行处置。

(二)谈话函询的适用条件

谈话函询主要适用于以下问题线索:(1)反映作风和廉洁自律等方面的一般性问题;(2)反映党风廉政建设方面存在的苗头性、倾向性问题;(3)反映笼统、难以查证核实的问题;(4)涉嫌违反党纪、职务违法但情节轻微的问题;(5)其他需要进行谈话函询的问题。

(三)谈话函询的结果

谈话函询工作应当由监察机关写出情况报告,提出处理意见,按照审批程序报批。对谈话函询结果,根据不同情形作出相应处理:(1)反映不实或者没有证据证明存在问题的,予以了结;(2)问题轻微,不需要追究党纪政务责任的,采取谈话提醒、批评教育、责令检查、诫勉谈话等方式处理;(3)反映问题比较具体,但被反映人予以否认,或者存在明显问题的,应当再次谈话函询或者进行初步核实。再次谈话函询不再重新履行审批程序,由承办部门或者相关委领导按有关规定安排。

(四)谈话与函询的选择

由于大部分问题线索需进一步核对确认才能做出处置判断,所以对问题线索主要以谈话函询的方式进行初步处理是稳妥的。谈话函询不仅可以灵活、便捷、高效和有针对性地了解情况,初步确认事实方向以及实现对线索处置准确而谨慎的判断,也可以最大限度地降低对被谈话函询人合法权益的影响,平衡监察对象的权利保障与纪检监察工作效率提升两方面价值[1]。中央纪委关于问题线索处置的相关规定并未对谈话与函询在适用情形方面作出区分,因此,在实践中很多纪检干部对问题线索是采取谈话方式处置还是采取函询方式处置,觉得不易把握。建议可以结合以下五个方

---

[1] 金成波、张航:《国家监察视阈下谈话制度的运用与完善》,《长白学刊》2020年第2期。

面综合考虑：（1）反映问题的性质。反映的问题相对稍重一些的，如涉及严重违反政治纪律、组织纪律、廉洁纪律等，可以考虑谈话；反映问题具有一般性或反映问题不实而予以澄清的线索，一般适用函询。（2）内容笼统的程度。对反映笼统、无具体内容的线索，可考虑函询；有部分信息、较为笼统的，可考虑谈话。（3）被反映人情况。结合考虑被反映人的年龄、职务、岗位等情况，对被反映人的关注度、关键性等作出评价，作出谈话或函询的选择。（4）反映线索的数量。被反映人问题线索数量的多少虽不能作为其问题大小的依据，但在一般程度上反映了群众对被反映人的态度与评价。鉴此，反映问题线索数量的多少应成为考虑谈话或函询的因素之一，多的可以考虑谈话，少的考虑函询。（5）当地政治生态。从"树木"与"森林"的关系出发，以当地反映线索的总体情况作为基准，对被反映人的反映数量多少、反映是否突出等方面进行衡量，进而确定谈话为宜还是函询为宜[①]。

（五）谈话函询的谈话与其他谈话的区别

1. 谈话函询与调查谈话的区分。《中国共产党纪律检查机关监督执纪工作规则》第三十四条规定，核查组经批准可以采取必要措施收集证据，与相关人员谈话了解情况；第四十条规定，审查调查组可以依照党章党规和监察法，经审批进行谈话。这两处所指的谈话，与谈话函询的谈话不同，是一种调查取证手段。

《监察法》规定了监察机关行使监督、调查职权可采取十五项措施，谈话是其中之一。《监察法》第十九条规定，对可能发生职务违法的监察对象，监察机关按照管理权限，可以直接或者委托有关机关、人员进行谈话或者要求说明情况；第二十条规定，在调查过程中，对涉嫌职务违法的被调查人，监察机关可以要求其就涉嫌违法行为作出陈述，必要时向被调查人出具书面通知。中央纪委国家监委制定的有关监督检查审查调查措施使用的规定，强调了监督谈话和调查谈话两种谈话。谈话函询的谈话即为监察法第十九条规定的监督谈话，《中国共产党纪律检查机关监督执纪工作规则》规定的初步核实和审查调查期间的谈话即为监察法第二十条规定的调查谈话。

---

① 黄娟：《关于谈话函询的几点思考》，《中国纪检监察报》2017年9月13日第8版。

谈话函询的谈话与调查谈话主要有以下区别：一是性质不同。前者是指在监督过程中对可能存在违纪或者职务违法的监督对象进行的谈话，主要用于"四种形态"中的第一种形态；后者是指在调查过程中对存在违纪或者涉嫌职务违法的被调查人进行的谈话，主要用于第二、三、四种形态。二是目的不同。前者定位重在提醒而非调查取证，后者定位重在获取证据，向被调查人及相关人员调查职务违法、职务犯罪事实，对案件突破起到关键作用。三是谈话主体不同。前者可以委托有关党组织负责人进行，后者由纪检监察机关工作人员直接进行。四是适用对象不同。前者适用被监督的党员或监察对象，后者适用被调查的党员或监察对象，其中包括被留置的人员。五是要求不同。中央纪委国家监委制定的有关监督检查审查调查措施使用的规定，对调查谈话的场所、手续、出具文书、笔录等提出严格要求，但对监督谈话的地点和谈话形式没有强制性规定，谈话地点只要求是具备安全保障条件的场所，谈话可以制作工作记录，必要时也可以形成谈话笔录，并且不需要严格按照谈话笔录模板制作笔录，可以在模板基础上进行适当调整。

2. 谈话函询与提醒谈话的区分。根据《中国共产党党内监督条例》第二十一条规定，提醒谈话指党组织对有思想、作风、纪律等方面苗头性、倾向性问题的党员干部进行的谈话；第三十一条再次规定了谈话，即我们所说的谈话函询的谈话，纪检机关"接到对干部一般性违纪问题的反映，应当及时找本人核实，谈话提醒、约谈函询，让干部把问题讲清楚"。

提醒谈话和谈话函询的谈话虽然都是落实第一种形态的有效形式，但两者仍存在一定的区别：一是属于不同的监督体系。两种党内谈话制度分列于《党内监督条例》不同章节，前者属于党委（党组）履行的党内谈话制度，后者属于纪委监督范畴。二是针对问题不同。前者针对思想、作风、纪律等方面的苗头性、倾向性问题，后者针对一般性违纪问题的线索反映。三是谈话主体不同。前者一般是上级党组织负责人，后者是纪委工作人员。实践中，纪检监察机关也可以委托被反映人所在党组织主要负责人进行谈话。四是处理结果不同。谈话函询的谈话是一种处置性（过程性）谈话，而非结果性谈话。谈话函询后，纪检监察机关要对本人的书面说明进行审核，可能补充谈话函询以及进行抽查，根据不同的情况分类处置。提醒谈话可以作为结果性谈话，经过谈话函询发现轻微违纪问题的，仍可采取提醒谈话、诫勉谈话等其他谈话进行处理。

2. 谈话函询与诫勉谈话的区分。《中国共产党纪律检查机关监督执纪工作规则》第十五条规定，纪检监察机关发现苗头性、倾向性问题或者轻微违纪问题，应当及时约谈提醒、批评教育、责令检查、诫勉谈话。第三十条关于谈话函询后根据不同情形进行分类处置的规定中，将诫勉谈话作为谈话函询后问题轻微不需要追究纪律责任的处理方式之一。

诫勉谈话和谈话函询的谈话区别主要有：一是谈话主体不同。《党内监督条例》第二十一条规定，发现轻微违纪问题的，上级党组织负责人应当对其诫勉谈话。《中国共产党问责条例》（以下称《问责条例》）第八条规定，对党的领导干部，纪委（纪检组）、党的工作部门有权采取通报、诫勉方式进行问责。据此可知，纪委（纪检组）、党的工作部门、上级党组织负责人可以进行诫勉谈话。谈话函询的谈话既可以由纪检监察机关工作人员进行，也可以委托谈话对象所在党组织主要负责人进行。二是针对问题不同。诫勉谈话是针对存在轻微违纪但免予党纪政务处分的问题，《问责条例》将诫勉（包括诫勉谈话和书面诫勉）作为对党的领导干部问责的方式，适用失职失责、情节较轻的情形。谈话函询的谈话针对的是一般性违纪问题的线索反映。三是处理结果不同。如前文所述，谈话函询的谈话是一种处置性（过程性）谈话，而非结果性谈话。而诫勉谈话是一种结果性谈话，谈话后由本人作出说明或者检讨，经所在党组织主要负责人签字后报上级纪委和组织部门，同时可能对晋职晋级、提拔使用、评先评优等事项产生影响，各地各部门出台的相关文件中均有不同规定，标准尚不统一。如中央组织部《关于组织人事部门对领导干部提醒、函询和诫勉的实施细则》规定，受到诫勉的领导干部，取消当年年度考核、本任期考核评优和各类先进的资格，六个月内不得提拔或者重用。

4. 谈话函询与廉政谈话的区分。廉政谈话在党纪法规里并没有明确规定，实践中，有些地区或部门将廉政谈话作为日常监督的一种方式。谈话函询的谈话和廉政谈话主要有以下区别：一是谈话主体不同。前者是纪检监察机关发起的，即使是党组织主要负责人谈话，也是接受纪检监察机关委托。廉政谈话可以由党组织主动发起，也可以由纪检监察机关主动发起。谈话人一般是党组织主要负责人或纪检监察机关主要负责人。二是针对问题不同。前者针对的是一般性违纪问题。后者一般可分为任前廉政谈话和履职廉政谈话,是对下级党委(党组)、纪委(纪检组)以及领导干部在党风廉政建设、个人廉洁自律方面应注意的问题进行提醒教育。三是时间节点不同。前者是收到一般性问题线索之后,后者是在领导干部任前进行或者履职过程中阶段性进行。四是谈话形式不同。前者是个别进行,后者既可采取个别谈话,也可采取集体谈话,任前廉政谈话还可以与任职谈话一并进行。

三 讯问

《监察法》第二十条:"在调查过程中,对涉嫌职务违法的被调查人,监察机关可以要求其就涉嫌违法行为作出陈述,必要时向被调查人出具书面通知。对涉嫌贪污贿赂、失职渎职等职务犯罪的被调查人,监察机关可以进行讯问,要求其如实供述涉嫌犯罪的情况。"

《监察法实施条例》第八十一条:"监察机关对涉嫌职务犯罪的被调查人,可以依法进行讯问,要求其如实供述涉嫌犯罪的情况。"

(一)讯问的含义

讯问,是指在职务犯罪案件调查中,监察机关为了查明真相、收集证据,依照法定程序,通过监察机关工作人员提问、被调查人回答的方式,获取被调查人以及涉嫌行贿犯罪或者共同职务犯罪的涉案人员有关贪污贿赂、失职渎职等职务犯罪事实的供述、辩解及其他证据并加以固定的调查措施。首先,讯问的主体是各级监察机关的调查人员。讯问权只能由监察机关工作人员在调查阶段依法行使,不能委托给其他机关、个人行使。其次,讯问措施主要针对涉嫌贪污贿赂、失职渎职等职务犯罪而被监察机关立案调查的公职人员,也包括涉嫌行贿犯罪或者共同职务犯罪的其他涉案人员。对于涉嫌职务违法行为、但尚未构成职务犯罪的被调查人,监察机关可以要求其就涉嫌违法行为作出陈述。再次,讯问活动必须严格按照《监察法》有关程序方面的规定进行。最后,讯问的目的是收集、核实证据,查明违法犯罪事实,并发现新的犯罪线索和其他违法违纪人员。

(二)被调查人的"陈述"和"供述"

《监察法》第二十条第一款所称"陈述",是指被调查人就职务违法案件的事实经过、涉嫌违法行为以及对错误的认识态度等,向监察机关所作的口头或书面交代或说明。① 设立该款主要出于两点考虑:一是被调查人的陈述可以为监察机关提供新的线索,进而发现新的违纪违法问题和涉案人员,避免片面地收集证据;二是如果没有被调查人的陈述,仅靠物证、书证等证据,往往很难避免事实虚假性,难以明确案件事实的,甚至还有可能会把查案引入歧途。因此必须要重视对被调查人陈述的收集。

为便于监察机关收集被调查人陈述,《监察法》还规定监察机关在必要的时候可以向被调查人出具书面通知,即监察机关要求涉嫌职务违法的被调查人在指定时间和地点就调查事项涉及的问题作出陈述的通知。如果被调查人在收到通知后仍然不按照要求作出陈述,则应当追究其法律责任②。可见,这里的书面通知是带有强制性的,只能由监察机关依法作出,其他任何企业、事业单位内设的监察机构在履行职责的过程中均无权作出。此外,监察机关在行使该项职权时,需注意权限规定:(1)只能在调查职务违法案件时采取,即被通知对象只能是监察机关有管辖权的监察对象;(2)被通知对象必须有职务违法的嫌疑,对于了解案件情况的知情人、证人或者非监察对象,均不得向其出具要求作出陈述的书面通知;(3)监察机关只能在"必要时"采取这项措施,所谓"必要时",通常是指有职务违法嫌疑的监察对象拒绝或者有意拖延接受监察机关的调查,或者出现其他有可能影响监察机关查办案件的情况。

《监察法》第二十条第二款所称"供述",是指被调查人就其涉嫌职务犯罪案件的情况所作的陈述,包括承认有罪的供认和检举同案其他人犯罪的陈述。此处"供述"与《监察法》第二十条第一款里的"陈述",主要有两点区别。第一,主体不同。陈述的主体是涉嫌职务违法的被调查人,而供述的主体是涉嫌贪污贿赂、失职渎职等职务犯罪的被调查人。第二,所述内容不同。陈述的客体主要是被调查人涉嫌职务违法的行为,供述的客体主要是被调查人涉嫌犯罪的情况。

---

① 学界有部分人并未将《监察法》第二十条第一款的规定视为监察机关讯问权限的内容。但我们认为,《监察法》第二十条的两款规定,都是讯问权限的内容,都是赋予监察机关以命令方式要求被调查人作出解释和回答的权力,区别只在于第一款适用于职务违法案件,第二款适用于职务犯罪案件。

② 中共中央纪律检查委员会、中华人民共和国国家监察委员会法规室编写:《〈中华人民共和国监察法〉释义》,中国方正出版社2018年版,第129页。

(三) 讯问前的准备工作和讯问应注意的事项

讯问前应当做好相应的准备工作。第一，要全面了解分析案件材料，熟悉案情，对已收集的证据材料进行归纳总结。第二，要仔细研究被调查人的基本情况、心理状态等，制定讯问方案和讯问提纲。第三，要熟悉监察机关调查职务犯罪案件的相关法律、法规。第四，对讯问场所及录音录像设备进行检查和调试，确保设备运行正常，时间显示准确。

讯问被调查人和涉案人员，应当注意以下事项：(1) 讯问应当在规定地点进行。被调查人、涉案人员被采取留置措施的，对其讯问应当在留置场所进行。在留置场所讯问的，应当在留置点内设的专门讯问室进行。(2) 讯问活动要严格按照《监察法》关于程序和权利保障方面的规定进行。讯问应当出示证件，形成笔录、报告等书面材料，并由被讯问人签名、捺印。讯问人员数量应在两人以上。讯问时，应当告知被讯问人将进行全程同步录音录像。告知情况应当在录音录像中予以反映，并在笔录中记明。调查人员应当依法保障被调查人的权利，严禁以威胁、引诱、欺骗及其他非法方式获取口供，严禁侮辱、打骂、虐待、体罚或者变相体罚被调查人[①]。(3) 讯问活动的顺序。根据《监察法实施条例》第七十三条的规定，首次讯问时，应当向被讯问人出示《被调查人权利义务告知书》，由其签名、捺指印。被讯问人拒绝签名、捺指印的，调查人员应当在文书上记明。被讯问人未被限制人身自由的，应当在首次讯问时向其出具《讯问通知书》。一般按照下列顺序进行：(一) 核实被讯问人的基本情况，包括姓名、曾用名、出生年月日、户籍地、身份证件号码、民族、职业、政治面貌、文化程度、工作单位及职务、住所、家庭情况、社会经历，是否属于党代表大会代表、人大代表、政协委员，是否受到过党纪政务处分，是否受到过刑事处罚等；(二) 告知被讯问人如实供述自己罪行可以依法从宽处理和认罪认罚的法律规定；(三) 讯问被讯问人是否有犯罪行为，让其陈述有罪的事实或者无罪的辩解，应当允许其连贯陈述。调查人员的

[①] 吴宏耀：《侦查讯问制度研究》，《中国刑事法杂志》2001 年第 5 期。在现代刑事诉讼中，侦查讯问制度以承认犯罪嫌疑人诉讼主体地位为前提，实质上是过程价值与结果价值冲突与平衡的产物。尽管各国仍十分重视犯罪嫌疑人陈述的积极价值，侦查讯问制度的构建却是以保障犯罪嫌疑人陈述的自愿性为核心的。从我国刑事侦查实践来看，很长一段时间内，侦查人员将获得嫌疑人的陈述摆在了至为重要的位置，以至于几乎成为侦查讯问的唯一目的，有时甚至可以不择手段，造成嫌疑人人身伤亡的恶性事件时有发生。

提问应当与调查的案件相关。被讯问人对调查人员的提问应当如实回答。调查人员对被讯问人的辩解，应当如实记录，认真查核。讯问应当个别进行，防止串供或者相互影响。

四 询问

《监察法》第二十一条规定，在调查过程中，监察机关可以询问证人等人员。《监察法》中的询问措施源于纪检监察机关多年实践中运用的执纪审查手段，同时也借鉴了《刑事诉讼法》第二编第二章第三节"询问证人"的相关规定。

（一）询问的含义

询问，是指监察机关为了解核实有关问题或者案件情况，依照法定程序向证人、被害人等人员进行询问。由于职务违法、职务犯罪具有隐蔽性、长期性和后发性等特点，往往没有明显的犯罪现场，监察机关调查人员难以发现其他物理性证据，如实物证据、痕迹证据等。此时，知晓案情的自然人所作的证人证言就成为重要的线索来源。询问主要为实现三个目的：第一，获取证人证言；第二，挖掘新的证据、线索；第三，检视已掌握的证据是否真实可靠，能否与询问所获证据相互印证。

（二）询问的对象

询问的对象是证人、被害人等人员，必须是自然人，不能是法人和单位。在我国，除生理上、精神上有缺陷或者年幼，不能辨别是非和正确表达的人以外，凡是知道案件情况的人，均有作证义务。对故意提供虚假证言的证人，应当依法追究法律责任。证人或者其他任何人不得帮助被调查人隐匿、毁灭、伪造证据或者串供，不得实施其他干扰调查活动的行为。实践中，询问对象主要有以下几种：（1）被调查人的家庭成员、亲友及身边工作人员，如被调查人的亲属、朋友、保姆、司机等。（2）被调查人的同事，如单位的领导、同事等。（3）相关利益关系人，如情人、共同利害关系人、贿赂案件的行贿人等。需注意的是，在共同职务违法或职务犯罪案件中，同案的被调查人不能互为证人，其供述涉及同案其他被调查人的，性质上属于被调查人的供述。（4）因公权力不当行使而直接受到人身和财产权利损害的被害人。

（三）询问的主体

询问只能由监察机关工作人员依法行使，不得委托给其他单位和个人行使。询问主体人数不得少于 2 人,以便询问主体之间相互监督,保证询问的合法性与正当性。

(四)询问的场所

询问证人应当从有利于查明案情、保护证人的角度出发,根据实际情况确定询问地点。(1)证人所在单位或住所。这便于证人作证,也有利于降低对其工作、生活的影响。(2)证人提出的特定地点。这有利于消除证人的顾虑,提高证人作证的积极性。(3)必要时,可通知证人到监察机关或指定地点提供证言。所谓"必要",是指可能涉及国家秘密,或者到监察机关进行询问更有利于保护证人。

(五)询问应注意的事项

1. 首次询问时,应当向证人出示《证人权利义务告知书》,由其签名、捺指印。证人拒绝签名、捺指印的,调查人员应当在文书上记明。证人未被限制人身自由的,应当在首次询问时向其出具《询问通知书》。

2. 询问时,应当核实证人身份,问明证人的基本情况,告知证人应当如实提供证据、证言,以及作伪证或者隐匿证据应当承担的法律责任。不得向证人泄露案情,不得采用非法方法获取证言。

3. 询问重大或者有社会影响案件的重要证人,应当对询问过程全程同步录音录像,并告知证人。告知情况应当在录音录像中予以反映,并在笔录中记明。

4. 询问未成年人,应当通知其法定代理人到场。无法通知或者法定代理人不能到场的,应当通知未成年人的其他成年亲属或者所在学校、居住地基层组织的代表等有关人员到场。询问结束后,由法定代理人或者有关人员在笔录中签名。调查人员应当将到场情况记录在案。

5. 询问聋、哑人,应当有通晓聋、哑手势的人员参加。调查人员应当在笔录中记明证人的聋、哑情况,以及翻译人员的姓名、工作单位和职业。询问不通晓当地通用语言、文字的证人,应当有翻译人员。询问结束后,由翻译人员在笔录中签名。

6. 询问应当个别进行,并现场制作询问笔录。

7. 调查人员应为被询问人客观、充分提供证言创造条件,但不得泄露案情。在询问中涉及被询问人个人隐私、商业秘密的,调查人员应当为其保密。

（六）对被询问人及其近亲属的保护

证人、鉴定人、被害人因作证，本人或者近亲属人身安全面临危险，向监察机关请求保护的，监察机关应当受理并及时进行审查；对于确实存在人身安全危险的，监察机关应当采取必要的保护措施。监察机关发现存在上述情形的，应当主动采取保护措施。监察机关可以采取下列一项或者多项保护措施：（一）不公开真实姓名、住址和工作单位等个人信息；（二）禁止特定的人员接触证人、鉴定人、被害人及其近亲属；（三）对人身和住宅采取专门性保护措施；（四）其他必要的保护措施。依法决定不公开证人、鉴定人、被害人的真实姓名、住址和工作单位等个人信息的，可以在询问笔录等法律文书、证据材料中使用化名。但是应当另行书面说明使用化名的情况并标明密级，单独成卷。监察机关采取保护措施需要协助的，可以提请公安机关等有关单位和要求有关个人依法予以协助。

第四节　留置

党的十九大报告明确提出，制定国家监察法，依法赋予监察委员会职责权限和调查手段，用留置取代"两规"措施。这是法治反腐的重要体现，也是反腐败工作思路办法的创新发展。

《监察法》与《监察法实施细则》对留置作出了明确规定，解决了留置的合法性这一长期困扰反腐败的法治难题。《监察法》第二十二条规定："被调查人涉嫌贪污贿赂、失职渎职等严重职务违法或者职务犯罪，监察机关已经掌握其部分违法犯罪事实及证据，仍有重要问题需要进一步调查，并有下列情形之一的，经监察机关依法审批，可以将其留置在特定场所：（一）涉及案情重大、复杂的；（二）可能逃跑、自杀的；（三）可能串供或者伪造、隐匿、毁灭证据的；（四）可能有其他妨碍调查行为的。对涉嫌行贿犯罪或者共同职务犯罪的涉案人员，监察机关可以依照前款规定采取留置措施。留置场所的设置、管理和监督依照国家有关规定执行。"《监察法实施条例》对《监察法》第二十二条规定中的"严重职务违法""重要问题""已经掌握其部分违法犯罪事实及证据""可能逃跑、自杀"

"可能串供或者伪造、隐匿、毁灭证据""可能有其他妨碍调查行为"等进行了释义。

一 留置的含义

留置，是指监察机关在调查案件时，对涉嫌贪污贿赂、失职渎职等严重职务违法或职务犯罪的被调查人，在已经掌握其部分违法犯罪事实及证据的情况下，仍有重要问题需要进一步调查，并且具备法定情形，经依法审批后，将其带至并留在特定场所，使其就案发时所涉及的问题配合调查而采取的一项案件调查措施。留置的目的不是单纯为了惩罚人，也具有转化人、挽救人的目的，其本质体现就在于其政治性，即注重对被采取留置措施的被调查人加强思想政治工作，通过党章党规党纪、理想信念宗旨教育，依靠组织的力量，感化被调查人，促使他们真诚悔过认罪。

用留置取代"两规"措施，是国家反腐败成效的重要体现，因二者都涉及对人身自由的限制，故备受学界关注。留置是"两规"措施的法律化，具有四个显著特点。第一，留置具有法定性，即留置措施具有法律赋予的强制性，可以在法律规定的时间内要求被调查人、涉案人员交代涉嫌违法犯罪的事实和涉案情况。第二，留置对象的范围适当扩大。留置的对象一般是涉嫌严重职务违法或者职务犯罪的被调查人。对于涉嫌行贿犯罪或者共同职务犯罪的涉案人员，监察机关也可以采取留置措施。而"两规"只能对违反党纪和行政纪律、行政法规的调查对象要求作出"说明"和"解释说明"。第三，留置措施的使用具有严格程序性。《监察法》对于使用留置措施，在审批程序、留置期限、留置期间的讯问及非法证据排除、被调查人的权利保护等方面，都作了非常严格的程序性规定和要求。第四，留置证据使用具有直接性。留置期间讯问所取得的证据，可以直接作为移送检察机关起诉和审判机关审判的证据，而原来通过"两规"取得的口供笔录等，移送后还需要由司法机关重新固定、转化后才能作为诉讼证据在起诉和审判环节使用。

二 留置的要件

（一）适用条件

根据《监察法》第二十二条的规定，适用留置措施应当同时具备三个基本条件：1. 要求被调查人涉嫌贪污贿赂、失职渎职等严重职务违法或职务犯罪。根据《监察法实施条例》第九十二条第二款，"严重职务违法"是指根据监察机关已经掌握的事实及证据，被调查人涉嫌的职务违法行为情节严重，可能被给予撤职以上政务处分。对于其他轻微的职务违法或职务犯罪行为，一般不采取留置措施。2. 要求监察机关已经掌握部分违法犯罪事实及证据，仍有重要问题需要进一步调查。根据《监察法实施条例》第九十二条第二款，"重要问题"是指对被调查人涉嫌的职务违法或职务犯罪，在定性处置、定罪量刑等方面有重要影响的事实、情节及证据。3. 要求具备四种法定情形之一。一是涉及案情重大、复杂的；二是可能逃跑、自杀的；三是可能串供或者伪造、隐匿、毁灭证据的；四是可能有其他妨碍调查行为的。

（二）适用对象

留置的适用对象有两类：一是符合《监察法》第二十二条第一款留置条件的被调查人；二是具有留置法定情形且涉嫌行贿犯罪或者共同职务犯罪的涉案人员。对第二类人员，如果不将其留置，将影响监察机关对违法犯罪事实的进一步调查，有可能造成事实调查不清、证据收集不足，影响监察机关调查工作的客观性、公正性。因此，对涉嫌行贿犯罪或者共同职务犯罪的涉案人员，《监察法》规定监察机关可以对其采取留置措施。对有关涉案人员采取留置措施，仍然属于监察机关对公权力加强监督的范畴，其目的是尽可能争取涉案人员的调查配合，尽快查明事实、查清问题、收集证据、明确责任，以便于客观公正地对公职人员的违法犯罪行为作出认定和惩处。

三 留置的程序

采取留置措施，应当依法保障被留置人员的合法权益，严格遵守《监察法实施条例》的下列规定：1. 采取留置措施时，调查人员不得少于2人，应当向被留置人员宣布《留置决定书》，告知被留置人员权利义务，要求其在《留置决定书》上签名、捺指印。被留置人员拒绝签名、捺指印的，调查人员应当在文书上记明。2. 采取留置措施后，应当在24小时以内通知被留置人员所在单位和家属。当面通知的，由有关人员在《留置通知书》上签名。无法当面通知的，可以先以电话等方式通知，并通过邮寄、转交等方式送达《留置通知书》，要求有关人员在《留置通知书》上签名。因可能毁灭、伪造证据，干扰证人作证或者串供等有碍调查情形而不宜通知的，应当按规定报批，记录在案。有碍调查的情形消失后，应当立即通知被留置人员所在单位和家属。3. 县级以上监察机关需要提请公安机关协助采取留置措施的，应当按规定报批，请同级公安机关依法予以协助。提请协助时，应当出具《提请协助采取留置措施函》，列明提请协助的具体事项和建议，协助采取措施的时间、地点等内容，附《留置决定书》复印件。因保密需要，不适合在采取留置措施前向公安机关告知留置对象姓名的，可以作出说明，进行保密处理。需要提请异地公安机关协助采取留置措施的，应当按规定报批，向协作地同级监察机关出具协作函件和相关文书，由协作地监察机关提请当地公安机关依法予以协助。4. 留置过程中，应当保障被留置人员的合法权益，尊重其人格和民族习俗，保障饮食、休息和安全，提供医疗服务。5. 留置时间不得超过三个月，自向被留置人员宣布之日起算。具有特殊情形之一的，经审批可以延长一次，延长时间不得超过三个月。延长留置时间的，应当在留置期满前向被留置人员宣布延长留置时间的决定，要求其在《延长留置时间决定书》上签名、捺指印。被留置人员拒绝签名、捺指印的，调查人员应当在文书上记明。6. 对被留置人员不需要继续采取留置措施的，应当按规定报批，及时解除留置。调查人员应当向被留置人员宣布解除留置措施的决定，由其在《解除留置决定书》上签名、捺指印。被留置人员拒绝签名、捺指印的，调查人员应当在文书上记明。解除留置措施的，应当及时通知被留置人员所在单位或者家属。调查人员应当与交接人办理交接手续，并由其在《解除留置通知书》上签名。无法通知或者有关人员拒绝签名的，调查人员应当在文书上记明。案件依法移送人民检察院审查起诉的，人民检察院应当对犯罪嫌疑人先行拘留，留置措施自动解除。7. 留置场所应当建立健全保密、消防、医疗、餐饮及安保等安全工作责任制，制定紧急突发事件处置预案，采取安全防范措施。留置期间发生被留置人员死亡、伤残、脱逃等办案安全事故、事件的，应当及时做好处置工作。相关情况应当立即报告监察机关主要负责人，并在二十四小时以内逐级上报至国家监察委员会。

四 留置与监视居住刑事强制措施的联系与区别

（一）留置与监视居住刑事强制措施的联系

限制期限相同。一般情况下，留置时间不得超过三个月。特殊情况下，可以延长一次，延长时间不得超过三个月。因此，留置最长期限不得超过六个月。人民法院、人民检察院和公安机关对犯罪嫌疑人、被告人监视居住最长不得超过六个月。

（二）留置与监视居住刑事强制措施的区别

1. 性质不同。留置是监察机关采取的调查措施，监视居住是司法机关采取的刑事强制措施。

2. 适用的法定情形不同。《监察法》规定可以适用留置措施的法定情形为：涉及案情重大、复杂的；可能逃跑、自杀的；可能串供或者伪造、隐匿、毁灭证据的；可能有其他妨碍调查行为的。《刑事诉讼法》规定可以适用监视居住的法定情形为：患有严重疾病、生活不能自理的；怀孕或者正在哺乳自己婴儿的妇女；系生活不能自理人的唯一扶养人；因为案件的特殊情况或者办理案件的需要，采取监视居住措施更为适宜的；羁押期限届满，案件尚未办结，需要采取监视居住的；对符合取保候审条件，但不能提出保证人，也不缴纳保证金的，可以监视居住。

3. 决定机关与执行机关不同。留置措施的决定和执行机关均为监察机关。是否采取监视居住的强制措施，由公安机关、法院或检察院决定；监视居住由公安机关执行，有关危害国家安全的条件，由国家安全机关执行。

4. 执行地点不同。留置措施的执行地点是监察机关依照国家有关规定设置的留置场所。监视居住应当在犯罪嫌疑人、被告人的住处执行；无固定住处的，可以在指定的居所执行。对于涉嫌危害国家安全犯罪、恐怖活动犯罪，在住处执行可能有碍侦查的，经上一级公安机关批准，也可以在指定的居所执行。但是，不得在羁押场所、专门的办案场所执行。

5. 折抵刑期不同。被留置人员涉嫌犯罪移送司法机关后，被依法判处管制、拘役和有期徒刑的，留置一日折抵管制二日，折抵拘役、有期徒刑一日。指定监视居住的期限应当折抵刑期。被判处管制的，监视居住一日折抵刑期一日；被判处拘役、有期徒刑的，监视居住二日折抵刑期一日。

五　留置场所的设置与管理

《监察法》第二十二条第三款规定:"留置场所的设置、管理和监督依照国家有关规定执行。"这是《监察法》对留置场所的设置与监督管理作出的原则性规定,为今后制定有关专门性的规定提供了法律依据。留置不仅可以在一定时间和空间范围内限制被调查人、涉案人员的人身自由,留置期间还可以在留置场所对被调查人、涉案人员进行讯问、谈话、询问等调查活动,这对查清事实、收集证据来说重要而且有效。如果留置场所的设置、管理和监督不规范不安全不科学,不仅会影响到留置措施作用的充分发挥,不利于案件的调查,也可能会侵害或损害被调查人、涉案人员的合法权益。因此,应该尽早制定一套科学、规范、严密、细致的制度,加强对留置场所的设置、建设、使用、管理和监督等的规范。

当前,随着国家监察体制改革的推进,全国各地的留置场所都在逐步健全和完善。在硬件设施方面,配齐同步录音录像、医疗保障等设施设备,且各项基础设施都要求符合消防安全标准,按规定配备看护队伍和医护人员,切实加强场所的安全工作。在软件建设方面,制定科学、规范的使用、管理和监督等制度,切实加强对留置场所的监督和管理,为监察机关调查工作提供了坚实的基础保障。

第五节　查询、冻结等八项措施

一　查询、冻结

《监察法》第二十三条:"监察机关调查涉嫌贪污贿赂、失职渎职等严重职务违法或者职务犯罪,根据工作需要,可以依照规定查询、冻结涉案单位和个人的存款、汇款、债券、股票、基金份额等财产。有关单位和个人应当配合。冻结的财产经查明与案件无关的,应当在查明后三日内解除冻结,予以退还。"

《监察法实施条例》第一百零四条："监察机关调查严重职务违法或者职务犯罪，根据工作需要，按规定报批后，可以依法查询、冻结涉案单位和个人的存款、汇款、债券、股票、基金份额等财产。"

（一）查询、冻结的含义

查询与冻结两项措施关联度较高。查询、冻结，是指监察机关在调查涉嫌贪污贿赂、失职渎职等严重职务违法或者职务犯罪时，根据工作需要，依规依法向银行或者其他金融机构，查询涉案单位和个人的存款、汇款、债券、股票、基金份额等财产，并在必要时通知银行或者其他金融机构停止涉案单位或涉案人员提取、转移财产的调查措施。在职务违法或职务犯罪案件，特别是严重的贪污贿赂、失职渎职等职务违法、职务犯罪案件中，被调查人的非法所得常常以存款、汇款、债券、股票、基金份额等方式存在或隐匿，及时迅速地发现、查明涉案单位和被调查人的财产情况，冻结其违法犯罪所得和来源不明财产，对于收集、保全财产性证据，防止证据流失或者被隐匿，确保在后续工作中得以对违法犯罪所得予以没收、追缴、返还、责令退赔等，具有重要意义。

（二）查询、冻结措施的要件

1. 涉案要件。可以采取查询、冻结措施的案件，是监察机关正在调查的涉嫌贪污贿赂、失职渎职等严重职务违法或者职务犯罪案件。对于监察机关调查的其他违法犯罪案件，一般不采取查询、冻结措施。

2. 必要性要件。监察机关采取查询、冻结措施，必须"根据工作需要"，即《监察法》所言"调查涉嫌贪污贿赂、失职渎职等严重职务违法或者职务犯罪"的需要。具体而言，是指如果不采取查询、冻结措施，就不足以防止涉案单位和个人为伪造、隐匿、毁灭证据而提取、转移其存款、汇款、债券、股票、基金份额等财产，因此需要果断采取查询、冻结措施。

3. 对象要件。监察机关只能查询、冻结涉案单位和个人的财产，不得随意扩大范围，查询、冻结与案件无关的财产。涉案单位和个人，既包括被调查单位、被调查人，也包括其他与案件有牵连的组织和个人。

4. 程序要件。监察机关采取查询、冻结措施，必须严格遵守法律、法规中的程序性要求。《监察法实施条例》第一百零五条和第一百一十条规定：查询、冻结财产时，调查人员不得少于二人。调查人员应当出具《协助查询财产通知书》或者《协助冻结财产通知书》，送交银行或者其他金融机构、邮政部门等单位执行。有关单位和个人应当予以配合，并严格保密。查询财产应当在《协助查询财产通知书》中填写查询账号、查询内容等信息。没有具体账号的，应当填写足以确定账户或者权利人的自然人姓名、身份证件号码或者企业法人名称、统一社会信用代码等信息。冻结财产应当在《协助冻结财产通知书》中填写冻结账户名称、冻结账号、冻结数额、冻结期限起止时间等信息。冻结数额应当具体、明确，暂时无法确定具体数额的，应当在《协助冻结财产通知书》上明确写明"只收不付"。冻结证券和交易结算资金时，应当明确冻结的范围是否及于孳息。冻结财产，应当为被调查人及其所扶养的亲属保留必需的生活费用。冻结财产应当通知权利人或者其法定代理人、委托代理人，要求其在《冻结财产告知书》上签名。冻结股票、债券、基金份额等财产，应当告知权利人或者其法定代理人、委托代理人有权申请出售。

监察机关采取查询、冻结措施，银行或者其他金融机构、有关单位和个人应当配合并提供必要的协助，不得以任何理由拒绝、阻挠或者拖延，否则应承担相应的法律责任。

（三）冻结期限与冻结措施的解除

冻结财产的期限不得超过六个月。冻结期限到期未办理续冻手续的，冻结自动解除。有特殊原因需要延长冻结期限的，应当在到期前按原程序报批，办理续冻手续。每次续冻期限不得超过六个月。

对于冻结的财产，应当及时核查。经查明与案件无关的，经审批，应当在查明后三日以内将《解除冻结财产通知书》送交有关单位执行。解除情况应当告知被冻结财产的权利人或者其法定代理人、委托代理人。"与案件无关"，是指冻结的财产并非违法犯罪所得，也不具有证明被调查人是否违法犯罪、罪轻、罪重的作用，不能作为证据使用，与违法犯罪行为没有任何牵连。[1]

---

[1] 中共中央纪律检查委员会、中华人民共和国国家监察委员会法规室编写：《〈中华人民共和国监察法〉释义》，中国方正出版社2018年版，第138页。

二 搜查

《监察法》第二十四条:"监察机关可以对涉嫌职务犯罪的被调查人以及可能隐藏被调查人或者犯罪证据的人的身体、物品、住处和其他有关地方进行搜查。在搜查时,应当出示搜查证,并有被搜查人或者其家属等见证人在场。搜查女性身体,应当由女性工作人员进行。监察机关进行搜查时,可以根据工作需要提请公安机关配合。公安机关应当依法予以协助。"

《监察法实施条例》第一百一十二条:"监察机关调查职务犯罪案件,为了收集犯罪证据、查获被调查人,按规定报批后,可以依法对被调查人以及可能隐藏被调查人或者犯罪证据的人的身体、物品、住处、工作地点和其他有关地方进行搜查。"

(一) 搜查的含义

搜查,是指监察机关为收集犯罪证据、查获涉嫌职务犯罪的被调查人,依法对被调查人以及可能隐藏被调查人或者犯罪证据的人的身体、物品、住处和其他有关地方进行搜索、检查的调查措施。

(二) 搜查的要件

1. 搜查主体

搜查应当在调查人员主持下进行,调查人员不得少于二人。搜查女性的身体,由女性工作人员进行。在监察调查中,只有监察机关的调查人员有权代表监察机关进行搜查,其他任何机关、团体或个人都无权进行搜查。

2. 搜查对象

监察机关可以对涉嫌职务犯罪的被调查人以及可能隐藏被调查人或者犯罪证据的人的身体、物品、住处和其他有关地方进行搜查。换言之,《监察法》及其实施条例将涉嫌职务违法的人及相关物品、处所排除在搜查范围之外,极大地缩小了搜查权的行使空间。监察机关应当在搜查文书所授予的权限内实施搜查,不得随意扩大搜查范围。

3. 搜查程序

（1）监察机关在搜查时应当出示搜查证,① 搜查证应当写明被搜查人的姓名、性别、住址、搜查的处所、搜查目的、搜查时间、搜查主体、搜查证的有效期限等内容，以防止随意搜查、反复搜查、拖延搜查等权力滥用行为。（2）搜查时应当有被搜查人或者其家属、其所在单位工作人员或者其他见证人在场。该规定主要是为了保证搜查工作的合法性，避免发生争议。同时，《监察法实施条例》明确规定，监察人员不得作为见证人。（3）搜查时，应当避免未成年人或者其他不适宜在搜查现场的人在场。（4）搜查应当形成笔录、报告等书面材料，由调查人员和被搜查人或者其家属、见证人签名。被搜查人或者其家属不在场，或者拒绝签名的，调查人员应当在笔录中记明。（5）搜查取证工作应当全程同步录音录像，留存备查。

（三）搜查前的准备工作

尽管《监察法》对于搜查的准备工作没有详细规定，但准备充分对于完成搜查任务十分重要。因此，搜查前应当结合具体情况，灵活做出合理、合法的安排。首先，要掌握被调查人、其主要亲属以及其他密切关系人的房产、常住地址、办公地点和行踪轨迹，明确搜查范围和重点。其次，要制定切实可行的搜查方案和应急处置预案。行动前要对计划搜查的地点进行现场摸排，熟悉周围环境，并根据现场摸排情况对搜查计划进行调整。最后，要注意做好搜查前的保密工作②。

（四）公安机关的协助义务

监察机关可以根据工作需要提请公安机关协助搜查。"工作需要"主要指因人力、物力等客观条件限制而需要公安机关协助搜查的情况，如监

---

① 《刑事诉讼法》第一百三十八条规定："进行搜查，必须向被搜查人出示搜查证。在执行逮捕、拘留的时候，遇有紧急情况，不另用搜查证也可以进行搜查。"《监察法》对监察机关在紧急情况下能否先行搜查没有作出规定。有学者认为，监察机关遇有紧急情况可以先行实施搜查，再及时补办相关审批手续。也有的学者认为，依据《监察法》第二十四条规定，在搜查时，应当出示搜查证，是排除了《刑事诉讼法》规定紧急情况下的无证搜查，即无论何种情况下，监察机关都必须向被搜查人出示搜查证。主要原因在于监察机关查办的多数属于贪污贿赂类的职务犯罪，很少会出现前述《刑事诉讼法》中的紧急情况。参见马怀德主编《监察法学》，人民出版社2019年版，第209页；吴建雄主编《读懂〈监察法〉》，人民出版社2018年版，第139页。

② 参见安徽省纪委监委第十三纪检监察室《科学运用审查调查措施中的搜查 有效使用搜查助力案件突破》，中央纪委国家监委网站，2020年2月26日。

察机关到本辖区以外的地方进行搜查时，可能因不了解相关情况而需要当地公安机关的配合。

《监察法实施条例》第一百一十五条规定，县级以上监察机关需要提请公安机关依法协助采取搜查措施的，应当按规定报批，请同级公安机关予以协助。提请协助时，应当出具《提请协助采取搜查措施函》，列明提请协助的具体事项和建议，搜查时间、地点、目的等内容，附《搜查证》复印件。需要提请异地公安机关协助采取搜查措施的，应当按规定报批，向协作地同级监察机关出具协作函件和相关文书，由协作地监察机关提请当地公安机关予以协助。

三　调取、查封、扣押

《监察法》第二十五条："监察机关在调查过程中，可以调取、查封、扣押用以证明被调查人涉嫌违法犯罪的财物、文件和电子数据等信息。采取调取、查封、扣押措施，应当收集原物原件，会同持有人或者保管人、见证人，当面逐一拍照、登记、编号，开列清单，由在场人员当场核对、签名，并将清单副本交财物、文件的持有人或者保管人。对调取、查封、扣押的财物、文件，监察机关应当设立专用账户、专门场所，确定专门人员妥善保管，严格履行交接、调取手续，定期对账核实，不得毁损或者用于其他目的。对价值不明物品应当及时鉴定，专门封存保管。查封、扣押的财物、文件经查明与案件无关的，应当在查明后三日内解除查封、扣押，予以退还。"

《监察法实施条例》第一百一十九条："监察机关按规定报批后，可以依法向有关单位和个人调取用以证明案件事实的证据材料。"

《监察法实施条例》第一百二十五条："监察机关按规定报批后，可以依法查封、扣押用以证明被调查人涉嫌违法犯罪以及情节轻重的财物、文件、电子数据等证据材料。对于被调查人到案时随身携带的物品，以及被调查人或者其他相关人员主动上交的财物和文件，依法需要扣押的，依照前款规定办理。对于被调查人随身携带的与案件无关的个人用品，应当逐件登记，随案移交或者退还。"

(一) 调取、查封、扣押的含义

调取，是指监察机关为获取被调查人涉嫌职务违法、职务犯罪的证据，依法要求有关单位或个人提供相关材料，并根据需要进行拍照、录像、复印或复制的一种调查措施。

查封，是指监察机关在调查过程中，对用以证明被调查人涉嫌职务违法、职务犯罪的财物、文件和电子数据等信息进行检查后就地封存，未经监察机关同意，任何单位和个人不得擅自动用的一种调查措施。

扣押，是指监察机关在调查过程中，为防止涉嫌违法犯罪的单位或者人员藏匿、毁灭证据，对被调查人涉嫌违法犯罪的财物、文件和电子数据等信息采取扣留、保管的一种调查措施。

(二) 调取、查封、扣押的范围

调取、查封、扣押的范围要同时具备以下两个条件：第一，需要调取、查封、扣押的财物、文件、电子数据必须是监察机关在调查过程中发现的；第二，上述财物、文件、电子数据必须与监察机关调查的职务违法、职务犯罪行为有关联，能够或者有可能证明该违法犯罪行为的真实情况。其中，"用以证明被调查人涉嫌违法犯罪的财物、文件和电子数据"，是指能够证明被调查人有或者无违法犯罪行为、违法犯罪行为重或者轻的物证、书证、视听资料及电子数据信息等证据。"财物"，是指可作为证据使用的财产和物品，包括动产和不动产，如房屋、汽车、人民币、金银首饰、古玩字画等。[①]

具体而言，调取的文件和电子数据主要内容有：工作计划、工作安排、工作报告、工作总结、简报、档案、账册、票据、报表、会议记录、会议纪要、谈话记录、文件草稿、电话记录、电报、电传、信件、笔记、日记、各种凭证、录音、录像、计算机数据、指令、电子邮件等。查封、扣押的财物、文件和电子数据主要内容有：不动产及相关财物、外币、金银珠宝等贵重物品、存折等支付凭证和现金、已损毁、灭失、变质以及其他不宜长期保存的物品、可以作为证据使用的录音录像、电子数据存储介质、被调查人职务犯罪所得与合法收入不可分割的

[①] 中共中央纪律检查委员会、中华人民共和国国家监察委员会法规室编写：《〈中华人民共和国监察法〉释义》，中国方正出版社2018年版，第143—144页。

财产等。①

（三）调取、查封、扣押的程序

关于调取、查封、扣押的程序，主要有以下几个方面的要求：1. 采取调取、查封、扣押措施的，必须经监察机关相关负责人审批，并开具文书。2. 应由2名以上调查人员持工作证件和文书，并有持有人或者保管人、见证人在场。见证人在场有利于证实整个过程，有利于调查人员严格依法行使监察权，防止侵犯当事人合法权利。3. 应当收集原物原件。查封、扣押不动产、车辆、船舶等财物，可以扣押其权利证书，经拍照或者录像后原地封存。对书证、视听资料、电子数据，应当调取原件。取得原件确有困难的，可以调取副本或者复制件，但原件也要采用一定方式加以固定。4. 在仔细查点的基础上，当面逐一拍照、登记、编号，开列清单，由在场人员当场核对、签字。在清单上写明调取、查封、扣押财物和文件的名称、规格、特征、质量、数量，文件和电子数据的编号，以及发现的地点和时间等。清单不得涂改，凡是必须更正的，须共同签名或盖章，或者重新开列清单。清单副本交财物、文件的持有人或者占有人。②

（四）对调取、查封、扣押财物的保管

对调取、查封、扣押的财物、文件，监察机关应当设立专用账户、专门场所，确定专门人员妥善保管，严格履行交接、调取手续，定期对账核实，不得毁损或者用于其他目的。对价值不明物品应当及时鉴定，专门封存保管。

（五）调取的退还及查封、扣押的解除

监察机关调取的物证、书证、视听资料等原件，经查明与案件无关的，经审批，应当在查明后三日以内退还，并办理交接手续。监察机关对查封、扣押的财物、文件，应当及时进行核查。经查明，认定被查封、扣押的财物等并非违法所得，也不具有证明被调查人违法犯罪情况，不能作为证据使用，或者与违法犯罪行为无任何牵连的，经审批，应当在查明后三日内解除查封、扣押，并退还原持有人或者保管人。

---

① 本书编写组：《监察机关15项调查措施学习图解》，中国方正出版社2019年版，第97、107、117页。

② 中共中央纪律检查委员会、中华人民共和国国家监察委员会法规室编写：《〈中华人民共和国监察法〉释义》，中国方正出版社2018年版，第144—145页。

需注意的是，查封、扣押被调查人职务犯罪所得与合法收入不可分割的财产，可以先行查封、扣押。对无法分割退还的财产，应当在结案后，依法退还不属于犯罪所得的部分。

四　勘验检查

《监察法》第二十六条："监察机关在调查过程中，可以直接或者指派、聘请具有专门知识、资格的人员在调查人员主持下进行勘验检查。勘验检查情况应当制作笔录，由参加勘验检查的人员和见证人签名或者盖章。"

《监察法实施条例》第一百三十六条："监察机关按规定报批后，可以依法对与违法犯罪有关的场所、物品、人身、尸体、电子数据等进行勘验检查。"

（一）勘验检查的含义

勘验检查，是指监察机关调查人员为发现、收集违法犯罪证据，借助或运用科学技术手段、方法和专门知识，依法对与违法犯罪行为有关的场所、物品、痕迹、人身、尸体、电子数据等进行勘察、检验、检查。勘验检查是监察机关在职务违法、职务犯罪调查中常用的一种调查手段，主要用于对于案件事实可能有关联的血迹、指纹、足迹、字迹、毛发、体液、人体组织等物品和痕迹的鉴别、发现、固定、提取、检查，对于分析研究案情，确定调查方向和范围，准确及时地查清事实有积极的促进作用。

（二）勘验检查的要求

1. 勘验检查的主体。勘验检查的主体是监察机关。监察机关调查人员可以直接进行勘验检查，也可以委托具有专门知识、勘验检查资格的单位（人员）进行勘验检查。需要委托勘验检查的，监察机关应当出具《委托勘验检查书》，指派或者聘请具有专门知识、勘验检查资格，且与案件无利害关系的人员，在调查人员主持下进行勘验检查。调查人员不能对受委托参与勘验检查的人员进行技术上的干预，更不能强迫或暗示其作出某种不真实的倾向性结论。受委托参与勘验检查的人员只能就案件中的专门性问题作出结论，不能就法律适用问题作出结论。

2. 勘验检查的对象。勘验检查针对的是与职务违法、职务犯罪行为有关的场所、物品、人身等。其具体措施包括：现场勘验，物证、书证检验，人身检查等。现场勘验是指监察机关调查人员或者其指派、聘请的相关人员对违法犯罪场所及相关特定场所进行实地勘验和检查。物证、书证检验是指对案发场所与相关地点的物品、痕迹、书籍资料等进行鉴别与判断，以验证相关案件事实。尸体检验是指调查人员或者其委托的专门人员对已经死亡的有机体进行解剖，并提取、保存适量标本的一种调查方法，目的是查明死因、推断死亡性质和时间，分析和认定相关的作案工具等，为案件性质的判断、法官的裁决等提供科学依据。人身检查是指监察机关为了确定被害人、被调查人的某些特征、伤害情况或者生理状态等，而依法对其人身进行检查，如提取指纹信息，采集血液、尿液等生物样本。

3. 程序要求。调查人员应当严格按照法定程序和要求进行勘验检查。（1）依法需要勘验检查的，应当制作《勘验检查证》。调查人员进行勘验检查应当先出示工作证件，及勘验检查文书、证明文件。（2）勘验检查应当邀请与案件无关的见证人在场。（3）对人身进行检查的，必须是为了确定被调查人或者相关人员的某些特征、伤害情况或者生理状态。必要时可以聘请法医或者医师进行人身检查。对女性进行人身检查时，应当由女性工作人员或女性医师进行。被检查人如果拒绝检查，调查人员认为必要的时候，可以依法强制检查。人身检查不得采用损害被检查人生命、健康或者贬低其名誉、人格的方法。对人身检查过程中知悉的个人隐私，应当严格保密。对人身检查的情况应当制作笔录，由参加检查的调查人员、检查人员、被检查人员和见证人签名。被检查人员拒绝签名的，调查人员应当在笔录中记明。（4）勘验检查应当制作勘验检查笔录，并由参加勘验检查的人和见证人签名或盖章。（5）通过勘验检查所获得的证据材料，经法定程序，在刑事诉讼中可以作为证据使用，因此，监察机关在收集、运用证据时，应当与刑事审判中关于证据的要求和标准相一致。以非法方法收集的证据应当依法予以排除，不得作为认定案件的依据。

五 鉴定

《监察法》第二十七条:"监察机关在调查过程中,对于案件中的专门性问题,可以指派、聘请有专门知识的人进行鉴定。鉴定人进行鉴定后,应当出具鉴定意见,并且签名。"

《监察法实施条例》第一百四十五条第一款:"监察机关为解决案件中的专门性问题,按规定报批后,可以依法进行鉴定。"

(一) 鉴定的含义

鉴定,是指监察机关在调查过程中,为了查明案情,指派、聘请有专门知识的人,就案件中的专门性问题进行科学鉴别和判断的一种调查措施。通过鉴定,解决案件中的专门性问题,从而获取、补强证据,查明职务违法和职务犯罪事实。

(二) 鉴定的主体

鉴定措施的实施主体也称作鉴定人,是具有专门知识和鉴定资格且经过监察机关指派或者聘请的就专门性问题进行鉴别的人。其中"专门知识"是指特定领域内的人员理解和掌握的、具有专业技术性的认识和经验等。

关于监察鉴定人的主体资格问题,《监察法》及其实施条例等没有明确规定。对此可以参照和比对司法鉴定人资格加以掌握和理解。《全国人民代表大会常务委员会关于司法鉴定管理问题的决定》第四条规定,(司法)鉴定人需要具备下列条件之一:(1)具有与所申请从事的司法鉴定业务相关的高级专业技术职称;(2)具有与所申请从事的司法鉴定业务相关的专业执业资格或者高等院校相关专业本科以上学历,从事相关工作五年以上;(3)具有与所申请从事的司法鉴定业务相关工作十年以上经历,具有较强的专业技能。因故意犯罪或者职务过失犯罪受过刑事处罚的,受过开除公职处分的,以及被撤销鉴定人登记的人员,不得从事司法鉴定业务。

(三) 鉴定意见

鉴定意见,是指鉴定人遵照法定程序,运用科学技术、科学方法和专业知识对案件中出现的专门性问题进行鉴别、判断之后所出具的一种书面意见。首先，鉴定人在运用科学技术或专门知识进行鉴别、判断后，应当出具鉴定意见，并附鉴定机构和鉴定人的资质证明或者其他证明文件。鉴定意见是证据之一，经审查核实后，即可作为定案依据。其次，形成的鉴定意见应当由鉴定人签名，以确定相应的责任。没有鉴定人签名的鉴定意见，在后续的案件处置中不得作为证据使用。有多名鉴定人的，所有鉴定人均应当签名。多名鉴定人意见一致的，应当共同出具鉴定意见；多个鉴定人的鉴定意见不一致的，应当在鉴定意见上记明分歧的内容和理由，并且分别签名。再次，调查人员应当对鉴定意见进行审查，必要时可以提出补充鉴定或者重新鉴定的意见。被调查人对鉴定意见有异议的，可以申请补充鉴定或重新鉴定。对经审查作为证据使用的鉴定意见，应当告知被调查人及相关单位、人员，送达《鉴定意见告知书》。被调查人或者相关单位、人员提出补充鉴定或者重新鉴定申请，经审查符合法定要求的，应当按规定报批，进行补充鉴定或者重新鉴定。

（四）对鉴定意见的审核把关

在一些专业性极强的案件中，鉴定意见往往成为解决案件争议焦点的核心证据。在案件审理活动中，审核鉴定意见需要注意以下事项[①]：

1. 审核鉴定主体。对鉴定机构和鉴定人是否具有法定资质以及对鉴定人是否存在应当回避及执业禁止的情形进行审核。

2. 审核鉴定程序。需注意两个方面：（1）形式正义：审核鉴定意见的形式要件是否完备，是否注明提起鉴定的事由、鉴定委托人、鉴定机构、鉴定要求、鉴定过程、鉴定方法、鉴定日期等相关内容，是否由鉴定机构加盖司法鉴定专用章并由鉴定人签名、盖章，鉴定意见是否明确等。（2）实质正义：审核鉴定过程是否有人为干预或干扰，如审查调查人员不能对鉴定人进行技术上的干预，更不能强迫或暗示鉴定人或鉴定机构作出某种不真实的倾向性结论。

3. 审核鉴定意见告知程序是否规范。一是既要告知真伪鉴定情况，也要告知价格认定情况；既要告知鉴定结论，也要告知鉴定的内容和经过。对于一个鉴定意见中包含多个物品或者的多个鉴定结论，可以采取

[①] 马艳燕：《审核鉴定意见需注意哪些问题》，中央纪委国家监委网站，2021年3月3日。

附表形式，列明告知的详细物品特征及鉴定意见。二是可视情况制作鉴定意见告知笔录，载明告知权利义务、鉴定内容和结论的过程等内容，以及被告知对象的意见，配合《鉴定意见告知书》体现告知的真实性和完整性。三是告知范围应规范。如涉嫌受贿问题的鉴定意见，一般应告知被调查人、行贿人，结合个案情况确有必要的，还应告知其他利害关系人。

4. 审核鉴定意见与案件事实的关联性。审核鉴定意见的结论是否合理，如鉴定人只能就案件中的专门性问题作出结论，不能就法律适用问题作出结论。要注意审核鉴定结论是否与案件事实具有关联性，鉴定意见是否能与其他证据形成证据链条。

（五）司法鉴定与监察鉴定

司法鉴定与监察鉴定二者既有区别也有联系。二者的联系，在于二者具有相同或者相近的鉴定种类、鉴定方法、鉴定程序等。二者的区别，在于鉴定人的指派、聘请机关是不同的，鉴定人作出的鉴定意见的法律效力具有差异。

八　技术调查措施、通缉、限制出境

（一）技术调查措施

《监察法》第二十八条："监察机关调查涉嫌重大贪污贿赂等职务犯罪，根据需要，经过严格的批准手续，可以采取技术调查措施，按照规定交有关机关执行。批准决定应当明确采取技术调查措施的种类和适用对象，自签发之日起三个月以内有效；对于复杂、疑难案件，期限届满仍有必要继续采取技术调查措施的，经过批准，有效期可以延长，每次不得超过三个月。对于不需要继续采取技术调查措施的，应当及时解除。"

《监察法实施条例》第一百五十三条第一款："监察机关根据调查涉嫌重大贪污贿赂等职务犯罪需要，依照规定的权限和程序报经批准，可以依法采取技术调查措施，按照规定交公安机关或者国家有关执法机关依法执行。"

1. 技术调查措施的含义

技术调查措施，是指监察机关为调查涉嫌重大贪污贿赂等职务犯罪需要，根据国家有关规定，运用现代科技设备和技术手段收集被调查人违法犯罪证据、查明事实的一种特殊调查措施。《监察法》和《监察法实施条例》对技术调查措施的具体种类和方式没有明确规定，根据我国公安机关、国家安全机关和检察机关以往侦查严重犯罪的工作实践，以及《刑事诉讼法》的相关规定，技术调查措施主要包括电子监听监控、技术跟踪、网络监控、拍照录像、邮件检查等专门的秘密手段。必要时，经有权机关批准，调查人员可以隐匿身份调查。从实践来看，随着科学技术的发展，技术调查措施和手段也不断地发展变化。

2. 技术调查措施的要求

技术调查措施具有隐秘性、专业性、强制性的特点，对案件查办有重大作用，但如果使用不当，可能会侵害被调查人的合法权益。因此，《监察法》和《监察法实施条例》对技术调查措施的使用作出了较为严格的规定。

（1）必须严格限定适用范围。监察机关只有在调查涉嫌重大贪污贿赂等职务犯罪时才可以采取技术调查措施。一方面，案件属于重大职务犯罪。所谓"重大"，是指具有下列情形之一：一是案情重大复杂，涉及国家利益或者重大公共利益的；二是被调查人可能被判处十年以上有期徒刑、无期徒刑或者死刑的；三是案件在全国或者本省、自治区、直辖市范围内有较大影响的。另一方面，适用技术调查的案件类型主要是贪污贿赂犯罪，但对于其他重大职务犯罪案件，如确有必要，监察机关也可以采取技术调查措施。一般的职务违法、职务犯罪案件，通过其他手段和措施能够收集证据、查清案件事实的，不得采取技术调查措施。

（2）必须是"确有必要"。这是指在调查重大职务犯罪案件中，当使用常规的调查措施和手段无法达到调查目的，或只有采取特定的技术调查措施或技术手段才能收集到犯罪证据、查清犯罪事实时，才能采取技术调查措施。对于既可以采取技术调查措施又可以通过其他调查途径解决问题的，应当采取其他调查措施。

（3）必须按规定交有关机关执行。是否启动技术调查，由监察机关自行决定和批准，具体执行则必须交由公安机关。这体现了监察机关与有关机关在办理职务犯罪案件中的互相配合、相互监督。

（4）必须严格履行报批手续。采取技术调查措施，需要依照规定的权限和程序报经批准。在批准与否上，要认真审查、严格把关，审查采取技术调查措施是否必需。批准决定中应当明确采取技术调查措施的种类和适用对象，不得作出笼统的概括性批准。采取技术调查措施的期限为三个月，自批准决定签发之日起计算。对于复杂、疑难案件，期限届满仍有必要继续财务技术调查措施的，经过批准，有效期可以延长，每次延长不得超过三个月。期限届满前未办理延期手续的，到期自动解除。对于不需要继续采取技术调查措施的，监察机关应当按规定及时报批，将《解除技术调查措施决定书》送交有关机关执行。需要依法变更技术调查措施种类或者增加适用对象的，监察机关应当重新办理报批和委托手续，依法送交有关机关执行。

（二）通缉

《监察法》第二十九条："依法应当留置的被调查人如果在逃，监察机关可以决定在本行政区域内通缉，由公安机关发布通缉令，追捕归案。通缉范围超出本行政区域的，应当报请有权决定的上级监察机关决定。"

《监察法实施条例》第一百五十八条第一款："县级以上监察机关对在逃的应当被留置人员，依法决定在本行政区域内通缉的，应当按规定报批，送交同级公安机关执行。送交执行时，应当出具《通缉决定书》，附《留置决定书》等法律文书和被通缉人员信息，以及承办单位、承办人员等有关情况。"

通缉，是指监察机关决定并发布公告，通令缉拿涉嫌严重职务违法、职务犯罪、依法应当留置的在逃被调查人，并将其追捕归案的一项调查措施。其主要目的是抓获在逃被调查人，使案件调查顺利进行。

1. 通缉的适用对象。监察机关决定通缉的对象需具备以下三个条件：（1）被通缉的人必须是涉嫌严重职务违法、职务犯罪的被调查人；（2）该被调查人依法应当被留置；（3）该被调查人因逃避调查而下落不明。

2. 通缉的决定和执行机关。监察机关决定采取通缉措施后，交由公安机关发布通缉令进行追捕。通缉的范围超出所管辖的地区的，监察机关应当报请有决定权的上级监察机关决定，并交由相应的公安机关发布通缉令。

3. 与刑事司法的衔接。根据《监察法实施条例》第一百六十条、一百六十一条的规定，监察机关接到公安机关抓获被通缉人员的通知后，应当立即核实被抓获人员身份，并在接到通知后二十四小时以内派员办理交接手续。边远或者交通不便地区，至迟不得超过三日。公安机关在移交前，将被抓获人员送往当地监察机关留置场所临时看管的，当地监察机关应当接收，并保障临时看管期间的安全，对工作信息严格保密。监察机关需要提请公安机关协助将被抓获人员带回的，应当按规定报批，请本地同级公安机关依法予以协助。提请协助时，应当出具《提请协助采取留置措施函》，附《留置决定书》复印件及相关材料。监察机关对于被通缉人员已经归案、死亡，或者依法撤销留置决定以及发现有其他不需要继续采取通缉措施情形的，应当经审批出具《撤销通缉通知书》，送交协助采取原措施的公安机关执行。

根据国家监察委员会、最高人民法院、最高人民检察院、公安部联合发布的《关于加强和完善监察执法与刑事司法衔接机制的意见（试行）》的规定，监察机关对依法应当留置或者已经决定留置的外逃人员，可以按规定申请发布国际刑警组织红色通报。地方各级监察机关需要发布红色通报的，应当在商请同级人民检察院作出逮捕决定后，层报国家监察委员会审核，由国家监察委员会协调公安部向国际刑警组织提出申请。

（三）限制出境

限制出境，是指监察机关为防止被调查人及相关人员逃匿境外而采取的限制其出境的调查措施。其主要目的是为保障调查工作的顺利进行，防止因被调查人及相关人员逃匿境外，而不能掌握违法犯罪事实及证据，导致调查工作停滞。

《监察法》第三十条："监察机关为防止被调查人及相关人员逃匿境外，经省级以上监察机关批准，可以对被调查人及相关人员采取限制出境措施，由公安机关依法执行。对于不需要继续采取限制出境措施的，应当及时解除。"

《监察法实施条例》第一百六十二条:"监察机关为防止被调查人及相关人员逃匿境外,按规定报批后,可以依法决定采取限制出境措施,交由移民管理机构依法执行。"

1. 适用对象。主要包括三种人:一是涉嫌职务违法、职务犯罪的被调查人,二是涉嫌行贿犯罪或者共同职务犯罪的涉案人员,三是与案件有关的其他相关人员。但并不是说对所有涉嫌职务违法、职务犯罪的被调查人以及相关人员都必须采取限制出境措施,而应当根据实际情况,对有可能逃匿境外的被调查人及相关人员采取限制出境措施。

2. 执行机关。监察机关作出采取限制出境措施的决定后,应当交由公安机关执行。《监察法实施条例》进一步明确,监察机关经报批后依法决定采取限制出境措施,交由移民管理机构依法执行。

3. 有效期。限制出境措施有效期不超过三个月,到期自动解除。到期后仍有必要继续采取措施的,应当按照原程序报批。承办部门应当出具有关函件,在到期前与《延长限制出境措施期限决定书》一并送交移民管理机构执行。延长期限每次不得超过三个月。对于不需要继续采取限制出境措施的,应当按规定报批,及时予以解除。承办部门应当出具有关函件,与《解除限制出境措施决定书》一并送交移民管理机构执行。

4. 特别规定。县级以上监察机关在重要紧急情况下,经审批可以依法直接向口岸所在地口岸移民管理机构提请办理临时限制出境措施。

第八章

监察证据与证明

第一节 监察证据概述

一 监察证据的概念

证据,是指能够证明事物真实性的有关事实或材料,[1] 具有客观性、关联性和合法性三个基本属性。监察证据,顾名思义,是指以法律形式表现出来的,能够证明监察机关所调查事项的真实情况的一切事实或材料,是监察机关调查工作的基础和核心。[2]

在我国刑事诉讼、民事诉讼、行政诉讼等领域,均有法律通过专章规定证据的种类、收集及使用等规则。例如,《刑事诉讼法》第五章第五十条将证据界定为"可以用于证明案件事实的材料",同时明确"证据必须经过查证属实,才能作为定案的根据";《民事诉讼法》第六章第六十三条直接规定了证据的八种类型,同时明确"证据必须查证属实,才能作为认定事实的根据";《行政诉讼法》第五章第三十三条同样规定了证据的八种类型,同时明确"以上证据经法庭审查属实,才能作为认定案件事实的根据"。

《监察法》对于证据的规定,主要集中在其第四章"监察权限",同时散见于其他章节。《监察法》第三十三条规定:"监察机关依照本法规定收

---

[1] 中国社科院语言研究所词典编辑室:《现代汉语词典》,商务印书馆 2016 年第 7 版,第 1663 页。

[2] 中共中央纪律检查委员会、中华人民共和国国家监察委员会法规室编写:《〈中华人民共和国监察法〉释义》,中国方正出版社 2018 年版,第 123 页。

集的物证、书证、证人证言、被调查人供述和辩解、视听资料、电子证据等证据材料,在刑事诉讼中可以作为证据使用。"《监察法实施条例》第四章设专节对监察证据种类、证据审查、证据规则等作了规定,强调开展讯问、搜查、查封、扣押以及重要的谈话、询问等调查取证工作应当全程同步录音录像,首次在法规中确立了监察机关调查终结的职务违法案件和职务犯罪案件的证据标准,明确非法证据排除规则,以高标准的证据要求规范和约束调查取证工作,有效对接刑事审判关于证据的要求和标准。与三类诉讼法上的证据相比较,监察证据在类型上与之趋同,从本质和功能上讲均属于证明案件的事实或材料。然而,与三类诉讼法上的证据尤其是与刑事诉讼证据相比较,监察证据在法律依据、调查取证主体、调查对象以及程序上存在着明显的差异。①

二 监察证据的种类

国家监察体制改革后,纪委监委合署办公,其收集的证据可区分为两种类型:党内违纪审查证据和国家监察违法犯罪调查证据。根据《中国共产党纪律检查机关监督执纪工作规则》等相关规定,党内违纪审查的证据种类包括物证、书证、证人证言、被调查人供述和辩解、视听资料、电子证据、勘验检查笔录、鉴定意见等。《监察法》中规定的证据种类与之高度相似,这有利于实现证据衔接和共享,提高审查调查工作效率。②

《监察法》第三十三条规定:"监察机关依照本法规定收集的物证、书证、证人证言、被调查人供述和辩解、视听资料、电子证据等证据材料,在刑事诉讼中可以作为证据使用。"《监察法实施条例》第五十九条将监察证据的种类细化为:物证,书证,证人证言,被害人陈述,被调查人陈述、供述和辩解,鉴定意见,勘验检查、辨认、调查实验等笔录,视听资料、电子数据等八种。监察证据的种类与刑事诉讼证据基本一致,具体内涵也具有相似性。

(一)物证

物证是指以其外部特征、存在状态、物质属性等证明案件事实和其他

---

① 参见冯俊伟《〈监察法〉实施中的证据衔接问题》,《行政法学研究》2019年第6期。
② 江国华主编:《中国监察法学》,中国政法大学出版社2018年版,第266页。

待证事实的实物和痕迹，具有比较强的客观性和稳定性。理论上讲，任何案件都存在物证，物证是监察活动中使用最为广泛的证据之一。当然，由于时间因素、技术手段和取证能力等方面的限制，在少数案件中也可能会无法发现或者提取物证。同时，物证是"哑巴证据"，属于间接证据，不能单独直接证明案件事实，必须结合其他证据进行综合分析判断。在监察实务中，涉案"财物"是一种重要的物证。"财物"是指财产和物品，包括动产和不动产，如房屋、汽车、人民币、金银首饰、古玩字画等。①

（二）书证

书证是指以文字、符号、图画等所表达的思想内容来证明案件事实的书面材料或者其他物品。书面形式的材料，既可能是物证，也可能是书证，其主要区别在于，物证是以其物质载体的外部形态、内在属性或者存在状态来证明案件事实，书证则主要以其表达的思想内容来证明案件事实，体现的是人们主观思维活动及其产生或者蕴含的观点、价值、诉求、主张、情感、倾向、判断等内容。在监察实务中，常见的书证有监察对象主体身份的任职文件、工作证、营业执照，证实职务违法、职务犯罪活动的合同、票据、单据、账册、书信、日记等。

（三）证人证言

证人证言是指了解案件情况的人，就其所感知的案件事实向监察机关所作的陈述。由于职务违法、职务犯罪案件本身的特点，证人证言是监察活动中使用最为广泛也是最为关键的证据之一。特别是在贪污贿赂职务违法、职务犯罪案件调查中，证人往往与被调查人存在着利害关系，在很多情形下，对案件调查的走向起着关键作用。一般认为，证人证言的主体是自然人。证人必须是能够辨别是非和能够正确表达的人，生理上、精神上有缺陷或者年幼，不能辨别是非、不能正确表达的人，不能作证人。在监察实务中，如果确有必要，可以将该类人员提供的言辞作为认定案件事实的参考，但不能直接作为证据使用。除了自然人之外，有学者指出，尽管《刑事诉讼法》没有明确规定单位可以作为证人，但是"在监察实践中，常常有单位提供的证据材料，甚至现在有的监察案件必须由法人提供证据

---

① 中共中央纪律检查委员会、中华人民共和国国家监察委员会法规室编写：《〈中华人民共和国监察法〉释义》，中国方正出版社2018年版，第144页。

材料才能查清案件事实。因此，监察活动中证人应该包括法人。"① 《监察法》第十八条第一款规定，"监察机关行使监督、调查职权，有权依法向有关单位和个人了解情况，收集、调取证据。有关单位和个人应当如实提供。"第三款规定，"任何单位和个人不得伪造、隐匿或者毁灭证据。"

（四）被害人陈述

被害人陈述是指受违法犯罪行为直接侵害的人就其受害情况和其他与案件有关的情况向监察人员所作的叙述和控诉。在我国，被害人陈述是与证人证言并列的法定证据种类。与对证人的要求相同，被害人必须是能够辨别是非和能够正确表达的人。在生理上、精神上有缺陷或者对案件事实的认知和表达存在困难的被害人，其陈述要慎重使用，当存在其他证据可以相互印证时，才能采信。② 此外，由于被害人陈述存在虚假之虞，因而需要审慎地确定其真实性。

（五）被调查人陈述、供述和辩解

被调查人陈述、供述和辩解是指被调查人在监察活动中就案件事实向监察机关所作的陈述，也称为"口供""自白"。从内容上看，它通常包括两种情形：供述③和辩解。供述是指承认自己有违法犯罪的行为或者事实，叙述自己违法犯罪的情节和经过。辩解是指否认自己有违法犯罪行为或事实，或者虽承认有违法犯罪行为或事实，但是情节轻微不应追究责任或者有从轻、减轻、免除相关处罚的情形。被调查人的陈述、供述和辩解是最重要的监察证据之一，因为被调查人是最了解案件情况的人，无论是供述还是辩解，如果其内容经认定属实，则具有非常强的证明力。同时，由于被调查人与监察案件的推进和处理结果有着最为直接的利害关系，其陈述、供述和辩解具有较大的虚假性和不稳定性，因此必须通过认真细致的核实和印证，才能作为确定案件事实的根据。

（六）鉴定意见

鉴定意见是指为调查案件情况，鉴定人员运用科学技术或者专门知识

---

① 谢尚果、申君贵主编：《监察法教程》，法律出版社2019年版，第134页。
② 吴光升、杨宝贵：《刑事证据补强：功能性思考、适用范围与补强程序》，《证据科学》2019年第6期。
③ 包含"攀供"，即被调查人揭发同案共犯违法犯罪事实的陈述。如果揭发共同违法犯罪人另外实施的其他违法犯罪行为，则不属于口供，应为证人证言。

对监察案件中的专门性问题进行分析、判断后而形成的专家意见。[1]《监察法》第二十七条规定："监察机关在调查过程中，对于案件中的专门性问题，可以指派、聘请有专门知识的人进行鉴定。鉴定人进行鉴定后，应当出具鉴定意见，并且签名。"所谓"专门性问题"，主要是指监察机关在调查过程中遇到的必须运用专门的知识和经验作出科学判断的问题。实践中，对一些专门性问题进行的鉴定主要包括：（1）法医类鉴定，包括法医病理鉴定、法医临床鉴定、法医精神鉴定、法医物证鉴定和法医毒物鉴定；（2）物证类鉴定，包括文书鉴定、痕迹鉴定；（3）声像资料鉴定，包括对录音带、录像带、磁盘、光盘、图片等载体上记录的声音、图像信息的真实性、完整性及其反映的情况过程进行的鉴定和对记录的声音、图像中的语言、人体、物体作出种类或者同一认定。此外，有的案件还需进行会计鉴定，包括对账目、表册、单据、发票、支票等书面材料进行鉴别判断；技术问题鉴定，包括对涉及工业、交通、建筑等方面的科学技术进行鉴别判断。鉴定人在运用科学技术或专门知识进行鉴别、判断后，应当出具鉴定意见。[2] 需要注意的是，鉴定意见的真实性、权威性、有效性等可能因鉴定人的故意或过失、鉴定人不具备相应资质、鉴定程序严重违法、鉴定意见明显依据不足、鉴定材料被污染、鉴定时间拖延、鉴定技术限制等因素的干扰而大打折扣。

（七）勘验检查、辨认、调查实验等笔录

《监察法》第二十六条规定，"监察机关在调查过程中，可以直接或者指派、聘请具有专门知识、资格的人员在调查人员主持下进行勘验检查。勘验检查情况应当制作笔录，由参加勘验检查的人员和见证人签名或者盖章。"这一条规定的主要目的是运用一定科学方法和专门知识，准确、快速地查明案情，保证勘验检查、辨认及调查实验过程客观、公正，确保结论的准确性。在实务中，这类监察证据一般包括现场勘验笔录、人身检查笔录、尸体检验笔录、物证检验笔录以及调查实验笔录等，其对于监察机关确定调查方向，固定、保全证据，顺藤摸瓜深挖违法犯罪，具有重要的价值。

---

[1] 谭宗泽、张震、褚宸舸主编：《监察法学》，高等教育出版社2020年版，第191页。
[2] 中共中央纪律检查委员会、中华人民共和国国家监察委员会法规室编写：《〈中华人民共和国监察法〉释义》，中国方正出版社2018年版，第150—151页。

（八）视听资料、电子数据

视听资料是指以录音、录像、计算机磁盘等记载的音像信息来证明案件事实的资料。视听资料作为证据种类之一，可以通过现代科学技术重现原始声音和原始形象。电子数据是指以电子、数字、光学、电磁及类似手段生成、传播、储存的数据信息，[①]比如电子邮件、电子数据交换、电子签名、网上聊天记录、博客、微博、短信、微信、访问记录、域名等数据信息。电子数据与物证、书证存在一定的共性，但其又有自己的特性，很难将其归入传统证据种类。电子数据的表现形式主要包括：文字处理文件，图形处理文件，数据库文件，程序文件，影、音、像文件即通常所说的"多媒体"文件。[②]视听资料、电子数据具有容易被毁损、被篡改导致失真等特点。随着信息社会的到来，数据信息已经成为重要的证据来源，因此，在监察活动中，必须对视听资料、电子数据等予以高度重视。

第二节 监察证据与刑事证据的关系

当监察机关对案件调查终结后，被调查人涉嫌职务犯罪的，依据《监察法》第四十五条第一款第四项规定，监察机关制作起诉意见书，将案卷材料、证据一并移送人民检察院审查起诉。此时，监察证据与刑事证据的关系问题浮出水面，其不仅关涉证据规则，更是关涉监察法与刑事诉讼法衔接的深层问题。

监察证据规则的规定以《监察法》第三十三条为基础，并散见于《监察法》第四章和第五章。《监察法》第三十三条共三款，在逻辑上层层递进，共同构成了监察证据规则的基本框架。第一款列举了监察机关办案中常见的证据类型，明确赋予监察证据在刑事诉讼中的证据效力；第二款规定监察机关在收集、固定、审查、运用证据时，应当与刑事审判关于证据的要求和标准相一致，实际上是对证据收集、固定、审查、运用等提出了更高要求，该款是对于前款关于证据认定转化规则的承接与落实；第三款

[①] 谢尚果、申君贵主编：《监察法教程》，法律出版社2019年版，第135页。
[②] 谢尚果、申君贵主编：《监察法教程》，法律出版社2019年版，第136页。

则通过反向剔除确定了非法证据排除规则。①

一　监察证据与刑事证据等的相互转化

《监察法》第三十三条第一款确认了监察证据的法律效力，明确赋予了监察证据作为刑事诉讼证据的资格。《监察法实施条例》第五十九条第三款规定"监察机关依照监察法和本条例规定收集的证据材料，经审查符合法定要求的，在刑事诉讼中可以作为证据使用。"监察证据与刑事证据的转化需要建立监察机关与司法机关的协调衔接机制。在国家监察体制改革前，纪检监察与刑事诉讼程序之间的证据转化是依托实物证据与言辞证据两分的制度安排予以实现。而国家监察体制改革后，监察证据与刑事证据的一体使得两者之间的转化问题迎刃而解。② 从证据的种类及其特征来看，监察证据与刑事证据之间的高度同质性③决定了监察证据可以转化为刑事证据。这种转化既可以减少工作环节，提高反腐败的工作效率，也对监察机关调查工作法治化、规范化开展提出了更高的要求。监察证据在刑事诉讼中"可以作为证据使用"意味着，监察证据具有进入刑事诉讼的资格，无需司法机关再次履行取证手续，而这些证据最终能否作为定案的根据，还需要依刑事诉讼法的相关规定进行审查判断。若经审查属于应当排除或者不真实的，则不能作为定案的根据。④

此外，《监察法实施条例》第六十八条、第六十九条对行政机关在行政执法和案件查办过程中收集的证据、人民法院、人民检察院、公安机关、国家安全机关等在刑事诉讼中收集的证据以及人民法院生效刑事判决、裁定和人民检察院不起诉决定采信的证据材料的效力作了规定。第六十八条第一款规定，监察机关对行政机关在行政执法和查办案件中收集的

---

① 参见马怀德主编《监察法学》，人民出版社2019年版，第308页。

② 陈卫东、聂友伦：《职务犯罪监察证据若干问题研究——以〈监察法〉第33条为中心》，《中国人民大学学报》2018年第4期。

③ 对于监察证据与刑事诉讼证据的关系存在两种观点：第一种观点可概括为"程序二元、证据一体"，认为监察调查与刑事诉讼的取证规范、证据规则和证明标准一致；第二种观点不认为监察法与刑事诉讼法在证据上是一体的。参见朱孝清《刑事诉讼法与监察法衔接中的若干争议问题》，《中国刑事法杂志》2021年第1期。

④ 中共中央纪律检查委员会、中华人民共和国国家监察委员会法规室编写：《〈中华人民共和国监察法〉释义》，中国方正出版社2018年版，第168页。

物证、书证、视听资料、电子数据，勘验、检查等笔录，以及鉴定意见等证据材料，经审查符合法定要求的，可以作为证据使用。在第六十八条第二款，针对根据法律、行政法规规定行使国家行政管理权的组织在行政执法和查办案件中收集的证据材料，规定"视为行政机关收集的证据材料"，经审查符合法定要求的，可以作为证据使用。第六十九条第一款规定，"监察机关对人民法院、人民检察院、公安机关、国家安全机关等在刑事诉讼中收集的物证、书证、视听资料、电子数据，勘验、检查、辨认、侦查实验等笔录，以及鉴定意见等证据材料，经审查符合法定要求的，可以作为证据使用。"这款规定明确了刑事证据向监察证据的转化。出于监察机关办理职务违法案件和职务犯罪案件证据标准的差异化或者说分层考量，第六十九条第二款规定，"监察机关办理职务违法案件，对于人民法院生效刑事判决、裁定和人民检察院不起诉决定采信的证据材料，可以直接作为证据使用。"

二　监察证据要求和标准的规范与倡导

《监察法》第三十三条第二款是监察证据转化为刑事证据的前提要求，即监察证据的收集、固定、审查、运用应当与刑事审判关于证据的要求和标准相一致，与刑事诉讼法相衔接。[①] 对监察机关调查与刑事诉讼中的侦查作了清晰的区别和间隔，是对监察机关收集证据材料的规范性要求、原则性倡导。监察机关调查取得的证据，要经得起检察机关和审判机关的审查，经得起历史和人民的检验。与此同时，该款突出了监察活动要与"以审判为中心"的刑事诉讼程序相对接。主要是因为职务犯罪调查活动的终端是刑事审判，故监察调查活动应当主动对接以审判为中心的改革方向。刑事审判关于证据的要求和标准有着严格、细致的规定，在《刑事诉讼法》《关于适用〈中华人民共和国刑事诉讼法〉的解释》中均有体现，如证据的种类、收集证据的程序、各类证据审查与认定的具体要求等。"以审判为中心"并非将审前程序的标准与审判标准等同或将审判标准前移，而是监察案件将以"审判中心"的法理意涵作为前提，实现与刑事审判证

[①] 有学者对于"应当与刑事审判关于证据的要求和标准相一致"提出了质疑，认为这一说法表意不清。参见龙宗智《监察与司法协调衔接的法规范分析》，《政治与法律》2018年第1期。

据标准的衔洽。具体而言：

其一，以审判为中心承认司法证据规则的引导作用。但司法证据规则对监察证据规则的引导和规范作用并不意味着要统一证据标准或将定罪标准前移，统一证据标准反会导致将实质性事实认定与证据评价权让渡给审前程序，这与以审判为中心的要求相悖。故这种引导作用应是被动的目标性引导，而非过程性控制。其二，以审判为中心并非以审判思维代替监察思维。监察调查思维是一种发散性建构思维，溯因推理的思维模式决定了调查阶段的真相发现过程是通过"大胆假设、小心求证"的方式寻求最佳解释。证据排除规则中的外部规则是对自然推理的人为限制，属于敛束性思维的产物，是用以维持审判的制度工具。其三，以审判为中心应构建适用于刑事侦查案件和监察案件的证据审查规则。刑事证据规则本是专门针对刑事侦查取证的证据审查规则，而对于监察调查取得的证据，仍需制定专门的司法审查规则。鉴于以审判为中心的前提是审判阶段的证据审查规则与调查阶段的取证规则相匹配，这就决定了司法证据规则不应当是单一化的，而应当根据取证程序类型之不同分别制定。未来的司法证据规则体系至少应该包括适用于刑事侦查案件的证据规则和适用于监察案件的证据规则。这与近年来刑事司法领域倡导构建类案证据规则的主张在法理层面有一定共通之处。①

三 证据相互印证规则：从刑事司法到监察调查

《监察法》第四十条第一款关于"监察机关对职务违法和职务犯罪案件，应当进行调查，收集被调查人有无违法犯罪以及情节轻重的证据，查明违法犯罪事实，形成相互印证、完整稳定的证据链"的规定，及《监察法实施条例》第六十条第一款"监察机关认定案件事实应当以证据为根据，全面、客观地收集、固定被调查人有无违法犯罪以及情节轻重的各种证据，形成相互印证、完整稳定的证据链"、第二款"只有被调查人陈述或者供述，没有其他证据的，不能认定案件事实；没有被调查人陈述或者供述，证据符合法定标准的，可以认定案件事实"的规定，都体现了依法

---

① 张硕：《监察案件非法证据排除制度体系：法理解构与实践路径》，《政法论坛》2020年第6期。

全面收集证据与证据相互印证规则。其中的证据相互印证是指"监察机关调查人员在收集完证据之后,要对收集到的证据进行分析研究,鉴别真伪,找出证据与案件事实之间的客观内在联系,形成相互印证、完整稳定的证据链。"[1] 有学者认为,证据相互印证规则虽然没有直接写入《刑事诉讼法》,但作为我国长期以来形成的司法传统,也是刑事证明活动中的一项惯例。证据应当相互印证的命题产生于证据审查判断和运用证据认定案件事实的实践领域。[2] 由此,《监察法》中的证据相互印证规则实际上是该规则第一次正式写入我国的法律文本中,实现了由一项司法惯例上升为正式的法律规定。[3] 另外关于"形成相互印证、完整稳定的证据链"在《中国共产党纪律检查机关监督执纪工作规则》第三十二条也有明确规定。

第三节 监察证据的收集、固定、审查、运用

一 监察证据的收集

监察证据的收集,是指监察机关依照法定的权限和程序,发现、提取证据的活动。为正确处理案件提供可靠的依据,确保案件调查的顺利进行,保障无辜的人不受追究。监察证据的收集应当坚持以下基本要求:

(一) 遵守法定权限和程序原则

1. 调查主体上的约束性要求。《监察法》第四十一条第一款规定:"调查人员采取讯问、询问、留置、搜查、调取、查封、扣押、勘验检查等调查措施,均应当依照规定出示证件,出具书面通知,由二人以上进行,形成笔录、报告等书面材料,并由相关人员签名、盖章。"《监察法实施条例》第八十一条至第一百五十二条详细规定了讯问、询问、留置、查询、冻结、搜查、调取、查封、扣押、勘验检查、鉴定等的具体内容和要求。《监察法》第四十二条规定:"调查人员应当严格执行调查方案,不得

---

[1] 中共中央纪律检查委员会、中华人民共和国国家监察委员会法规室编写:《〈中华人民共和国监察法〉释义》,中国方正出版社 2018 年版,第 190 页。

[2] 李建明:《刑事证据相互印证的合理性与合理限度》,《法学研究》2005 年第 6 期。

[3] 中共中央纪律检查委员会、中华人民共和国国家监察委员会法规室编写:《〈中华人民共和国监察法〉释义》,中国方正出版社 2018 年版,第 315 页。

随意扩大调查范围、变更调查对象和事项。"《中国共产党纪律检查机关监督执纪工作规则》第四十五条第二款也规定:"外查工作期间,未经批准,监督执纪人员不得单独接触任何涉案人员及其特定关系人,不得擅自采取审查调查措施,不得从事与外查事项无关的活动。"这些都体现了在取证阶段对于调查主体的约束性要求。

2. 调查程序上的刚性要求。《监察法》第二十五条第一款规定:"监察机关在调查过程中,可以调取、查封、扣押用以证明被调查人涉嫌违法犯罪的财物、文件和电子数据等信息。采取调取、查封、扣押措施,应当收集原物原件,会同持有人或者保管人、见证人,当面逐一拍照、登记、编号,开列清单,由在场人员当场核对、签名,并将清单副本交财物、文件的持有人或者保管人。"这一条的内容主要是对物证、书证、电子数据等的调取、查封、扣押。①《监察法实施条例》第一百二十一条对如何调取物证作出了规定。主要包括以下方面:(1)调取物证应当调取原物。原物不便搬运、保存,或者依法应当返还,或者因保密工作需要不能调取原物的,可以将原物封存,并拍照、录像。(2)对原物拍照或者录像时,应当足以反映原物的外形、内容。(3)调取书证、视听资料应当调取原件。取得原件确有困难或者因保密工作需要不能调取原件的,可以调取副本或者复制件。(4)调取物证的照片、录像和书证、视听资料的副本、复制件的,应当书面记明不能调取原物、原件的原因,原物、原件存放地点,制作过程,是否与原物、原件相符,并由调查人员和物证、书证、视听资料原持有人签名或者盖章。持有人无法签名、盖章或者拒绝签名、盖章的,应当在笔录中记明,由见证人签名。

3. 技术调查措施的特别要求。《监察法》第二十八条规定:"监察机关调查涉嫌重大贪污贿赂等职务犯罪,根据需要,经过严格的批准手续,可以采取技术调查措施,按照规定交有关机关执行。批准决定应当明确采取技术调查措施的种类和适用对象,自签发之日起三个月以内有效;对于复杂、疑难案件,期限届满仍有必要继续采取技术调查措施的,经过批准,有效期可以延长,每次不得超过三个月。对于不需要继续采取技术调

---

① 这条规定较之刑事侦查程序规定更为严格,参见冯俊伟《〈监察法〉实施中的证据衔接问题》,《行政法学研究》2019年第6期。

查措施的，应当及时解除。"《监察法实施条例》在第四章第十三节专门规定了采取技术调查措施的具体要求。上述条款的主要目的是规范监察机关技术调查权限以及采取技术调查措施的程序和要求，不仅有助于有力打击重大贪污贿赂等职务犯罪，也有益于保护被调查人的合法权利。

此外，《监察法》《刑事诉讼法》有关非法证据排除的规定对监察机关的调查"程序正义"起到了反向制约的功能。

（二）及时客观全面留痕收集证据

1. 及时。在职务违法、职务犯罪案件中，由于案件性质所决定，被调查人及有关监察对象可能会有毁灭、伪造证据，订立"攻守同盟"，干扰证人作证或者串供，转移涉案财物等有碍调查情形的发生。因此，在监察机关作出初核、立案调查决定或相关部署后，为避免贻误工作，要立即着手收集证据。

2. 客观。所谓客观，就是实事求是，一切从实际出发，对于报案人或举报人的陈述和举报材料、被调查人的供述和辩解、证人证言、现场勘查等要如实记录，不能先入为主、凭主观想象，更不能弄虚作假、歪曲事实真相。

3. 全面。《监察法》第四十条第一款规定了全面收集证据原则。监察机关调查人员必须严格依照规定程序，严谨细致地收集能够证实被调查人有无违法犯罪以及情节轻重的各种证据。客观全面是收集证据的基本要求。

4. 留痕。留痕是指重要取证工作中的全程录音录像。《监察法》第四十一条第二款规定："调查人员进行讯问以及搜查、查封、扣押等重要取证工作，应当对全过程进行录音录像，留存备查。"《监察法实施条例》第五十六条第一款规定："开展讯问、搜查、查封、扣押以及重要的谈话、询问等调查取证工作，应当全程同步录音录像，并保持录音录像资料的完整性。录音录像资料应当妥善保管、及时归档，留存备查。"

（三）电子数据的取证规则

2016年最高人民法院、最高人民检察院、公安部《关于办理刑事案件收集提取和审查判断电子数据若干问题的规定》（以下称《电子数据证据规定》）和2019年《公安机关办理刑事案件电子证据取证规则》（以下称《取证规则》）作为电子数据证据收集提取和审查判断的规则，为监察机关电子数据收集提取和审查判断提供了重要的参照。《电子数据证据规定》确立"以扣押原始存储介质为原则,以提取电子数据为例外,以打印、拍照、录像等方式固定为补充"的取证规则。从取证规则看,为确保电子数据符合证据基本要求,实践中应注意:

1. 确保来源清晰可辨

应强调数据载体和数据本体必须来源清楚。对此明确以笔录、清单的方式,记明数据载体的特征,尤其是唯一性特征;记明数据本体的特征,尤其是电子数据完整性校验值、数字签名、数字证书等可以识别其唯一性的特征。

2. 确保取证过程程序合法

应强调获取数据的过程必须清楚,取证的侦查人员、数据的持有人、见证人需要在笔录、清单上签名或盖章,没有见证人的,应当予以录像。根据《取证规则》,除网络在线提取电子数据、冻结电子数据、调取电子数据无需见证人见证外,其他首次获取数据环节,包括扣押、封存原始存储介质、现场提取电子数据、网络远程勘验提取电子数据,均要求有见证人见证。

3. 遵循技术规范

取证行为既要符合法定程序,又要遵循技术规范。[1] 依据最高人民法院《关于适用〈中华人民共和国刑事诉讼法〉的解释》的相关规定,电子数据需确保完整性,有增加、删除、修改等情形,影响电子数据真实性的不能作为定案根据。电子数据比传统数据更容易变动。譬如,只需手指轻点"删除(delete)"指令,即可将一份文档删除。不仅如此,即使不实施任何操作,电脑程序本身的运行也可能导致电子数据发生变化,正如英国高级警察协会在其《数据证据良好操作指南》中指出的:"操作系统和其他程序频繁地变动,增加和删除电子存储信息的内容,这一现象可能是自动发生的,使用者可能根本就没有意识到数据已经被改变了"。[2] 因而在取证时必须遵循技术规范并采取有效的措施,以确保电子数据的客观性和原始性。

---

[1] 奚玮:《我国电子数据证据制度的若干反思》,《中国刑事法杂志》2020 年第 6 期。
[2] 陈永生:《电子数据搜查、扣押的法律规制》,《现代法学》2014 年第 5 期。

《监察法实施条例》第四章第九节对电子数据的收集、提取做了具体规定。《监察法实施条例》第一百二十三条第一款规定,"收集、提取电子数据,能够扣押原始存储介质的,应当予以扣押、封存并在笔录中记录封存状态。无法扣押原始存储介质的,可以提取电子数据,但应当在笔录中记明不能扣押的原因、原始存储介质的存放地点或者电子数据的来源等情况。"对于由于客观原因无法或者不宜采取前款规定方式收集、提取电子数据的,第一百二十三条第二款规定,"可以采取打印、拍照或者录像等方式固定相关证据,并在笔录中说明原因。"同时,《监察法实施条例》也明确了电子数据可以作为证据使用的情形,即第一百二十三条第三款规定的,"收集、提取的电子数据,足以保证完整性,无删除、修改、增加等情形的,可以作为证据使用。"

对于收集、提取证据制作笔录的程序性要求,《监察法实施条例》第一百二十三条第四款做了具体规定,"收集、提取电子数据,应当制作笔录,记录案由、对象、内容,收集、提取电子数据的时间、地点、方法、过程,并附电子数据清单,注明类别、文件格式、完整性校验值等,由调查人员、电子数据持有人(提供人)签名或者盖章;电子数据持有人(提供人)无法签名或者拒绝签名的,应当在笔录中记明,由见证人签名或者盖章。有条件的,应当对相关活动进行录像。"

二 监察证据的固定

固定证据,是收集证据的一个重要的后续工作,直接关系到收集证据的妥善保管和案件调查工作的顺利推进。《监察法》第二十五条、第四十一条对于固定证据都作出了比较详细的规定。

(一) 实物证据的固定

物证和书证是典型的实物证据。《监察法》第二十五条规定,监察机关在调查过程中,采取调取、查封、扣押措施,应当收集原物原件,会同持有人或者保管人、见证人,当面逐一拍照、登记、编号,开列清单,由在场人员当场核对、签名,并将清单副本交财物、文件的持有人或者保管人。对调取、查封、扣押的财物、文件,监察机关应当设立专用账户、专门场所,确定专门人员妥善保管,严格履行交接、调取手续,定期对账核实,不得毁损或者用于其他目的。对价值不明物品应当及时鉴定,专门封存保管。

《监察法实施条例》第四章第十节"查封、扣押"就"财物、文件、电子数据"等实物证据的固定作了更为具体的规定。第一百二十六条第二款规定，调查人员对于查封、扣押的财物和文件，应当会同在场见证人和被查封、扣押财物持有人进行清点核对，开列《查封/扣押财物、文件清单》，由调查人员、见证人和持有人签名或者盖章。持有人不在场或者拒绝签名、盖章的，调查人员应当在清单上记明。对于不动产和置于该不动产上不宜移动的设施、家具和其他相关财物，以及车辆、船舶、航空器和大型机械、设备等财物进行查封、扣押时，第一百二十七条第一款规定，"必要时可以依法扣押其权利证书，经拍照或者录像后原地封存。调查人员应当在查封清单上记明相关财物的所在地址和特征，已经拍照或者录像及其权利证书被扣押的情况，由调查人员、见证人和持有人签名或者盖章。持有人不在场或者拒绝签名、盖章的，调查人员应当在清单上记明。"同时，对于查封、扣押前款规定财物的，第一百二十七条第二款规定，"必要时可以将被查封财物交给持有人或者其近亲属保管。调查人员应当告知保管人妥善保管，不得对被查封财物进行转移、变卖、毁损、抵押、赠予等处理。"第三款规定，调查人员应当将《查封/扣押通知书》送达不动产、生产设备或者车辆、船舶、航空器等财物的登记、管理部门，告知其在查封期间禁止办理抵押、转让、出售等权属关系变更、转移登记手续。相关情况应当在查封清单上记明。被查封、扣押的财物已经办理抵押登记的，监察机关在执行没收、追缴、责令退赔等决定时应当及时通知抵押权人。

根据《监察法实施条例》第一百二十八条，对于查封、扣押下列物品，应当依法作出相应的处理：

1. 查封、扣押外币、金银珠宝、文物、名贵字画以及其他不易辨别真伪的贵重物品，具备当场密封条件的，应当当场密封，由二名以上调查人员在密封材料上签名并记明密封时间。不具备当场密封条件的，应当在笔录中记明，以拍照、录像等方法加以保全后进行封存。查封、扣押的贵重物品需要鉴定的，应当及时鉴定。

2. 查封、扣押存折、银行卡、有价证券等支付凭证和具有一定特征能够证明案情的现金，应当记明特征、编号、种类、面值、张数、金额等，当场密封，由二名以上调查人员在密封材料上签名并记明密封时间。

3. 查封、扣押易损毁、灭失、变质等不宜长期保存的物品以及有消费期限的卡、券，应当在笔录中记明，以拍照、录像等方法加以保全后进行封存，或者经审批委托有关机构变卖、拍卖。变卖、拍卖的价款存入专用账户保管，待调查终结后一并处理。

4. 对于可以作为证据使用的录音录像、电子数据存储介质，应当记明案由、对象、内容，录制、复制的时间、地点、规格、类别、应用长度、文件格式及长度等，制作清单。具备查封、扣押条件的电子设备、存储介质应当密封保存。必要时，可以请有关机关协助。

5. 对被调查人使用违法犯罪所得与合法收入共同购置的不可分割的财产，可以先行查封、扣押。对无法分割退还的财产，涉及违法的，可以在结案后委托有关单位拍卖、变卖，退还不属于违法所得的部分及孳息；涉及职务犯罪的，依法移送司法机关处置。

6. 查封、扣押危险品、违禁品，应当及时送交有关部门，或者根据工作需要严格封存保管。

（二）言词证据的固定

在监察调查中，被调查人供述和辩解与证人证言属于言词证据。《监察法》第四十一条规定，调查人员采取讯问、询问、留置、搜查、调取、查封、扣押、勘验检查等调查措施，均应当依照规定出示证件，出具书面通知，由二人以上进行，形成笔录、报告等书面材料，并由相关人员签名、盖章。调查人员进行讯问以及搜查、查封、扣押等重要取证工作，应当对全过程进行录音录像，留存备查。《监察法实施条例》第四章第三节"谈话"、第四节"讯问"以及第五节"询问"系统地就言词证据的固定作了具体规定。

相对于实物证据而言，言词证据是活性证据，容易因为时间、环境、行为人品质、情绪等因素变化而改变，证明力相对较弱。[1] 这就需要必须严格规范固定言词证据，从言词证据固定的程序要件和内容要件两个要件入手。

作为还原案件事实的言词证据，不仅仅需要重视证据的实体内容，更

---

[1] 有学者指出，言词证据更具主观性、反复性和可再现性。参见陈伟、沈腾初《监察调查与刑事司法的证据衔接及其完善》，《深圳社会科学》2021年第6期。

要注意证据固定程序的合法性、合规性。在程序要件方面，取证之前应当讲明政策和要求、取证起止时间应当准确填写、取证的讯问地点应当规范有效、取证的调查人员应当现场签名。实践中，容易出现对言词证据事后补签名甚至他人代签名的问题，实践中有案例在审判阶段以非法证据予以排除。

三 监察证据的审查

（一）证据审查的一般规则

对监察证据审查的一般规则包括对证据的实质审查、形式审查、综合审查等三个方面，围绕证据的客观性、合法性、关联性"三性"进行审查。对于电子数据证据，依照《电子数据证据规定》，还包括"完整性"的要求。电子数据完整性审查，是不同于传统证据"三性"审查的独特的内容，数据完整性是数据真实性的必要条件，只有数据完整，其真实性才能有所保证。如果数据完整性存在缺陷或者疑问，必然会影响数据的真实性，除非该不完整性本身恰恰是待证事实证明之需要。比如，行为人对电子数据进行了篡改、剪辑，此时数据的不完整性可以证明数据被篡改、剪辑的事实。

对证据的实质审查主要有：（1）审查每个证据的来源；（2）对证据的内容进行分析，比如被调查人开始承认违法犯罪事实，后来翻供，这种证据就有虚假的可能，必须进一步查证属实，切不可轻易作为定案的根据；（3）审查证据形成时的主、客观条件，比如证人听觉、视觉的原因，可能使他感受到的情况发生差错。在审查证据时必须排除了这些方面的各种虚假可能性，才能确定它是真实的；（4）要审查收集证据的程序和方法是否合法、得当。[①]

对证据的形式审查，就是要审查证据的形式合法性，例如经勘验、检查、搜查等调查活动收集的电子数据，是否附有笔录、清单，并经调查人员、电子数据持有人、见证人签名；没有持有人签名的，是否注明原因。

对证据的综合审查，就是要对全案证据彼此之间以及全案证据同案件事实之间进行结合分析，前者要求互相印证，后者要求互相对应。

---

① 谢尚果、申君贵主编：《监察法教程》，法律出版社 2019 年版，第 145 页。

（二）证据审查的具体要求

必须按照不同种类证据特点，对其客观性、合法性、关联性进行审查。《监察法实施条例》对监察机关办理案件过程中的证据审查作出了具体规定，要求监察机关认定案件事实应当以证据为根据，全面、客观地收集、固定被调查人有无违法犯罪以及情节轻重的各种证据，形成相互印证、完整稳定的证据链。只有被调查人陈述或者供述，没有其他证据的，不能认定案件事实；没有被调查人陈述或者供述，证据符合法定标准的，可以认定案件事实。证据必须经过查证属实，才能作为定案的根据。审查认定证据，应当结合案件的具体情况，从证据与待证事实的关联程度、各证据之间的联系、是否依照法定程序收集等方面进行综合判断。

《监察法实施条例》关于职务违法案件和职务犯罪案件的证据要求略有不同。其一，对于监察机关调查终结的职务违法案件，要求事实清楚、证据确凿。"证据确凿"是指：（1）定性处置的事实都有证据证实；（2）定案证据真实、合法；（3）据以定案的证据之间不存在无法排除的矛盾；（4）综合全案证据，所认定事实清晰且令人信服。其二，对于监察机关调查终结的职务犯罪案件，要求事实清楚，证据确实、充分。"证据确实、充分"是指：（1）定罪量刑的事实都有证据证明；（2）据以定案的证据均经法定程序查证属实；（3）综合全案证据，对所认定事实已排除合理怀疑。

（三）对电子数据的审查规则

电子数据的真实性审查是电子数据审查的核心。在审查内容上体现为：一是对原始存储介质的审查，包括来源、特征、使用和保管链条的全面审查，以判明存储介质及其承载的电子数据是否完整、真实。二是对数据本体的审查，同样包括来源、特征、使用和保管链条，判明有无在使用、保管过程中受到污染，数据本体是否真实、完整。三是对数据内容真实性进行审查，即通过与其他在案证据是否相互印证，判明内容真实与否。在审查规则上保留了很深的最佳证据规则印记，突出原始存储介质的证明力，当采取提取电子数据方式固定证据时，必须要注明不能扣押原始存储介质的原因、原始存储介质的存放地点或者电子数据的来源。在采取打印、拍照、录像补充方式固定证据时，仍然强调能扣押原始存储介质的应当扣押，能提取电子数据的应当提取。在关联性审查上，采取客观证据与言词证据相结合的综合审查判断规则主要是：1. 落地查人：网络身份与现实身份的同一性认定。可通过核查相关 IP 地址、网络活动记录、上网终端归属、相关证人证言以及犯罪嫌疑人、被告人供述和辩解等进行综合判断；2. 由物到人：行为人与存储介质的关联性。可以通过核查相关证人证言以及犯罪嫌疑人、被告人供述和辩解等进行综合判断。关联性审查规则遵循"电子数据—终端设备（存储介质）—行为人"的证明过程，而终端设备（存储介质）与具体的人能否形成关联性则有赖于言词证据。[①]

四 监察证据的运用

所谓监察证据的运用，就是关于监察机关如何利用证据证明待证事实的行为。这种事实是一种"法律事实"。

（一）监察案件中的待证事实

从法理上分析，运用证据证明的待证事实是一种"法律事实"。作为规范性和倡导性相结合的"监察机关在收集、固定、审查、运用证据时，应当与刑事审判关于证据的要求和标准相一致"原则，监察案件中运用证据证明的待证事实应当包括以下几个方面：1. 被调查人的身份；2. 职务违法、职务犯罪行为是否存在；3. 职务违法、职务犯罪是否为被调查人所为；4. 被调查人实施职务违法、职务犯罪的动机、目的；5. 实施职务违法、职务犯罪时的时间、地点、手段、后果以及案件起因；6. 被调查人有无从重、从轻、减轻、免除处罚情节；7. 被调查人的认罪认罚情况；8. 与职务违法、职务犯罪处置有关的其他事实。

（二）补强证据规则与相互印证规则

补强证据规则是指对于某些种类的证据证明力不足，需与其他证据结合方可作为证明案件事实根据的规则。"补强"即支持或印证。补强证据的作用在于通过证据的相互印证作用而增强或担保主证据的证明力。[②] 相互印证是指"监察机关调查人员在收集完证据之后，要对收集到的证据进行分析研究，鉴别真伪，找出证据与案件事实之间的客观内在联系，形成相互印证、完整稳定的证据链。"补强与印证两者之间有一定的重叠或交

[①] 奚玮：《我国电子数据证据制度的若干反思》，《中国刑事法杂志》2020 年第 6 期。
[②] 陈光中主编：《证据法学》，法律出版社 2015 年版，第 276 页。

叉，但侧重点却不同。刑事诉讼中，补强证据规则是指口供补强规则，即仅有被告人的口供不能认定被告人有罪和判处刑罚，而必须有其他证据对供述进行补强。在职务违法、职务犯罪案件中，被调查人的供述和辩解与刑事诉讼中的供述非常相似，所以在职务违法、职务犯罪案件中，只有被调查人的供述，没有其他证据的，不能认定被调查人违法有罪和处以政务处分或刑罚；没有被调查人的供述，证据确实、充分的，可以认定被调查人违法有罪和处以政务处分或刑罚。这一点《监察法实施条例》第六十条第二款予以确认。

需要注意的是，补强原则不仅适用于被调查人，还适用于证人证言，特别是与被调查人有亲属关系或者其他密切关系的证人所作的有利于被调查人的证言，或者与被调查人有利害冲突的证人所作的不利被调查人的证言。虽然《监察法》规定职务犯罪调查中取得的言词证据能在刑事诉讼程序中直接使用，以避免重复取证，提高程序效率，但也有学者对此表达了担忧。[①] 不过，绝大多数学者认为，言词证据的直接转化原因在于职务犯罪特殊性的需要，这类犯罪实物证据较少而言词证据占据绝大多数，若否认此类转化，则会耗时耗力，加剧司法资源的紧张。[②] 相互印证原则的侧重点在于监察机关调查人员在收集完证据之后，要对收集到的证据进行分析研究，鉴别真伪，找出证据与案件事实之间的客观内在联系，形成相互印证、完整稳定的证据链。

(三) 非法证据排除规则的运用

1. 非法证据排除规则的通说。非法证据排除是刑事领域中居于核心地位的证据制度，因其在合法权益保障领域的突出作用而被誉为"人类社会几百年来法治实践的重大创举"。国家监察体制改革以来，非法证据排除的理念被《监察法》所吸收，具体体现为《监察法》第三十三条第三款"以非法方法收集的证据应当依法予以排除，不得作为案件处置的依据。"[③]

[①] 言词证据是否能在刑事诉讼程序中直接转化，存在着争议。参见韩旭《监察委员会调查收集的证据材料在刑事诉讼中的使用问题》，《湖南科技大学学报》（社会科学版）2018 年第 2 期。

[②] 陈伟、沈腾初：《监察调查与刑事司法的证据衔接及其完善》，《深圳社会科学》2021 年第 6 期。

[③] 有学者提出，《监察法》第三十三条第三款要求监察机关在职务违纪违法、职务犯罪案件中适用非法证据排除规则。参见谢登科《论监察环节的非法证据排除——以〈监察法〉第 33 条第 3 款为视角》，《地方立法研究》2020 年第 1 期。

对于何谓非法证据,一般认为,是使用法律禁止的手段获取的证据,[①] 其合法性存疑,丧失了证明特定案件事实的能力和资格。[②] 那么,如何理解《监察法》中的非法证据排除规则?学理上主要从其与《刑事诉讼法》的比较和衔接的角度来探讨。从现有规定看,《监察法》中的非法证据排除规则与《刑事诉讼法》上的规定并不一致。[③] 有学者提出"证据一体"理论,[④] 主张监察机关和司法机关同时适用《监察法》和《刑事诉讼法》中的非法证据排除规则,坚持"就高不就低"。[⑤] 反对者则认为,[⑥] 若实行"证据一体"会导致规则适用的混乱,进一步增加职务犯罪案件非法证据排除的阻力,因此应秉持分阶段确定的原则,即以是否移送检察机关审查起诉为界,移送前的监察程序阶段适用《监察法》的规定,移送后的司法程序阶段适用《刑事诉讼法》的规定。[⑦]

2. 非法证据的认定标准体系。按照监察法规定,非法证据是以非法方法收集的证据。那么,何谓"非法方法"?刑事诉讼法中对于非法方法的理解要求更高,被概括为"剧烈痛苦标准"。[⑧]《监察法》中并未直接限定非法方法的范围,只是在第四十条第二款规定:严禁以威胁、引诱、欺骗及其他非法方法收集证据,严禁侮辱、打骂、虐待、体罚或者变相体罚

[①] 龚举文:《论监察调查中的非法证据排除》,《法学评论》2020 年第 1 期。

[②] 刘艳红:《职务犯罪案件非法证据的审查与排除——以〈监察法〉与〈刑事诉讼法〉之衔接为背景》,《法学评论》2019 年第 1 期。

[③] 闫召华、范智凯:《监察调查案件非法证据排除标准研究》,《黑龙江社会科学》2020 年第 3 期。

[④] 参见南京市人民检察院课题组、潘科明《监检衔接中的证据问题探析》,《中国检察官》2020 年第 21 期。

[⑤] 李勇:《〈监察法〉与〈刑事诉讼法〉衔接问题研究——"程序二元、证据一体"理论模型之提出》,《证据科学》2018 年第 5 期。还可参见刘艳红《职务犯罪案件非法证据的审查与排除——以〈监察法〉与〈刑事诉讼法〉之衔接为背景》,《法学评论》2019 年第 1 期。

[⑥] 闫召华、范智凯:《监察调查案件非法证据排除标准研究》,《黑龙江社会科学》2020 年第 3 期。

[⑦] 有学者提出,监察程序阶段与刑事侦查活动中的非法证据排除规则立法模式存在差异,监察法的相关内容存在着概括模糊、权力行使与责任承担不够清晰、内部监督成效不明显等问题。参见拜荣静、王钰彤《监察调查与刑事侦查排除非法证据立法模式审视》,《上海政法学院学报》(法治论丛) 2021 年第 6 期。

[⑧] 刑事诉讼中,非法口供排除有着"痛苦规则"与"自白任意性规则"的差异。事实上,"痛苦规则"是"自白任意性规则"在我国刑事程序现实中的选择。参见赵冠男《论职务犯罪监察调查程序中刑事证据规则的构建》,《湘潭大学学报》(哲学社会科学版) 2020 年第 5 期;闫召华、范智凯《监察调查案件非法证据排除标准研究》,《黑龙江社会科学》2020 年第 3 期。

被调查人和涉案人员。《监察法实施条例》进一步厘清了非法方法的内涵。以非法的方法收集证据，主要是指以暴力、威胁、引诱、欺骗以及非法限制人身自由等非法方法来获取证据。① 其第六十四条明确规定："严禁以暴力、威胁、引诱、欺骗以及非法限制人身自由等非法方法收集证据，严禁侮辱、打骂、虐待、体罚或者变相体罚被调查人、涉案人员和证人。"第六十五条规定："暴力的方法，是指采用殴打、违法使用戒具等方法或者变相肉刑的恶劣手段，使人遭受难以忍受的痛苦而违背意愿作出供述、证言、陈述；威胁的方法，是指采用以暴力或者严重损害本人及其近亲属合法权益等进行威胁的方法，使人遭受难以忍受的痛苦而违背意愿作出供述、证言、陈述。"以暴力、威胁、引诱、欺骗以及非法限制人身自由等方式获得的证据，是当事人在迫于压力或被欺骗情况下提供的，虚假的可能性非常大，不能凭此就作为案件处置的根据，否则极易造成错案。

　　需要注意的是，对不符合法定程序收集的证据，不能一概视为非法证据而予以排除，而是应当区别对待。② 有学者提出，"非法证据排除标准的设立不应当只是作为证据可采性检测的简单套用公式。过度强调排非标准而忽略实际案情中所能体现的证据真实性也是错误的。"③ 换言之，对于不同类型的证据需要有不同的非法证据排除标准。在刑事诉讼法中，非法证据主要分为非法言词证据和非法实物证据，两者分别采用不同的认定标准。然而《监察法》相关条文并未作出相应区分。④ 事实上，在监察调查中，言词证据与实物证据的区分十分必要。由于职务犯罪的隐秘性，言词证据在监察程序中意义重大，⑤ 对于非法言词证据的排除标准应该更高更严。而实物证据主要涉及违反法定取证程序的问题。《监察法实施条例》第六十五条第三款规定："收集物证、书证不符合法定程序，可能严重影

---

　　① 参见龚举文《论监察调查中的非法证据排除》，《法学评论》2020年第1期。
　　② 特别是正确区分非法证据与不文明司法行为，避免将所涉证据一律予以排除。参见龚举文《论监察调查中的非法证据排除》，《法学论坛》2020年第1期。
　　③ 陈伟、沈腾初：《监察调查与刑事司法的证据衔接及其完善》，《深圳社会科学》2021年第6期。
　　④ 陈卫东、聂友伦：《职务犯罪监察证据若干问题研究——以〈监察法〉第33条为中心》，《中国人民大学学报》2018年第4期。
　　⑤ 言词证据对于职务犯罪调查认定的重要性，参见左卫民、刘帅《监察案件提前介入：基于356份调查问卷的实证研究》，《法学评论》2021年第5期。

响案件公正处理的,应当予以补正或者作出合理解释;不能补正或者作出合理解释的,对该证据应当予以排除。"

如果依取证主体的不同,非法证据的认定标准体系可由以下部分构成:(1)监察程序规范中的取证禁止性规定,主要适用于监察机关自行收集的证据。具体的手段禁止性规定体现在《监察法》第四十条第二款所规定的:"严禁以威胁、引诱、欺骗及其他非法方式收集证据,严禁侮辱、打骂、虐待、体罚或者变相体罚被调查人和涉案人员。"(2)刑事证据体系中关于非法证据的认定标准,即刑事诉讼法、司法解释中对非法证据的认定标准。这一标准主要适用于《监察法》第四十七条第三款规定的检察机关自行补充侦查的证据。但在实践中,对于需要补充侦查的职务犯罪案件,以退回补充调查为一般,自行补充侦查为例外。因此,这一标准的适用情况并不多见。(3)行政程序规范中的取证禁止性规定,主要适用于在职务违法案件中,行政机关收集并移送至监察机关的证据。(4)私人取证禁止性规范,主要适用于私主体自行收集并作为线索提供给监察机关的证据。私人非法证据主要包括私人以刑讯逼供、暴力、威胁、偷拍私录、非法搜查及其他严重侵权的方式获取的证据。通过取证手段禁止性规定建构差异化的非法证据认定标准,在非法证据认定环节统一适用,但对是否排除非法证据还应作具体讨论。[1]

3. 非法证据排除适用的阶段。在监察案件中,监察非法证据排除问题跨越了监察程序与刑事诉讼程序,监察程序内部又分为职务违法调查程序与职务犯罪调查程序等不同属性的监察行为,这就涉及不同排除阶段间的规则适用与衔接问题。鉴于监察非法证据排除的复杂性,不同案件发展阶段对非法证据排除的强度应有所差异:

其一,线索核实阶段的非法证据排除。线索处置阶段的证据审查有以下特点:(1)从程序目标上看,这一阶段的证据审查活动主要审查证据的可靠性,而非合法性。(2)从监察认识发展阶段来看,线索处置阶段是监察活动的起始阶段,尚无法准确识别案件性质,需要更多的证据为案件定性。(3)从证据提供主体情况来看,线索性证据主要来源于监察机关外的

---

[1] 张硕:《监察案件非法证据排除制度体系:法理解构与实践路径》,《政法论坛》2020年第6期。

其他主体，并非监察机关依法收集的证据。因此在案件线索核实阶段并无适用非法证据排除规则之必要。

其二，监察取证阶段的非法证据排除。在监察取证阶段排除非法证据与侦查阶段排除非法证据的法理大体一致，皆是出于规范取证行为的考虑。监察取证阶段排除非法证据在本质上就是对取证过程的自我监督，无论立法方面对排除强度作何种规定，其排除功效都一般。因此需要合理认识取证阶段排除非法证据的制度功能，将其作为一种柔性的证据筛查机制和鼓励监察机关合法取证的程序激励机制看待即可，不需强调其对非法证据的拦截效果。对于无法准确认定案件性质的，应采用能够确定的最低标准，将更多的证据"放进来"。就此意义而言，监察调查阶段，不排除非法证据或仅对明显的非法证据适用排除规则即可。

其三，监察处置阶段的非法证据排除。监察处置阶段的非法证据排除是职务犯罪调查案件中拦截非法证据的重要环节，也是职务违法调查中非法证据的拦截终端。职务违法案件与政务处分案件的处置活动不适用刑事非法证据排除规则。非法证据排除规则须服务于监察机关的事实认定，且监察机关作为终端的事实认定者对是否排除非法证据具有一定裁量权，因此可对非法证据排除规则进行裁量性适用。①

（四）大数据时代证据运用的探讨

大数据和人工智能时代正在向我们走来，"人工智能影响的重点是传统意义上的产业，经济领域受到的冲击和因此而产生的改变最大，但是，人工智能真正带来的挑战是对人类思维方式和认知能力的解构，由此引发了人工智能时代一系列新问题需要我们跟进加以研究，并尽量在传统与现代、当代之间寻求一个合理的逻辑关联。"②对于监察与司法活动中的证据审查运用而言，我们必须重视探究这种合理的逻辑关联及其具体的应用场景。

对证据的审查运用，通说认为，客观证据的证明力有时要远远大于主观证据的证明力，即便主观证据所提供的事实样态与客观事实的相似度非

---

① 参见张硕《监察案件非法证据排除制度体系：法理解构与实践路径》，《政法论坛》2020年第6期。
② 莫纪宏：《论数据时代虚拟事实的法律效力》，《暨南学报》（哲学社会科学版）2020年第7期。

常高，甚至具有逻辑上的排他性，但因为主观证据的证据链不齐全，故无法作为事实认定的有效依据。大数据技术和人工智能技术的发展，确实给我们带来了新的课题。虽然目前人工智能技术尚处于依靠大数据的初级阶段，但是人脸识别技术、图像剪辑技术、场景复合技术等新技术的出现，使得传统监察与司法程序中证据的证明力遇到前所未有的挑战。例如，目前的人工智能和大数据技术已经可以针对特定的人来编辑在实际生活中从未发生过的虚拟事实，而这种人工智能下虚拟事实的完整度和可信度完全可以超过当下司法审判程序中的证据的一般证明标准。在传统司法审判体制下，证据所支撑的客观事实与法律事实之间的对应关系是单向度的，也就是说，无论司法审判认定的法律事实与实际存在的客观事实之间存在多大的属性偏差，作为本身就含有虚拟事实特性的法律事实在有效证据的支持下总是可以逼近客观事实的属性。但在大数据和人工智能时代，出现了本身可以偏离客观事实的虚拟事实，这种虚拟事实的样态可以对客观事实的存在产生认识结论上的干扰，因此通过证据来证明与客观事实同时存在的虚拟事实，证明难度可想而知。法律事实作为一种法律上拟制的虚拟事实，有可能只是以客观事实为基础的虚拟事实作为同一性证明对象，法律事实内在所追求的客观性就会受到严重挑战。

此外，大数据技术和人工智能技术对传统的物证技术产生了前所未有的冲击。目前的人工智能技术可以随意嫁接图像、影像，模仿人的声音，甚至可以影视方式来展现事实中根本没有发现的虚拟和想象的事件和镜像。在以大数据技术支撑的现代人工智能技术的参与下，"视听资料""电子数据"都可以造假，而且通过监察与司法查证程序很难证伪，这就对刑事证据制度的"客观性""公正性"提出了严峻挑战，对监察与司法查证人员针对证据真实性和可靠性的技术鉴别能力产生了前所未有的冲击，如果监察与司法查证人员不具有与证据造假者同等程度的技术水准，"假证据"必然就会堂而皇之地登堂入室，监察与司法的公正性就会大失水准。因此，一方面，我们要努力提升监察与司法查证能力，在脱离传统证据效力束缚的情形下，努力寻找到证据的某些确定性，从而为证据的证明标准提供最低限度的确定性保障；另一方面，我们要注意有效地提高监察与司法工作人员的职业伦理和操守，因为如果继续坚持原有的技术标准，必然就会产生数据生成者自身的"道德水准"问题，也就是说，在监察与司法程序中得到司法确认的"法律事实"与客观事实之间存在多大的相似度某种程度上要依靠证据提供者自身的道德水准。

第四节 监察证明标准

一 监察证明标准概述

（一）证明标准的内涵

证明标准，又称证明要求、证明任务，是指承担证明责任的一方提供证据对案件事实加以证明所要达到的程度。当提供的证据达到了证明标准，就意味着主张成立；如果提供的证据没有达到证明标准，主张就不会成立。在监察调查中，除个别违法犯罪外，证明责任由监察机关承担。因此，证明标准对于监察机关而言，就是收集证据的具体指引和事实认定的准则。凭借证明标准，监察机关可以明确收集什么证据、多少证据，明确待证事实在什么情况下可以判定为"真"，进而作出相应决定。[①]

（二）构建差异化的证明标准

《监察法》第三十三条第二款规定："监察机关在收集、固定、审查、运用证据时，应当与刑事审判关于证据的要求和标准相一致。"该款要求监察机关查办案件的证据应当与刑事审判的要求和标准一致。但是，监察机关调查的案件并非只查办职务犯罪类案件，还要处置大量的职务违法案件，两者在法律规范以及社会危害性上有着明显区别。上述规定较为原则性，并未针对职务违法和职务犯罪具体的证明标准作出规定，因此出现了不同的理解。否定说认为，随着对职务违法案件调查的深入，一部分案件性质可能向职务犯罪转变，对这部分案件若不在立案初始就按照刑事诉讼的标准收集证据，就会导致前一阶段的取证工作必须推倒重来，必会影响惩治腐败的效率。肯定说认为，在立案初始就要求监察人员对案件是否移送检察机关作出预判，既有难度也不现实，如果要求监察机关对所有调查活动"从一立案就要严格执法、严格按照标准收集证据"，即按照刑事审

[①] 参见高伟《浅议监察调查各阶段的证明标准》，《中国纪检监察报》2018年6月6日第8版。

判关于证据的要求和标准，这对于监察实践中占绝大多数的职务违法案件而言，其必要性和可行性均有待斟酌。① 对此，《监察法实施条例》第六十二条和第六十三条规定了职务违法案件和职务犯罪案件的差异化证明标准。其主要考虑有以下三个方面：

1. 危害性上存在差异

在危害性上，职务犯罪是具有严重社会危害性的行为，职务违法尚未构成犯罪，危害性相对较小。

2. 调查权限存在差异

在调查权限上，职务违法调查手段相对有限，讯问、搜查、技术调查只能适用于职务犯罪；在调查措施的强制性上，实践中职务违法案件的调查以"走读"方式为主，职务犯罪案件的调查则以留置方式为主。职务违法调查在取证措施、印证证据证明力的手段上，均不及职务犯罪调查，程序的对抗性也有较大差异。

3. 影响的被调查人权益存在差异

在对当事人合法权益的影响上，监察法律责任主要影响的是公职人员的职业发展权，而刑事责任影响的是犯罪人的生命权、自由权、财产权。

一般认为，不同性质的案件证据标准不同，如民事案件、行政案件、刑事案件的法定证明标准是有层次差异的。职务违法在危害性、调查权限和措施强制性、法律责任对权益的影响等各个方面，相较职务犯罪均有所减弱，反映在证明标准上也应有所差别。过高设置职务违法的证明标准，既不利于有效开展调查工作，也会导致调查时间的不当延长，增加被调查人的利益损害和心理负担。但需要注意的是，认定职务违法的证据也应当具备真实性、合法性、关联性，根据这些证据认定的事实虽无需达到排除合理怀疑的程度，但也需要具有非常高的确定性，经过案件审理部门独立审理，认为所认定事实是清晰的、结论是令人信服的，而不能随意降低证明标准。

二　职务违法的证明标准

职务违法行为是指行使公权力的公职人员实施的与其职务相关联，违

---

① 参见方明《职务犯罪监察调查与刑事诉讼的衔接》，《法学杂志》2019年第4期。

反有关法律法规规定，虽不构成犯罪但依法应当承担法律责任的行为。《监察法实施条例》第六十二条明确了职务违法案件的证明标准，要求监察机关调查终结的职务违法案件应当事实清楚、证据确凿。证据确凿应当符合下列条件：一是定性处置的事实都有证据证实；二是定案证据真实、合法；三是据以定案的证据之间不存在无法排除的矛盾；四是综合全案证据，所认定事实清晰且令人信服。

从上述证据审查认定要求来看，职务违法案件的证明标准介于刑事案件证明标准与民事案件证明标准之间。

根据《刑事诉讼法》第五十五条的规定，证据确实、充分，应当符合以下条件：一是定罪量刑的事实都有证据证明；二是据以定案的证据均经法定程序查证属实；三是综合全案证据，对所认定事实已排除合理怀疑。据此，刑事案件证据标准的主要特征为"排除合理怀疑"。根据最高人民法院《关于适用〈中华人民共和国民事诉讼法〉的解释》第一百零八条、第一百零九条的规定，"确信待证事实的存在具有高度可能性的，应当认定该事实存在"，个别事项的证明需要"确信该待证事实存在的可能性能够排除合理怀疑"。据此，一般民事案件证据标准的主要特征是"高度可能性"。由此可见，职务违法案件的证明标准应介于《刑事诉讼法》的"排除合理怀疑"标准和《民事诉讼法》的"高度可能性"标准之间，即"证据确凿，令人信服""证据确凿，令人信服"的证明标准是指有足够的证据证实案件事实，根据这些证据所获知的事实虽然不需要达到排除合理怀疑的要求，但也具有"明显优势"的说服力和证明力，通过符合常人认识规律及理性的判断，基本可以达到确信的程度。也就是说，案件事实的证明虽然没有达到刑事犯罪的证明要求，但也达到非常高的可靠性程度，职务违法事实已经有足够的证据予以认定，并以此为根据作出处置。这一证据标准，既可以保证全体公职人员在行使公权力时的违法行为都会受到相应的处置，也可以通过接近"排除合理怀疑"的标准和要求，来防止政务处分适用的随意性。

三　职务犯罪的证明标准

职务犯罪是指公职人员实施的贪污贿赂、滥用职权、玩忽职守、权利输送、徇私舞弊以及浪费国家资财等具有严重社会危害性，违反刑法应当依法承担刑事法律责任的行为。《监察法》第三十三条第二款规定，职务犯罪案件的证据标准应当与刑事诉讼关于证据的要求和标准相一致。《监察法实施条例》第六十三条规定，对于职务犯罪案件，应当事实清楚，证据确实、充分。证据确实、充分应当符合下列条件：定罪量刑的事实都有证据证明；据以定案的证据均经法定程序查证属实；综合全案证据，对所认定事实已排除合理怀疑。

我国《刑事诉讼法》第一百二十九条、第一百三十七条、第一百四十一条、第一百六十二条中多次规定"犯罪事实清楚，证据确实、充分"。也就是说，侦查机关对案件侦查终结移送人民检察院审查起诉，人民检察院对犯罪嫌疑人提起公诉，人民法院对于被告人作出的有罪判决，都必须做到犯罪事实清楚，证据确实、充分，排除合理怀疑。因此，监察机关在查办职务犯罪案件时，其所遵循的证明标准与刑事审判的标准是一致的，即"结论唯一，排除合理怀疑"。

犯罪事实清楚，是指与定罪量刑有关的事实和情节，都必须查清；证据确实、充分，是指对作出定案根据的证据质和量的总要求。证据确实，即每个证据都必须真实，具有证明力。证据充分，即证明必须达到一定的量，足以认定犯罪事实。《刑事诉讼法》第五十三条第二款明确规定"证据确实、充分"应当同时满足三个条件：一是定罪量刑的事实都有证据证明；二是据以定案的证据均经法定程序查证属实；三是综合全案证据，对所认定事实已排除合理怀疑。美国首席大法官肖恩在韦伯斯特谋杀柏克曼一案中的说法："合理怀疑就是指，在对全部证据进行完全的比较和思量之后，在这种状态下陪审员脑海里留下的印象是，他们不能说他们感觉到，对于指控的事实真相，有必要将被告人予以定罪，达到如此的确定。证据必须将事实证明理性和盖然性的确定性——这是一种能够说服和指示理解能力，并且满足理性和判断力的确定性。只有这样我们才能说达到了排除合理怀疑的证明。"[1]

最高人民法院等部门联合制定的《关于办理死刑案件审查判断证据若干问题的规定》第五条规定，办理死刑案件"证据确实、充分"的第（五）项要求，是"根据证据认定案件事实的过程符合逻辑和经验规则，

---

[1] 参见易延友《证据法学：原则 规则 案例》，法律出版社2017年版，第604页。

由证据得出的结论为唯一结论"。相较于《刑事诉讼法》中"排除合理怀疑"的证明标准，用语更绝对化，表明证据审查的结论不仅要在法庭裁判者的内心形成确信，在死刑案件中这样的内心确信更应当客观化，即达到所有裁判者内心的一致确信。很明显，死刑案件的证据审查标准是刑事案件中最严格的。

监察机关办理的职务犯罪案件关乎公职人员尤其是领导干部的政治生命，与剥夺生命的死刑案件有相似的严厉性，同时还将对地区、系统、部门的政治生态和党组织的形象产生影响，因此将证据审查标准对标死刑案件，达到"排除合理怀疑，结论唯一"是案件质量经得起历史和实践检验的有效保障。但在具体司法实践中，这一标准能否达到，还需要通过办案人员的主观判断，结合"证据确实、充分"这一较强客观性，以达到主客观相统一。

十九届中央纪委四次全会提出，要统筹推进纪检监察体制改革，不断提高规范化法治化水平。随着国家纪检监察体制改革的不断深入，纪检监察工作高质量发展的首要保障是案件质量，而案件质量的高低，取决于能否准确把握案件的证据原则及证明标准。因此，在纪检监察工作中需明确案件差异化的证明标准，完善职务违法和职务犯罪两类案件的证据指引，充分发挥案件审理部门的职能作用，依纪依法对两类案件严格审核把关，构建完善的证明标准体系，实现政治效果、纪法效果、社会效果相统一。

第九章 监察程序

监察权属于公权力行使的范畴。公法程序能否得到严格遵守，是评判法治是否实现的重要指标之一。严格遵守监察程序，有利于保障监察职责公正有序履行，维护监察对象的合法权利。

第一节 监察程序概述

一 概念和分类

监察程序是指在监察权行使过程中，监察机关及其工作人员和有关人员，依据监察法及相关法律法规，在时限、时序、行为方式等方面必须遵循或履行的步骤和手续。

按照不同的标准，可以把监察程序分为不同的种类。从监察职责来看，不同职责对应的程序不同，具体可以分为监督程序、调查程序和处置程序，以及权利救济的申诉程序。从监察主体看，不同层级监察主体的监察权限和应遵循的监察程序也有区别，具体可以分为国家监察委员会监察程序、省级监察机关监察程序、省级以下监察机关监察程序、派驻（出）监察程序等。例如，省级监察机关采取留置措施应当报国家监察委员会备案，设区的市及以下监察机关采取留置措施，应当报上一级监察机关批准。本章主要针对不同监察职责来讨论相应的监察程序。

二 监察程序的内容

监察程序可分为监督程序、调查程序、处置程序，以及权利救济的申诉程序。

（一）监督程序

监督程序是指监察机关及其工作人员按照《监察法》及相关法律法规的规定，履行监督职责时应当遵循的程序。监察机关设立的初衷是为了加强对公权力的监督，监督是监察机关的第一职责，也是"不敢腐、不能腐、不想腐"一体推进的有力抓手。

根据《监察法实施条例》有关规定，监察机关依法履行监察监督职责，对公职人员政治品行、行使公权力和道德操守情况进行监督检查，督促有关机关、单位加强对所属公职人员的教育、管理、监督。主要包括以下几种方式：

1. 加强政治监督

监察机关应当加强对公职人员特别是领导人员坚持党的领导、坚持中国特色社会主义制度，贯彻落实党和国家路线方针政策、重大决策部署，履行从严管理监督职责，依法行使公权力等情况的监督。

2. 加强教育引导

监察机关应当加强对公职人员理想教育、为人民服务教育、宪法法律法规教育、优秀传统文化教育，弘扬社会主义核心价值观，深入开展警示教育，教育引导公职人员树立正确的权力观、责任观、利益观，保持为民务实清廉本色。

3. 加强日常监督

监察机关应当结合公职人员的职责加强日常监督，通过收集群众反映、座谈走访、查阅资料、召集或者列席会议、听取工作汇报和述责述廉、开展监督检查等方式，促进公职人员依法用权、秉公用权、廉洁用权。监察机关可以与公职人员进行谈心谈话，发现政治品行、行使公权力和道德操守方面有苗头性、倾向性问题的，及时进行教育提醒。对于发现的系统性、行业性的突出问题，以及群众反映强烈的问题，可以通过专项检查进行深入了解，督促有关机关、单位强化治理，促进公职人员履职尽责。

4. 加强以案促改

监察机关应当以办案促进整改、以监督促进治理，在查清问题、依法处置的同时，剖析问题发生的原因，发现制度建设、权力配置、监督机制等方面存在的问题，向有关机关、单位提出改进工作的意见或者监察建议，促进完善制度，提高治理效能。

5. 形成监督合力

监察机关开展监察监督，应当与纪律监督、派驻监督、巡视监督统筹衔接，与人大监督、民主监督、行政监督、司法监督、审计监督、财会监督、统计监督、群众监督和舆论监督等贯通协调，健全信息、资源、成果共享等机制，形成监督合力。

(二) 调查程序

调查程序是指监察机关及其工作人员按照《监察法》及相关法律法规的规定，履行职务违法、职务犯罪调查职责时应当遵循的程序。

根据《监察法》《监察法实施条例》相关规定，监察机关对监察对象的问题线索，应当提出处置意见，履行审批手续，进行分类办理。其中，初步核实是监察机关调查工作的重要环节，主要任务是了解核实所反映的主要问题是否存在，以及是否需要给予所涉及的监察对象政务处分。初步核实过程中所查明的有无违法犯罪实施情况，以及所收集到的证据材料，是是否立案调查的重要依据，为案件调查工作奠定一定的基础。

需要采取初步核实方式处置问题线索的，应当依法履行审批手续；经批准后，承办部门应当制定工作方案，成立核查组；初步核实方案应当报承办部门主要负责人和监察机关分管负责人审批；核查组经批准可采取必要措施收集证据；核查组在初步核实工作结束后，应当撰写初步核实情况报告，提出处理建议；承办部门应当提出分类处理意见，初步核实情况报告和分类处理意见报监察机关主要负责人审批。经过初步核实，对监察对象涉嫌职务违法、职务犯罪，需要追究法律责任的，监察机关应当按照规定的权限和程序办理立案手续，研究确定调查方案，决定需要采取的调查措施。调查人员采取调查措施，均应当依照规定出示证件，出具书面通知，由二人以上进行，形成笔录、报告等书面材料，并由相关人员签名、盖章。调查人员进行讯问以及搜查、查封、扣押等重要取证工作，应当对全过程进行录音录像，留存备查。

(三) 处置程序

处置程序是指监察机关及其工作人员按照监察法及相关法律法规的规定，对监察对象、涉案款物等进行处理时应当遵循的程序。

根据《监察法》《监察法实施条例》有关规定，监察机关根据监督、调查结果，依法作出以下处置：1. 对有职务违法行为但情节较轻的公职人员，按照管理权限，直接或者委托有关机关、人员，进行谈话提醒、批评教育、责令检查，或者予以诫勉；2. 对违法的公职人员依照法定程序作出警告、记过、记大过、降级、撤职、开除等政务处分决定；3. 对不履行或者不正确履行职责负有责任的领导人员，按照管理权限对其直接作出问责决定，或者向有权作出问责决定的机关提出问责建议；4. 对涉嫌职务犯罪的，监察机关经调查认为犯罪事实清楚，证据确实、充分的，制作起诉意见书，连同案卷材料、证据一并移送人民检察院依法审查、提起公诉；5. 对监察对象所在单位廉政建设和履行职责存在的问题等提出监察建议；6. 监察机关经调查，对没有证据证明被调查人存在违法犯罪行为的，应当撤销案件，并通知被调查人所在单位；7. 监察机关经调查，对违法取得的财物，依法予以没收、追缴或者责令退赔；对涉嫌犯罪取得的财物，应当随案移送人民检察院。

(四) 申诉程序

申诉程序是指监察机关按照监察法及相关法律法规的规定，对被调查人及其近亲属的申诉进行处理时应当遵循的程序。

根据《监察法》《监察法实施条例》有关规定，被调查人及其近亲属认为监察机关及监察人员存在留置法定期限届满，不予以解除的；查封、扣押、冻结与案件无关的财物的；应当解除查封、扣押、冻结措施而不解除的；贪污、挪用、私分、调换以及违反规定使用查封、扣押、冻结财物的；其他违反法律法规、侵害被调查人合法权益的行为等情形，向监察机关提出申诉的，由监察机关案件监督管理部门依法受理。受理申诉的监察机关应当在受理申诉之日起一个月内作出处理决定。申诉人对处理决定不服的，可以在收到处理决定之日起一个月内向上一级监察机关申请复查，上一级监察机关应当在收到复查申请之日起二个月内作出处理决定，情况属实的，及时予以纠正。

第二节 受理报案和举报

受理报案、举报是监察机关获得职务违法、犯罪线索的重要来源。纪律检查机关和监察机关合署办公,受理报案、举报程序一体运行。二者除了在受理报案和举报的范围上有所区别外,在受理机构、受理的原则和要求、受理程序等方面大致相同。

一 概念和范围

报案是指有关单位和个人(包括案件当事人)向监察机关报告其知道的公职人员涉嫌职务违法、职务犯罪事实或者线索的行为。举报是指当事人以外的其他知情人向监察机关检举、揭发公职人员涉嫌的职务违法、职务犯罪事实或者线索的行为。[①] 报案、举报的受理是指监察机关应当依照法律法规规定,接受报案或者举报并按照有关规定处理。无论报案或者举报对象、事项性质如何,国家监察机关都不得拒绝、推诿,应当接受。

按照监察机关的监督、调查、处置职责的定位,受理报案、举报的范围包括:(1)违反依法履职、秉公用权、廉洁从政从业以及道德操守的;(2)涉嫌贪污贿赂、滥用职权、玩忽职守、权力寻租、利益输送、徇私舞弊以及浪费国家资财的;(3)在履行职务过程中存在侵害群众利益问题和不正之风的情况;(4)其他依法应予受理的情况。

二 报案、举报反映情况与问题线索的区别

问题线索是指监察机关收集和掌握的反映监察对象职务违法、职务犯罪的问题。报案、举报反映情况与问题线索,既有区别又有联系。

第一,报案、举报是问题线索的重要来源,但不是唯一来源。除报案、举报外,问题线索的来源还包括:监督调查中自行发现、上下级监察机关转交的、巡视巡察工作中发现、其他单位移交,等等。

第二,并非所有报案、举报都是问题线索。实践中,大多数举报、报案只是反映一般的社会或行业现象,没有具体指向和针对性,还有的是借助举报、报案的名义反映个人诉求,这些都不是监察意义上的问题线索,不需要按照问题线索进行处置。

第三,报案、举报与问题线索的处置程序不同。受理报案、举报所形

[①] 中共中央纪律检查委员会、中华人民共和国国家监察委员会法规室编写:《〈中华人民共和国监察法〉释义》,中国方正出版社2018年版,第175页。

成的信访件，在监察机关信访部门办理后，转到案件监督管理部门，或者参照管辖权分流到其他监察机关时，才转换为问题线索。其他种类的问题线索则是直接由案件监督管理部门受理或处置，不存在类似转换程序。对受理的报案、举报，首先要确定自行处置、报告上级处理、转交下级等初步处置意见，其次才与其他问题线索一样，区分不同情况相应地采取初步核实、谈话函询、暂存待查、予以了结四类方式处置。

三 处理报案、举报的要求

（一）严格保密

监察机关在受理报案、举报时，应该在接待场所设置、接待方式和方法、检举和控告材料保管与出示等方面规范管理，完善具体的流程和机制，杜绝泄密或材料遗失等情况，防止检举、控告人的姓名、工作单位、家庭住址等有关情况被泄露。

（二）禁止追查

严禁追查报案、举报人，对确属诬告陷害且需要追究其责任的，必须履行严格的报批程序。对匿名检举、控告的材料，除查处案件需要外，不得擅自核对笔迹或进行文件检验，确因查处案件工作需要进行的，必须履行严格的审批程序。

（三）依法回避

负责处理报案、举报的工作人员是被检举、控告人本人或者近亲属的，其本人或者近亲属与被检举控告问题有利害关系的，或者存在其他可能影响检举、控告问题公正处理情形的，应当主动提出回避，报案、举报人也有权要求其回避，监察机关应当根据报案、举报人回避的申请及时予以处理。

（四）不得打击报复

任何单位和个人，不得以任何借口和手段打击报复报案、举报人及其亲属。对于正在实施的打击报复行为，监察机关应当在其职权范围内采取措施及时制止，并予以处理，或者及时移送有关部门予以处理。报案、举报人因被打击报复而受到错误处理的，监察机关应当在其职权范围内依照有关规定予以纠正，或者建议有关部门予以纠正。

《监察法》第六十四条：监察对象对控告人、检举人、证人或者监察人员进行报复陷害的；控告人、检举人、证人捏造事实诬告陷害监察对象的，依法给予处理。

《监察法实施条例》第二百七十五条：监察对象对控告人、申诉人、批评人、检举人、证人、监察人员进行打击、压制等报复陷害的，监察机关应当依法给予政务处分。构成犯罪的，依法追究刑事责任。

四 处理报案、举报的程序

（一）处理主体

按照监察机关内部职责分工，由信访部门负责统一接受群众的来信来访和报案、举报材料，逐件登记并分类摘要后，再按照程序报批后按照规定办理。① 根据《监察法实施条例》相关规定，信访举报部门归口受理本机关管辖监察对象涉嫌职务违法和职务犯罪问题的检举控告，统一接收有关监察机关以及其他单位移送的相关检举控告，移交本机关监督检查部门或者相关部门，并将移交情况通报案件监督管理部门。因此，各级监察机关的信访部门是处理报案或者举报的主体。

（二）处理程序

1. 受理。监察机关对于报案或者举报应当依法接受，属于本级监察机关管辖的监察事项，依法予以受理，移交本机关监督检查部门或者相关部门，并将移交情况通报案件监督管理部门。对属于监察事项但不属于本级监察机关管辖的报案、举报，应当根据被检举、控告人的身份、干部管理权限，以分级办理为主、指定办理为补充的管辖原则，经批准后及时移交相应的监察机关受理。对于不属于监察事项的报案或者举报，应由其他主管机关管辖的，应当移送相关机关处理。

2. 处置。案件监督管理部门应对信访部门转办的检举、控告作为问题线索，进行集中管理、动态更新、定期汇总核对，提出分办意见，按照审批权限报批后，移送承办部门。承办部门应当结合问题线索所涉及地

---

① 中共中央纪律检查委员会、中华人民共和国国家监察委员会法规室编写：《〈中华人民共和国监察法〉释义》，中国方正出版社2018年版，第175页。

区、部门、单位的总体情况综合分析，按照初步核实、谈话函询、暂存待查、予以了结四类方式进行处置。

4. 答复。使用真实姓名或单位名称进行报案、举报的，属于监察机关受理范围，监察机关应当出具受理文书，在处置后及时答复并听取意见；对不属于监察机关受理范围的报案、举报，监察机关应当出具不予受理文书。对采取走访形式报案、举报的，应当场答复是否受理；不能当场答复的，应当在一定期限内答复。以匿名方式报案、举报的，必要时可在适当范围内公布调查处置的结果。答复的方式有口头、书面或者其他适当方式。答复的内容重点是办理的过程、认定的事实及证据、处置的结果和依据等。若报案、举报人对不予受理不立案有异议的，监察机关应当及时予以复议并答复。

(三) 应注意的问题

1. 报告、移送。下级监察机关在收到下列情形的报案、举报后，应当及时向上级监察机关报告：第一，监察机关对反映同级党委委员、纪委常委以及所辖地区部门主要负责人报案、举报的受理、处置，应当及时向上级监察机关报告。第二，监察机关受理报案、举报后，对其中重要的问题，应及时向上级监察机关和同级党委报告。第三，省级及以下监察机关收到上级监察机关负责管辖监察对象的报案、举报，按照规定层报上级监察机关。

2. 督促办理。对监察机关受理的检举、控告，可以要求承办部门或单位报告调查处理的结果，也可以采取检查、催办、参与调查、参与研究处理意见等方法，促使问题及时、正确地得到处理。

3. 及时处理。各级监察机关对受理的检举、控告，应坚持高效原则，及时办理，不得延误。对应由上级处理的，应迅速上报；对应由本级处理的问题，应及时处理；对应由下级处理的，应迅速转交下级。不得无故拖办延办、压件不办。

第三节 问题线索处置

问题线索处置是监察机关开展审查调查工作的基础和前提。监察机关应当按照有关规定对问题线索提出处置意见，履行审批手续，进行分类办理，定期汇总、通报，加强监督检查。监察机关应当不断规范问题线索的管理和处置，实现对问题线索的有效管控。

一　基本概念

问题线索是指反映行使公权力的公职人员或有关单位涉嫌职务违法、职务犯罪问题的信息，可以以文字、语音、视频、电子数据等为载体。问题线索来源的主要渠道有：一是报案、举报；二是监察机关监督执法过程中发现的问题线索，如被调查人和其他涉案人员检举揭发的问题线索；三是巡视巡察移交的问题线索；四是其他单位移交的问题线索，主要包括其他监察机关、人民法院、人民检察院、公安机关、审计机关以及其他行政、司法机关移交的问题线索等。

监督检查部门、调查部门、干部监督部门发现的相关问题线索，经审批由本部门处理的，应当向案件监督管理部门备案；其他问题线索，经审批后移送案件监督管理部门，由其按程序交承办部门办理。案件监督管理部门统一受理除报案、举报外的问题线索。案件监督管理部门对问题线索实行集中管理、动态更新、定期汇总核对，提出分办意见，经审批后，按程序交承办部门处置。监察机关对反映同级党委委员、纪委常委以及所辖地区部门主要负责人的问题线索和线索处置情况，应当向上级监察机关报告。

问题线索处置是指监察机关对问题线索反映的问题进行统合分析后，按程序对问题线索按照不同方式进行处置。实践中，有的问题线索处置意见由案件监督管理部门提出，有的由承办部门提出。问题线索的处置是监察工作的重要一环，不仅影响监察工作的质效，还会对监察对象产生直接影响，应当慎重。问题线索的处置应坚持民主集中制原则，须经过集体研究决定，按程序报批实施；应当坚持以事实为根据，在对问题线索性质以及所涉及地区部门、单位总体情况进行综合分析的基础之上，实事求是地作出；应当以法律法规为准绳，准确界定问题线索性质，并严格依照相关规定履行审批程序后实施；应当受到监督，包括方案的制定、实施等各个环节。

二　问题线索处置方式

《监督执纪工作规则》第二十一条规定了问题线索处置的四类方式，

即谈话函询、初步核实、暂存待查、予以了结。为增强工作灵活性，《监察法实施条例》第一百七十四条第一款通过不完全列举的方式，明确监督检查部门可以采取谈话、函询、初步核实、暂存待查、予以了结或者移送调查部门的方式处置问题线索，并通过"等方式进行处置"的表述，为今后进一步丰富处置方式预留了制度空间。

（一）谈话函询

谈话函询主要适用于以下问题线索：反映的问题具有一般性，属于轻微职务违法行为的；反映的问题过于笼统，多为道听途说或者反映人主观臆测，需要被反映人作出说明的；反映的问题不实而需要予以澄清的；其他难以查证核实的线索，但需要被反映人作出说明的；等等。谈话函询包含谈话和函询两种方式。谈话是指通过面对面与被反映人谈话的方式，让被反映人讲清楚自己的问题；函询是指通过给被反映人发函的方式，让被反映人对被反映的问题作出书面说明或解释。

谈话和函询既有相同之处也有区别。相同的地方，都适用于反映监察对象苗头性、倾向性问题或一般性职务违法问题线索。在实施要求上，启动前均需要拟定方案和工作预案，按程序报批后实施。谈话函询结束后，承办部门均应当提交情况报告及处置建议，按程序报批。不同之处在于，在实施主体上，谈话既可以由本级监察机关进行，亦可履行相关审批手续后委托相关人员进行，函询只能由本级监察机关实施。谈话和函询两种方式，既可单独适用，亦可多次交叉适用。

（二）初步核实

初步核实主要适用于以下问题线索：反映监察对象的问题具有存在的可能性和可查性，对照相关法律法规可能构成职务违法、职务犯罪，达到需要追究法律责任的严重程度。

初步核实原则上由本级监察机关实施，必要情况下亦可委托下级监察机关办理。采取初步核实方式处置问题线索前应当先拟定工作方案，成立核查组，按程序报批后方可实施。初步核实方案一般应包括：问题线索来源、被核查人基本情况、反映的问题；初核目的、方向、范围及需要重点查明的问题；初核时间、步骤、方法和措施；核查组人员构成及分工；初核期间突发情况处置预案；等等。初步核实过程中，核查组经批准可采取必要措施收集证据，但可采取的核查手段具有一定的限制性，只能采取谈话、询问、查询、调取、勘验检查、鉴定等不限制人身自由财产权利的核查措施收集证据。必要时，经严格审批手续，可通过公安机关采取技术调查或者限制出境等措施。初核期间，不能使用讯问、留置、冻结、查封、扣押、搜查等措施。初步核实工作结束后，核查组应当形成初核情况报告，列明被核查人基本情况、反映的主要问题、办理依据、初步核实结果、存在疑点、处理建议，由全体人员签名，并提出处置建议，按程序报批。

（三）暂存待查

暂存待查主要适用于以下问题线索：反映的问题具体、有可查性，但因其本人、所在部门、时机等因素，不便马上开展核查的；重要涉案人员一时难以找到的；经谈话函询或者初步核实，尚不能完全排除问题存在可能性，但在现有条件下难以进一步开展工作的；反映的问题发生年代久远，并且之后没有出现新的问题举报的；等等。

暂存待查一般由问题线索承办部门在发现存在不宜马上开展核查的情形下建议暂存待查，或者根据谈话函询或初步核实情况建议转为暂存待查，按照规定权限进行审批实施，待条件具备时按程序报批再次启动谈话函询或初步核实等方式进行核查。

（四）予以了结

予以了结主要适用于以下问题线索：明显违背常理，不存在的职务违法、职务犯罪可能的；经过核查未发现监察对象涉嫌职务违法、职务犯罪问题的；经谈话函询后认为反映不实，或者没有证据证明存在问题的；虽有违法事实，但情节轻微，不需要追究法律责任，已建议有关组织或所属单位作出恰当处理的；被反映人核查前已去世，且没有必要继续核查的；等等。

予以了结处置方式一般由问题线索承办部门在发现存在予以了结的情形时提出建议，或者根据谈话函询或初步核实情况建议予以了结，按照规定权限进行审批实施。

三　问题线索处置流程

问题线索处置流程是指监察机关依法采取谈话函询、初步核实、暂存待查以及予以了结四类方式处置问题线索的工作步骤和程序。线索处置不得拖延和积压，处置意见应当在收到问题线索之日起 30 日内提出，并按规定制定处置方案，履行审批手续。

（一）谈话函询方式的处置流程

承办部门拟定工作方案和安全预案，连同反映问题线索清单摘要，按程序报相应权限的领导审批。其中，决定对下一级党政单位（部门）主要负责人进行谈话函询的，还应当向同级党委主要负责人报告。经批准谈话的，承办部门应当在一定时间内及时通知被谈话人，告知实施谈话的时间、地点及相关要求。经批准函询的，应当在一定时间内以本级监察机关办公厅（室）的名义向被函询人发函，并同时抄送其所在党委（党组）主要负责人。采取谈话方式的，在约定的时间、地点，由本级监察机关或经批准后委托相关单位、相关人员开展谈话，形成谈话工作记录，并视情况决定是否需要被谈话人进一步作出书面说明。采取函询方式的，被函询人应当在收到函件后 15 个工作日内，就函询所涉及的问题作出书面说明，并由被函询人所在单位党委（党组）主要负责人签署意见后发函回复。如被函询人为党委（党组）主要负责人或者被函询人所作说明涉及党委（党组）主要负责人的，直接回复发函监察机关。

承办部门对谈话及函询回复材料进行审核，对问题未讲清楚或者说明不全面的，要求被谈话函询人就相关问题进一步作出说明。承办部门将谈话函询情况形成书面情况报告，并根据审核情况经集体研究提出予以了结澄清、采取非政务处分措施或者进行初步核实等相应处置意见报批实施。谈话函询工作应当在谈话结束或者收到函询回复后 30 日内办结。谈话函询结束后，将相关材料存入被谈话函询人廉政档案，按程序移送相关部门统一保存。

（二）初步核实方式的处置流程

承办部门填写《问题线索初步核实呈批表》并按程序报批。经批准，承办部门成立核查组，制定初核工作方案，再次按程序报经分管领导或主要负责人审批后实施。根据《监察机关监督执法工作规定》的要求，对于被核查人为同级党委管理的正职领导干部的，应当报同级党委主要负责人批准后实施。

初核工作结束后，核查组撰写初步核实情况报告，并根据综合分析初核情况，经承办部门集体研究提出拟立案调查、予以了结、暂存待查或者采取非政务处分措施等分类处理建议，一并报主要负责人审批实施。

（三）暂存待查、予以了结方式的处置流程

目前，《监察法》《监察法实施条例》均未对这两种问题线索处置流程进行具体规定。一般情况下，对采取暂存待查、予以了结方式处置的问题线索，直接按程序报批后登记备案即可。

四　问题线索处置结果

承办部门通过不同方式处置问题线索，最终处置结果主要包括以下几种情形。

（一）立案调查

经过初步核实，对被反映人涉嫌职务违法、职务犯罪，需要追究法律责任的，监察机关应当按照规定的权限和程序办理立案手续，进一步查清职务违法、职务犯罪事实。

（二）组织处理

组织处理是指问题线索经过谈话函询、初步核实等方式处置后，发现被反映人虽然存在职务违法问题，但情节较轻，或者属于苗头性、倾向性问题，不需要追究法律责任的，根据《监察法》等法律法规的相关规定，采取谈话提醒、批评教育、责令检查、予以诫勉等方式进行处理。

（三）暂存待查

承办部门在接收问题线索后或者在对问题线索初步核实过程中，发现问题线索反映的问题具有一定可查性，但由于时机、现有条件、涉案人一时难以找到等原因，暂不具备核查条件而存放备查，待条件成熟后立即开展核查工作。

（四）线索了结

承办部门在接收问题线索后或者对问题线索采取谈话函询、初步核实等方式处置后，发现线索反映的问题没有可能开展核查工作，或者线索反映的问题不属实，或者没有证据证明存在违法犯罪问题，或者虽有违法事实但情节轻微不需要追究法律责任等情况，而对问题线索予以了结处理。

第四节　调查程序

调查是指监察机关在对监察对象涉嫌的职务违法、职务犯罪问题办理立案手续后，采取必要的调查措施，收集被调查人有无职务违法、职务犯罪以及情节轻重的证据，查明违法犯罪事实的过程。调查工作是监察机关的核心业务，也是进行处置的基础和前提，要求客观全面、手续完备和程序合法。

一　立案

监察机关对监察对象涉嫌职务违法、职务犯罪，需要追究法律责任的，应当按照管理权限和程序办理立案手续。立案是监察机关调查职务违法、职务犯罪的重要环节，必须严格依法进行。

立案应当符合三个要件：一是存在职务违法或者职务犯罪的事实；二是需要追究法律责任；三是按照规定的权限和程序办理立案手续。立案不仅可以对人立案，实践中还存在以事立案。发生突发事件、重大事故等，调查对象尚未明确，但是其中可能存在涉嫌职务违法、职务犯罪的，可以以事立案，然后再确定被调查对象。

立案应当经过严格审批。承办部门根据掌握的情况和材料，经集体讨论，认为符合立案条件的，应当起草《立案调查呈批报告》，层报具有审批权限的有关负责人审批，予以立案调查。《立案调查呈批报告》内容主要包括：案件线索的来源及反映的主要问题；被反映人的基本情况；认定的主要职务违法、职务犯罪的问题并附相关初步证据材料；立案所依据的法律规定；五是提出呈报单位的意见等。凡对同级党委管理干部涉嫌的职务违法、职务犯罪报请立案调查的，应当经同级党委主要领导审批。对同级党委委员立案调查的，应当在向同级党委主要领导报告的同时，向上一级监察机关报告。

立案调查决定应当向被调查人宣布，给予其就相关问题作出解释和说明的机会。立案调查决定还应当通报被调查人的所在单位、管理该被调查人的组织人事部门等相关组织。如果被立案调查的监察对象是人大代表或政协委员的，需要将立案调查的情况通报其所在的人大或政协组织。对于涉嫌严重职务违法或者职务犯罪的，需要通知被调查人的家属，并向社会公开发布。

二　调查组和调查方案

调查必须由调查组来完成，调查组是案件调查工作的实施主体，这是集中领导原则的体现。调查组一般由监察机关主要负责人或分管负责人指定一定的人员来组成，可以是之前负责该问题线索初核的人员，也可以抽调其他适合的人员参加。调查组的任务是运用监察法等赋予的方法、手段和措施，按照法定程序收集被调查人有无职务违法、职务犯罪以及情节轻重的证据，查明职务违法、职务犯罪事实，形成相互印证、完整稳定的证据链。

调查方案是对调查工作的安排和实施方案，对调查工作具有十分重要的指导作用，同时也是防范调查权滥用的重要依据。《监察法》第三十九条第二款规定，监察机关主要负责人依法批准立案后，应当主持召开专题会议，研究确定调查方案，决定需要采取的调查措施。调查方案一般包括以下内容：被调查人的基本情况；线索来源及内容，发现的涉嫌职务违法或者职务犯罪事实；立案依据和理由；调查的方向、范围、内容及重点；调查工作的组织领导、人员配备及分工；调查途径、突破口和取证、外查、追赃范围以及调查的方法、步骤、措施、策略；调查需要采取的主要措施；需要有关部门协作配合的工作方案；安全防范措施及突发、重大情况的处理预案，并明确责任人；调查的时间和纪律要求；其他需要载明的事项。调查人员应当严格执行调查方案，不得随意扩大调查范围、变更调查对象和事项。对调查过程中的重要事项，应当集体研究后按程序请示报告。调查中遇到紧急情况，比如可能携带、隐藏危险物品，可能隐匿、毁弃、转移犯罪证据或隐匿其他涉嫌犯罪人员等情况，可以先实施搜查，再及时补办相关审批手续。

三　调查措施的使用

《监察法》授权监察机关可以采取多项调查措施，如谈话、讯问、询问、查询、冻结、调取、查封、扣押、搜查、勘验检查、鉴定、留置、通缉、技术调查、限制出境等。《监察法实施条例》第四章第三节至第十五节详细规定了各项调查措施的使用条件及注意事项。本书在监察权限章节中已详细叙述，这里仅对其使用的程序进行说明。

（一）谈话、讯问、询问

谈话、讯问、询问前应熟悉有关情况，包括被谈话、讯问、询问人心理状态、家庭状况、社会关系、身体健康情况，拟定谈话、讯问、询问方案和安全工作预案，明确谈话、讯问、询问要点和需要解决的问题。对有关人员进行谈话、讯问、询问已列入调查方案的，可以按照调查方案组织实施。未列入调查方案的，应报监察机关分管领导审批，其中同级党委管理的干部报监察机关主要领导批准，由承办部门负责人组织实施。讯问及重要的谈话、询问，应当全程同步录音录像。

（二）查询、冻结

查询要详细列明查询事由、事项、时间范围、工作要求、承办人等内容，报监察机关分管领导批准后实施，其中查询同级党委管理干部的应当报监察机关主要领导批准。查询要坚持"一事一请"。调查人员必须按照批准的查询对象、范围和事项严格执行，不得随意扩大查询范围，不得从事与查询事项无关的活动。需要冻结被调查人及相关人员的存款、汇款、债券、股票、基金份额等财产的，调查人员应当将相应文书交银行或者其他金融机构执行。被调查人及相关人员的存款、汇款、债券、股票、基金份额等财产已被冻结的，不得重复冻结，但可以轮候冻结，要求有关银行或者其他金融机构在解除冻结或者做处理前通知调查人员。

（三）调取、查封、扣押

根据调查需要，报监察机关分管领导批准，调查人员可以凭《调取证据通知书》向有关单位和个人调取能够证明被调查人有无职务违法、职务犯罪以及情节轻重的证据材料，并且可以根据需要拍照、录像、复印和复制。调取物证应当调取原物。原物不便搬运、保存，或者依法应当返还被害人，或者因保密工作需要不能调原物的，可以将原物封存，并拍照、录像。对原物拍照、录像应当足以反映原物的外形和内容。调取书证、视听资料、电子数据应当调取原件。取得原件确有困难或者因保密需要不能调取原件的，可以调取副本或者复制件。调取书证、视听资料的副本、复制件和物证的照片、录像的，应当书面记明不能调取原件、原物的原因，制作过程和原件、原物存放地点，并由制作人员和原书证、视听资料、物证持有人签名。

（四）搜查

为了收集犯罪证据，调查人员可以对被调查人、可能隐藏被调查人或者犯罪证据的人的身体、物品、住处、工作地点和其他有关的地方进行搜查。搜查时，应当向被搜查人或者其家属出示搜查证。遇到紧急情况时，可以先实施搜查，在搜查结束后 24 小时内补办相关手续。搜查过程应当全程录音录像。搜查情况应当现场制作笔录，由调查人员和被搜查人或者其家属、邻居或者其他见证人签名。被搜查人在逃，其家属拒不到场或者拒绝签名的，在笔录中注明。

（五）勘验检查

勘查时，应当邀请 2 名与案件无关的见证人在场，制作相关笔录和现场图，由参加勘查的人员和见证人签名。勘验检查应当拍摄现场照片、录像。为了确定被害人、被调查人的某些特征、伤害情况或者生理状态，调查人员可以对其人身进行检查。必要时，可以聘请法医或者医师进行人身检查。采集生物样本应当由医师进行。被调查人拒绝检查的，调查人员认为有必要的，可以强制检查。检查女性的身体，应当由女性工作人员或者医师进行。人身检查不得采用损害被检查人生命、健康或者贬低其名誉、人格的方法。对人身检查过程中知悉的个人隐私，应当严格保密。为查明案情，在必要的时候，经审批可以依法进行调查实验。调查实验，可以聘请有关专业人员参加，也可以要求被调查人、被害人、证人参加。进行调查实验，应当全程同步录音录像，制作调查实验笔录，由参加实验的人签名。进行调查实验，禁止一切足以造成危险、侮辱人格的行为。

（六）鉴定

按照规定应当回避的有关人员不能担任鉴定人。鉴定人进行鉴定后应当出具鉴定意见，同时附鉴定机构和鉴定人的资质证明，并且签名或者盖章。多个鉴定人的鉴定意见不一致的，应当在鉴定意见上写明分歧的内容和理由，并且签名或者盖章。鉴定人故意作虚假鉴定的，应当承担法律责任。对于鉴定意见，调查人员应当进行审查，必要时，可以提出补充鉴定或者重新鉴定的意见。

（七）留置

监察机关采取留置措施，应当严格履行审批手续。设区的市及以下监察机关采取留置措施，应当报上级监察机关批准。省级监察机关采取留置措施，应当向国家监察委员会备案。对县级以上人大代表、政协委员采取留置措施的，应当分别向所属机关报告或通报；对垂直管理单位的公职人员采取留置措施的，应当向其主管部门通报。对省、设区市、县（区）管公职人员采取留置措施的，应报同级党委主要负责人审批，通报同级党委组织部门。监察机关调查部门应当在采取留置措施后 24 小时内通知被留置人员所在单位和家属。因有碍调查和无法通知的,应注明原因并附卷。有碍调查和无法通知情形消失后,调查部门应当及时通知被留置人员所在单位和家属。

采取留置措施后,调查人员应当在 24 小时以内对被留置人员进行讯问,第一次讯问应当告知被留置人员的权利和义务。调查人员在进行讯问时,应当全程录音录像。对被留置人员不需要继续采取留置措施的,应当按规定报批,及时解除留置。实务中还需报上一级监察机关备案。

(八) 通缉

监察机关立案调查的案件,已查明被调查人部分犯罪事实及证据,被调查人在逃或者逃脱的,可以决定通缉。通缉范围超出本行政区域的,报上一级监察机关决定。公安机关应当协助,发布通缉令,对被调查人进行通缉。调查人员应当及时向公安机关了解通缉的执行情况。公安机关抓获监察机关决定通缉的人员后,可按相关规定先行羁押,并及时与监察机关进行核实,办理交接手续。

(九) 技术调查

申请技术调查措施报批后,提交公安机关执行。调查人员对采取技术调查措施过程中知悉的国家秘密、商业秘密和个人隐私,应当保密;对采取技术调查措施获取的与案件无关的材料,应当及时销毁,并对销毁情况制作记录。采取技术调查措施获取的证据、线索及其他有关材料,只能用于对涉嫌职务犯罪的调查、起诉和审判,不得用于其他用途。

(十) 限制出境

为防止被调查人及相关人员逃往国(境)外,需要在边防口岸采取限制出境措施的,报批后提交边控机关执行。限制出境措施到期,监察机关未向边控机关提交延长限制出境文书的,限制出境措施自动解除。

四 调查终结

经过调查和收集证据,对相应的案件事实已经查清,可以作出结论性的意见,调查工作可以终结。案件调查终结,需要经过调查组集体讨论后撰写调查报告。案件调查报告是调查组通过调查收集证据,查明违法事实,起草形成的反映经查证、拟认定的整个案件事实并提出定性和处置建议的书面综合材料，是案件调查阶段最重要的内部文书。案件调查报告的主要内容包括：被调查人的基本情况；问题线索来源及调查依据、调查过程，涉嫌的主要职务违法或者职务犯罪事实，被调查人的态度和认识，处置建议及法律依据，并由调查组组长以及有关人员签名。对调查过程中发现的重要问题和形成的意见建议，应当形成相应专题报告。

报告形成后，调查组全体成员签名，如调查人员对职务违法、职务犯罪的性质、有关人员的责任及处置建议等有较大分歧，经过讨论不能一致的，应按调查组长的意见，写出调查报告，但不同意见应在报告中适当反映。调查组撰写案件调查报告，经承办部门和分管领导审议后，报监察机关主要领导审批。调查报告经批准后，承办部门将调查报告以及违法犯罪事实材料、忏悔反思材料等，连同全部证据和程序材料，依照规定移送案件审理部门审理。

经调查，对没有证据证明被调查人存在职务违法、职务犯罪行为的，应当撤销案件，并通知被调查人所在单位。若给被调查人造成一定影响，应采取适当的方式，在一定范围内澄清事实，消除影响。

第五节　审理与处置

一　案件审理的概念和要求

（一）案件审理的概念

案件审理是指监察机关审理部门对调查结束或其他相关部门移送的职务违法、职务犯罪案件，按照规定程序，对案件的事实、证据、定性、处理以及办案程序等方面所做的审核处理工作。案件审理是对调查工作审核把关的重要环节，是处理职务违法、职务犯罪案件的必经程序。

（二）案件审理的要求

案件审理部门应当加强对证据客观性、关联性、合法性的审核，严格依法提出审理意见，做到事实清楚、证据确凿、定性准确、处理恰当、手续完备、程序合法。

事实清楚，是指调查结论认定的职务违法、职务犯罪的事实，必须真实、具体、准确。事实清楚是正确处理案件的基础。事实清楚包含所认定的事实必须符合客观实际,能够反映职务违法、职务犯罪事实发生、发展的全过程,所依据的事实必须能够准确地概括出被调查人员违反法律法规的情形。

证据确凿,是指处分决定或调查结论所依据的违法事实,都有确实、充分的证据加以认定。证据确凿要求证据必须真实,所取得的证据要能够经得起现实和历史的检验。证据必须与案件有内在的联系,必须能将案件所认定的违法事实证明清楚,相互之间可以印证,得出的结论是唯一的,证据之间不能有矛盾。

定性准确,是指判断职务违法、职务犯罪的性质要准确。定性准确是正确处理职务违法、职务犯罪案件的关键。定性要根据证据证明的职务违法、职务犯罪的事实来判断,精准适用法律、法规,符合认定职务违法、职务犯罪的各种要件。

处理恰当,是指根据职务违法、职务犯罪的事实和性质,依据相关法律、法规,给予被调查人员恰当的处理。处理恰当要求职务违法、职务犯罪的性质和应负的责任相适应,事实与情节相近的职务违法、职务犯罪行为,应当给予轻重相近的处理。处理应综合考虑职务违法、职务犯罪性质、金额、侵害后果、行为人的目的与动机、侵害对象等。

手续完备、程序合法,是指对职务违法、职务犯罪的案件进行调查处理时,要按照程序法规所规定的方法和步骤办理。调查部门要按程序性条规的规定办案,没有履行相关程序的,审理部门要监督完善。审理部门在审理案件过程中,必须按照法定的程序进行审理,办好各种手续。

根据《中国共产党纪律检查机关监督执纪工作规则》相关规定,对于重大、复杂、疑难案件,调查部门已经查清涉嫌职务违法、职务犯罪事实并提出倾向性意见的;对涉嫌职务违法、职务犯罪行为性质认定分歧较大的,经批准,案件审理部门可以提前介入。审理部门提前介入的目的,是借助案件审理部门的工作,把问题尽快分析透、研究透,提高办案效率,缩短案件办理时间。

二 审理流程

(一) 受理

受理案件是指案件审理部门接到有关单位或部门呈报或移送的职务违

法、职务犯罪案件后，对案卷材料进行初步审核，判断该案是否符合审理条件的工作程序。这些条件包括：是否属于本级监察机关的受理范围，是否已经调查终结，是否需要作出处理决定，案件材料是否齐全并经过整理，有关负责人是否批示同意移送审理等。案件审理部门对司法机关等依法作出的生效判决、裁定和决定，需要追究政务责任的案件，应当依据生效法律文书，进行处置。

（二）审理

案件受理后，应当成立由二人以上组成的审理组，全面审理案卷材料。根据查审分开的原则，参与调查人员不得参加案件的审理。与本案有利害关系或可能影响公正审理的人员应当回避。审理人员的回避，由分管负责人决定。对审理人员的回避决定作出前，审理人员不停止对案件的审理。案件审理人员应当通过阅卷、谈话、交叉互审和集体讨论等方式对案件进行审核。审理人员应当以监察法、政务处分法、刑法、刑事诉讼法等法律及相关法规为准绳，对案件事实证据、性质认定、程序手续、涉案财物等进行全面审理。审理人员应当全面详细地从程序和实体两个方面对全案的事实和证据进行审核，对调查部门的意见进行审核。

案件审理部门根据案件审理情况，经审批可以与被调查人谈话，告知其在审理阶段的权利义务，核对涉嫌违法犯罪事实，听取辩解意见，了解有关情况。与被调查人员谈话时，案件审理人员不得少于两人，并认真做好谈话笔录。谈话结束后，由被调查人员核对后签名。与被调查人员谈话，内容包括：告知权利和义务、对职务违法、职务犯罪事实进行校对、听取被调查人意见及其对问题的认识及悔改决心，以及对组织的处理的要求和意见。谈话时要认真倾听被调查人员的意见，对有充分理由和证据的申辩意见，要进行核实。若属无理取闹的，应予批评教育。对依据司法机关的生效判决、裁定和决定追究责任的案件，可以不与被调查人进行谈话；对其他因特殊情况不宜或无法进行谈话的案件，应当报分管负责人批准。

在案件审理完毕之后，应召开室务会议或案件审理小组会议进行集体审议，形成处理意见。审理人员根据集体审议的意见，撰写或修改审理报告，经分管负责人审核，报经纪检监察机关主要负责人批准后，提交纪委监委常委会（委务会）会议审议。

(三) 重新调查和补充调查

对主要事实不清、证据不足的，经监察机关主要负责人批准，退回案件调查部门重新调查；需要补充完善证据的，经监察机关相关负责人批准，退回案件调查部门补充调查。案件审理部门将案件退回重新调查或者补充调查的，应当出具审核意见，写明调查事项、理由、调查方向、需要补充收集的证据及其证明作用等，连同案卷材料一并送交承办部门。承办部门补充调查结束后，应当经审批将补证情况报告及相关证据材料，连同案卷材料一并移送案件审理部门；对确实无法查明的事项或者无法补充的证据，应当作出书面说明。重新调查终结后，应当重新形成调查报告，依法移送审理。

(四) 审理报告

审理工作结束后应当形成审理报告，载明被调查人基本情况、调查简况、涉嫌违法或者犯罪事实、被调查人态度和认识、涉案财物处置、承办部门意见、审理意见等内容，提请监察机关集体审议。对被调查人涉嫌职务犯罪需要追究刑事责任的，应当形成《起诉意见书》，作为审理报告附件。《起诉意见书》应当忠实于事实真相，载明被调查人基本情况，调查简况，采取留置措施的时间，依法查明的犯罪事实和证据，从重、从轻、减轻或者免除处罚等情节，涉案财物情况，涉嫌罪名和法律依据，采取强制措施的建议，以及其他需要说明的情况。案件审理部门经审理认为现有证据不足以证明被调查人存在违法犯罪行为，且通过退回补充调查仍无法达到证明标准的，应当提出撤销案件的建议。

(五) 审理期限

审理工作应当在受理之日起一个月以内完成。案件审理部门与案件调查部门对案件事实、性质、处理意见分歧较大，或者案情特别疑难、复杂的，经分管领导批准，可以适当延长审理时限。审理过程中，需要补充调查的，补充调查时间不计入审理时限。[①]

[①] 为提高执纪执法效率，各地尝试了不少创新之举。例如，2020年深圳市光明区纪委监委制定了《光明区纪委监委党纪政务案件适用快查快审程序的暂行规定》，规定事实简单的案件或已被行政机关、司法机关作出处理、事实清楚的案件，适用快查快审，即在5个工作日内审结，以提高纪检监察机关执纪执法工作质量和效率，达到抓早抓小、精准有效运用监督执纪"四种形态"的目的。参见熊晓琳《"三不"一体机制使反腐败各项制度越扎越紧、越织越密》，人民论坛网，http://www.rmlt.com.cn/2020/0629/585100.shtml，2021年8月20日。

三 处置

监察机关根据监督、调查结果，可以对违法的公职人员依照监察法、公职人员政务处分法等进行处置。处置可以分为如下几种情况：（一）对于公职人员有职务违法行为但情节较轻的，可以依法进行谈话提醒、批评教育、责令检查，或者予以诫勉。上述方式可以单独使用，也可以依据规定合并使用。谈话提醒、批评教育应当由监察机关相关负责人或者承办部门负责人进行，可以由被谈话提醒、批评教育人所在单位有关负责人陪同；经批准也可以委托其所在单位主要负责人进行。对谈话提醒、批评教育情况应当制作记录。被责令检查的公职人员应当作出书面检查并进行整改。整改情况在一定范围内通报。诫勉由监察机关以谈话或者书面方式进行。以谈话方式进行的，应当制作记录。（二）对违法的公职人员依法需要给予政务处分的，应当根据情节轻重作出警告、记过、记大过、降级、撤职、开除的政务处分决定，制作政务处分决定书。监察机关应当将政务处分决定书在作出后一个月以内送达被处分人和被处分人所在机关、单位，并依法履行宣布、书面告知程序。政务处分决定自作出之日起生效。有关机关、单位、组织应当依法及时执行处分决定，并将执行情况向监察机关报告。处分决定应当在作出之日起一个月以内执行完毕，特殊情况下经监察机关批准可以适当延长办理期限，最迟不得超过六个月。（三）对不履行或者不正确履行职责造成严重后果或者恶劣影响的领导人员，可以按照管理权限采取通报、诫勉、政务处分等方式进行问责；提出组织处理的建议。

监察机关也可以以监察建议等方式，要求主管单位对职务违法人员进行处分或者进行其他处理。

第六节 移送审查起诉

对涉嫌职务犯罪的，监察机关经调查认为犯罪事实清楚，证据确实、充分的，制作起诉意见书，连同案卷材料、证据一并移送人民检察院依法审查，提起公诉。

一 移送审查起诉

监察机关决定对涉嫌职务犯罪的被调查人移送起诉的,应当出具《起诉意见书》,连同案卷材料、证据等,一并移送同级人民检察院。监察机关案件审理部门负责与人民检察院审查起诉的衔接工作,调查、案件监督管理等部门应当予以协助。国家监察委员会派驻或者派出的监察机构、监察专员调查的职务犯罪案件,应当依法移送省级人民检察院审查起诉。

被调查人主动认罪认罚,有自动投案、真诚悔罪悔过,积极配合调查工作、如实供述监察机关还未掌握的违法犯罪行为,积极退赃、减少损失,具有重大立功表现或者案件涉及国家重大利益等情形的,经监察机关集体研究,并报上一级监察机关批准,可以在移送检察机关时提出从轻、减轻处罚的建议。《监察法实施条例》第二百一十三条至第二百一十七条详细解释了上述情形。

监察机关在案件移送检察机关审查起诉前,原则上应对涉嫌职务犯罪的被调查人先作出政务处分,再办理移送手续。案件移送检察机关后,案件承办部门应当跟踪了解审查起诉情况,发现问题应及时报告。

涉及职务犯罪的涉案款物应当随案移送检察机关。对职务犯罪随案移送的涉案款物,经司法机关认定不涉及犯罪予以退回的,由案件审理室提出处理意见,按程序报批后作出处理。

二 退回补充调查

人民检察院经审查,认为需要补充核实的,应当退回监察机关补充调查。对检察机关退回的补充调查案件,监察机关审理部门审核后,调查组应根据审理部门意见和检察机关提出的补充调查提纲和收集证据的清单,区分不同情况,进行相应处理。

原调查认定的基本犯罪事实清楚、证据不够充分的,应当补充证据,制作补充调查报告书,移送人民检察院审查;对于无法补充完善的证据,应当作出书面情况说明,并加盖监察机关或者承办部门公章。在补充调查过程中,发现新的同案犯或增加、变更犯罪事实,需要追究刑事责任的,应当重新提出处理意见,移送人民检察院审查;发现原认定的犯罪事实出现重大变化,不应当追究被调查人刑事责任的,应当重新提出处理意见,并将处理结果书面通知人民检察院并说明理由;原认定犯罪事实清楚,证据确实、充分的,检察机关补充调查决定不当的,应当说明理由,移送人民检察院依法审查。在案件审判过程中,人民检察院书面要求监察机关补充提供证据,对证据进行补正、解释,或者协助人民检察院补充侦查的,监察机关应当予以配合。监察机关不能提供有关证据材料的,应当书面说明情况。

三 检察不起诉和监察复议

不起诉是指人民检察院在审查起诉后做出不将案件移送人民法院审判而终止诉讼的决定。《刑事诉讼法》第一百七十七条规定,人民检察院认为犯罪嫌疑人依法不应追究刑事责任的,应当作出不起诉的决定;对于犯罪情节轻微,依照刑法规定不需要判处刑罚或者免除刑罚的,人民检察院可以作出不起诉的决定;对于补充侦查的案件,人民检察院仍然认为证据不足,不符合起诉条件的,可以作出不起诉的决定。

监察机关认为人民检察院不起诉决定有错误的,应当在收到不起诉决定书后三十日以内,依法向其上一级人民检察院提请复议。监察机关应当将上述情况及时向上一级监察机关书面报告。

对于监察机关移送起诉的案件,人民检察院作出不起诉决定,人民法院作出无罪判决,或者监察机关经人民检察院退回补充调查后不再移送起诉,涉及对被调查人已生效政务处分事实认定的,监察机关应当依法对政务处分决定进行审核。认为原政务处分决定认定事实清楚、适用法律正确的,不再改变;认为原政务处分决定确有错误或者不当的,依法予以撤销或者变更。

第七节 特别程序

《监察法》第四十八条规定,监察机关在调查贪污贿赂、失职渎职等职务犯罪案件过程中，被调查人逃匿或者死亡，有必要继续调查的，经省级以上监察机关批准，应当继续调查并作出结论。被调查人逃匿，在通缉一年后不能到案，或者死亡的，由监察机关提请人民检察院依照法定程序，向人民法院提出没收违法所得的申请。

一　逃匿或死亡案的调查

逃匿或死亡案的调查只适用于贪污贿赂、失职渎职等职务犯罪案件，不包括普通职务违法案件。贪污贿赂、失职渎职等职务犯罪案件，既包括了狭义上的贪污罪，以及挪用公款罪、私分国有资产罪、私分罚没财物罪、巨额财产来源不明罪、隐瞒境外存款罪等广义上的贪污犯罪，同时也包括受贿罪、行贿罪、介绍贿赂罪等贿赂犯罪，以及各种失职渎职犯罪。

逃匿或死亡案的调查必须有必要性，具体可以表现为具有重大政治影响，或者严重损害公共利益，或者严重侵害公职人员管理秩序，或者需要追回涉案财物等。确实需要继续调查的，经省级以上监察机关批准，可以继续调查并作出结论。

二　逃匿或死亡案违法所得的没收

对于贪污贿赂、失职渎职等职务犯罪案件，被调查人逃匿，在通缉一年后不能到案，或者被调查人死亡，依法应当追缴其违法所得及其他涉案财产的，承办部门在调查终结后应当依法移送审理。监察机关应当经集体审议，出具《没收违法所得意见书》，连同案卷材料、证据等，一并移送人民检察院依法提出没收违法所得的申请。监察机关将《没收违法所得意见书》移送人民检察院后，在逃的被调查人自动投案或者被抓获的，监察机关应当及时通知人民检察院。

《没收违法所得意见书》应当包括：犯罪嫌疑人身份状况，姓名、性别、国籍、出生年月日、职业和单位等；犯罪嫌疑人涉嫌犯罪的情况；犯罪嫌疑人逃匿、被通缉或者死亡的情况；违法所得及其他涉案财产的种类、数量、所在地，以及查封、扣押、冻结的情况；与犯罪事实、违法所得相关的证据材料是否随案移送，不宜移送的证据的清单、复制件、照片或者其他证明文件是否随案移送；相关利害关系人的情况；是否符合《刑事诉讼法》相关规定的条件。

　　人民检察院在接到监察机关移送的《没收违法所得意见书》后30日以内，作出是否提出没收违法所得申请的决定。30日以内不能作出决定的，经检察长批准，可以延长15日。对于监察机关移送的没收违法所得案件经审查认为不符合条件的，应当作出不提出没收违法所得申请决定，并向监察机关书面说明理由；认为需要补充证据的，应当书面要求监察机关补充证据，必要时也可以自行补充侦查。

第十章

反腐败国际合作

第一节 反腐败国际合作概述

一 反腐败国际合作在我国的发展历程

反腐败既是历史性课题，也是世界性难题；既是全球治理的重要领域，也是国际社会共同关注的议题。根据《联合国反腐败国际公约》的规定，反腐败国际合作，通常是指国家（地区）、国际组织之间为了预防和打击腐败，在与腐败有关的刑事、民事和行政案件调查和诉讼等活动中相互协助。[①] 反腐败国际合作对内涉及监察、司法、执法、外交、金融等部门的协调配合，对外涉及与有关国家、地区和国际组织的交流合作。

党的十八大特别是十九大以来，以习近平同志为核心的党中央统筹中华民族伟大复兴战略全局和世界百年未有之大变局，立足新时代全面从严治党、党风廉政建设和反腐败斗争新形势任务，将反腐败国际合作提升到国家政治和外交层面，纳入反腐败工作总体部署，"打虎""拍蝇""猎狐"一体推进，对内凝聚党心民心，对外占据道义制高点。党的二十大报告中明确提出，要深化反腐败国际合作，一体构建追逃防逃追赃机制。国家监察体制改革后，反腐败国际合作成为监察机关法定职责，对其规范化、法治化、专业化要求越来越高。

（一）起步阶段：以加入《联合国反腐败公约》为标志

我国 2003 年签署、2005 年批准加入《联合国反腐败公约》，反腐败工

[①] 参见《联合国反腐败公约》第 1 条、第 43 条。

作开始与国际接轨，反腐败具有了国内法治基本要求和履行国际法义务的双重属性。《联合国反腐败公约》对预防腐败、界定腐败犯罪、反腐败国际合作、非法资产追缴等问题进行了规范，对各国加强国内的反腐行动、提高反腐成效、促进反腐国际合作具有重要意义。

2007年9月，根据《联合国反腐败公约》第6条所规定的条约义务，缔约国需在国内设立预防腐败独立机构。为了履行条约义务，同时也为了更好地治理腐败，实现根源上遏制腐败的目的，我国成立了国家预防腐败局，负责全国预防腐败工作的组织协调、综合规划、政策制定和检查指导等重要工作。

2008年中共中央印发了《建立健全惩治和预防腐败体系2008—2012年工作规划》，明确提出在2012年建成反腐败体系。2009年，中央出台了历年来最为密集的制度化、规模化防腐、反腐措施，制定了《中国共产党巡视工作条例（试行）》《关于实行党政领导干部问责的暂行规定》《国有企业领导人员廉洁从业若干规定》《关于开展工程建设领域突出问题专项治理工作的意见》等四部反腐败方面的政策和党内规章。[1]

（二）完善阶段：以"三不腐"体制机制形成为标志

2013年1月，习近平总书记在十八届中央纪委第二次全会上提出"要把权力关进制度的笼子里，形成不敢腐的惩戒机制、不能腐的防范机制、不易腐的保障机制"。2013年11月党的十八届三中全会通过了《中共中央关于全面深化改革若干重大问题的决定》，要求"必须构建决策科学、执行坚决、监督有力的权力运行体系，健全惩治和预防腐败体系，建设廉洁政治，努力实现干部清正、政府清廉、政治清明"。

在科学总结了反腐败的成功经验后，2014年1月，习近平总书记在十八届中央纪委第三次全会上指出，应当加大查办违纪违法案件力度，保持惩治腐败高压态势，"形成不想腐、不能腐、不敢腐的有效机制"；同时，在本次会议上，习近平总书记明确强调，"国际追逃工作要好好抓一抓，各有关部门要加大交涉力度，不能让外国成为一些腐败分子的'避罪天堂'，腐败分子即使逃到天涯海角，也要把他们追回来绳之以法，五年、

---

[1] 参见林喆《反腐败应由党纪转为国法管束》，《国际先驱导报》，http://ihl.cankaoxiaoxi.com/2014/0103/326491.shtml，2022年6月10日。

十年、二十年都要追，要切断腐败分子的后路。"总书记的指示，为新时代反腐败国际追逃追赃工作指明了方向。同年10月，党的十八届四中全会对"形成不想腐、不能腐、不敢腐的有效机制"的提法作了微调，提出"形成不敢腐、不能腐、不想腐的有效机制，坚决遏制和预防腐败现象"。2014年6月，经党中央批准，中央反腐败协调小组建立追逃追赃工作协调机制，统筹抓好反腐败国际追逃追赃工作。协调机制由中央纪委监察部牵头，最高人民法院、最高人民检察院、外交部、公安部、国家安全部、司法部、人民银行为成员单位。在中央追逃办成立后，31个省（区、市）也陆续成立了省一级的追逃办。集中统一、高效顺畅的协调机制建立起来。

（三）体系化阶段：以监察法体系的构建为标志

2018年十三届全国人大一次会议通过《宪法》修正案和《监察法》，产生国家监察委员会，依法赋予其反腐败国际合作、加强对反腐败国际追逃追赃和防逃工作的组织协调等重要职责。《监察法》第六章对反腐败国际合作作出了框架性规定。

随后，全国人大及其常委会制定完善了相关法律，组织开展了相关调研，实施有力监督，为反腐败国际追逃追赃提供重要法治和工作保障。2018年10月，全国人大常委会审议通过《国际刑事司法协助法》，规定国家监察委员会等部门为开展国际刑事司法协助的主管机关，为开展反腐败国际合作提供重要法律依据；修改《刑事诉讼法》，建立刑事缺席审判制度，对外逃人员形成法律威慑。国家监察委员会注重加强自身法治建设，2019年7月出台《监察机关监督执法工作规定》，明确开展反腐败国际合作和追逃追赃有关要求；2019年8月制定《纪检监察机关办理反腐败追逃追赃等涉外案件规定（试行）》，有效提升了追逃追赃工作规范化法治化水平。

2021年8月颁布的《监察官法》第九条明确规定，开展反腐败国际合作方面的工作，是监察官依法履行的职责。2021年9月发布的《监察法实施条例》第六章规定了反腐败国际合作，详细规定了国家监察委员会及地方各级监察机关的具体工作职责。这些规定是对《监察法》第六章的扩充与细化。反腐败监察领域的一系列法律法规和重要文件的出台，构建起相对成熟的监察法体系，标志着中国反腐败国际合作进入体系化阶段。

二 反腐败国际合作与我国纪检监察工作的契合点

从国家的角度看,反腐败事关国家职能的履行;从法治的角度看,反腐败是法治的基本要求;从执政党的角度看,反腐败是党永葆生机的制度基础。

(一) 两者都以反腐败为核心内容

反腐败国际合作与我国纪检监察工作的契合点在于,两者都以反腐败为目标,以构建严格的惩处机制、严密的保障机制以及有效的预防机制为基本内容。

"国际组织的官僚机构,尤其当它们被视为拥有全体性机构、行政机构、司法机构并且围绕着同一中心的领域内从事规定活动的更广泛的联合国组织体系的组成部分,以及国际组织的职责不断扩大,有时候会促使人们把它们与国内治理体系进行比较"。[①] 就反腐败工作而言,反腐败议题既是联合国的日常议题之一,也是各区域性国际组织关注的重点问题。我国加入的国际反腐败多边、双边公约,从国际法的角度为反腐败设定了共同的标准,我国通过纪检监察工作对反腐败做出了回应与实践。党的十九大以来,党中央坚持抓捕与规劝并举、遣返与引渡并用、追逃防逃追赃一体推进,推动反腐败国际合作向纵深发展,为反腐败全球治理贡献了中国经验和中国方案。2021年6月,联合国大会首次就反腐败问题召开特别会议,在本次会议中,中方鲜明提出"坚持公平正义、惩恶扬善,坚持尊重差异、平等互鉴,坚持合作共赢、共商共建,坚持信守承诺、行动优先"四项主张,发出"共建清正廉洁地球家园"的中国声音。[②]

(二) 两者都以维护法治为价值基础

反腐败国际合作与我国纪检监察工作具有共同的价值基础。权力是国家治理的基础,但一旦得不到有效控制则可能成为法治的巨大威胁。党的十八届四中全会通过《中共中央关于全面依法治国若干重大问题的决议》,习近平总书记指示:"全面推进依法治国,总目标是建设中国特色社会主

[①] [美] 何塞·E. 阿尔瓦雷斯:《作为造法者的国际组织》,蔡从燕等译,法律出版社2011年版,第15页。

[②] 资料来源:https://www.ccdi.gov.cn/toutiaon/202209/t20220906_216190.html。

义法治体系，建设社会主义法治国家。"法治中国的建设已经成为这个时代（是新时代）的主旋律。党的二十大报告中也明确提出，"全面依法治国是国家治理的一场深刻革命，关系党执政兴国，关系人民幸福安康，关系党和国家长治久安。"法治是社会的基本要求，而腐败则是对社会制度与公义的破坏，因此反腐败构成国内以及国际社会的共同目标。

三 反腐败国际合作的法律依据

我国的反腐败工作既是我国推进全面从严治党向纵深发展的重大举措，也是对国际公约义务的履行。反腐败国际合作的法律依据既包括国内立法，也包括我国加入的国际公约。

（一）国内法依据

1.《监察法》

《监察法》第六章"反腐败国际合作"将党的十八大以来反腐败追逃追赃和防逃的成功经验和做法制度化、规范化，确立了反腐败国际合作基本法律制度框架。第四章、第五章中关于限制出境、违法所得没收程序等条款也与反腐败国际合作工作密切相关。

2.《监察法实施条例》

《监察法实施条例》第六章总结吸收近年来追逃追赃实践经验，将《监察法》第六章3条内容，细化完善为3节17条近3000字，详细规定了反腐败国际合作的工作职责、领导体制以及开展境内工作、对外合作的具体要求。

此外，为进一步有效指导纪检监察机关办理追逃追赃案件，国家监察委员会出台了《监察机关监督执法工作规定》与《纪检监察机关办理反腐败追逃追赃等涉外案件规定（试行）》，明确规定了开展反腐败国际合作和追逃追赃有关要求。以上部门规章的出台，有效提升了追逃追赃工作规范化法治化水平，也推动和促进了涉外法律体系的完善。[①]

3.《监察官法》

《监察官法》第九条以列举的方式明确了监察官的法定职责，其中第（五）项即为"开展反腐败国际合作方面的工作"。

[①] 《国家监察委员会关于开展反腐败国际追逃追赃工作情况的报告》，中央纪委国家监委网站，http://www.ccdi.gov.cn/ldhd/wbld/202008/t20200811_223604.html，2020年8月10日。

4. 《引渡法》

《引渡法》介绍了引渡的条件、提出请求、审查、强制措施、执行、过境等规则和程序，是我国从境外递解犯罪嫌疑人的重要法律依据。引渡是国家之间移交逃犯的重要合作方式。开展引渡合作，必须满足三项条件：一是请求引渡的主体必须是有请求权的国家；二是引渡的发生须以被请求引渡罪犯居留在被请求国且犯有可引渡之罪为基本前提；三是引渡应当根据条约、公约或互惠原则进行。

5. 《国际刑事司法协助法》

《国际刑事司法协助法》确定了国家监察委员会为开展国际刑事司法协助的主管机关之一，和《监察法》形成有序衔接，赋予监察机关在腐败犯罪案件调查等活动中，与外国有关部门和机构开展反腐败国际合作和刑事司法协助的职责，明确了监察机关和国内有关机关在刑事司法协助中的职责分工，改变了之前我国同国外开展反腐败刑事司法协助无法可依的局面，填补了反腐败国际合作与追逃追赃工作中的多个法律空白。

6. 《刑法》

《刑法》第二编第三章、第八章、第九章等对经济犯罪、贪污贿赂罪、渎职罪等作出了规定，职务犯罪罪名体系不断严密，刑罚裁量趋于科学，形成了反腐败制度的基本框架，对从源头上遏制腐败产生积极作用，是我国开展反腐败国际合作的重要基础。

2020年12月26日，第十三届全国人民代表大会常务委员会第二十四次会议通过《刑法修正案（十一）》，删除第一百九十一条关于客观行为方式中三个"协助"和"明知"的术语，改变了洗钱罪只能由他犯构成的限制性框架，将自洗钱纳入洗钱罪的打击范围。[①] 在我国法律未将自洗钱行为入罪之前，腐败分子本人将赃款进行"清洗"的行为不能单独定罪。对外逃的腐败分子，我国无法以涉嫌洗钱罪与外方开展引渡等合作，给追逃追赃工作带来一定困难。自洗钱行为入罪，加大了对腐败行为下游犯罪的打击力度，开辟了通过反洗钱国际合作推进追赃工作的有效路径，防止赃款跨境转移，为开展反腐败国际合作提供更有力的法律支持。

---

① 《聚焦刑法修正案（十一）》，最高人民检察院网站，https://www.spp.gov.cn/spp/llyj/202101/t20210106_505651.shtml，2021年1月6日。

7. 《刑事诉讼法》

《刑事诉讼法》第十八条规定，"根据中华人民共和国缔结或者参加的国际条约，或者按照互惠原则，我国司法机关和外国司法机关可以相互请求刑事司法协助。"这里的"刑事司法协助"是广义的概念，包括了引渡、狭义的刑事司法协助、被判刑人移管等多种反腐败国际合作方式。[①] 2018年10月26日，第十三届全国人大常委会第六次会议表决通过了《关于修改刑事诉讼法的决定》，完善了刑事诉讼与国家监察的衔接机制，第五编"特别程序"中增设第三章"缺席审判程序"和第四章"犯罪嫌疑人、被告人逃匿、死亡案件违法所得的没收程序"，丰富了反腐败国际追逃追赃工作手段，外逃贪官即使逃到天涯海角，也将受到法律的惩罚，对外逃腐败分子形成强大震慑。

（二）国际法依据

1. 全球性国际组织制定的反腐败合作文书

（1）联合国制定的文书

①《联合国反腐败公约》

《联合国反腐败公约》是国际反腐败领域最重要、最具广泛代表性的法律文件。

首先，《联合国反腐败公约》为反腐败的国家合作提供了可能性。公约于2005年12月正式生效。截至2020年12月31日，《公约》共187个缔约国。秘书处设在联合国毒品与犯罪问题办公室，总部在奥地利维也纳，在纽约和布鲁塞尔设有联络办公室。2006年2月，《联合国反腐败公约》在我国正式生效，并适用于香港、澳门特区。

第二，《联合国反腐败公约》为反腐败的国际合作提供了可能性。《公约》首次在国际层面建立了反腐败五大机制，即预防机制、刑事定罪与执法机制、国际司法合作与执法合作机制、资产追回机制和履约审议机制，奠定了反腐败国际合作的法律基础。《联合国反腐败公约》第四章规定了国际合作，将刑事案件中相互合作视为缔约国的应尽义务，同时引导缔约国在民事以及行政案件中的相互协作。而在第五章资产的追回中，公约明确表明"返还资产是本公约的一项基本原则，缔约国应当在这方面相互提

---

① 陈雷：《反腐败国际合作与追逃追赃实务教程》，中国方正出版社2020年版，第21页。

供最广泛的合作和协助"。在实践中，为确保《公约》的落实，联合国毒品和犯罪问题办公室与联合国区域间犯罪和司法研究所（犯罪司法所）共同编写了《联合国反腐败公约技术指南》，旨在加强《公约》对缔约国反腐败工作的实际指导作用。通过构建以《公约》为基础，以其他国际文书为组成的联合国反腐败法律体系，为反腐败国际合作提供了法律文本支撑。

第三，《联合国反腐败国际公约》履约审议机制的建立与运作为国际合作提供了机制保障。2009年11月，第三届缔约国会议决定建立履约审议机制，规定所有缔约国都有义务接受审议和审议其他缔约国。履约审议采用同行审议模式，即每个缔约国的履约情况由另外两个缔约国审议，不另设独立的审议机构，审议报告由审议国和被审议国协商达成。履约审议机制于2010年启动，第一周期的审议内容是履行《公约》第三章"定罪和执法"和第四章"国际合作"的情况。第二周期的审议内容是履行《公约》第二章"预防措施"和第五章"资产的追回"的情况。2021年12月，第九届缔约国会议在埃及沙姆沙伊赫举行，会议通过《沙姆沙伊赫宣言》，呼吁各缔约方加强反腐败国际合作，关注由紧急经济和卫生支出带来的腐败风险。

我国积极参与并出席历届缔约国会议，自2013年起接受第一周期履约审议，2016年11月16日，我国履约审议报告执行摘要在联合国网站公布。① 目前，第二周期履约审议正在开展。2018年，"我国在纪念《反腐败公约》通过15周年高级别辩论上，旗帜鲜明地提出三点主张：一是强化共识，坚持'零容忍'态度；二是求同存异，打造'零漏洞'制度；三是互利共赢，开展'零障碍'合作"。② 2021年，中方代表线上出席了第九届缔约国会议，在发言中，中方代表介绍了中国共产党作为百年大党全面从严治党和反腐败斗争经验，表示中国将认真履行《联合国反腐败公约》义务，高举多边主义旗帜，高度重视反腐败国际合作，积极开展跨境腐败治理和国际追逃追赃。③ 通过履约审议机制审查缔约国履约举措，评估履约不足，督促缔约国履行国际义务，对确保国际条约得到有效落实，

---

① 联合国网站：unodc.org/unodc/en/organized-crime/intro/UNTOC.html.
② http://fanfu.people.com.cn/n1/2018/1207/c64371-30449364.html.
③ 引自：http://news.china.com.cn/txt/2021-12/17/content_77937883.htm

提升国际规则制度刚性，实现全球治理真正法治化具有特殊意义。

② 《联合国打击跨国有组织犯罪公约》

《联合国打击跨国有组织犯罪公约》是全球第一个针对跨国有组织犯罪的全球性公约，公约于 2003 年 9 月正式生效，截至 2020 年 12 月 31 日，共有 190 个缔约国。

公约要求各缔约国在本国法律中将参加有组织犯罪集团、洗钱、腐败、妨害司法等行为规定为刑事犯罪，采取有效措施没收犯罪所得和财产，相互间提供引渡、司法协助、被判刑人移管、联合调查、刑事诉讼的移交、执法合作、信息资料分享等合作方式，推动了预防和打击跨国有组织犯罪的国际合作。

（2）二十国集团领导人峰会（Group of Twenty Finance Ministers and Central Bank Governors，以下称 G20 峰会）制定的文书

G20 峰会于 1999 年在德国柏林成立，是属于布雷顿森林体系框架内的非正式对话机制。作为国际经济合作论坛，G20 峰会旨在推动发达国家与新兴市场间就实质性问题展开对话与研究，以此促进国际金融市场稳定和经济增长。

推动反腐败国际合作，也是 G20 峰会讨论的重点议题。2016 年 9 月 5 日，在杭州举办的 G20 峰会通过了《二十国集团反腐败追逃追赃高级原则》（以下称《高级原则》）和《二十国集团 2017—2018 年反腐败行动计划》（以下称《行动计划》），以此彰显成员国对推动国际反腐败行动的决心。

《高级原则》提出，各成员国对腐败应采取零容忍态度，要关注腐败带来的严重危害，通过积极开展国际追逃追赃、加强执法合作和司法协助的手段遏制腐败现象。成员国应完善本国反腐败制度，采取有效举措，避免腐败人员利用成员国的制度漏洞转移资产或进行移民，影响反腐败效果。在执行层面，各成员国应当建立有效、及时的沟通机制，在已有国际合作框架下，增强信息交流互换，鼓励成员国加强双边、多边反腐败个案合作。①《高级原则》为成员国全面开展反腐败国际合作制定了框架，以基本原则的方式肯定了开展合作的必要性和重要性，为成员国进一步开展合

---

① 《二十国集团反腐败追逃追赃高级原则》，人民网，http://world.people.com.cn/n1/2016/1006/c1002 - 28757400 - 2. html，2021 年 6 月 5 日。

作提供了方向和路径。

《行动计划》是在《高级原则》基础上，对成员国开展合作制定的具体规划。《行动计划》指出了成员国反腐败合作的八大重点领域，包括：务实合作、实际受益人透明度、私营领域廉洁性与透明度、贿赂、公共部门廉洁性与透明度、腐败易发领域、国际组织反腐败、能力建设。《行动计划》强调应通过创新途径和新兴技术，使各成员国能够分享反腐败的最佳做法，相互学习，并在必要的时候提供技术援助。

2. 区域性国际组织制定的反腐败国际文书

（1）亚太经济合作组织（Asia-Pacific Economic Cooperation，以下称APEC）制定的反腐败系列法律文书

APEC成立于1989年，是当今世界最大的区域经济组织，是促进亚太国家和地区经济合作、推动共同发展的主要机构。1991年，中国加入APEC，截至目前APEC共21个成员国。

起初，APEC主要着眼于经济领域，其目标是促进全球多边贸易，实施亚太地区贸易投资自由化和便利化，推动金融稳定和改革，开展经济技术合作和能力建设等。随后，APEC认识到了腐败对经济的负面影响，将反腐败列为探讨议题并制定了一系列反腐败法律文书，包括《经合组织反海外贿赂公约》《亚太经合组织预防贿赂与反贿赂执法准则》《圣地亚哥反腐败和确保透明度承诺》《亚太经合组织圣地亚哥反腐败与提高透明度行动计划》《符拉迪沃斯托克反腐败与提高透明度宣言》《北京反腐败宣言》等。

2014年11月，APEC第26次部长级会议通过《北京反腐败宣言》。《北京反腐败宣言》主体部分共8条，从不同角度明确了各经济体加强合作的内容，加强反腐败国际追逃追赃合作是其核心内容。① 在《北京反腐败宣言》中，APEC呼吁全体成员国加强亚太地区的反腐败合作，通过引渡、司法协助、追回腐败所得等手段，消除腐败避风港。②

（2）中国与东盟（东南亚国家联盟 Association of Southeast Asian-

---

① 《反腐败国际合作新篇章写在〈北京反腐败宣言〉发表之时》，中央纪委国家监委网站，http://www.ccdi.gov.cn/special/ztzz/ztzzjxs_ztzz/201411/t20141127_32071.html，2011年10月20日。
② 《北京反腐败宣言》，中国共产党新闻网，http://fanfu.people.com.cn/n/2014/1109/c64371-25999096.html，2021年11月8日。

Nations-ASEAN，以下称东盟）发布的《中国—东盟全面加强反腐败有效合作联合声明》。

东盟是东南亚地区以经济合作为基础的政治、经济、安全一体化合作的区域性国际组织。该组织现有10个成员国，中国并不是成员国，但是因为受到同处亚洲地区的地缘因素影响，加之中国"一带一路"建设的发起与推进，中国与东盟建立了密切的合作关系。

作为山水相连的友好邻邦，中国同东盟国家反腐败交流合作由来已久。早在2006年，中国与东盟建立对话关系15周年时，促进反腐败合作就被写入《中国—东盟纪念峰会联合声明》。2016年11月，中国—东盟反腐败研讨班在云南举办，开启中国和东盟在反腐败领域的首个合作项目。[①] 2017年，在菲律宾马尼拉举行的第20次中国—东盟领导人会议发表了《中国—东盟全面加强反腐败有效合作联合声明》（以下称《联合声明》）。这是中国—东盟领导人会议首次在反腐败领域发表联合声明，开启了本地区携手治理腐败的新篇章。

《联合声明》就反腐败务实合作达成多项共识，主要包括各方同意切实增进反腐败执法合作。具体举措包括运用《联合国反腐败公约》开展引渡、司法协助和腐败资产追回合作，加强多边机制及各国间双边条约下的协调与合作，鼓励各方金融情报机构分享与腐败相关的反洗钱信息和情报等。

四 反腐败国际合作的基本方式

反腐败国际合作方式包括双边合作和多边合作。双边合作的形式主要包括建立反腐败交流合作关系、签署双边合作谅解备忘录、将反腐败合作纳入战略与经济对话、签署反腐败经验交流与互学互鉴的合作协议等。[②] 多边合作的形式主要包括参与国际反腐败多边机制框架下的工作。

（一）双边合作交流

我国追逃追赃工作规范化法治化水平不断提升，反腐败执法司法合作条约体系进一步完善。截至目前，我国已与81个国家缔结引渡条约、司法

[①] 资料来源：https://www.ccdi.gov.cn/specialn/bwzp2436/wqhgbwzp/201711/t20171113_104158.html

[②] 中共中央纪律检查委员会、中华人民共和国国家监察委员会法规室编写：《〈中华人民共和国监察法〉释义》，中国方正出版社2018年版，第202页。

协助条约、资产返还与分享协定等共169项,与56个国家和地区签署金融情报交换合作协议,初步构建起覆盖各大洲和重点国家的反腐败执法司法合作网络。①

国家监察委员会先后与白俄罗斯、老挝、越南、阿根廷、澳大利亚、泰国、菲律宾、哈萨克斯坦等国家反腐败机构签署合作谅解备忘录,首次与联合国、国际反腐败学院签署反腐败合作谅解备忘录,织密国际执法合作网络,有力展示中国全面依法治国良好形象,增进国际社会对中国法治建设的认知认同和信任信心。②

1. 美国

中美两国都是《联合国反腐败公约》和《联合国打击跨国有组织犯罪公约》缔约国。2001年3月8日,《中美关于刑事司法协助的协定》生效。2005年6月,为落实中美两国元首关于加强反腐败合作的政治共识,中美成立反腐败工作组。中方工作组由中央纪委监察部牵头,最高人民检察院、外交部、公安部、司法部、中国人民银行等单位共同参与;美方工作组由美国国务院和司法部共同牵头,美国国土安全部、联邦调查局、财政部、商务部、证券交易委员会、政府道德署等部门共同参与。反腐败工作组成为中美反腐败执法合作主渠道和两国务实合作亮点。在中美反腐败工作组共同努力下,杨秀珠、乔建军、王国强、许超凡、杨进军等一批外逃美国的职务犯罪嫌疑人相继归案。

2. 澳大利亚

中澳已签署生效《刑事司法协助条约》《关于移管被判刑人条约》等双边条约,《中澳引渡条约》已签署但尚未生效,2005年中澳成立执法合作工作组会晤机制,两国司法执法合作具有一定的法律和实践基础。③ 2018年12月,中澳签署《中华人民共和国国家监察委员会与澳大利亚联邦警察反腐败执法合作谅解备忘录》,对中澳完善反腐败合作法律框架、加强合作机制建设具有重要意义。

---

① 《追回外逃人员1229人》,中央纪委国家监委网站,http://www.ccdi.gov.cn/toutiao/202101/t20210115_233935.html,2021年1月15日。
② 《国家监察委员会关于开展反腐败国际追逃追赃工作情况的报告》,中央纪委国家监委网站,http://www.ccdi.gov.cn/ldhd/wbld/202008/t20200811_223604.html,2020年8月10日。
③ 冉刚:《国际追逃工作实务》,中国方正出版社2018年版,第20—21页。

3. 加拿大

中加两国都是《联合国反腐败公约》和《联合国打击跨国有组织犯罪公约》缔约国。1995年1月1日,中加《刑事司法协助条约》生效。中加高级别安全与法治对话、中加司法执法合作磋商等机制在反腐败国际合作中也发挥着重要作用。

4. 新西兰

中新两国都是《联合国反腐败公约》和《联合国打击跨国有组织犯罪公约》缔约国。2008年1月1日,中新《刑事司法协助条约》生效。两国政府还签署了《关于打击犯罪的合作安排书》《关于反洗钱反恐怖融资金融情况合作协议》等。

(二) 多边合作交流

1. 二十国集团(G20)反腐败工作组

2010年6月,在二十国集团多伦多峰会宣言中,各国领导人表示同意在二十国集团框架下建立反腐败合作机制,这标志着二十国集团反腐败工作组的正式成立。二十国集团反腐败工作组制定《二十国集团反腐败行动计划》,作为指导二十国集团成员国开展反腐败合作的基本文件。2020年10月22日,二十国集团首次反腐败部长级会议以视频形式召开,会议通过了《二十国集团反腐败部长级会议公报》。

2016年,我国担任二十国集团轮值主席国,二十国集团杭州峰会举行,会议通过了反腐败国际合作的文件并在华设立了二十国集团反腐败追逃追赃研究中心。[①]

2. 亚太经合组织(APEC)反腐败工作组

2005年3月,在韩国召开的亚太经合组织高官会上成立了亚太经合组织反腐败与提高透明度工作组。2014年,中国担任亚太经合组织轮值主席国,通过《北京反腐败宣言》和《APEC反腐败执法合作网络(ACT-NET)职权范围》。APEC反腐败执法合作网络由APEC各经济体反腐败和执法机构人员组成,隶属于APEC反腐败工作组,旨在促进亚太地区反腐败和执法机构间的沟通、联络和能力建设,推动打击腐败、贿赂、洗钱和

[①] 《二十国集团反腐败追逃追赃高级原则和2017—2018年反腐败行动计划》,中央纪委国家监委网站,http://www.ccdi.gov.cn/toutiao/201609/t20160930_125052.html,2022年1月10日。

非法贸易等方面的务实合作。①

3. 金砖国家反腐败工作组

2015 年，金砖国家领导人第七次会晤在俄罗斯乌法举行，领导人通过的《乌法宣言》同意成立金砖国家反腐败工作组。2016 年 6 月，金砖国家反腐败会议在伦敦举行，金砖国家反腐败工作组正式成立。2017 年 9 月，金砖国家领导人第九次会晤在厦门召开，与会领导人就加强反腐败合作达成重要共识并写入《金砖国家领导人厦门宣言》。② 2022 年，中国担任工作组轮值主席。5 月，中国国家监察委员会主办了"反腐败促进经济发展"研讨会，聚焦绕公共部门反腐败保障经济发展、企业廉洁经营助力经济发展、廉洁文化建设营造经济发展良好环境等议题展开讨论。中方代表重点介绍了了纪检监察机关认真落实新时代全面从严治党战略方针，持续保持正风肃纪反腐高压态势，在现代化建设大局中发挥监督保障执行、促进完善发展作用，推动党和国家事业发展的理念和实践，进一步增进了金砖国家对中国反腐败工作的了解和支持。同年 7 月，召开了金砖国家反腐败部长级会议，本次会议通过了《金砖国家拒绝腐败避风港倡议》，再次重申反腐败工作的重要性。

4. 亚洲监察专员协会（AOA）

1996 年，中国和巴基斯坦等国发起成立亚洲监察专员协会，③ 秘书处设在巴基斯坦伊斯兰堡。亚监协是区域性专业组织，旨在加强亚洲国家和地区监察机构之间的交流与合作，促进各成员监察工作开展。目前亚监协有来自 22 个国家的 43 个成员（含我国香港申诉专员公署和澳门廉政公署），均为负责监察、反腐败以及公民权益保护的机构。2019 年 11 月，亚监协选举产生新一届理事会，巴基斯坦联邦监察专员署担任主席，国家监察委员会担任理事。

5. "一带一路"框架下廉洁丝绸之路建设

2019 年 4 月，在第二届"一带一路"国际合作高峰论坛期间，国家监

---

① 《APEC 反腐败执法合作网络正式运行》，中央纪委国家监委网站，http://www.ccdi.gov.cn/special/ztzz/ztzzjxs_ztzz/201411/t20141127_32074.html，2021 年 11 月 21 日。
② 《金砖国家领导人厦门会晤就加强反腐败合作达成重要共识》，中央纪委国家监委网站，http://www.ccdi.gov.cn/toutiao/201709/t20170905_125963.html，2021 年 10 月 10 日。
③ 中华人民共和国国务院新闻办公室：《中国的反腐败和廉政建设》白皮书，http://www.gov.cn/zhengce/2010-12/29/content_2615778.htm，2022 年 7 月 10 日。

察委员会举办廉洁丝绸之路分论坛,与14个国家和国际组织共同发起《廉洁丝绸之路北京倡议》,为共建廉洁丝绸之路搭建了合作平台、提出了合作框架。国家监察委员会连续多年举办"一带一路"国家反腐败研修班、发展中国家反腐败研修班等培训项目,将反腐败合作写入与有关国家共建"一带一路"合作规划,推动将"一带一路"建设成为廉洁之路。[1]

2020年11月25日,国家监察委员会与联合国毒品和犯罪问题办公室、国际反腐败学院、亚洲基础设施投资银行联合举办第三届"一带一路"参与企业合规经营培训班,围绕企业廉洁合规最新要求和实践、风险应对、国内外经验等主题深入研讨。60余家深度参与"一带一路"建设的中央企业、地方国企、民营企业负责人参加培训,参训企业发起《"一带一路"参与企业廉洁合规倡议》。[2] 2020年12月8日,国家监察委员会举办"一带一路"合作伙伴疫情防控和复工复产廉洁建设研讨会,来自22个国家和国际组织的代表在线参会,会议旨在凝聚各方共识,推动反腐败国际合作和廉洁丝绸之路建设,共同促进疫情防控和经济复苏。[3]

五 反腐败国际合作的重要意义

自党的十九大以来,中央纪委国家监委坚决贯彻落实党中央关于新时代党风廉政建设的重要部署。有效遏制腐败现象既是反腐工作的基本要求,也是我国签署的相关国际公约所规定的国际法义务。党的十九大以来,反腐败国际合作始终坚持法治思维和法治方式,不仅取得了丰硕的实践战果,也形成了丰富的制度成果。2020年8月,国家监察委员会首次向全国人大常委会报告专项工作,主题就是反腐败国际追逃追赃工作情况。在2021年开展的省级监察委员会向同级人大常委会报告专项工作中,有17个省选择以"反腐败国际追逃追赃"为题。国际追逃追赃工作的成果源于我国纪检监察工作与国际反腐败行动的紧密结合。我国纪检监察工作与国际反腐败行动在内容指向和基础价值上具有一致性,两者关系密切,相

---

[1] 《国家监察委员会关于开展反腐败国际追逃追赃工作情况的报告》,中央纪委国家监委网站,http://www.ccdi.gov.cn/ldhd/wbld/202008/t20200811_223604.html,2020年8月10日。

[2] 《第三届"一带一路"参与企业合规经营培训班在京举办》,中央纪委国家监委网站,http://www.ccdi.gov.cn/toutiao/202011/t20201125_230679.html,2020年11月25日。

[3] 《"一带一路"合作伙伴疫情防控和复工复产廉洁建设研讨会在京举行》,中央纪委国家监委网站,http://www.ccdi.gov.cn/toutiao/202012/t20201208_231557.html,2020年12月8日。

互促进。我国纪检监察工作是国际反腐败行动的国内实践，也构成对相关反腐败国际文书的扩展与补充；反腐败国际法律文书也为我国的纪检监察工作提供了国际法的保障与衔接。

（一）我国纪检监察工作是国际反腐败行动的国内实践

国际反腐败行动诞生于全球经济一体化以及全球治理一体化的年代，相关公约为全球反腐败工作设定了共同的标准，提供了合作的平台。我国纪检监察工作某种意义上讲可视为公约相关实践在国内的延伸。这一延伸是吸收了本国经验、满足本国需求的积极延伸。

1. 纪检监察工作是国际反腐败的国内实践

"每个法事实上是一个体系：它使用和一定概念相对应的一定词汇；它把规定分成一定的种类；它包含对提出规定的某些技术和解释这些规定的某些方法的运用；它和一定的社会秩序观念联系着，这种观念决定法的实施方式和法的职能本身"。[①] 以国际反腐败公约为统领，构建起以打击腐败为宗旨的法律体系，缔约国对公约的遵守与执行则构成具体的实践。同国内法律体系明显相区别的是，国际法需要在成员国主权与国际法自身的强制力之间寻找平衡点。在立法上，国际法并不存在形式上的立法机关；在司法上，联合国各监督核心合法权益公约执行的委员会仅是"准司法机构"；在执法上，没有"能够拘捕行为不端国家并将其押解受审的国际警察；也没有能够扣押财产以履行法院判决的法警"。[②] 国际法的强制力来源于"条约必被信守"的私法原则，砝码的另一边是国家的信誉、国际社会的评价以及同国际组织合作所带来的预期利益。任何国际条约最终的落脚点都是缔约国的履行，我国纪检监察工作就是对相关公约的执行与实践。具体表现在如下三方面：

（1）通过法律建立惩戒机制以实现反腐败的法治化

法治社会对于反腐败的要求是，必须建立健全相关法律，使反腐败工作有法可依，推行反腐败的法治化；一切反腐败工作的进行必须严格依照

---

① ［法］勒内·达维德：《当代主要法律体系》，漆竹生译，上海译文出版社1984年版，第22页。

② ［英］保罗·塞格特：《人类的法定权利》，张伟译，中国人民大学出版社2016年版，第64页。

法律的规定，做到有法必依、法治反腐。

《监察法》的颁布实施与监察委员会的成立，标志着我国反腐败法治化掀开新篇章。《公职人员政务处分法》第一条也明确规定其立法目的是加强对所有行使公权力的公职人员的监督，促进公职人员依法履职、秉公用权、廉洁从政从业、坚持道德操守。《监察官法》《监察法实施条例》等的相继出台，更是反腐败专门立法的重要成就。

（2）构建有效的预防机制，采用多种模式预防腐败的发生

一切权利"不应停留于书面……需要通过具体的制度来实现"，[①] 反腐败也是如此。对于反腐败工作而言，预防腐败的措施是反腐败工作取得成绩与进展的有力保障。最为典型的预防措施就是通过对公务人员的教育与培训形成反腐败的内在动力。

《联合国反腐败公约》将教育作为预防腐败犯罪的主要方法之一，在第二章第7条第一款第四项规定"促进对人员的教育和培训方案，以使其能够达到正确、诚实和妥善履行公务的要求，并为其提供适当的专门培训，以提高其对履行其职能过程中所隐含的腐败风险的认识"，该项规定就是针对公务人员的纪律教育。

在地方实践中，广东省自1992年起，每年7月份都在全省党员干部中开展纪律教育学习月活动，以促进全省党风廉政建设和反腐败斗争，迄今从未间断。厦门市纪委监委编写的《没有规划好的人生——二十个公职人员违纪违法典型案例警示录》已正式出版发行，用身边的案例给全市党员干部敲警钟。[②] 2020年4月，安徽省召开深化"三个以案"警示教育动员部署会，决定以赵正永、张坚等案为镜鉴，在全省县处级以上领导干部中深入开展以"四联四增"为主要内容的深化"以案示警、以案为戒、以案促改"警示教育。[③] 从中央到地方"以案为鉴"，做好"后半篇文章"的警示教育工作，旨在通过对个案要案的学习形成反腐败的示范作用。

[①] 沈太霞：《人权的守卫者：欧洲人权法院个人申诉制度》，暨南大学出版社2014年版，第72页。

[②] 参见厦门市纪委监委《厦门编写案例警示录用身边事教育身边人》，中央纪委国家监委网站，http://www.ccdi.gov.cn/yaowen/202006/t20200610_219832.html，2022年8月6日。

[③] 参见安徽省纪委监委《安徽：以赵正永、张坚等案为镜鉴开展警示教育》，中央纪委国家监委网站，http://www.ccdi.gov.cn/yaowen/202004/t20200408_214992.html，2021年11月12日。

除反面警示外，正面引导也是预防腐败的主要内容。2020年4月16日，江苏首家政德教育基地"况公祠"正式开馆，"通过传统与现代相结合的表现手法，在保留祠堂原貌的同时，运用固有空间结构和声、光、影等技术手段，全方位展示以况钟为代表的苏州古代官员政德品格，教育引导党员干部做到明大德、守公德、严私德"。[①] 深圳市纪委监委深入拓展利用廉洁文化资源，依托各类历史文化名胜丰富廉洁文化展陈，在红色教育中传承廉洁基因。截至2022年4月，深圳市已命名4家市级廉政教育基地和一批区级廉政教育基地，包括大鹏新区东江纵队司令部旧址、龙岗区亲清政商关系N空间、光明区廉明馆等多个特色廉政教育展馆。[②]

另外，《联合国反腐败公约》第二章第13条第1款则涉及对反腐败知识的普及工作，"各缔约国均应当根据本国法律的基本原则在其力所能及的范围内采取适当措施，推动公共部门以外的个人和团体，例如民间团体、非政府组织和社区组织等，积极参与预防和打击腐败，并提高公众对腐败的存在、根源、严重性及其所构成的威胁的认识"。[③] 2016年中央纪委宣传部、中央电视台联合制作的反腐纪录片《永远在路上》既是对党员领导干部的警示教育，也是增强广大人民群众坚定对党的信心和信任的舆论宣传。通过两个层次发挥教育和引导作用，形成"不想腐"的内心力量。

（3）开展追逃追赃专项行动，为反腐败国际合作注入中国力量

《监察法》第六章规定了反腐败的国际合作，这同《反腐败公约》的规定相一致。我国对加强反腐败的国际合作并未停留在理论层面，"天网行动""猎狐行动"等反腐败专项行动丰富了反腐败国际合作的具体实践。

十九大以来的五年，"天网行动"追回外逃人员7089人，其中党员和国家工作人员1992人，追回赃款352.4亿元，"百名红通人员"已有61人归案。[④] 尤为醒目的是，国家监察委员会成立以来，追回人数、追赃金额同比均大幅增长，改革形成的制度优势进一步转化成为追逃追赃领域治理

---

① 《江苏省首家政德教育基地"况公祠正式开馆"》，中央纪委国家监委网站，http://www.ccdi.gov.cn/gzdt/jcfc/202004/t20200421_215744.html，2022年8月6日。
② 《深圳依托各类历史文化名胜，丰富廉洁文化教育载体》，https://www.sohu.com/a/541478586_100116740，2022年7月7日。
③ 《联合国反腐败公约》，中央纪委国家监委网站，http://www.ccdi.gov.cn/special/lygz/flfg/201310/t20131008_11282.html，2021年11月10日。
④ 《十九届中央纪律检查委员会向中国共产党第二十次全国代表大会的工作报告》。

效能。新增外逃党员和国家工作人员明显减少,从 2014 年的 101 人降至 2015 年 31 人、2016 年 19 人、2017 年 4 人、2018 年 9 人、2019 年 4 人,有力遏制住外逃蔓延势头。①

为进一步增强反腐败的国际合作,更好地履行《反腐败公约》的规定,我国积极参与联合国、二十国集团、亚太经合组织、金砖国家等多边框架下的反腐败合作,与 28 个国家新缔结引渡条约、司法协助条约、资产返还与分享协定等 43 项,国家监察委员会与 10 个国家反腐败执法机构和国际组织签订合作协议 11 项,初步构建起覆盖各大洲和重点国家的反腐败执法合作网络。②

2. 我国纪检监察工作是对国际反腐败行动的补充与拓展

我国纪检监察工作,特别是国际追逃追赃工作对反腐败国际合作的补充与扩展主要表现在两方面:

(1) 我国纪检监察工作扩大了国际反腐败文书的适用对象

《联合国反腐败公约》第二章规定了公约的适用范围,即"适用于对腐败的预防、侦查和起诉以及根据本公约确立的犯罪的所得的冻结、扣押、没收和返还",③ 换言之,公约只对那些构成犯罪的腐败行为予以规制和惩戒。相比而言,我国纪检监察工作涵盖的范围不仅包括犯罪行为,还包括了违纪行为。事实上,早在 2013 年中国政府提交公约缔约国会议的审议报告中,就明确了对腐败行为零容忍的态度与决心,将"严格审查和处置党员干部违反党纪政纪、涉嫌违法的行为"④ 作为反腐工作的目标。

(2) 我国纪检监察工作的能动性与灵活性弥补了国际反腐败文书的滞后性

"我们个人经验所能接触到的人类生活的一小部分,它绝不可能包括人类现象的全部领域。即使我们成功地收集并联结了一切材料,我们所能得到的仍然不过是关于人类本性的一幅非常残缺不全的画面,一具无头断肢的躯干而已",⑤ 法律亦是如此。法律只是人类经验的一部分,并且任何

---

① 国家监察委员会:《关于开展反腐败国际追逃追赃工作情况的报告》,2020 年 8 月 10 日。
② 国家监察委员会:《关于开展反腐败国际追逃追赃工作情况的报告》,2020 年 8 月 10 日。
③ 《联合国反腐败公约》,中央纪委国家监委网站,http://www.ccdi.gov.cn/special/lygz/flfg/201310/t20131008_11282.html,2021 年 11 月 10 日。
④ 《建立健全惩治和预防腐败体系 2013—2017 年工作规划》,第 5 页。
⑤ [德] 恩斯特·卡西尔:《人论》,甘阳译,西苑出版社 2004 年版,第 4 页。

人也无法保障这些经验是正确的,而具有强制力的、由国家公权力作为实施保障的法律规范必须保持稳定,不能朝令夕改。并且,法律是为了解决问题而生的,这注定法律与生俱来具有滞后性。法律的这种属性也体现在《联合国反腐败公约》中,公约的执行机构缔约国会议平均一年半召开一届,受制于会议时间、预算以及人力资源,① 会议不可能充分就腐败问题的新发展与新动向展开详细的讨论,也会加重公约的滞后程度。

与滞后的国际反腐败文书的规定相比,我国纪检监察工作实践在不断成熟和发展中,在纪检监察的范围、手段、措施等方面进行了许多鲜活生动的实践和尝试,形成了许多好的经验。在反腐败国际合作方面,各级监察机关坚决贯彻党中央决策部署,认真履行宪法和监察法赋予的职责,积极回应群众呼声,组织协调有关单位,在全球开展追缉腐败分子行动,决不让其躲进"避罪天堂"。反腐败国内实践和国际合作实践,为深入推进全面从严治党、巩固发展反腐败斗争压倒性胜利提供了有力支撑。在国际合作中,坚持尊重相关国家主权、依法依规、公平正义,积极维护友好关系,得到国际社会配合支持和充分肯定,许多国家和国际组织主动提出学习借鉴中国经验。②

(二) 国际反腐败文书为我国纪检监察工作提供了国际法保障

认识到腐败问题所带来的不良后果以及腐败问题全球化的趋势,联合国构建了反腐败的国际法体系,除《联合国反腐败公约》外,反腐败的内容在其他联合国的文书中也有所体现。例如,2005 年联合国毒品和犯罪问题办公室颁布《关于腐败的国际法律文书纲要》,纲要包含所有关于反腐败的国际和区域条约、协定、联合国大会的决议以及其他文书,其中既包括法律文书,也包括旨在用于非约束性标准的某些"软法律"或规范性工具。③ 此外,联合国还做了大量材料收集与宣传工作,以提请各成员国提升对腐败问题的认识。2011 年 9 月 1 日,毒品和犯罪问题办公室启动了反

---

① 事实上联合国的经费以及人力资源不足问题已经是老生常谈,消歧委员会和合法权益事务委员会多次在报告中提及这一问题。资料来源:A/44/38, para 5, A/43/40, para 22, A/73/40, para 26.

② 《国家监察委员会关于开展反腐败国际追逃追赃工作情况的报告》,中央纪委国家监委网站,http://www.ccdi.gov.cn/ldhd/wbld/202008/t20200811_223604.html, 2020 年 8 月 10 日。

③ United Nations Office on Drugs and Crime, Compendium of International Legal Instruments On Corruption, website: http://www.unodc.org/documents/corruption/publications_compendium_e.pdf.

腐败知识工具和资源的反腐败门户网站，作为《联合国反腐败公约》的法律图书馆与资料库。联合国合法权益高级专员办公室在 2013 年发布了《反腐败合法权益案例》，案例从合法权益的角度简要概述了腐败的恶果，探讨了促进和保护合法权益与反腐败之间的联系。[①] 除联合国的文书外，我国还签署了大量有关反腐败合作的国际文书，这些文书为我国开展反腐败国际合作提供了国际法支持。

1. 反腐败国际合作对腐败犯罪的国际法震慑

作为一部完备的法律，《联合国反腐败公约》同任何一部法律一样具有强制力和约束力；作为国际法，其强制力与震慑力的作用方式又区别于国内法。在设计上，国际法所制定的标准具有普适性，国际法规范具有中立的意识形态、务实的内容、平衡利益的调节机制，这使国际法具有真实性和可行性，构成了国际法执行与实施的基础，也是国际法强制力和震慑力的来源。

《反腐败公约》对腐败犯罪的国际法震慑体现在如下两个方面。第一，《反腐败公约》将腐败问题从职务犯罪上升到了国际法与合法权益的高度，以此为据，腐败不再局限于违反国内法的规范而是一项国际犯罪。联合国将腐败问题与合法权益这一普适、基础的价值相联系，使反腐败与合法权益运动相结合，要求各成员国加强在反腐败事项上的合作，对腐败进行国际法层面的围追堵截。第二，《反腐败公约》是对腐败犯罪的国际法应对，其内容囊括了定义、预防机制、惩戒机制、资金追回机制、国际合作以及缔约国的履约机制，这些具体内容构成了公约具体执行与实践的基础，也使得反腐败有法可依。《反腐败公约》第四章规定了国际合作的具体内容和形式，要求缔约国在刑事案件中相互合作，鼓励缔约国考虑在与腐败有关的民事和行政案件的调查和诉讼中相互协助。《反腐败公约》第五章规定了资金追回的相关条款，规定缔约国应当在这方面相互提供最广泛的合作和协助。跨境合作和跨境资金追回是《反腐败公约》制定的初衷，也是公约五项机制中最为重要与核心的两项，它们的存在使公约上升到了法律执行的层面，强调了公约的意义，也真正惠

---

① United Nations Human Rights Office of the High Commissioner, The Human RIghts Case Against Corruption, website: https://www.ohchr.org/Documents/Issues/Development/GoodGovernance/Corruption/HRCaseAgainstCorruption.pdf.

及了缔约国。

2. 反腐败国际文书构建了阻却腐败犯罪的理论制度

一般而言，一套严密而完整的国际法体系包括如下内容：其一，与主旨问题相关的国际公约，作为基础要件；其二，根据公约建立的对应执行机构，作为实施要件；其三，为保障公约得以执行而建立的监督机制，作为保障要件。

以《联合国反腐败公约》为例，公约共8章71条，其中第一章为总则，规定了公约的宗旨并且规范了有关腐败犯罪的法律术语；第二章为预防措施，规定了预防性反腐败政策和做法、预防性反腐败机构的建立、各具体部门预防腐败的措施以及民间社会对于反腐败的参与；第三章为定罪和执法，规定了十一项具体的犯罪行为[①]以及构成腐败犯罪的要件和阻却条件；第四章为国际合作，包括引渡、被判刑人的移管、司法协助、刑事诉讼的移交、司法合作等内容；第五章为资产的追回，包括预防和监测犯罪所得的转移、直接追回财产的措施、国际合作机制等内容；第六章为技术援助和信息交流，包括培训和技术援助，有关腐败的资料的收集、交流和分析等内容；第七章为实施机制，主要内容为公约的执行以及对缔约国的监督；第八章为最后条款，规定了公约的实施，争端解决，签署、批准、接受、核准和加入，生效，修正，退出以及做准文本。分析公约文本可知，公约虽然不属于联合国的九大核心合法权益公约，但依然是一部以反腐败为主旨，内容详尽、规范全面的国际公约。

在敦促公约执行方面，公约第七章第63条规定设立公约缔约国会议，以增进缔约国的能力和加强缔约国之间的合作，从而实现公约所列目标并促进和审查公约的实施。

根据规定，公约缔约国会议应当在秘书长的领导下并且在不晚于公约生效之后一年的时间内召开。会议的运作规则和职能显示，公约缔约国承载着沟通机构、咨询机构和审查机构的三重职责。作为沟通机构，会议支持缔约国之间以及缔约国与国际组织之间进行腐败方式和趋势、预防打击

---

① 《联合国反腐败公约》第15条贿赂本国公职人员，第16条贿赂外国公职人员或者国际公共组织官员，第17条公职人员贪污、挪用或者以其他类似方式侵占财产，第18条影响力交易，第19条滥用职权，第20条资产非法增加，第21条私营部门内的贿赂，第22条私营部门内的侵吞财产，第23条对犯罪所得的洗钱行为，第24条窝赃，第25条妨害司法，共计11项具体罪名。

腐败和返还犯罪所得等成功做法方面的信息交流，引导缔约国与国际组织之间的合作；作为咨询机构，会议为缔约国需要的技术支援提供建议；作为审查机构，会议对公约的实施情况进行定期审查。

为了保障会议按时、顺利地运转与召开，联合国根据公约第64条的规定设定了公约秘书处，负责协助会议开展公约第63条中所列举的议事内容，并且同联合国秘书长以及其他合法权益机构保持紧密联系。联合国合法权益高专办提出，"腐败是实现所有合法权益——公民、政治、经济、社会及文化权利以及发展权——的巨大障碍。坚持并落实透明性、问责制、非歧视和有意义地参与这些核心合法权益原则是对抗腐败的最有效方式。当前迫切需要增强政府间努力的协同性以落实联合国反腐败公约和国际合法权益公约。这要求增强政策连贯性，加强维也纳、日内瓦和纽约的政府间程序、联合国毒品和犯罪问题办事处、发展署、合法权益高专办和民间社会的合作"，[1] 秘书处的设立使反腐败能够及时同合法权益议题相结合，不断充实着公约的内容。

自2006年至2022年的16年间，《联合国反腐败公约》已经举办了九届缔约国会议，会议不仅对缔约国的履约情况进行审议，也为全球范围内反腐败运动设定新的目标，指明努力方向。同时，会议也是动态发展着的公约，会议的多数内容涉及公约的具体执行与公约条款的完善。如2009年第三届缔约国会议"就履约审议机制、资产追回和技术援助通过决议，并决定正式建立履约审议机制"，[2] 2011年第四届会议将焦点集中在境外资产追缴以及技术援助完善上，2019年召开的第八届会议则特别强调国际合作。联合国秘书长古特雷斯在致信中表示非法资金外流不仅是一个国家的损失，是对政府公信力的破坏，同时也引起了国际社会秩序的震荡，国际社会应当就这一问题展开积极有效的合作[3]。2021年召开的第九届缔约国会议，各方就《联合国反腐败公约》履约、反腐败国际合作、资产追回、预防腐败、技术援助等重要议题展开深入讨论，并就加强反腐败执法合

---

[1] 联合国合法权益高级专员办事处网站，https://www.ohchr.org/CH/Issues/Development/GoodGovernance/Pages/AntiCorruption.aspx。

[2] 《外交部参加〈联合国反腐败公约〉第三届缔约国大会》，中央政府门户网站，http://www.gov.cn/gzdt/2009-11/21/content_1469835.htm，2022年6月10日。

[3] 《反腐败：人人有责，为人人》，联合国新闻网站，https://news.un.org/zh/story/2019/12/1047061，2022年6月10日。

作、教育宣传等通过八项决议。① 除了对公约内容与机制的推进外，会议最重要的目的就是对缔约国的反腐败情况进行审议，如在2013年第五届会议上，中国就实施《反腐败公约》第三、四章的情况接受了会议的审议。《反腐败公约》在内容设置上全面具体，在执行中设定了对应的责任机构，并且通过对缔约国的定期审议实现其监督职能，构建了阻却腐败犯罪相对完善的理论制度。

3. 反腐败国际文书体现了法律的教育和引导作用

仅仅通过法律的规范效应与惩罚效应并不能完全消除人性中的恶，即使存在着法律，犯罪依然发生，因为犯罪"是既定自然和社会环境的必然结果"。② 通过法律的教育与引导而形成的内心戒律所产生的约束力量对于人类行为的规范作用同样不可忽视。相关反腐败国际文书除为反腐败提供国际法支持外，围绕着文书展开的宣传工作加强了法律教育作用，使反腐败与法治、合法权益相联系，使反腐败的传播与普法工作相联系。

以《联合国反腐败公约》为例，公约将针对腐败的教育义务分为了两个方面，一方面是针对公职人员的教育，另一方面则是面向全体公民的教育，后一部分也恰是我国法治教育与普法工作的一项内容。发挥法律的教育作用是法治国家、法治政府、法治社会一体建设的必然要求，科学立法、严格执法、公正司法、全民守法必须全面推进。

第二节　反腐败国际合作的工作职责和领导机制

一　国家监察委员会的工作职责

（一）与其他国家、地区、国际组织开展反腐败国际交流、合作

国家监察委员会负责与其他国家、地区、国际组织开展反腐败国际交流、合作。反腐败交流合作包括双边和多边交流合作。其中，双边交流合作既包括反腐败执法司法合作，也包括反腐败执法司法人员交流、培训、签订双边反腐败合作文件等。近年来，我国着力加强与外逃人员集中的重

---

① 资料来源：http://www.gov.cn/xinwen/2021-12/18/content_5661725.htm
② ［意］恩里科·菲利：《犯罪社会学》，郭建安译，商务印书馆2017年版，第67页。

点国家展开反腐败国际交流合作，通过高层领导互访等方式，推动完善双边执法合作机制。目前国家监察委员会与外国司法执法机关间签订的有效双边合作文件共 22 份。多边交流合作主要指在联合国等多边框架下开展反腐败司法执法人员交往、信息交换、经验交流、技术培训等。多边国际组织是世界各国博弈竞争的平台，我国需继续深度参与反腐败多边交流合作，积极阐述中国主张，引导国际规则制定，不断提升国际影响力，推动建立更加公正合理、于我有利的反腐败国际治理体系。

（二）承担反腐败国际公约的实施及履约审议等工作

2018 年国家监察委员会成立后，通过与联合国毒品和犯罪问题办公室沟通，将国家监察委员会增设为《联合国反腐败公约》司法协助中央机关，国家监察委员会可依据《联合国反腐败公约》与缔约国开展刑事司法协助、引渡等工作。2019 年 10 月，国家监察委员会与联合国在维也纳签署了关于反腐败国际合作的谅解备忘录，这是我国首次与联合国签署反腐败合作备忘录，彰显了中国对加强反腐败国际合作的坚定决心。

履约审议机制是《联合国反腐败公约》五大反腐败机制之一，主要内容是受审议国提交履约情况自评清单，并与审议国进行直接对话或接受实地访问，最终形成履约情况审议报告。国家监察委员会负责组织《联合国反腐败公约》等反腐败国际条约的实施以及履约审议等工作，承担《联合国反腐败公约》司法协助中央机关有关工作。对内而言，接受审议能够阶段性梳理我国反腐败相关立法情况，实事求是查找不足，研究借鉴国际反腐败有益经验和做法，进一步推动完善反腐败法治建设；对外而言，能够借助联合国平台，提升我国在反腐败领域的国际影响力。

另外，国家监察委员会组织国内有关部门研究如何开展《联合国反腐败公约》实施工作，包括该公约与我国法律制度如何衔接、涉及的我国重要法律的起草和修改等；组织反腐败国际条约的履约审议工作；与最高人民检察院一起，担任《联合国反腐败公约》的司法协助中央机关，与有关国家开展反腐败刑事司法协助。

（三）组织协调国际追逃追赃工作

国际追逃追赃是《监察法实施条例》第六章的核心内容，也是实践经验最丰富的一项工作。《监察法实施条例》规定国家监察委员会组织协调有关单位建立追逃追赃和防逃协调机制，这不仅是对党的十八大以来追逃追赃成功实践经验的总结提炼，也是首次以立法形式对追逃追赃协调机制予以明确，对于坚持以法治思维和法治方法推动反腐败国际合作高质量发展具有重要意义。

根据《监察法》和《监察法实施条例》的相关规定，国家监察委员会统筹协调、督促指导各级监察机关反腐败国际追逃追赃等涉外案件办理工作，具体履行下列职责：（一）制定反腐败国际追逃追赃和防逃工作计划，研究工作中的重要问题；（二）组织协调反腐败国际追逃追赃等重大涉外案件办理工作；（三）办理由国家监察委员会管辖的涉外案件；（四）指导地方各级监察机关依法开展涉外案件办理工作；（五）汇总和通报全国职务犯罪外逃案件信息和追逃追赃工作信息；（六）建立健全反腐败国际追逃追赃和防逃合作网络；（七）承担监察机关开展国际刑事司法协助的主管机关职责；（八）承担其他与反腐败国际追逃追赃等涉外案件办理工作相关的职责。

党的十八届三中全会对加强反腐败体制机制创新和制度保障作出专门部署，要求改革和完善各级反腐败协调小组职能。2014年，为推进反腐败国际追逃追赃工作务实开展，中央反腐败协调小组建立追逃追赃工作协调机制，由中央纪委监察部牵头，最高人民法院、最高人民检察院、外交部、公安部、国家安全部、司法部、中国人民银行作为成员单位，设立了中央反腐败协调小组国际追逃追赃工作办公室（简称"中央追逃办"）。

中央追逃办设立后，组织各成员单位深入开展国际合作，连续七年组织开展"天网行动"。根据"天网行动"统一部署，最高人民检察院、国家监察委员会先后牵头开展职务犯罪国际追逃追赃专项行动，公安部持续开展"猎狐"专项行动，外交部推进缔约工作和交涉个案，中国人民银行会同公安部开展预防、打击利用离岸公司和地下钱庄向境外转移赃款专项行动，最高人民法院牵头开展犯罪嫌疑人、被告人逃匿、死亡案件追赃专项行动，国家安全部提供重要工作支持，司法部畅通国际刑事司法协助渠道。[①] 2022年3月，中央反腐败协调小组国际追逃追赃和跨境腐败治理工作办公室召开

[①] 《国家监察委员会关于开展反腐败国际追逃追赃工作情况的报告》，中央纪委国家监委网站，http://www.ccdi.gov.cn/ldhd/wbld/202008/t20200811_223604.html，2020年8月10日。

会议，学习贯彻十九届中央纪委六次全会精神，研究部署2022年反腐败国际追逃追赃和跨境腐败治理工作，启动"天网2022"行动。会议要求，要坚决贯彻十九届中央纪委六次全会精神，保持战略定力，增强斗争精神，以"四项主张"为引领加强反腐败国际合作，全面提升多部门合成作战能力，始终保持追逃追赃高压态势，加大跨境腐败治理力度，努力取得更多制度性成果和更大治理成效，不断实现不敢腐、不能腐、不想腐一体推进战略目标。[①]

二　地方各级监察机关的工作职责

地方各级监察机关在国家监察委员会领导下，统筹协调、督促指导本地区反腐败国际追逃追赃等涉外案件办理工作，具体履行下列职责：（一）落实上级监察机关关于反腐败国际追逃追赃和防逃工作部署，制定工作计划；（二）按照管辖权限或者上级监察机关指定管辖，办理涉外案件；（三）按照上级监察机关要求，协助配合其他监察机关开展涉外案件办理工作；（四）汇总和通报本地区职务犯罪外逃案件信息和追逃追赃工作信息；（五）承担本地区其他与反腐败国际追逃追赃等涉外案件办理工作相关的职责。

省级监察委员会应当会同有关单位，建立健全本地区反腐败国际追逃追赃和防逃协调机制。国家监察委员会派驻或者派出的监察机构、监察专员统筹协调、督促指导本部门反腐败国际追逃追赃等涉外案件办理工作，参照地方各级监察机关的规定执行。

三　监察机关办理涉外案件的领导机制

国家监察委员会国际合作局归口管理监察机关反腐败国际追逃追赃等涉外案件办理工作，各地方、各层级都不能越过国家监察委员会直接对外开展工作，所有的涉外案件办理都应当通过国家监察委员会国际合作局开展对外合作。国家监察委员会派驻或者派出的监察机构、监察专员和地方各级监察机关办理涉外案件中的执法司法国际合作事项，应当逐级报送国家监察委员会审批。由国家监察委员会依法直接或者协调有关单位与有关

---

① 资料来源：https://www.ccdi.gov.cn/gzdtn/gjhz/202203/t20220303_175449.html

国家（地区）相关机构沟通，以双方认可的方式实施。

地方各级监察委员会应当明确专责部门，归口管理本地区涉外案件办理工作。近年来，随着国内腐败案件涉外因素越来越多，各级监察机关在开展涉外调查取证、对外执法合作等方面的需求日益增大，明确专责部门，有利于建设专业化的追逃追赃队伍，不断提升涉外案件办理的规范化、法治化、专业化水平。

第三节　中国开展反腐败国际合作的主要内容
——反腐败国际追逃追赃

随着经济全球化的发展，腐败人员和资金呈现跨国境流动的趋势越来越明显。发达国家是腐败人员外逃的主要目的地，也是腐败资产的主要流入国。包括中国在内的发展中国家大多数是腐败人员外逃和腐败资产外流的受害国，反腐败国际追逃追赃任务艰巨。

反腐败国际追逃，是指对于逃匿到国（境）外的涉嫌重大贪污贿赂、失职渎职等职务犯罪的被调查人，在掌握证据比较确凿的情况下，通过开展境外追逃工作将其追捕归案。反腐败国际追赃，是指对贪污贿赂等犯罪嫌疑人携款外逃的，通过提请赃款赃物所在国查询、冻结、扣押、没收、追缴、返还涉案资产，追回犯罪资产。[①]

习近平总书记在党的十九大报告中强调："不管腐败分子逃到哪里，都要缉拿归案、绳之以法。"在党的二十大报告中，总书记强调"只要存在腐败问题产生的土壤和条件，反腐败斗争就一刻不能停，必须永远吹冲锋号"。自2015年以来，中国通过"天网行动""猎狐行动"等有效措施，坚决打击跨国腐败行为，遏制住了腐败分子外逃态势，显著提升了追逃追赃能力，反腐败国际合作取得显著成效。反腐败国际追逃追赃的成功实践，充分表明了中国共产党和中国政府惩治腐败无禁区、全覆盖、零容忍，对内凝聚党心民心，对外占据道义制高点，为深入推进全面从严治

---

① 中共中央纪律检查委员会、中华人民共和国国家监察委员会法规室编写：《〈中华人民共和国监察法〉释义》，中国方正出版社2018年版，第204—208页。

党、巩固发展反腐败斗争压倒性胜利提供了有力支撑。[1]

一 国（境）内工作

（一）防逃工作

防逃，是指通过加强组织管理和干部监督，查询、监控涉嫌职务犯罪的公职人员及其相关人员进出国（境）和跨境资金流动情况，完善防逃措施，防止涉嫌职务犯罪的公职人员外逃。[2] 做好防逃工作，关键是管住"人""证""钱"。管住"人"，就是加强对公职人员的日常管理，把好风险排查关，对一些重点岗位、重点人员加强管理。管住"证"，就是加强对证照审批、持有和使用环节的监督管理。管住"钱"，就是加强对跨境转移赃款行为的有效管控，完善大额可疑交易核查、反洗钱资金协查机制。[3]

《监察法实施条例》第二百三十八、二百三十九条对监察机关防逃工作的要求作出了规定：监察机关应当将防逃工作纳入日常监督内容，督促相关机关、单位建立健全防逃责任机制。监察机关在监督、调查工作中，应当根据情况制定对监察对象、重要涉案人员的防逃方案，防范人员外逃和资金外流风险。监察机关应当会同同级组织人事、外事、公安、移民管理等单位健全防逃预警机制，对存在外逃风险的监察对象早发现、早报告、早处置。监察机关应当加强与同级人民银行、公安等单位的沟通协作，推动预防、打击利用离岸公司和地下钱庄等向境外转移违法所得及其他涉案财产，对涉及职务违法和职务犯罪的行为依法进行调查。

（二）案件办理工作

《监察法实施条例》第二百四十至二百四十四条对监察对象出逃、失踪或转移涉案财产的处置，作出了较为细致的规定。根据《纪检监察机关

---

[1] 《国家监察委员会关于开展反腐败国际追逃追赃工作情况的报告》，中央纪委国家监委网站，https://www.ccdi.gov.cn/toutiao/202008/t20200810_223555.html，2022年6月6日。

[2] 中共中央纪律检查委员会、中华人民共和国国家监察委员会法规室编写：《〈中华人民共和国监察法〉释义》，中国方正出版社2018年版，第207页。

[3] 《织牢织密追逃追赃"天网"——新时代反腐败国际追逃追赃工作纵深发展回眸》，中央纪委国家监委网站，http://www.ccdi.gov.cn/yaowen/202008/t20200807_223399.html，2022年1月21日。

办理反腐败追逃追赃等涉外案件规定（试行）》第九条的规定，外逃信息包括以下四类：一是出逃人员，指已查明潜逃国（境）外、涉嫌职务违法或职务犯罪的监察对象和其他涉案人员；二是失踪人员，指出现失联情况，但尚未查明逃往国（境）外的监察对象和其他涉案人；三是出走人员，指违规违纪前往或滞留国（境）外，但未发现涉嫌职务违法或职务犯罪的监察对象；四是境外赃款赃物，指涉案人在境内、赃款赃物在境外的职务违法和职务犯罪案件信息。

发现监察对象出逃、失踪、出走，或者违法所得及其他涉案财产被转移至境外的，国家监察委员会派驻或者派出的监察机构、监察专员和地方各级监察委员会应当按照先报告、再定性的原则，在24小时以内将有关信息逐级报送至国家监察委员会国际合作局。由国际合作局协助采取必要措施，压缩外逃人员逃匿空间，切断资金外流渠道，为追逃追赃工作争取主动权。

在外逃信息接收和处置方面，由监察机关追逃追赃部门统一接收巡视巡察机构、审计机关、行政执法部门、司法机关等单位移交的外逃信息。监察机关对涉嫌职务违法和职务犯罪的外逃人员，应当明确承办部门，建立案件档案，依法全面收集外逃人员涉嫌职务违法和职务犯罪证据。

在对职务犯罪外逃案件的调查取证方面，办案机关首先应当查清外逃人员基本信息、逃匿轨迹，对其涉嫌职务违法、职务犯罪问题进行调查，严格依法全面收集固定证据。证据既包括违反我国国内法律的证据，也包括违反逃往国（地区）移民、反洗钱等法律的证据，证据要件和标准应同时符合我国和逃往国（地区）的证据要求，为后续国际司法执法合作和运用国内法律追逃追赃奠定坚实基础。

另外，在开展反腐败国际追逃追赃等涉外案件办理工作时，应当把思想教育贯穿始终，落实宽严相济刑事政策，依法适用认罪认罚从宽制度，促使外逃人员回国投案或者配合调查、主动退赃。开展相关工作，应当尊重外逃人员所在国家（地区）的法律规定。外逃人员归案、违法所得及其他涉案财产被追缴后，承办案件的监察机关应当将情况逐级报送国家监察委员会国际合作局。监察机关应当依法对涉案人员和违法所得及其他涉案财产作出处置，或者请有关单位依法处置。对不需要继续采取相关措施的，应当及时解除或者撤销。

二　对外合作

（一）追逃

1. 红色通报

红色通报，又称红色通缉令，是国际刑警组织应其成员国请求发布的、以逮捕证为依据、以引渡为目的、通过逮捕或者临时性羁押措施，以便对被通缉人员采取司法措施的一种国际通缉令。监察机关对依法应当留置或者已经决定留置的外逃人员，需要申请发布国际刑警组织红色通报的，应当逐级报送国家监察委员会审核。国家监察委员会审核后，依法通过公安部向国际刑警组织提出申请。需要延期、暂停、撤销红色通报的，申请发布红色通报的监察机关应当逐级报送国家监察委员会审核，由国家监察委员会依法通过公安部联系国际刑警组织办理。

2015 年 4 月，按照"天网行动"统一部署，中央追逃办协调公安部以国际刑警组织中国国家中心局名义，集中公布了针对 100 名涉嫌犯罪的外逃国家工作人员、重要腐败案件涉案人等人员的红色通报，加大全球追缉力度。2022 年 5 月 19 日，在中央反腐败协调小组国际追逃追赃工作办公室统筹协调下，经江苏省监察机关、公安机关不懈努力，通过国际执法合作，"百名红通人员"孙锋在境外落网并被遣返回国。至此，"百名红通人员"已有 61 人归案。[①]

2. 刑事司法协助

刑事司法协助，是指中国与外国在刑事案件调查、侦查、起诉、审判和执行等活动中相互提供协助。刑事司法协助的范围包括送达文书，调查取证，安排证人作证或者协助调查，查封、扣押、冻结涉案财物，没收、返还违法所得及其他涉案财物，移管被判刑人以及其他协助。[②] 刑事司法协助的优点在于权威性高、取证信息全面，外方通过刑事司法协助渠道反馈的信息能直接作为刑事诉讼证据，但是对各项材料的要求较高、专业性较强，耗时往往需要 6 个月甚至更长，且容易受到双边关系影响，有时不能满足国内办案的迫切需要。

[①] 数据来源：https://www.ccdi.gov.cn/toutiaon/202205/t20220520_193912.html

[②] 参见《国际刑事司法协助法》第 2 条。

《国际刑事司法协助法》确定国家监察委员会为国际刑事司法协助的主管机关之一,[①] 赋予监察机关开展刑事司法协助的职责,为监察机关深入开展反腐败国际合作提供了坚实的法律支撑。在程序上,地方各级监察机关通过刑事司法协助方式办理相关涉外案件的,应当按照国际刑事司法协助法、相关双边及多边国际条约等规定准备刑事司法协助请求书及相关材料,逐级报送国家监察委员会审核。由国家监察委员会依法直接或者通过对外联系机关等渠道,向外国提出刑事司法协助请求。国家监察委员会收到外国提出的刑事司法协助请求书及所附材料,经审查认为符合有关规定的,作出决定并交由省级监察机关执行,或者转交其他有关主管机关。省级监察机关应当立即执行,或者交由下级监察机关执行,并将执行结果或者妨碍执行的情形及时报送国家监察委员会。在执行过程中,需要依法采取查询、调取、查封、扣押、冻结等措施或者需要返还涉案财物的,根据我国法律规定和国家监察委员会的执行决定办理有关法律手续。

3. 引渡

引渡,是指根据双边条约、多边条约或以互惠为基础,向外逃涉案人所在地国提出请求,将涉嫌犯罪人员移交给国内进行追诉和处罚。引渡有严格的限定条件,当前的主要原则有:政治犯不引渡原则、死刑不引渡原则、本国公民不引渡原则、双重犯罪原则、条约前置主义。[②] 地方各级监察机关通过引渡方式办理相关涉外案件的,应当准备引渡请求书及相关材料,逐级报送国家监察委员会审核,由国家监察委员会依法通过外交等渠道向外国提出引渡请求。

开展引渡合作可以依据双边引渡条约,也可以依据含有引渡条款的国际公约。《联合国反腐败公约》第44条"引渡"第5款规定,以订有条约为引渡条件的缔约国如果接到未与之订有引渡条约的另一缔约国的引渡请求,可以将本公约视为对本条所适用的任何犯罪予以引渡的法律依据。[③]

---

① 2018年10月26日通过的《国际刑事司法协助法》第六条规定,"国家监察委员会、最高人民法院、最高人民检察院、公安部、国家安全部等部门是开展国际刑事司法协助的主管机关"。

② 中共中央纪律检查委员会、中华人民共和国国家监察委员会法规室编写:《〈中华人民共和国监察法〉释义》,中国方正出版社2018年版,第201—202页。

③ 《联合国反腐败公约》,中央纪委国家监委网站,http://www.ccdi.gov.cn/special/lygz/flfg/201310/t20131008_11282.html,2021年11月10日。

根据《引渡法》，我国开展引渡合作不以签订双边引渡条约作为前提条件，可以在平等互惠原则基础上与其他国家开展引渡合作。

2018年11月，外逃保加利亚13年的浙江省新昌县县委原常委、常务副县长姚锦旗被引渡回国。2018年10月，根据我国1996年与保加利亚签署的引渡条约，中方向保方递交引渡请求书，正式启动引渡工作。姚锦旗从被抓获到被引渡回国仅44天，这是国家监察委员会成立后成功引渡的第一案，也是我国首位从欧盟成员国成功引渡涉嫌职务犯罪的国家工作人员。① 2021年12月1日，在中央反腐败协调小组国际追逃追赃工作办公室统筹协调下，经公安部和黑龙江省监察机关、公安机关与塞尔维亚执法机关密切合作，"红通人员"、外逃涉腐洗钱犯罪嫌疑人范继萍被引渡回国。范继萍涉嫌转移巨额腐败犯罪所得并潜逃境外，性质极其恶劣，将其引渡回国是国际追逃追赃和打击涉腐洗钱的重要战果。②

4. 执法合作

执法合作指各国（地区）执法部门之间的对口合作，包括反腐败、警务、移民、反洗钱等机构间的合作。国家监察委员会与香港地区、澳门地区的廉政公署开展的个案协查，也属于执法合作的范围。与正式的刑事司法协助相比，执法合作属于非正式合作，优势是效率高、程序相对简单，缺点是合作范围较窄，原则上主要是情报交换。

近年来，国家监察委员会不断完善与外逃人员集中国家的双边执法合作机制，建立了中澳、中新反腐败执法合作定期会商机制，与白俄罗斯、老挝、越南、阿根廷、澳大利亚等国家的反腐执法机构签署了合作谅解备忘录，不断织密国际执法网络。

在具体程序上，关于情报交换，地方监察委员会可以将执法合作请求书及相关材料（中外文）层报国家监察委员会审核，由国家监察委员会依法直接或通过公安部、人民银行等渠道，向外国（地区）提出执法合作请求。如要进行境外缉捕，地方监察委员会应将执法合作请求书及相关材料（中外文）层报国家监察委员会审核，由国家监察委员会依法通过外交渠道，向外国提出执法合作的请求。

---

① 《从姚锦旗被抓获到被引渡回国仅四十四天——透视国家监委引渡第一案》，中央纪委国家监委网站，http://www.ccdi.gov.cn/yaowen/201812/t20181201_184323.html，2021年12月24日。

② 资料来源：https://www.ccdi.gov.cn/gzdtn/gjhz/202112/t20211202_154158.html

5. 遣返

遣返，又称移民法遣返，是指由我国向外逃所在地国提供外逃人员违法犯罪线索和伪造护照等虚假身份情况，让所在地国根据移民法规，剥夺其居留地位并强制遣返至我国或第三国。① 遣返制度是专门针对外国人的管理措施和法律手段，一般规定在移民法律或刑事法律中。

如果调查发现外逃人员违反外逃所在地国移民法律，可以立即向外逃所在地国移民部门提出遣返请求，推动外方将其列入遣返程序。办案部门应尽快查找逃犯具体行踪，同时推动外逃所在地国执法部门利用技侦、大数据系统查找逃犯下落。在许多国家，如果外逃人员已取得当地永居身份或国籍，就不能将其遣返回我国。在此情况下，可以该嫌疑人以非法手段申领永居身份或入籍为由，推动这些国家取消其当地身份，然后再实施遣返。② 2022年10月29日，在中央反腐败协调小组国际追逃追赃工作办公室统筹协调下，经广东省纪检监察机关、公安机关与有关国家执法机关密切合作，外逃27年的"红通人员"屈健玲在境外落网并被遣返回国。屈健玲被缉捕归案，充分彰显了党中央以零容忍态度反腐惩恶的坚定决心，体现了我们有逃必追、一追到底的鲜明态度。③

6. 境外追诉

境外追诉，是指在我国无法行使管辖权时，通过让渡管辖权给有关国家（地区），支持外逃所在地国家（地区）依据其本地法律和我国提供的证据，对我国外逃人员进行定罪判刑。④ 地方各级监察机关通过境外追诉方式办理相关涉外案件的，应当提供外逃人员相关违法线索和证据，逐级报送国家监察委员会审核。由国家监察委员会依法直接或者协调有关单位向有关国家（地区）相关机构提交，请其依法对外逃人员调查、起诉和审判，并商有关国家（地区）遣返外逃人员。

中国银行广东省分行开平支行前后三任行长许超凡、许国俊、余振东相互勾结掩护，贪污挪用4.85亿美元，2001年三人一同逃至美国，这是

---

① 中共中央纪律检查委员会、中华人民共和国国家监察委员会法规室编写：《〈中华人民共和国监察法〉释义》，中国方正出版社2018年版，第204页。
② 冉刚：《国际追逃工作实务》，中国方正出版社2018年版，第202—204页。
③ 资料来源：https://www.ccdi.gov.cn/gzdtn/gjhz/202211/t20221104_228692.html
④ 中共中央纪律检查委员会、中华人民共和国国家监察委员会法规室编写：《〈中华人民共和国监察法〉释义》，中国方正出版社2018年版，第205页。

建国以来最大的银行资金盗用案。非法入境、婚姻欺诈、洗钱等行为属于美国可以追究的刑事罪行。根据美国法律,"参与有组织的欺诈活动""使用以虚假陈述获取的护照罪""采用欺骗手段获取签证罪"等都属于重罪,且存在数额特别巨大、金融机构职员利用职务之便、有组织犯罪等加重情节。根据中方提供的证据和线索,三人分别被美方逮捕,并提起刑事诉讼。余振东自愿回国投案,于2004年被遣返回中国,被判处有期徒刑12年,目前已经出狱。许超凡和许国俊拒绝遣返,2009年5月,美国法院判决许超凡有期徒刑25年,许国俊有期徒刑22年,两人的妻子也都被判有期徒刑8年。[1] 2015年9月,许超凡的妻子邝婉芳在美国服刑期满后,立即被强制遣返回中国,2018年7月,许超凡最终回国自首。开平支行案目前已经追回赃款20多亿元人民币,3名嫌疑人中只有许国俊仍在美国。[2] 2021年11月14日,中国银行开平支行案重要犯罪嫌疑人许国俊在外逃20年后,被强制遣返回国。他的归案,也意味着涉案资金高达40亿元、被称为"新中国最大银行资金盗窃案"的中国银行开平支行案三名主犯全部落网。[3]

境外追诉既可以创造条件在外国相关法律程序结束后对逃犯实行遣返,也可以寻找时机在外国法律程序完全结束之前实行遣返,重要的是,恰当地借助外国的相关法律制度。[4]

(二) 追赃

1. 境外资产追缴

监察机关对依法应当追缴的境外违法所得及其他涉案财产,应当责令涉案人员以合法方式退赔。涉案人员拒不退赔的,可以依法通过下列方式追缴:一是在开展引渡等追逃合作时,随附请求有关国家(地区)移交相关违法所得及其他涉案财产;二是依法启动违法所得没收程序,由人民法院对相关违法所得及其他涉案财产作出冻结、没收裁定,请有关国家(地区)承认和执行,并予以返还;三是请有关国家(地区)依法追缴相关违

---

[1] 中央电视台:《反腐败国际追逃追赃纪实〈红色通缉〉》第一集《引领》。
[2] 黄风主编:《中国境外追逃追赃:经验与反思》,中国政法大学出版社2016年版,第105页。
[3] 资料来源: https://www.ccdi.gov.cn/gzdtn/gjhz/202111/t20211114_154157.html
[4] 黄风主编:《中国境外追逃追赃:经验与反思》,中国政法大学出版社2016年版,第102页。

法所得及其他涉案财产,并予以返还;四是通过其他合法方式追缴。

2. 违法所得没收

《监察法实施条例》第二百三十二条规定了贪污贿赂、失职渎职等职务犯罪案件中,被调查人逃匿或者死亡情况下,监察机关如何提出没收违法所得的申请。《刑事诉讼法》、"两高"有关司法解释对违法所得没收程序有详细规定。在具体程序上,经监察机关集体审议,出具《没收违法所得意见书》,向人民检察院提出没收违法所得的申请,由人民检察院制作《没收违法所得申请书》,向人民法院提出没收违法所得的申请,人民法院受理申请后,在15日内发布公告,公告期为6个月,期满后,人民法院对申请进行审理,作出没收违法所得裁定。

《联合国反腐败公约》第五章规定了资产的追回,要求缔约国相互提供最广泛的合作和协助,就司法协助、刑事诉讼移交、没收事宜、资产返还和处分等作出了详细规定,特别是第54条第1款(c)项规定各国"考虑采取必要的措施,以便在因为犯罪人死亡、潜逃或者缺席而无法对其起诉的情形或者其他有关情形下,能够不经过刑事定罪而没收这类财产",明确了对财产的没收不以定罪为前提条件,解决了违法所得没收程序适用的最大难题。

我国《刑事诉讼法》在2012年修改时增设了"犯罪嫌疑人、被告人逃匿、死亡案件违法所得的没收程序",允许检察机关在一定条件下对外逃犯罪嫌疑人在国内外的违法所得向法院提出没收申请。最高人民法院、最高人民检察院于2017年1月联合出台了《关于适用犯罪嫌疑人、被告人逃匿、死亡案件违法所得没收程序若干问题的规定》,为我国追逃追赃工作的顺利开展,提供了更为有力的法律保障。

李华波案是我国第一起运用"违法所得没收程序"追缴潜逃境外腐败分子涉案赃款的案例。江西省鄱阳县财政局经济建设股原股长李华波涉嫌贪污公款9400万元,以虚假身份办理全家移民,2011年1月潜逃至新加坡。我国与新加坡之间尚未签署引渡条约和双边刑事司法协助协定,中新两国依据《联合国反腐败公约》和互惠互利原则,相互提出司法协助请求。根据中方提供的线索,李华波夫妇被新加坡警方抓获,新方法院认定李华波"不诚实接受偷窃财产罪"成立,后被取保候审,其有关赃款被新方冻结。

根据 2013 年 1 月生效的《刑事诉讼法》，江西省上饶市检察院向上饶市中级人民法院申请没收李华波的涉案财产和违法所得，上饶市中级人民法院依法进行了公告，公告翻译后通过司法协助途径送达给了李华波及其亲属。2015 年 3 月，上饶市中级人民法院判决，被新加坡警方查封的李华波夫妇名下的财产以及其用于移民项目投资的资金均系违法所得，依法均应予以没收。2015 年 4 月，违法所得没收裁定通过司法协助途径送达李华波及其利害关系人，4 月 25 日，该裁定正式生效。在我国开展国际追逃追赃行动的大背景下，李华波爱人主动自首，与其女儿一同回国，穷途末路的李华波最终选择回国投案自首，2015 年 5 月，李华波被遣返回国。①

2021 年 3 月，最高人民法院院长周强、最高人民检察院检察长张军，分别在十三届全国人大四次会议上作工作报告。"两高"工作报告中有关反腐败工作的内容，备受关注。其中，最高人民法院报告指出："积极配合反腐败国际追逃追赃工作，审理追逃追赃、没收违法所得等案件 316 件，裁定没收'红通人员'姚锦旗等 164 人违法所得 11.5 亿元和位于多国的不动产，让腐败分子无处藏身、违法所得无处隐匿。"②

（三）缺席审判

缺席判决指对于贪污贿赂犯罪案件，以及需要及时进行审判，经最高人民检察院核准的严重危害国家安全犯罪、恐怖活动犯罪案件，犯罪嫌疑人、被告人在境外，监察机关、公安机关移送起诉，人民检察院认为犯罪事实已经查清，证据确实、充分，依法应当追究刑事责任的，可以向人民法院提起公诉。人民法院进行审查后，对于起诉书中有明确的指控犯罪事实，符合缺席审判程序适用条件的，应当决定开庭审判。

监察机关立案调查拟适用缺席审判程序的贪污贿赂犯罪案件，应当逐级报送国家监察委员会同意。监察机关经集体审议，出具《起诉意见书》，移送人民检察院审查起诉，人民检察院经审查符合条件的，向人民法院提起公诉，人民法院经审查符合条件的，决定开庭审判。适用缺席审判的案件，必须是已经充分开展了追逃工作，穷尽追逃追赃手段，但被告人因主客观原因确实不能到案，已经掌握的证据可以排除合理怀疑的追赃追逃案

---

① 黄风：《中国境外追逃追赃：经验与反思》，中国政法大学出版社 2016 年版，第 166—170 页。

② 资料来源：https：//www.ccdi.gov.cn/yaowenn/202103/t20210308_85463.html

件。缺席审判是一项特殊的制度安排，并不适宜在追逃追赃案件中大范围适用，在适用时，应当依法依规、审慎把握、确保质量，重在形成对外逃人员的震慑。2021年12月9日，潜逃境外20年的"百名红通人员"程三昌贪污案公开开庭审理。程三昌案是我国首起适用刑事缺席审判程序审理的外逃被告人贪污案，也成为党的十九大以来追逃追赃和法治建设的标志性案件。程三昌缺席审判案是一个缩影。它反映的是我国运用法律手段追逃追赃的效能不断提升，纪检监察机关开展追逃追赃的规范化法治化正规化水平不断提高。[1]

自党的十八大以来，中国共产党以"得罪千百人，不负十四亿"的使命担当去疴治乱，反腐败斗争取得压倒性胜利并全面巩固。当前，反腐败国际合作虽然取得重要阶段性成果，但任务依然十分繁重。反腐败工作中的涉外因素日益增多，体制机制还不够健全，配套法律需要进一步完善，专业人才队伍建设亟待加强，反腐败国际合作将成为一项长期而艰巨的任务。反腐败国际追逃追赃是全面从严治党和反腐败斗争的重要一环，必须坚持以习近平新时代中国特色社会主义思想为指导，提高政治站位，既立足当前，一体推进防逃、追逃、追赃工作，巩固发展反腐败斗争压倒性胜利，取得全面从严治党更大战略性成果；又着眼长远，建立健全追逃追赃体制、机制、制度，推动完善党和国家监督体系，推进国家治理体系和治理能力现代化。[2]

---

[1] 资料来源：https://www.ccdi.gov.cn/toutiaon/202112/t20211209_157641.html
[2] 中央纪委国家监委国际合作局：《一体推进追逃防逃追赃 完善党和国家监督体系》，《中国纪检监察》2020年第5期。

第十一章

对监察机关和监察人员的监督

第一节 对监察机关和监察人员的监督概述

一 对监察机关和监察人员监督的内涵

监察委员会代表国家行使监督权,拥有监督、调查、处置职权。监察机关不是保险箱,监察人员不是生活在真空里,对腐败也不具有天生的免疫力。[①] 这决定了监察机关和监察人员行使监察权同样应当受到严格的监督,防止出现"灯下黑"。[②]《监察法》和《监察法实施条例》均在第七章专章规定了"对监察机关和监察人员的监督",为监督"监督者"提供了重要依据。

对监察机关和监察人员的监督,是指监督主体对监察机关及监察人员行使监察权的过程进行监督,目的是保证监察权在法定轨道上正确运行。

对监察机关和监察人员的监督可以分为广义和狭义两种。[③] 广义的是指国家机关、政党、社会团体和公民等对监察法运行过程的评价和指导。狭义的是指国家机关、政党、社会团体和公民等对监察机关的监察活动是否合法合规进行的督察和督促。本章所讲"对监察机关和监察人员的监督"指狭义的监督。

[①] 姚文胜:《国家监察体制改革研究》,中国社会科学出版社2019年版,第102页。
[②] 参见中共中央纪律检查委员会、中华人民共和国国家监察委员会法规室编写《〈中华人民共和国监察法〉释义》,中国方正出版社2018年版,第237页。
[③] 参见谢尚果、申君贵主编《监察法学教程》,法律出版社2019年版,第210页。

二 对监察机关和监察人员监督的特点

（一）监督主体广泛

《监察法》第五十三条规定："各级监察委员会应当接受本级人民代表大会及其常委会的监督。"第五十四条规定："监察机关应当依法公开监察工作信息，接受民主监督、社会监督、舆论监督。"《监察法实施条例》第二百五十一条进一步细化了《监察法》的规定，作出了系统精准完整的表述，规定"监察机关和监察人员必须自觉坚持党的领导，在党组织的管理、监督下开展工作，依法接受本级人民代表大会及其常务委员会的监督，接受民主监督、司法监督、社会监督、舆论监督，加强内部监督制约机制建设，确保权力受到严格的约束和监督。"

在监察机关与党的纪律检查机关合署办公体制下，第一位的是党委的领导和监督。党政军民学，东西南北中，党是领导一切的。党的领导本身就包含着教育管理和监督。纪委监委在党委领导下开展工作，党委加强对纪委监委的管理和监督是题中之义。党委书记依法依规定期主持分析反腐形势，听取重大案件情况报告，对其初核、立案、采取留置措施、作出处置决定等关键环节审核把关，随时听取重要事项汇报，能够实现党对监察工作的有效监督，确保监察工作沿着正确方向前进。[①] 纪检监察机关内部还设有干部监督室，专职负责监督纪检监察人员。由此可见，对监察机关监察人员进行监督的主体，主要包括各级党委、人大及其常委会、人民政协、民主党派、人民群众、法人及其他组织、纪检监察机关本身等，监督主体具有广泛性。

（二）监督对象特定

监察监督的对象是监察机关及行使监察权的监察工作人员。对监察机关的监督是指对承担和行使监督职能的机构的监督，特指各级"监察委员会"；对监察人员的监督是指对承担和行使监察职能的各级工作人员的监督。监督内容主要为监察机关及监察人员是否依法依规行使监察权，以确保监察权不被滥用。

---

① 参见中共中央纪律检查委员会、中华人民共和国国家监察委员会法规室编写《〈中华人民共和国监察法〉释义》，中国方正出版社 2018 年版，第 237—238 页。

（三）监督方式多样化

对监察机关及监察人员的监督可分为外部监督与内部监督。外部监督方式有党的监督、人大及其常委会的监督、社会监督、民主监督、舆论监督等。内部监督主要表现为设置干部监督室等内部专门的监督机构，规定对打听案情、过问案件、说情干预的报告和登记备案，监察人员的回避，脱密期管理，依法公开监察工作信息，对监察人员辞职、退休后从业限制，对监察机关及其工作人员不当行为的申诉和责任追究等制度，加强对监察人员代表监察机关行使职权、履行法定义务的情况，监察人员执行职务和日常生活中遵守法律法规等情况的监督，建设忠诚、干净、担当的监察队伍。

（四）对监督者的监督必须考虑监察法框架下监督的特殊性

监察委员会作为国家监察机关，其核心任务就是对公职人员进行监督。因此，人们往往形象地将对监察机关及其工作人员的监督称为"监督监督者"，也就是"对监督者进行监督"。开展这项工作仍然要符合"监督"的一般规律，但也要考虑到此时监督对象本身就是监督者的特殊之处，确立合理的监督制度框架。主要有三个方面：1. 对监督者的监督不能损害监督者的独立性。2. 对监督者的监督需形成逻辑闭环。3. 对监督者的监督不能忽视内部自我监督。[①]《监察法》第五十五条规定，"监察机关通过设立内部专门的监督机构等方式，加强对监察人员执行职务和遵守法律情况的监督"。如监察机关内设机构案件审理室就具有内部自我监督的职能。案件审理室以审查案件事实和证据，完善内部审核把关和监督制约机制实现内部监督，这些职责被称为案件调查的"关口""出口"和"窗口"；在业务流程方面，一些监察机关的案件审理室还通过案件自查、评查等方式，及时将案件质量评查结果向案件承办部门进行反馈并要求限期整改。

三 对监察机关和监察人员的监督的现实意义

对监察机关和监察人员监督的现实意义主要体现在以下几个方面：

（一）确保监察权依法规范运行

从立法上确认中国共产党对反腐败工作的集中统一领导，构建上下一

[①] 马怀德主编：《监察法学》，人民出版社2019年版，第333—335页。

体、高效权威的国家监察体系,① 有利于确保监察权的合法行使。成立监察委员会的目的在于,整合国家反腐败工作力量,建立权威高效统一的反腐败机构,提升反腐败工作效率,确保公权力不被滥用。作为一项"治权之权","监察权"也面临着被滥用的风险。对监察权进行监督和制约,是保障监察权依法规范高效运行的必然要求。十八大以来,发生在纪检监察机关的"灯下黑"现象时有出现。国家监察体制改革后,监察委员会权力更大了,必须以更高的标准、更严的纪律来要求,努力建设忠诚干净担当的纪检监察队伍。②

(二) 有效保障公民权利

《监察法》赋予了监察机关监督、调查、处置三项职能,以及谈话、讯问、询问、查询、冻结、调取、查封、扣押、搜查、勘验检查、鉴定、留置、技术调查、通缉、限制出境等十五项监察措施。这些权力大多与公民的人身、财产、隐私等权益息息相关,监察机关及监察人员滥用监察权,会直接损害公民的合法权益。因此,强化对监察权的监督,确保监察权依法行使,是保障公民权利的必然要求。

(三) 维护监察权的公信力

监察机关是国家反腐败工作机构,承载着人民对腐败治理工作的殷切期望。通过科学构建监察监督体系和信息公开等多种途径和方式,对监察机关和监察人员进行监督,有助于向外界展现监察机关自觉接受监督的真诚态度和坚持刀刃向内的坚定决心,树立公正权威的良好形象,维护监察机关和监察活动的社会公信力。

第二节 外部监督

外部监督是指监察委员会系统以外的各级党政机关、企事业单位、社会团体以及个人对监察委员会及监察人员的监督。《监察法》中确立的对监察机关及其工作人员的外部监督形式主要包含人大监督、民主监督、社

---

① 吴建雄、廖永安主编:《监察法学》,中国人民大学出版社2020年版,第185页。

② 参见中共中央纪律检查委员会、中华人民共和国国家监察委员会法规室编写《〈中华人民共和国监察法〉释义》,中国方正出版社2018年版,第237页。

会监督、舆论监督等方面。按照《宪法》规定，各级监察委员会由人大产生，对人大负责，因此其首先受到人大常委会的监督；民主监督，在我国专指各民主党派的监督及政协的监督；社会监督，是指公民、法人、其他组织行使《宪法》赋予的批评、建议、检举、申诉等权利而对监察机关及其工作人员进行监督；舆论监督，是指社会媒体对监察机关及其工作人员的行为进行监督。

一 人大监督

人民代表大会制度是我国的根本政治制度。作为民意机关和权力机关，人民代表大会及其常委会对监察机关与监察人员的监督体现了人民主权原则。《宪法》第三条规定："国家行政机关、监察机关、审判机关、检察机关都由人民代表大会产生，对它负责，受它监督。"《监察法》第五十三条规定："各级监察委员会应当接受本级人民代表大会及其常务委员会的监督。各级人民代表大会常务委员会听取和审议本级监察委员会的专项工作报告，组织执法检查。县级以上各级人民代表大会及其常务委员会举行会议时，人民代表大会代表或者常务委员会组成人员可以依照法律规定的程序，就监察工作中的有关问题提出询问或者质询。"

（一）监察委员会接受本级人大及其常委会的监督

我国的政体是人民代表大会制度，在人民代表大会统一行使国家权力的前提下，对行政机关、监察机关、审判机关、检察机关的职权又有明确划分；人大与行政机关、监察机关、审判机关、检察机关都是党领导下的国家机关，虽然职责分工不同，但工作的出发点和目标是一致的，都是为了维护国家和人民的根本利益，这是我国政治制度的特点和优势。人大与行政机关、监察机关、审判机关的关系，既有监督，又有支持；既要依法监督，又不代替行使行政、监察、审判、检察职能。监察委员会由人大产生，理应对其负责，受其监督。[①]

（二）人大常委会听取和审议监察委员会的专项工作报告、组织执法检查

"听取和审议专项报告"的主体是各级人大及其常委会，听取和审议

[①] 中共中央纪律检查委员会、中华人民共和国国家监察委员会法规室编写：《〈中华人民共和国监察法〉释义》，中国方正出版社2018年版，第238页。

监察机关的专项报告是各级人大及其常委会监督的主要方式。《监察法实施条例》第二百五十二条规定,各级监察委员会主任在本级人民代表大会常务委员会全体会议上报告专项工作。在报告专项工作前,应当与本级人民代表大会有关专门委员会沟通协商,并配合开展调查研究等工作。各级人民代表大会常务委员会审议专项工作报告时,本级监察委员会应当根据要求派出领导成员列席相关会议,听取意见。

执法检查是指人大常委会对国家机关的有关法律、法规的实施情况进行检查,并在检查结束后进行评价以及提出完善建议。《监察法实施条例》第二百五十三条规定,各级监察委员会对本级人大常委会的执法检查报告,应当认真研究处理,并向其报告处理情况。《监察法》出台以来,全国各级人大常委会陆续对监察机关开展了执法检查工作。如2018年5月,山西省人大常委会执法监督组就《监察法》实施情况对忻州市纪委监委开展执法检查。[1] 2019年7月,江苏省盐城市建湖县人大常委会对建湖县纪委监委开展《监察法》执法检查活动。[2]

(三) 人大代表或者人大常委会组成人员可以提出询问和质询

询问,是指人大代表和常委会组成人员在人民代表大会或者常委会会议召开期间,在审议议案和有关报告时,向到会的有关国家机关和有关部门提出问题,由有关国家机关的负责人或者负责人员作出答复。[3] 询问人一般是人大代表或者人大常委会组成人员;询问对象为人民代表大会或者常委会同级的有关国家机关;询问的时间为全国人大开会期间的各代表团全体会议、代表团会议、主席团会议、专门委员会会议上或者全国人大常委会开会期间的分组会议或者联组会议上,在审议议案和有关报告或者有关法律案时,对有关国家机关开展询问。地方各级人大及其常委会在开会期间的询问程序,由地方人大及其常委会的议事规则确定。

质询,是指人大代表对被质询机关在工作中有疑问、不满之处提出的质问,并要求对方做出解释的活动。与询问相比,质询具有强制性和严肃

---

[1] 参见《省人大执法检查组在我市开展监察法执法检查》,忻州市人大常委会网站,http://www.xzpc.gov.cn/contents/3/2521.html,2021年12月28日。
[2] 参见《县人大开展〈监察法〉执法检查活动》,建湖市人民政府网站,http://jianhu.yancheng.gov.cn/art/2019/7/24/art_12507_3172179.html,2022年8月28日。
[3] 林荫茂:《对询问法律制度的分析》,《上海人大月刊》2010年第8期。

性，属于事后问责式的监督，法律程序也更为严格。《全国人民代表大会组织法》第三十条规定，常务委员会会议期间，常务委员会组成人员十人以上联名，可以向常务委员会书面提出对国务院以及国务院各部门、国家监察委员会、最高人民法院、最高人民检察院的质询案。

《监察法实施条例》第二百五十四条详细规定了询问和质询的要求。各级监察委员会在本级人民代表大会常务委员会会议审议与监察工作有关的议案和报告时，应当派相关负责人到会听取意见，回答询问。监察机关对依法交由监察机关答复的质询案应当按照要求进行答复。口头答复的，由监察机关主要负责人或者委派相关负责人到会答复。书面答复的，由监察机关主要负责人签署。

此外，人大及其常委会对监察机关人员的选任保证了监督行为与后续结果的衔接，在一定意义上，也可视作人大及其常委会监督监察委员会的一种方式。《宪法》《监察法》《监察官法》规定，各级监察机关的主任由本级人大选举产生，副主任、委员由主任提请同级人大常委会任免。《全国人民代表大会组织法》第二十条规定，全国人民代表大会主席团、三个以上的代表团或者十分之一以上的代表，可以提出对国家监察委员会主任的罢免案，由主席团提请大会审议。

二　监察信息公开

《监察法》第五十四条规定："监察机关应当依法公开监察工作信息，接受民主监督、社会监督、舆论监督。"《监察法实施条例》第二百五十五条规定，各级监察机关应当通过互联网政务媒体、报刊、广播、电视等途径，向社会及时准确公开下列监察工作信息：监察法规；依法应当向社会公开的案件调查信息；检举控告地址、电话、网站等信息；其他依法应当公开的信息。在主流媒体和主要网站上第一时间发布监察工作信息，主动公开工作流程，自觉接受人民群众和新闻媒体的监督，保障公民知情权，及时回应社会各方关切，是建立和完善监察信息公开制度，为社会公众提供监督途径的有效方式。

（一）监察信息公开存在的问题

1. 法律依据尚需完善。目前，我国关于信息公开的法律法规主要见于《政府信息公开条例》《中国共产党党务公开条例》《中共中央办公厅、国务院办公厅印发〈关于全面推进政务公开工作的意见〉》中。此外，人民法院、人民检察院等司法机关根据工作实际，针对司法案件的信息公开进行了一定规范。上述法律法规主要针对的政府信息、党务信息、政务信息、司法信息的公开。监察机关工作过程中产生的信息与上述信息虽然存在一定的相似性，但本质上还是有较大的区别。针对监察机关信息公开的法律法规建设仍需进一步加强。

2. 公开质量参差不齐。2013年以来，中央纪委带头主动公开纪检监察工作信息，积极采取措施"开门反腐"提升透明度，不仅公开了组织机构、工作程序、党内规章制度，还及时发布干部接受审查调查、巡视派驻、典型案例等信息。但是，就全国范围看，一些纪检监察机关在信息公开中也存在着认识不到位、重视程度不够、内容质量不高、公开渠道形式单一、内容更新不及时、与群众互动率较低等问题。

3. 公开机制不完善。一是监察信息依申请公开程序规范的缺失。目前我国对于社会主体是否可以依申请公开监察信息缺乏统一的规范，导致实践中各地做法不一。二是监察信息公开的监督机制不健全。监察机关开展信息公开工作缺乏相应的监督和约束机制，难以达到预期效果。三是监察信息公开的救济制度不完善。

（二）信息公开的完善路径

1. 完善监察信息公开相关制度。结合监察信息公开有关特点，完善监察信息公开法律法规，对监察信息公开的程序、范围、内容、流程、权利救济等内容予以规范和明确，确保监察信息公开有据可循，规范有序进行。

2. 明晰监察信息公开具体范围。构建信息公开内容体系，依法依规回应群众对纪检监察信息的需求，切实保障信息公开依法有序进行，保障党员干部合法权利。可通过明确信息公开范围，构建信息公开保密审查机制，将信息公开纳入年度考评等方法，促进纪检监察信息公开规范化和制度化。

3. 保障监察信息公开申请权利。当事人申请公开的监察信息一般包含两种，即公共监察信息和对自己或近亲属人身、财产及其他权利有关的监察信息。前一种监察信息的申请公开程序实际上是对监察机关应当主动公开监察信息的一种督促程序，后一种则是公民、法人或其他组织提出的与自己或近亲属利益密切相关的监察信息公开程序。当事人申请公开监察信息的权利受损时，是否可以通过提起诉讼进行救济还需要通过完善法律予以明确。

三　特约监察员

特约监察员，是指监察委员会根据工作需要，按照一定程序优选聘请，以兼职形式履行监督、咨询等相关职责的公信人士。

（一）特约监察员发展历程

特约监察员是伴随着新时代国家监察体制改革而产生的配套的监督措施。值得关注的是，特约监察员并非新出现的，其在我国已经有丰富实践基础，是由特邀监察员发展而来。

1989年5月，原监察部印发《关于聘请特邀监察员的几点意见》，开始建立并实行特邀监察员制度。同年12月，中共中央印发《关于坚持和完善中国共产党领导的多党合作和政治协商制度的意见》，其中规定："聘请一批符合条件和有专门知识的民主党派成员、无党派人士担任特邀监察员、检察员、审计员和教育督导员等。"1990年12月，国务院颁布《行政监察条例》，规定监察机关可根据工作需要聘请兼职监察员，从国家层面正式确立了特邀监察员制度。1991年12月，监察部公布《监察部聘请特邀监察员办法》，从实践中进一步丰富和完善了特邀监察员制度。2013年10月，中央纪委、监察部根据反腐败工作新形势、新任务、新要求，在总结实行20多年特邀监察员制度的经验基础上，制定《监察机关特邀监察员工作办法》，对特邀监察员的选聘、任期、履职权限和纪律要求等内容进行了新的调整，推动特邀监察员进一步适应时代变化与发展。2018年8月，中央纪委国家监委印发《国家监察委员会特约监察员工作办法》，决定建立特约监察员制度，对特约监察员的聘请、换届、解聘、职责、权利、义务、履职保障进行了全面规定。

《监察官法》和《监察法实施条例》专门规定了特约监察官制度。其中，《监察官法》第四十五条规定："监察委员会根据工作需要，按照规定从各方面代表中聘请特约监察员等监督人员，对监察官履行职责情况进行监督，提出加强和改进监察工作的意见、建议。"《监察法实施条例》第二百五十六条规定："各级监察机关可以根据工作需要，按程序选聘特约监察员履行监督、咨询等职责。特约监察员名单应当向社会公布。监察机关应当为特约监察员依法开展工作提供必要条件和便利。"

自1989年原监察部建立特邀监察员制度,到2018年中央纪委国家监委建立特约监察员制度,该项工作走过了30多年发展历程,为推动监察机关依法接受民主监督、社会监督、舆论监督提供了重要保障。从"特邀"到"特约",一字之变,折射出的是责任、权利及义务的变革。"邀"有邀请之意,"约"有约定之意,"邀"更加注重礼仪性质,"约"更倾向于一种责任与义务,意味着特约监察员必须承担更多的责任和义务。[①] 这一变革将引导特约监察员发挥更加有效的监督、参谋及联系作用。

(二) 特约监察员的选任

1. 特约监察员的选聘条件

国家监察委员会特约监察员主要从全国人大代表中优选聘请,也可以从全国政协委员,中央和国家机关有关部门工作人员,各民主党派成员、无党派人士、企业、事业单位和社会团体代表,专家学者,媒体和文艺工作者,以及一线代表和基层群众中优选聘请。

《国家监察委员会特约监察员工作办法》对特约监察员应具备的条件作了规定。比如,特约监察员应当坚持中国共产党领导和拥护党的路线、方针、政策,具有中华人民共和国国籍,有较高的业务素质,具备与履行职责的能力,热心全面从严治党、党风廉政建设和反腐败工作,有较强的责任心,坚持原则、实事求是,身体健康等。

特约监察员的聘请,应履行推荐、考察、组织备案、发聘书等程序。

2. 特约监察员的聘任机制

国家监察委员会特约监察员在国家监察委员会领导班子产生后换届,每届任期与本届领导班子任期相同,连续任职一般不得超过两届,受聘期满自然解聘。特约监察员受到党纪处分、政务处分、刑事处罚的,因工作调整、健康状况等原因不宜继续担任特约监察员的,本人申请辞任特约监察员的,无正当理由连续一年不履行特约监察员职责和义务的,有其他不宜继续担任特约监察员的情形的,国家监察委员会推荐单位予以解聘,由推荐单位书面通知本人及所在单位。

[①] 《读懂特约监察员的一字之变》,江西省纪委省监委网站,2018年10月10日。

（三）特约监察员的权利、义务及履职保障

国家监察委员会特约监察员享有以下权利：一是了解国家监察委员会和各省、自治区、直辖市监察委员会开展工作、履职情况提出意见、建议和批评；二是根据履职需要按程序报批后，查阅、获得有关文件和资料；三是参加或者列席国家监察委员会的有关会议；四是参加国家监察委员会的有关培训；五是了解、反映有关行业、领域廉洁从政从业情况及所提意见建议办理情况；六是受国家监察委员会委托开展工作时，享有与受托工作相关的法定权限。

特约监察员应当履行下列义务：一是模范守法守纪，廉洁自律，接受监督；二是学习、掌握有关纪检监察法律法规和业务；三是参加国家监察委员会组织的活动，按照规定的权限和程序认真履行职责；四是履职过程中，遇到利益冲突情形时主动申请回避；五是未经同意，不得以特约监察员身份发表言论、出版著作，参加有关社会活动；六是不得以特约监察员身份谋取任何私利和特权。

国家监察委员会为特约监察员依法开展对监察机关及其工作人员监督等工作提供必要的工作条件和便利。一是经费保障，特约监察员因履职所支出的相关费用，由国家监察委员会按规定核报；二是机构保障，国家监察委员会办公厅设特约监察员工作办事机构，统筹保障特约监察员工作的开展；三是工作岗位保障，特约监察员不脱离本职工作岗位，工资、奖金、福利待遇由所在单位保障。

（四）特约监察员的实践

《国家监察委员会特约监察员工作办法》印发后，国家监察委员会于2018年12月召开第一届特约监察员聘请会议，聘请50名特约监察员。此后，全国各地省市的各级纪检监察机关通过出台相应制度、聘请特约监察员等方式，对该制度进行有益实践。如通过开展"走进纪检监察机关"等活动，为特约监察员了解纪检监察机关工作及流程提供有效途径；邀请特约监察员参加纪检监察机关"不忘初心、牢记使命"主题教育征求意见座谈会，听取意见，主动接受监督；2020年新冠疫情肺炎发生后，北京、天津、浙江等地的特约监察员深入防控一线，履行监督职责，为各地的疫情防控及复工复产工作积极建言献策，积极发挥应有的作用。

四　其他监督方式

（一）民主监督

民主监督一般是指人民政协或者各民主党派等对监察机关及其工作人员的工作进行的监督。党的十九大报告指出，加强人民政协民主监督，重点监督党和国家重大方针政策和重要决策部署的贯彻落实。[1] 人民政协和民主党派可以通过调研视察、提案办理、了解社情民意、工作座谈会等方式，对《监察法》《监察法实施条例》等监察法律、法规等的实施情况，纪检监察领域重要方针政策的贯彻执行情况，纪检监察机关及其工作人员履行纪检监察职责、遵守法纪、为政清廉等方面的情况等，以提出意见、批评、建议的方式，进行协商式监督。

（二）舆论监督

舆论是社会公众对社会现象所表现出的一致的、强烈的、理智或非理智的、可持续性的看法。[2] 舆论监督一般是指社会各界通过广播、影视、报纸、杂志、网络等传播媒介，发表自己的意见和看法，形成舆论，对监察机关及其工作人员的工作进行监督。[3] 新闻媒体等可以对监察机关及其工作人员的监察权行使予以公开报道和评论，帮助监察机关快速从外部发现自身存在的问题。健全的网络舆情收集、研判及处置机制和应对机制，也将有利于及时调查处理监察机关工作人员的违纪违法问题，有利于及时澄清反映失实的问题、及时追究相关人员诬告陷害的责任。

第三节　内部监督

内部监督是指将全国监察委员会视为一个系统，通过在系统内建立监督机构和健全监督制度，从而实现对监察机关和监察人员的监督。加强内部监督有利于从源头上预防监察权的滥用，来自各级监察委员会内部的监

---

[1] 中共中央纪律检查委员会、中华人民共和国国家监察委员会法规室编写：《〈中华人民共和国监察法〉释义》，中国方正出版社2018年版，第242页。

[2] 吴建雄主编：《读懂〈监察法〉》，人民出版社2018年版，第298页。

[3] 马怀德主编：《监察法学》，人民出版社2019年版，第367页。

督以其独特的优势和不可替代的作用,应当成为监督的主要方式。[1] 相较于外部监督,内部监督具有专门性、常态化的特征。"专门性",是指该机构专门负责内部监督,不负责其他对外监察事务,不受其他事务的影响和干预,独立行使对内监督权。该机构应由监察机关内部人员组成,监督对象是监察委员会内部全体工作人员。[2] "常态化"是指内部监督机构可以开展日常监督,除了事后的监督外,更多的属于事前和事中的监督,及时发现苗头性问题,随时提醒警示、干预和纠正违纪违法行为,避免严重后果的产生和进一步恶化。

一 内部监督的机构与方式

（一）内部监督机构

《监察法》第五十五条规定:"监察机关通过设立内部专门的监督机构等方式,加强对监察人员执行职务和遵守法律情况的监督,建设忠诚、干净、担当的监察队伍。"监察机关内部设立专门的监督机构,是加强监察机关自我监督的重要手段和重要平台。该机构由监察机关内部人员组成,监督对象是监察委员会内部全体工作人员。内部监督机构可以开展日常监督,除了事后监督外,还需开展事前和事中监督,及时发现苗头性问题,随时提醒警示、干预和纠正违纪违法行为,最大限度避免严重后果的产生和进一步恶化。2014年3月,中央纪委增设了纪检监察干部监督室,职责就是专门监督自己人,主要承担与纪检监察内部人员有关的信访举报处理、线索调查和训诫惩处,解决了自我监督领域机构设置空白的问题,实践中取得了良好的效果。《监察法》与党的纪律检查机关监督执纪工作规则相衔接,将实践中行之有效的自我监督做法上升为法律规范,用铁的纪律打造过硬队伍,努力实现治理能力现代化。[3]

关于内部监督机构的运行,香港廉政公署的做法给我们提供了有益借鉴。香港廉政公署自成立以来设立"L"小组作为内部调查及监察机构,由1名首席调查主任负责,下设3个小组,每个小组4—5人,专门负责调查所有对廉署人员涉贪、违反诚信等方面的投诉。"L"小组成立40多年

---

[1] 姚文胜:《国家监察体制改革研究》,中国社会科学出版社2019年版,第104页。
[2] 江国华主编:《中国监察法学》,中国政法大学出版社2018年版,第307页。
[3] 马怀德主编:《监察法学》,人民出版社2019年版,第372页。

来，较好发挥了监督制约作用，及时剔除内部"癌细胞"，有效防止廉政公署发生"病变"。"L"小组的办公地点不在廉政公署，人员、编制、办公地点对廉政公署内部人员也都是保密的，"L"小组直接向廉政公署执行处处长负责，避免了"手监督脚"的困境。虽然政治制度等方面存在较大的差异，我们不可能完全照搬廉政公署"L"小组的运行模式，但以下几方面具有一定借鉴价值：比如加强干部监督室专业化建设，尤其重视对人员德、廉方面的考察；实行垂直领导及"异点办公"；赋权增能，赋予必要的足以震慑内部监察工作人员的监督手段；限权上锁并完善有关的过错追究措施；借助外力，适度引入其他政府部门官员和社会贤达共同组成监督小组，作为干部监督室的延伸手脚和辅助力量。①

（二）内部监督方式

1. 内部机构相互制约

《监察法》第三十六条规定："监察机关应当严格按照程序开展工作，建立问题线索处置、调查、审理各部门相互协调、相互制约的工作机制。监察机关应当加强对调查、处置工作全过程的监督管理，设立相应的工作部门履行线索管理、监督检查、督促办理、统计分析等管理协调职能。"《监察法实施条例》第二百五十八条进一步规定："监察机关应当建立监督检查、调查、案件监督管理、案件审理等部门相互协调制约的工作机制"，并分别规定了监督检查部门、审查调查部门、案件监督管理部门的监督职能。《监察法实施条例》第二百五十九、二百六十、二百六十一条还就监察机关监督监察权运行的关键环节和相关监察人员的监督、监察、调查权的行使作出了具体规定，强调常态化、全过程、全覆盖的监督。

2. 上级对下级的监督

《监察法》第十条规定了国家监察委员会领导地方各级监察委员会，上级监察委员会领导下级监察委员会的工作。《监察法实施条例》第十条重申了双重领导机制，同时规定，监督执法调查工作以上级监察委员会领导为主，线索处置和案件查办在向同级党委报告的同时应当一并向上一级监察委员会报告。《监察法实施条例》第二百六十五条还规定，上级监察

---

① 关于香港廉政公署内部监督机构的相关做法，参见姚文胜《国家监察体制改革研究》，中国社会科学出版社2019年版，第106页。

机关应当通过专项检查、业务考评、开展复查等方式,强化对下级监察机关及监察人员执行职务和遵纪守法情况的监督。可见,上级监察机关对下级监察机关的监督主要体现在"领导"上。领导的本义是率领并引导,其本身包含着教育、管理和监督。国家监察委员会在全国监察体系中处于最高地位,主管全国的监察工作,率领并引导所属各内设机构及地方各级监察委员会的工作,一切监察机关都必须服从它的领导。地方各级监察委员会负责本行政区域内的监察工作,除了依法履行自身的监督、调查、处置职责外,还应对本行政区域内下级监察委员会的工作实行监督和业务领导。①

3. 建立长效监管机制

《监察法》《监察法实施条例》等设定了以下几种长效监管机制:一是监察人员说情干预、过问案件、打听案情情况报告和登记备案制度;二是监察人员私自接触被调查人等有关人员或私自交往报告和登记备案制度;三是保密制度;四是回避制度;五是脱密期管理及从业限制制度;六是案件办理申诉制度;七是办案质量责任制度;八是终身问责制度;九是违法行使职权责任追究制度。

一 回避制度

(一)回避制度

回避既是一个生活常用词,也是一个法律专业词语。根据《现代汉语词典》解释,"回避"有两个含义:一是"让开、躲开",二是"侦破人员或审判人员由于同案件有利害关系或其他关系而不参加该案的侦破或审判。"在我国,回避一词向法律含义拓展,源于古代发达的礼制。从《周礼》《礼记》等早期文献中可看出,礼仪回避的初期形式是"让",初步有礼仪回避的意味。②

1. 古代官员回避制度

追溯我国历史,官员的任职回避制度最早发轫于汉代,隋唐宋时期得到进一步发展,至明清两代走向成熟,具体内容也有所不同,主要分为以

---

① 中共中央纪律检查委员会、中华人民共和国国家监察委员会法规室编写:《〈中华人民共和国监察法〉释义》,中国方正出版社2018年版,第85页。
② 参见胡萧力、邓勇胜《回避概念的缘起及展开》,《中国纪检监察》2019年第23期。

下几类：一是地域回避，即回避本籍。例如，唐朝规定不允许任本籍州县官及本籍邻县官；宋代规定地方官员不仅须回避本籍，而且非本籍但有地产的亦须回避。二是亲属回避，即有亲属关系的人不得在同一地区或同一衙门做官。例如，清代顺治时规定，现任三品以上的京官，其子弟不得考选科道官。三是科场回避，即主考官及同考官的子弟不得同入试场。科场回避制度发端于宋代，在科举考试中设各种别头试①。到了清代，规定凡乡试、会试主考、总裁和其他考官的子弟均不得入场。四是诉讼回避，在古代称为"换推制"，即主审官遇到有亲属诉讼案或与当事人有仇隙，需更换他人主审。诉讼回避立法首见于《唐六典》："凡鞫狱官与被鞫狱人有亲属仇嫌者，皆听更之。"②

2. 西方的回避制度

西方的回避制度多见于司法程序，最早源于英国古老的自然正义。自然正义原则的内容之一就是"任何人不得做自己案件的法官"。由此，司法回避强调审判中立和程序公正，主张审理者客观公正地对待案件当事人，排除任何与案件有关的利益纠葛，保证纠纷的公正解决。后来回避制度由司法领域逐渐推广到行政、立法等领域。在美国，作为普通法基本原则的自然公正，被替换成"正当法律程序"，并写入了《权利法案》，成为美国宪法修正案中引人注目的条款。③

3. 现行法律中的回避制度

我国现行法律对回避制度进行了更为全面的规定和实践，主要体现在司法回避、行政回避、任职回避等。（1）司法回避。刑事、民事、行政三大诉讼法中，均规定了回避制度，且回避的人员范围不限于审判人员。在刑事诉讼中，回避人员还包括检察人员、侦查人员、书记员、翻译人员和鉴定人；在民事诉讼和行政诉讼中，回避人员还包括书记员、翻译人员、鉴定人、勘验人。（2）行政回避。在行政领域，行政处罚、行政

---

① 别头试：宋代科举考试中，要将一部分有亲嫌的考生集中起来，另选考官、考场进行考试，称为别头试，又称别试、别头。设置各种别头试的主要目的是为了防止考官徇情私取，考官的亲嫌考生要参加相应的别头试，予以回避。

② 古代官员回避制度类型参见刘金祥《古代回避制度》，《中国纪检监察报》2016年12月12日第8版。

③ 参见蔡刘畅《立法回避制度之正当性探析》，《河北工程大学学报》（社会科学版）2012年第4期。

许可、行政强制等程序中都规定了回避制度。例如，我国行政处罚法规定，执法人员与案件有直接利害关系或者有其他关系可能影响公正执法的，应当回避。（3）任职回避。中共中央印发的《党政领导干部选拔任用工作条例》第五十二条明确实行党政领导干部任职回避制度，并明确任职回避的亲属范围：夫妻关系、直系血亲关系、三代以内旁系血亲以及近姻亲关系。

（二）监察回避的意义

监察回避是指，监察人员在履职过程中因其身份与人际关系等特殊因素可能影响监察事项公正处理，而退出监察活动和停止监察行为的规范要求。[1] 在监察法中确立回避制度，具有重要的法治价值：

1. 确保监察事项得到客观公正处置，实现实体公正

所谓实体公正，就是指在实体上，被调查人或者监察对象确实存在职务违法或者职务犯罪行为，对其处理必须符合相关法律、法规的实体性规定。[2] 回避制度的重要价值在于"净化"监察程序的主持者，保证无利害关系或者无偏见的监察人员准确、及时、客观、公正查明案件事实，正确适用法律，作出正确的监察处置决定。[3]

2. 确保监察对象及有关人员受到公正对待，彰显程序正义

回避制度的核心在于禁止与案件有任何形式的偏私、偏见的可能影响监察事项公正处理的监察人员，参与该案的监督、调查、处置活动，是确保监察人员"外观上公正"的基础，也是衡量程序公正与否的重要尺度。[4] 监察人员按照程序予以回避，充分保障监察对象、检举人及其他有关人员在监察活动中的合法权益。

3. 确保监察流程顺利运行，提高工作效益

回避制度通过促进程序正义和实体正义，能够有效减少监察对象、检举人及其他有关人员对监察工作的复审、复核及申诉，确保监察流程顺利、流畅运行，从整体上节约监察成本，提高监察工作效益。[5]

---

[1] 参见张云霄《监察法学新论》，中国政法大学出版社2020年版，第261页。
[2] 谢尚果、申君贵主编：《监察法教程》，法律出版社2019年版，第224页。
[3] 马怀德主编：《监察法学》，人民出版社2019年版，第374页。
[4] 参见谈江萍、饶兰兰《我国刑事诉讼回避制度的完善》，《江西社会科学》2008年第9期。
[5] 参见马怀德主编《监察法学》，人民出版社2019年版，第374页。

（三）监察回避的类型和理由

1. 回避的类型

（1）自行回避。即监察人员知道自己具有应当回避情形的，主动向所在机关提出回避的申请。办理监察事项的监察人员一旦发现自己具有应当回避的法定情形，就应当本着维护监察机关公信力的原则，及时向所在监察机关提出退出案件办理的申请，自觉退出案件办理。这种退出，是对监察人员自身的一种保护，既可以防止自己先入为主办错案件，也可以避免自己在案件办理中出现徇私舞弊的情况。①

（2）申请回避。是指监察人员明知自己应当回避而不自行回避或者不知道、不认为自己具有应当回避的情形，因而没有自行回避的，监察对象、检举人及其他有关人员有权要求他们回避。确立申请回避制度，旨在通过赋予并保障监察对象、检举人及其他有关人员监察程序权利，实现权利对权力的监督。

2. 回避的理由

法律意义上的回避分为有因回避和无因回避。有因回避又称为"附理由的回避"，是指只有在案件具备法定回避理由的情况下，回避人员范围内的人员才会回避的制度。无因回避则称为"不附理由的回避"或者"强制回避"，是指有权提出回避申请的人无须提出任何理由，一旦提出申请，就产生令被申请者回避的效果。② 我国监察法施行的是有因回避制度。《监察法》第五十八条规定了四种回避理由：

（1）是监察对象或者检举人的近亲属的。具体是指监察人员是监察对象或者检举人的夫、妻、父、母、子、女、同胞兄弟姊妹。监察对象与检举人是监察行为中重要的当事人，由于亲情的羁绊，此两者的亲属很有可能无法公平公正地处理案件。

（2）担任过本案证人的。证人的证词会对监察案件的办理产生极其重要的影响。担任过证人的监察人员，其言语即成为证据，对整个案件将产生效力，如果再参与办案，就是自己"提出"证据，自己办理案件，导致监察工作失去公正性。

---

① 参见谢尚果、申君贵主编《监察法教程》，法律出版社 2019 年版，第 225 页。
② 参见吴建雄主编《监督、调查、处置法律规范研究》，人民出版社 2018 年版，第 313 页。

(3) 本人或者其近亲属与办理的监察事项有利害关系的。主要是指监察人员或者其夫、妻、父、母、子、女、同胞兄弟姊妹虽然不是本案相关人员，但是本案的处理涉及他们的重大利益，或者存在可能影响案件公正处理的其他关系。

(4) 有可能影响监察事项公正处理的其他情形的。此款为兜底条款，主要包含监察对象、检举人及其他有关人员的朋友、亲戚，与监察对象有过恩怨，与监察对象有其他利害关系的人员等。此类情形的回避只适用于监察机关公平公正处理案件的情况。

三　保密制度

（一）保密概述

秘密，是指在一定时期内仅限于一定人员知道的，不能或者不适宜公开的，经隐蔽、保护、限制的信息和事。保密，就是对尚不准或不适宜公开的秘密加以保守或保护，使之不外泄。[1] 秘密是一种客观存在的现象，根据涉及的利益不同，大体上可以分为国家秘密、工作秘密、商业秘密和个人隐私。

1. 国家秘密

国家秘密，是指关系国家安全和利益，依照法定程序确定，在一定时间内只限一定范围人员知悉的事项。国家秘密受法律保护。一切国家机关、武装力量、政党、社会团体、企业事业单位和公民都有保守国家秘密的义务。任何危害国家秘密安全的行为，都必须受到法律追究。[2] 我国保密法将七种涉及国家安全和利益的事项，泄露后可能损害国家在政治、经济、国防、外交等领域的安全和利益的事项确定为国家秘密。此外，《保密法》还规定政党的秘密事项中符合相关规定的，也属于国家秘密。[3]

---

[1] 马怀德主编：《监察法学》，人民出版社 2019 年版，第 379 页。

[2] 参见《中华人民共和国保守国家秘密法》第二条、第三条。

[3] 《中华人民共和国保密法》第九条规定：下列涉及国家安全和利益的事项，泄露后可能损害国家在政治、经济、国防、外交等领域的安全和利益的，应确定为国家秘密：（一）国家事务重大决策中的秘密事项；（二）国防建设和武装力量活动中的秘密事项；（三）外交和外事活动中的秘密事项以及对外承担保密义务的秘密事项；（四）国民经济和社会发展中的秘密事项；（五）科学技术中的秘密事项；（六）维护国家安全活动和追查刑事犯罪中的秘密事项；（七）经国家保密行政管理部门确定的其他秘密事项。政党的秘密事项中符合前款规定的，属于国家秘密。

2. 商业秘密

商业秘密，是指不为公众知悉，能为权利人带来经济利益，具有实用性并经权利人采取保密措施的技术信息和经营信息。商业秘密具有秘密性、价值性和实用性及保密性的显著特点。泄露商业秘密是一种严重扰乱市场经营、影响市场主体充分有序经营的恶劣手段，我国《反不正当竞争法》以及《关于禁止侵犯商业秘密行为的若干规定》对保护商业秘密进行了法律规范。监察机关及监察人员应当遵守相关规定，确保工作中掌握的相关信息不外泄。

3. 个人隐私

个人隐私，是指个人生活中不愿公开或者不愿为他人知悉的秘密。隐私权是自然人享有的对其个人的、与他人及社会利益无关的个人信息、私人活动和私有领域进行支配的一种人格权，依法受到法律保护并排除他人的非法侵犯。监察机关在开展相关工作中，必然会掌握大量的个人信息，应当依法依规合理使用相关信息，保障当事人的权利。

4. 工作秘密

监察机关及监察人员在工作中还掌握大量的监察信息，包括线索、案件处置情况、监察对象的处分情况等。这类信息是极为重要的工作秘密，关系到案件的办理情况，更关系到反腐败工作能否有效开展。近些年来，跑风漏气、利益交换、泄露问题线索或者案件办理情况给利害关系人，致使案件无法顺利开展的情况时有发生，这不仅给反腐败工作的开展增加了阻力，也是出现纪检监察机关干部"灯下黑"的重要原因。

（二）监察人员保密规定

《监察法》第十八条第二款规定："监察机关及其工作人员对监督、调查过程中知悉的国家秘密、商业秘密、个人隐私，应当保密。"第五十九条规定："监察机关涉密人员离岗离职后，应当遵守脱密期管理规定，严格履行保密义务，不得泄露相关秘密。监察人员辞职、退休三年内，不得从事与监察和司法工作相关联且可能发生利益冲突的职业。"《监察官法》第四十八条规定："监察官应当严格执行保密制度，控制监察事项知悉范围和时间，不得私自留存、隐匿、查阅、摘抄、复制、携带问题线索和涉案资料，严禁泄露监察工作秘密。监察官离岗离职后，应当遵守脱密期管理规定，严格履行保密义务，不得泄露相关秘密。"监察机关及监察人员在履职过程中会接触到大量的秘密,这些秘密很有可能关系国家利益与安全,关系到权利人的经济利益或个人隐私。监察工作开展中严格落实保密规定,不仅有利于维护国家安全、保护公民利益,也有利于保障监察工作正常进行。

(三) 脱密期管理

"脱密期管理"是指在一定期限内,就从业、出境等方面对离岗离职涉密人员采取限制措施。"离岗",是指离开涉密工作岗位,但仍在本机关、本单位工作的情形。"离职",是指辞职、辞退、解聘、调离、退休等离开本机关、本单位的情形。[1] 监察人员"脱密期管理",主要是指监察人员从监察机关离职后,对其在职期间掌握的国家秘密、商业秘密、个人隐私及工作秘密仍负有保密义务,在法定期限内不泄露相关秘密。

监察机关涉密人员在岗期间应严格遵守法律规定,监察机关应当建立健全涉密人员管理制度,明确涉密人员的权利、岗位责任和要求,对涉密人员履行职责情况开展经常性的监督监察。监察人员有泄露国家秘密或者监察工作秘密的行为,应当给予处分,构成犯罪的,依法追究刑事责任。监察机关涉密人员离岗离职后,应当遵守脱密期管理规定,严格履行保密义务,不得泄露相关秘密。[2]

监察机关离岗离职的工作人员在脱密期的义务包括但不限于:(1) 保密义务,即在脱密期内应履行保守国家秘密、商业秘密、个人隐私的义务,而且即使已过脱密期,只要知悉的国家秘密、商业秘密、个人隐私没有被解密,其仍然负有保密义务。(2) 就业方面的限制,即在脱密期内不准私自应聘到境外驻华机构、外企就业任职。(3) 出境限制,即出境应当经有关部门批准。根据《保守国家秘密法》第三十七条的规定,有关机关认为监察机关离岗离职的工作人员(涉密人员)出境将对国家安全造成危害或者对国家利益造成重大损失的,不得批准出境。[3]

脱密期应当是从涉密人员自监察机关批准其离开涉密岗位之日起计算。脱密期的管理规定大致包括:与原机关签订保密承诺书;作出继续履

---

[1] 江国华主编:《中国监察法学》,中国政法大学出版社2018年版,第316页。
[2] 参见吴建雄主编《监督、调查、处置法律规范研究》,人民出版社2018年版,第316页。
[3] 参见李飞、许安标主编《中华人民共和国保守国家秘密法解读》,中国法制出版社2010年版,第170—171页。

行保密义务、不泄露所知悉国家秘密的承诺；及时清退所有持有和使用的全部秘密载体和涉密信息设备，并办理移交手续等。

四 防止利益冲突

（一）利益冲突概述

"利益冲突"（Conflict of Interest）概念是舶来品，被广泛运用于政治、经济、社会以及人与自然关系方面，是指政府官员公职上代表的公共利益与其自身具有的私人利益之间的冲突。作为法律术语，其最早出现于民商事法律领域，是指不同利益主体之间在利益方面的矛盾和对抗关系。[①] 20世纪中叶，北美出现了公职人员个人利益与其履职所代表的公共利益之间相互交织的现象，"利益冲突"被加拿大、美国等率先引入了廉政建设领域，并逐渐普及到世界其他国家和地区，用以专指公职人员因其公职身份所代表或维护的公共利益与其个人利益之间可能或正在发生的矛盾、对抗和冲突。[②]

我国廉政意义上的"利益冲突"有广义和狭义之分。广义的利益冲突是指公职人员行使职权时所代表的公共利益和自身所具有的私人利益之间可能发生的冲突，一切不廉洁行为或者权力寻租的行为都可以界定为利益冲突行为，既包括极端的利益冲突，也包括轻微的利益冲突。狭义的利益冲突是指在市场经济条件下，公职人员存在与其履职相冲突的个人相关利益及存在以权谋私的潜在可能，如公职人员经商、利用工作之便获取的内幕信息牟利、离职后利用原工作职务中获得的便利以及其近亲属利用其职务的影响获得特殊的机会等，是比较典型意义的"利益冲突"。[③] 本书所述"防止利益冲突"侧重于狭义和典型意义上的"利益冲突"。

对于国家公职人员而言，不能妥善处理私人利益与公共职责之间的冲突，很可能会导致腐败。防止利益冲突从本质上讲，是通过作出合理的权力安排和利益安排，切断公职人员权力寻租、以权谋私的途径，阻断权力腐败的通道，使公共权力与私人利益相分离，形成"不想腐、不敢腐、不

[①] 聂资鲁：《利益冲突词源探究与防范制度的发展》，《中国纪检监察》2019年第15期。

[②] 参见聂资鲁《防止公职人员利益冲突立法的理论与实践》，《中国法学》2013年第6期。

[③] 关于广义和狭义的"利益冲突"，参见肖泳冰《公职人员利益冲突治理的中国路径探讨——兼论〈中国共产党廉洁自律准则〉和〈中国共产党纪律处分条例〉的利益冲突治理策略》，《探索》2016年第2期。

能腐"的法治氛围，进而实现从源头上预防和治理腐败的目的。①

(二) 我国"防止利益冲突"制度实践

利益冲突理念纳入我国廉政建设话语体系，是与我国改革开放和建设社会主义市场经济关联的。2002年6月，中央纪委在《关于对铁道部纪委〈关于国有企业领导人员退休后能否接受香港股份制企业聘任的请示〉的答复》中，第一次明确使用"利益冲突"这个用语。②但在此之前，我国已有防止利益冲突的立法实践，如1980年中共中央印发的《关于禁止在对外活动中送礼、受礼的决定》，1984年印发的《中共中央国务院关于严禁党政机关和党政干部经商、办企业的决定》，1997年中共中央办公厅、国务院办公厅印发的《关于领导干部报告个人重大事项的决定》等，均涉及防止利益冲突的内容。2009年党的十七届四中全会通过的《中共中央关于加强和改进新形势下党的建设若干重大问题的决定》明确提出建立健全防止利益冲突制度，这是我国第一次以中央文件的形式对防止利益冲突制度建设作出具体部署。③

在地方和部门层面，浙江、上海、深圳、最高人民法院、海关总署等都出台了相关办法和规定，并探索开展有益实践。④例如，深圳市于2017年在前海深港现代服务业合作区开展防止利益冲突试点工作；2018年出台《关于防止公职人员利益冲突的若干措施》，并首先在福田、罗湖、盐田、南山等4个区对市管干部开展防止利益冲突专项监督，主要针对公职人员在职期间利用职务便利和职务影响，为离职或离（退）休后再就业进行铺垫，产生新的廉政风险。通过排查公职人员是否存在从事营利活动、兼职取酬、经商办企业等情况，摸底市管干部家属从业状况，对发现的利益冲突问题，通过约谈等方式督促整改。⑤

---

① 唐晓清、杨绍华：《防止利益冲突制度：国际社会廉政建设的经验及启示》，《当代世界与社会主义》2011年第2期。

② 参见肖泳冰《公职人员利益冲突治理的中国路径探讨——兼论〈中国共产党廉洁自律准则〉和〈中国共产党纪律处分条例〉的利益冲突治理策略》，《探索》2016年第2期。

③ 《中共中央关于加强和改进新形势下党的建设若干重大问题的决定》明确："按照加快形成统一开放竞争有序现代市场体系要求推进相关改革，建立健全防止利益冲突制度，完善公共资源配置、公共资产交易、公共产品生产领域市场运行机制。"

④ 参见聂资鲁《利益冲突词源探究与防范制度的发展》，《中国纪检监察》2019年第15期。

⑤ 参见侯颗、颜惊蕾《深圳开展防止利益冲突专项监督》，《中国纪检监察报》2020年12月5日第1版。

（三）监察立法中的"防止利益冲突"

监察立法中的"利益冲突"是指与监察机关及其监察人员的岗位职责和公共权力相联系的，发生在监察人员单一主体身上的私人利益与公共职责间的冲突。①《监察法》第五十七条和第五十九条第二款、《监察官法》第四十六条和第四十九条、《监察法实施条例》第二百六十二条和第二百六十九条对防止监察人员利益冲突进行了规定。

1. 登记备案制

《监察法》第五十七条规定："对于监察人员打听案情、过问案件、说情干预的，办理监察事项的监察人员应当及时报告。有关情况应当登记备案。发现办理监察事项的监察人员未经批准接触被调查人、涉案人员及特定关系人，或者存在交往情形的，知情人应当及时报告。有关情况应当登记备案。"《监察官法》第四十六条规定，监察官不得打听案情、过问案件、说情干预。对于上述行为，办理监察事项的监察官应当及时向上级报告。有关情况应当登记备案。办理监察事项的监察官未经批准不得接触被调查人、涉案人员及其特定关系人，或者与其进行交往。对于上述行为，知悉情况的监察官应当及时向上级报告。有关情况应当登记备案。《监察法实施条例》第二百六十二条规定，对监察人员打听案情、过问案件、说情干预的，办理监察事项的监察人员应当及时向上级负责人报告。有关情况应当登记备案。发现办理监察事项的监察人员未经批准接触被调查人、涉案人员及其特定关系人，或者存在交往情形的，知情的监察人员应当及时向上级负责人报告。有关情况应当登记备案。

以上条款是关于登记备案制度的规定，主要目的是完善过程管控、进行从业限制，避免出现跑风漏气、以案谋私、办人情案及利益冲突等问题。如监察人员在线索处置、日常监督、调查、审理和处置等各个环节有打听案情、过问案件、说情干预等行为的，办理监察事项的监察人员应当按规定及时向组织反映。对发生的上述情况，监察机关应当全面、如实记录，做到全程留痕，有据可查。

2. 从业限制制度

《监察法》第五十九条第二款规定："监察人员辞职、退休三年内，不

---

① 马怀德主编：《监察法学》，人民出版社2019年版，第386页。

得从事与监察和司法工作相关联且可能发生利益冲突的职业。"《监察官法》第四十九条规定，监察官离任三年内，不得从事与监察和司法工作相关联且可能发生利益冲突的职业。监察官离任后，不得担任原任职监察机关办理案件的诉讼代理人或者辩护人，但是作为当事人的监护人或者近亲属代理诉讼、进行辩护的除外。监察官被开除后，不得担任诉讼代理人或者辩护人，但是作为当事人的监护人或者近亲属代理诉讼、进行辩护的除外。《监察法实施条例》第二百六十九条也作出了类似的规定。

第十二章

监察法律责任与监察救济

第一节 监察法律责任概念与法律责任体系

一 监察法律责任的概念

（一）法律责任

探讨"监察法律责任"，需要溯至其上位概念——"法律责任"。法律责任，既是现代法学理论的一个基本范畴，也是法律现实运行中的一个关键概念；既是连接立法与执法、司法，连接法律应然与实然的基本环节，也是国家强制力施行于社会的主要场域。

关于"法律责任"的概念或者界定，国内外学者给出过不同答案。其中较有影响的包括"义务说""后果说""负担说""必为状态说"等。持"义务说"的学者中，英国法学家哈特（H. L. A. Hart）从法理层面区分了四种责任类型：（1）角色责任（role-responsibility），因担任或者身处一定职位、地位而应承担的责任；（2）因果责任（causal-responsibility），因某一行为成为造成特定结果的原因而引起的责任；（3）法律责任（legal liability-responsibility），违法者因其违法行为而应受到的处罚；（4）能力责任（capacity-responsibility），因行为人基于自身的能力——思考能力、理解能力以及控制能力——而对特定行为承担的责任。其中，法律责任以其他三种责任为要件或者基础。因而，法律责任即"未能驳倒一项指控的人应对其所为的行为承担受惩罚或谴责的义务"。[①] 张文显认为，"法律责任是由

[①] 参见 H. L. A. Hart, Varieties of Responsibility, 83 Law Quarterly Review 346 (1967)；[美] H·C·A. 哈特：《惩罚与责任》，王勇等译，华夏出版社1989年版，第264页。

于侵犯法定权利或违反法定义务而引起的、由专门国家机关认定并归结于法律关系的有责主体的、带有直接强制性的义务。"① 持"后果说"的学者认为法律责任"即行为人由于违法行为、违约行为或者由于法律规定而应承受的某种不利的法律后果"。② "负担说"的主要观点是,"法律责任是有责主体因法律义务违反之事实而应当承受的由专门国家机关依法确认并强制或承受的合理的负担。"③ "必为状态说"的主张是,"法律责任是法律规定的,义务之不履行所处之必为状态。"④ 而据《元照英美法词典》解释,法律责任（liability）是一个含义广泛的法律词语,（1）指"根据法律或公正原则应履行的责任、义务,可因合同、侵权、纳税、触犯刑律等情况而产生,包括各种绝对的、偶然的或将来可能承担的并通过诉讼可以执行的责任、义务";（2）也指"实际或可能要承担责任的状态"。⑤

上述定义尽管表述迥异,反映了不同学者对于法律责任不同面向的关注,但他们对于法律责任概念内核的基本理解是一致的。概言之,法律责任是指行为人因违反法定或约定义务,或者不当行使权利或权力而产生的、由行为人承担的法律上的否定性评价、不利后果或者特定负担。

从法学的一般视角来看,"法律责任"至少具有如下特征:法律上有明确而具体的规定;国家强制力保证执行,由特定国家机关依法追究行为人的法律责任,实施法律制裁,其他任何组织或者个人均不得行使该项权力。从制度的深层视角来看,如果说"制度是由人制定的规则",旨在抑制人际交往或者社会关系中可能出现的任意行为和机会主义行为,并且"制度因人类的需要而生长,并在一定程度上服务于人类的需要",那么,制度就应该为一个共同体或者社会所共有,并且总是依靠某种责任或者惩罚而得以贯彻。由于"没有惩罚的制度是无用的",所以,"带有惩罚的规则"（制度）将人类的行为"导入可合理预期的轨道",从而建立起一定

---

① 参见张文显《以权利和义务为基本范畴重构法学理论》,《求是》1989年第10期。
② 参见沈宗灵主编《法理学》,北京大学出版社2001年版,第345页;高其才:《法理学》,清华大学出版社2007年版,第131页。
③ 参见刘作翔、龚向和《法律责任的概念分析》,《法学》1997年第10期。
④ 参见周永坤《法律责任论》,《法学研究》1991年第3期。
⑤ 薛波主编:《元照英美法词典》（缩印版）,潘汉典总审订,北京大学出版社2013年版,第841页。

程度的共同体或者社会的秩序。①

根据不同的标准，可对法律责任作不同的分类：根据违法行为所违反的法律的规范属性，可以将法律责任区分为刑事法律责任、民事法律责任、行政法律责任、国家赔偿责任以及违宪责任；根据行为人实施违法行为时的主观过错状态，又可以区分为过错责任、无过错责任以及公平责任。

（二）监察法律责任

目前学界对于监察法律责任的定义，以"后果说"为主要代表，认为监察法律责任是指监察法律关系主体违反监察法设定的义务，依法必须承担的、带有强制性的法律后果。② 依据前述关于法律责任的基本原理，并依循我国监察法律、法规的相关规定，我们认为，监察法律责任，是指特定法律主体因违反监察法设定的义务，或者不当行使《监察法》等授予的法定权利或者权力，而由该法律主体承担的法律上的否定性评价、不利后果或者特定负担。

监察法律责任至少具有以下几方面基本特征：

1. 主体的特定多样性

依据我国《监察法》的规定，承担监察法律责任的主体是特定而多元的，包括"监察对象"（《监察法》第六十四条）、"监察机关及其工作人员"（《监察法》第六十五条）、"监察人员"（《监察法》第六十一条）、"有关单位"（《监察法》第六十二条）、"有关人员"（《监察法》第六十三条）和"控告人、检举人、证人"（《监察法》第六十四条）等。

2. 行为的违法性

特定主体所实施的行为违反了法律的明确规定。换言之，如果对行为的违法性没有明确的法律予以规定，则不构成监察法律责任。此一特征也可以理解为监察法律责任的法定性。

3. 违反法律的特定性

特定主体实施的一个违法行为可能会违反两个以上不同属性、不同规

---

① 参见[德]柯武刚、史漫飞《制度经济学：社会秩序与公共政策》，韩朝华译，商务印书馆2000年版，第32—33页；[美]卢埃林：《荆棘丛——关于法律与法学院的经典演讲》，明辉译，北京大学出版社2017年版，第47页。

② 参见谢尚果、申军贵主编《监察法教程》，法律出版社2019年版，第235页；秦前红主编：《监察法学教程》，法律出版社2019年版，第417页。

范目的的法律规范，根据这些法律规范，分别承担相应的法律责任。构成监察法律责任的前提条件是，行为必须违反了我国监察法律规范。就目前而言，监察法律规范主要是指《监察法》《公职人员政务处分法》和《公务员法》等。随着监察立法的精细化，将来也会在我国《宪法》和《监察法》框架下，形成更为完善的监察法律规范体系。

4. 法律上的否定性评价

从法律对待行为的态度上来看，监察法律责任是监察法律对特定主体所实施的行为的一种否定性评价，并且在此基础上通常还会对该特定主体施予相应的法律负担。

(三) 监察法律责任的相对独立性和综合性

一方面，监察法律责任具有相对独立性。监察法是反腐败国家立法，是根据宪法由全国人大制定的"基本法律"；监察委员会是履行国家监察职能的专责机关，具有独立的宪法和法律地位；[1] 监察权是有别于立法权、行政权、审判权、检察权的新型国家权力；[2] 围绕监察权的行使而在监察机关和监察对象之间构成的监察法律关系，是一种新型法律关系；相应地，监察法律责任也具有一定程度的独立性。

另一方面，不能简单地以监察责任所属的监察法律部门具有独立性为由，理所当然地认为监察法律责任具有完全独立性。监察法律责任是传统的民事、刑事、行政三大法律责任所无法完全包容的新的责任类型，但它并非三大法律责任之外的一种完全独立的法律责任形态。严格意义上讲，本章所称的监察法律责任并非一个周延的法律概念，更准确地说，它只是"监察法上的法律责任"的简称。在具体承担上，监察法上的法律责任一般以政务责任、行政责任或刑事责任中的一种或多种的组合或者综合的形式来承担。

二 监察法律责任构成

法律责任的构成，通常是指在认定法律责任时所必须考虑的条件和因素，具体涉及责任主体、违法行为、损害后果、主观过错等方面。相应

---

[1] 参见莫纪宏《准确把握监察法的属性》，《中国纪检监察》2018 年第 7 期。

[2] 有学者称之为"现代公共权力'第四权'"。参见魏昌东《国家监察委员会改革方案之辨正：属性、职能与职责定位》，《法学》2017 年第 3 期。

地，在认定监察法律责任时，也有一些必须考虑的条件和因素，这些条件和因素之间存在着法律上某种特定的逻辑关联。在法理层面上，可将这样的逻辑关联称为"监察法律责任的构成"。

在对"监察法律责任构成"展开分析之前，有必要梳理与之相关的法律渊源或者法律依据。从立法角度来看，判断是否构成监察法律责任的直接法律依据主要是我国《监察法》（特别是第六十二条至第六十七条，参见附表13-1）和《公职人员政务处分法》（特别是第六十一条至第六十四条）。

附表13-1　　构成监察法律责任的主要法律依据

《监察法》		《公职人员政务处分法》	
条目	规定	条目	规定
第六十一条	对调查工作结束后发现立案依据不充分或者失实，案件处置出现重大失误，监察人员严重违法的，应当追究负有责任的领导人员和直接责任人员的责任。		
第六十二条	有关单位拒不执行监察机关作出的处理决定，或者无正当理由拒不采纳监察建议的，由其主管部门、上级机关责令改正，对单位给予通报批评；对负有责任的领导人员和直接责任人员依法给予处理。	第六十一条	有关机关、单位无正当理由拒不采纳监察建议的，由其上级机关、主管部门责令改正，对该机关、单位给予通报批评，对负有责任的领导人员和直接责任人员依法给予处理。
第六十三条	有关人员违反本法规定，有下列行为之一的，由其所在单位、主管部门、上级机关或者监察机关责令改正，依法给予处理：（一）不按要求提供有关材料，拒绝、阻碍调查措施实施等拒不配合监察机关调查的；（二）提供虚假情况，掩盖事实真相的；（三）串供或者伪造、隐匿、毁灭证据的；（四）阻止他人揭发检举、提供证据的；（五）其他违反本法规定的行为，情节严重的。	第六十二条	有关机关、单位、组织或者人员有下列情形之一的，由其上级机关、主管部门、任免机关、单位或者监察机关责令改正，依法给予处理：（一）拒不执行政务处分决定的；（二）拒不配合或者阻碍调查的；（三）对检举人、证人或者调查人员进行打击报复的；（四）诬告陷害公职人员的；（五）其他违反本法规定的情形。
第六十四条	监察对象对控告人、检举人、证人或者监察人员进行报复陷害的；控告人、检举人、证人捏造事实诬告陷害监察对象的，依法给予处理。		

续表

	《监察法》		《公职人员政务处分法》
第六十五条	监察机关及其工作人员有下列行为之一的，对负有责任的领导人员和直接责任人员依法给予处理：（一）未经批准、授权处置问题线索，发现重大案情隐瞒不报，或者私自留存、处理涉案材料的；（二）利用职权或者职务上的影响干预调查工作、以案谋私的；（三）违法窃取、泄露调查工作信息，或者泄露举报事项、举报受理情况以及举报人信息的；（四）对被调查人或者涉案人员逼供、诱供，或者侮辱、打骂、虐待、体罚或者变相体罚的；（五）违反规定处置查封、扣押、冻结的财物的；（六）违反规定发生办案安全事故，或者发生安全事故后隐瞒不报、报告失实、处置不当的；（七）违反规定采取留置措施的；（八）违反规定限制他人出境，或者不按规定解除出境限制的；（九）其他滥用职权、玩忽职守、徇私舞弊的行为。	第六十三条	监察机关及其工作人员有下列情形之一的，对负有责任的领导人员和直接责任人员依法给予处理：（一）违反规定处置问题线索的；（二）窃取、泄露调查工作信息，或者泄露检举事项、检举受理情况以及检举人信息的；（三）对被调查人或者涉案人员逼供、诱供，或者侮辱、打骂、虐待、体罚或者变相体罚的；（四）收受被调查人或者涉案人员的财物以及其他利益的；（五）违反规定处置涉案财物的；（六）违反规定采取调查措施的；（七）利用职权或者职务上的影响干预调查工作、以案谋私的；（八）违反规定发生办案安全事故，或者发生安全事故后隐瞒不报、报告失实、处置不当的；（九）违反回避等程序规定，造成不良影响的；（十）不依法受理和处理公职人员复审、复核的；（十一）其他滥用职权、玩忽职守、徇私舞弊的行为。
第六十六条	违反本法规定，构成犯罪的，依法追究刑事责任。	第六十四条	违反本法规定，构成犯罪的，依法追究刑事责任。
第六十七条	监察机关及其工作人员行使职权，侵犯公民、法人和其他组织的合法权益造成损害的，依法给予国家赔偿。		

（一）责任主体

根据《监察法》《监察法实施条例》等的相关规定，承担监察法律责任的主体，既可以是自然人，也可以是法人或者其他（单位）组织。

1. 监察机关及其工作人员

根据《监察法》和《监察法实施条例》的规定，行使国家监察职能的专责机关是"各级监察委员会"，同时还包括各级监察委员会"向本级中国共产党机关、国家机关、法律法规授权或者委托管理公共事务的组织和单位以及所管辖的行政区域、国有企业等派驻或者派出"的"监察机构"

和"监察专员"。除了监察机关之外,在承担监察法律责任时,也包括监察机关"负有责任的领导人员和直接责任人员"。

2. 监察对象

根据《监察法》和《监察法实施条例》的规定,各级监察委员会作为专责机关,行使国家监察职能,依法监察的对象是"所有行使公权力的公职人员"。具体包括公务员和参公管理人员,法律、法规授权或者受国家机关依法委托管理公共事务的组织中从事公务的人员,国有企业管理人员等六类。

3. 其他有关单位及人员

承担监察法律责任的主体还包括"公职人员任免机关、单位"(《公职人员政务处分法》第三条),"控告人、检举人、证人"(《监察法》第六十四条),以及"有关机关、单位、组织集体作出的决定违法或者实施违法行为的,负有责任的领导人员和直接责任人员中的公职人员"(《监察法实施条例》第四十四条)。

前述各类型的责任主体,在违反监察法律规范时,结合不同的违法行为及情节,应当依法承担相应的监察法律责任。

(二)责任事由(违法行为)①

1. 监察人员的违法失职行为

由于监察机关依法"独立行使监察权,不受行政机关、社会团体和个人的干涉"(《监察法》第四条),有权依法"对所有行使公权力的公职人员进行监察,调查职务违法和职务犯罪,开展廉政建设和反腐败工作"(《监察法》第三条),权责甚重,在行使职权时更需要强调"自我约束"与严格"依法办事"。为了强化对监察机关调查工作的监督管理,督促监察人员在立案审查前认真核实,在立案审查后严格依法处置,《监察法》第六十一条明确规定了监察人员违法失职行为,主要包括以下三个方面内容:

(1)立案依据不充分或者失实

在监察工作实践中,初步核实案情及相关事实至关重要,如果初核不扎实、立案不准确,必然有损监察机关的权威性与公信力。因而,监察机

---

① 关于"违法行为"的构成要件,有学者主张"三要件说",即主体要件、客观要件与形式要件,并且"一个行为只要同时具备上述三个要件就属于违法行为,并且会因此产生相应的法律责任"。参见翁文刚《法律责任的构成要件与承担条件应予区分》,《法商研究》2001年第2期。

关的具体承办部门及其工作人员应当提升初核质量，全面把握事实、性质、责任、情节等关键问题，然后再依据程序报请立案。如果立案依据存在明显错误，影响案件调查审理，应当依法追究负有责任的领导人员和直接责任人员的责任。

（2）案件处置出现重大失误

《监察法》《监察法实施条例》对案件调查处置的程序和权限等均作出了明确的要求和限定。如果在案件处置过程中，出现违法采取留置措施、甚至是违反规定导致发生办案安全事故等重大失误，应当依法追究负有责任的领导人员和直接责任人员的责任。[①]《监察法实施条例》第二百七十七条对办案安全作出了具体的要求，规定了三方面的内容。第一，监察机关应当建立健全办案安全责任制，承办部门主要负责人和调查组组长是调查安全第一责任人，并要求调查组设立安全员，切实履行管理、监督职责。第二，发生严重办案安全事故等情况的，省级监察机关主要负责人应当向国家监察委员会作出检讨，并予以通报、严肃追责问责。第三，案件监督管理部门应当加强监督检查，发现问题及时报告并督促整改。

（3）监察人员严重违法

监察机关作为依法行使监察权的专责机构，应当严格遵守法律，切实履行宪法和法律赋予的监察职责。在案件的调查和处置过程中，监察人员应该严格自律，确保一切监察工作和调查活动均在法律限定的范围内进行。如果监察人员执法违法、失职失责，不仅会影响案件处理的公正性、合法性以及办案的现实效果，而且会对监察机关的形象、权威与公信力造成不可估量的影响。因此，一旦发生此类情况，不仅严重违法的监察人员本身要受到严肃处理，负有责任的领导人员也必须依法承担相应的法律责任。《监察法实施条例》第二百七十八条规定，监察人员在履行职责中有下列行为之一的，依法严肃处理；构成犯罪的，依法追究刑事责任：一是贪污贿赂、徇私舞弊的；二是不履行或者不正确履行监督职责，应当发现的问题没有发现，或者发现问题不报告、不处置，造成严重影响的；三是未经批准、授权处置问题线索，发现重大案情隐瞒不报，或者私自留存、

---

① 中共中央纪律检查委员会、中华人民共和国国家监察委员会法规室编写：《〈中华人民共和国监察法〉释义》，中国方正出版社2018年版，第264页。

处理涉案材料的；四是利用职权或者职务上的影响，非法干预调查工作的；五是违法窃取、泄露调查工作信息，或者泄露举报事项、举报受理情况以及举报人信息的；六是对被调查人或者涉案人员逼供、诱供，或者侮辱、打骂、虐待、体罚或者变相体罚的；七是违反规定处置查封、扣押、冻结的财物的；八是违反规定导致发生办案安全事故，或者发生安全事故后隐瞒不报、报告失实、处置不当的；九是违反规定采取留置措施的；十是违反规定限制他人出境，或者不按规定解除出境限制的；十一是其他职务违法和职务犯罪行为。

2. 拒不执行监察机关作出的处理决定

监察机关作为行使国家监察职能的专责机关的权威性必须予以保障。根据《监察法》第六十二条的规定，有关单位"拒不执行监察机关作出的处理决定"的，该单位及"负有责任的领导人员和直接责任人员"应当承担相应的法律责任。

此处的"监察机关作出的处理决定"，一般是指监察机关依据《监察法》第四十五条的规定，根据监督、调查结果，向职务违法的监察对象作出警告、记过、记大过、降级、撤职、开除等的政务处分决定；对不履行或者不正确履行职责负有责任的领导人员，按照管理权限对其直接作出的问责决定；谈话提醒、批评教育、责令检查，或者予以诫勉的决定；采取调查措施的决定；复审、复核决定；以及监察机关依法作出的其他处理决定。

通常情况下，监察机关的处理决定一经作出，即产生法律效力，具有强制性，监察对象及有关单位必须执行，并且要将执行情况通报监察机关。监察对象对监察机关作出的涉及本人的处理决定不服的，应当依照《监察法》第四十九条规定的法定程序提出。有关单位对监察机关作出的处理决定有异议的，应当依照法定程序提出；拒不执行监察决定的，不但对单位要给予通报批评，对负有责任的领导人员和直接责任人员也要依法给予处理。

3. 拒不采纳监察建议

根据《监察法》第六十二条的规定，有关单位"无正当理由拒不采纳监察建议"的，该单位及"负有责任的领导人员和直接责任人员"应当承担相应的法律责任。此处的"监察建议"一般是指监察机关依据《监察法》第四十五条的规定，在监督、调查、处置的基础上，对监察对象所在单位廉政建设和履行职责存在的问题等提出监察建议。监察建议不同于一般的工作建议，其是以《监察法》等监察法律法规为依据，在制发流程、适用情形、建议内容等方面都有严格要求。提出监察建议是监察机关开展监督的重要方式，也是以法治思维和法治方式履职的体现，具有法律效力和刚性要求。

对于监察机关提出的监察建议，监察对象及其所在单位，如果没有正当的理由，就应当予以采纳，并且将采纳监察建议的情况通报给该监察机关。监察对象所在单位没能按照法定程序向监察机关提出异议，并且拒不采纳监察机关所提监察建议的，不但对单位要给予通报批评，对负有责任的领导人员和直接责任人员也要依法给予处理。

4. 阻碍、干扰监察工作

为保障监察机关正常依法履行职责，克服和排除对监察机关依法行使权力的各种阻力和干扰，保证监察活动顺利进行，《监察法》规定，监察机关"在工作中需要协助的，有关机关和单位应当根据监察机关的要求依法予以协助"（《监察法》第四条第二款）。具体来看，在调查过程中，监察机关可以"依法向有关单位和个人了解情况，收集、调取证据"，"有关单位和个人应当如实提供"（《监察法》第十八条）；在监察机关"调查涉嫌贪污贿赂、失职渎职等严重职务违法或者职务犯罪"等特定情况下，可以"查询、冻结涉案单位和个人"的存款、股票等财产，"有关单位和个人应当配合"（《监察法》第二十三条第一款）；在进行搜查时，监察机关可以"根据工作需要提请公安机关配合"，公安机关"应当依法予以协助"（《监察法》第二十四条第三款）。同时，《监察法》也从法律责任的角度，对阻碍或者干扰监察机关履行职责的行为作出了否定性评价。

根据《监察法》第六十三条的规定，阻碍、干扰监察工作的行为或者情形主要包括以下几个方面：

（1）不按要求提供有关材料，拒绝、阻碍调查措施实施等拒不配合监察机关调查的。主要是指监察对象及相关人员在有义务提供与监察事项有关的文件、资料、财务账目及其他有关材料的情况下和其他必要情况下，故意拖延履行或者拒绝履行，或拒绝、阻碍搜查、留置等调查措施实施的。

（2）提供虚假情况，掩盖事实真相的。主要是指监察对象在被监察机关及其工作人员要求提供与违法犯罪行为有关的真实情况和违法犯罪事实时，故意提供虚假情况，或提供虚假证明，掩盖违法犯罪事实，意图阻碍监察机关调查，逃避法律追究。

（3）串供或者伪造、隐匿、毁灭证据的。其中，"串供"是指监察对象与他人相互串通，捏造虚假口供，以逃避处罚的行为；"伪造、隐匿、毁灭证据"是指有关人员伪造虚假证据，或者变造或篡改证据，提供虚假的事实证明，或者将能够证明案件真实情况的书证、物证或其他证据予以毁灭或者隐藏起来使其不能证明案件真实情况的行为。

（4）阻止他人揭发检举、提供证据的。主要是指监察对象通过欺骗、威吓、利诱等各种方式为他人揭发检举、提供证据材料的行为设置障碍。

（5）其他违反本法规定的行为，情节严重的。从立法技术角度讲，此项属于"兜底式"条款。[1] 由于监察工作与社会现实的复杂性以及涉及诸多利益的重大性，阻碍或者干扰监察机关正常履行职责的行为或者情形呈现出多样性，立法几乎不可能涵盖或者穷尽所有情形。使用"兜底式"条款，可以为更全面、更充分地追究违法者的法律责任保留法律上的可能性。根据该项规定，除了前四项规定的情形外，对于阻碍、干扰监察机关行使职权的其他行为，情节严重的，也要予以依法处理。比如为同案人员通风报信，为同案人员窝藏、转移赃款、赃物等。[2] 必须明确的是，实践中运用该条款时，应当保持审慎、谦抑的态度，不得任意扩大解释和适用。

5. 报复陷害或者诬告陷害

根据《宪法》第四十一条的规定，对于任何国家机关和国家机关工作人员（及其违法失职行为），我国公民享有批评、建议以及申诉、控告或者检举等权利。为保障公民享有的前述宪法权利，保证监察人员行使职权不受非法侵害，《监察法》专门针对"陷害"行为规定了相应的法律责任。具体可分为以下两种类型：

（1）监察对象对控告人、申诉人、批评人、检举人、证人或者监察人

---

[1] 关于"兜底式"条款的生成机理以及与明确性原则的契合等问题的理论探讨，可参见张建军《论刑法中兜底条款的明确性》，《法律科学》2014 年第 2 期。

[2] 中共中央纪律检查委员会、中华人民共和国国家监察委员会法规室编写：《〈中华人民共和国监察法〉释义》，中国方正出版社 2018 年版，第 269 页。

员的报复陷害。这里的"报复陷害",包括监察对象滥用职权,假公济私,对控告人、检举人、证人或者监察人员实施报复陷害等行为。由于监察案件的查处势必触动一些人的现实利益,也就会遇到不同程度的抗拒和干扰,其中包括为了逃避制裁或者出于受到制裁后的怨恨,而对监察人员进行报复陷害。在实践中,监察对象对控告人、检举人、证人或者监察人员打击报复的形式多样,例如诬蔑陷害、围攻阻挠、谩骂殴打、恐吓威胁、无正当理由调动工作岗位、取消福利待遇或奖励、压制提职晋级或评定职称等。

(2)控告人、检举人、证人对监察对象的诬告陷害。这里的"诬告陷害",主要是指控告人、检举人、证人捏造事实,告发陷害监察对象,意图使其受党纪政务处分或者刑事追究等行为。控告人、检举人、证人捏造事实诬告陷害监察对象,既包括以使监察对象受刑事追究为目的,也包括以败坏监察对象的名誉、阻止监察对象得到某种奖励或者晋升为目的而诬告其有违法违纪行为。

无论监察对象对控告人、检举人、证人或者监察人员进行报复陷害的,还是控告人、检举人、证人诬告监察对象的,均应当依据《公职人员政务处分法》给予政务处分;报复陷害和诬告行为的主体是党员的,依照《中国共产党纪律处分条例》追究党纪责任;构成犯罪的,依法追究刑事责任。具体见下表。

责任类型	相关规定
政务处分	《公职人员政务处分法》第三十二条第(三)项"对依法行使批评、申诉、控告、检举等权利的行为进行压制或者打击报复的;(四)诬告陷害,意图使他人受到名誉损害或者责任追究等不良影响的","予以警告、记过或者记大过;情节较重的,予以降级或者撤职;情节严重的,予以开除"。
党纪责任	《中国共产党纪律处分条例》第六十九条:"诬告陷害他人意在使他人受纪律追究的,给予警告或者严重警告处分;情节较重的,给予撤销党内职务或者留党察看处分;情节严重的,给予开除党籍处分"。
刑事责任	《刑法》第二百五十四条:"国家机关工作人员滥用职权、假公济私,对控告人、申诉人、批评人、举报人实行报复陷害的,处二年以下有期徒刑或者拘役;情节严重的,处二年以上七年以下有期徒刑"。根据《刑法》第二百四十三条的规定,"捏造事实诬告陷害他人,意图使他人受到刑事追究,情节严重的,处三年以下有期徒刑、拘役或者管制;造成严重后果的,处三年以上十年以下有期徒刑"。

6. 监察机关及其工作人员的违法行为

习近平总书记要求，纪检监察机关要接受最严格的约束和监督，加大严管严治、自我净化力度，针对自身权力运行机制和管理监督体系的薄弱环节，扎紧织密制度笼子，坚决防止"灯下黑"，努力建设一支政治素质高、忠诚干净担当、专业化能力强、敢于善于斗争的纪检监察铁军。[①] 为了强化对纪检监察机关及其工作人员依法行使职权的监督管理，维护监察机关和纪检监察队伍的形象和威信，《监察法》第六十五条明确规定了监察机关及其工作人员违法行使职权的法律责任。从责任主体角度讲，违法行使职权应予追究法律责任的，不仅包括直接责任人员，还包括负有责任的领导人员；从客观行为角度讲，应予追究法律责任的监察机关及其工作人员的违法行使职权的行为，具体包括以下几类：

（1）未经批准、授权处置问题线索，发现重大案情隐瞒不报，或者私自留存、处理涉案材料。此处的"问题线索"一般是指监察机关在查办案件中，有关涉案人交代、检举、揭发的被调查人以外的其他监察对象违法犯罪问题线索，以及被调查人交代、检举、揭发的其他监察对象不涉及本案的违法犯罪问题线索等。监察机关对监察对象的问题线索，应当按照有关规定分类办理。监察机关及其工作人员在工作中发现重大案情的，应当按照要求及时上报，不得隐瞒。此处的"涉案材料"包括在案件调查过程中形成的，与案件有关的所有书面资料、图片、声像资料，以及留存在电脑、移动硬盘等存储介质中的电子资料。涉案材料应当按照有关规定严格管理。

（2）利用职权或者职务上的影响，不当干预调查工作、以案谋私。主要是指监察机关及其工作人员利用职权或者职务上的影响力，在线索处置、日常监督、调查、审理和处置等各环节打听案情、过问案件、说情干预，通过案件谋求私利等。

（3）违法窃取、泄露调查工作信息，或者泄露举报事项、举报受理情况以及举报人信息。违法窃取、泄露调查工作信息，一般是指监察机关及其工作人员违法窃取其不应掌握的调查工作信息，或者向被调查人员或相

---

① 《习近平在中国共产党第十九届中央纪律检查委员会第五次全体会议上发表重要讲话》，2021年1月22日。

关人员泄露其在工作中掌握的调查信息等；泄露举报事项、举报受理情况以及举报人信息，一般是指监察机关及其工作人员向被举报人员或相关人泄露举报事项、举报受理情况以及举报人信息等。

（4）对被调查人或者涉案人员逼供、诱供，或者侮辱、打骂、虐待、体罚或者变相体罚。监察权在程序上和实体上都必须严格依法行使。逼供、诱供、侮辱、打骂、虐待、体罚或者变相体罚等行为，属于严重的程序违法，侵害被调查人的身心健康。并且，被调查人在这种情况下往往迫于肉体和精神压力，或者在被欺骗情况下提供口供，虚假的可能性非常大，容易造成错案。以此种方法收集来的证据，依法作为非法证据排除。

（5）违反规定处置查封、扣押、冻结的财物。对调取、查封、扣押的财物、文件、电子数据，监察机关应当设立专用账户、专门场所、专门存储设备，确定专门人员妥善保管，严格履行交接、调取手续，定期对账核实，不得毁损或者用于其他目的。对价值不明物品应当及时鉴定，专门封存保管。擅自将财物任意使用，如违规使用被扣押的车辆等，属于违反规定处置查封、扣押、冻结的财物的行为，应当依法处理。

（6）违反规定发生办案安全事故，或者发生安全事故后隐瞒不报、报告失实、处置不当。监察机关在办案期间要严格依法依规，保障办案安全，对于发生被调查人死亡、伤残、逃跑等安全事故的，应当认真应对、妥善处置、及时报告。对于在办案过程中有失职渎职等违法犯罪行为，违反规定发生办案安全事故，或者发生安全事故后隐瞒不报、报告失实、处置不当的，视情节轻重，依照有关规定追究有关单位领导和相关责任人员的责任；涉嫌犯罪的，移送司法机关处理。

（7）违反规定采取留置措施。《监察法》对留置措施的批准程序、期限、安全保障等都作了明确规定。对未经批准留置被调查人，或者超期留置被调查人等违反规定的行为，应当依法追究相关人员的法律责任。

（8）违反规定限制他人出境，或者不按规定解除出境限制。《监察法》第三十条规定："监察机关为防止被调查人及相关人员逃匿境外，经省级以上监察机关批准，可以对被调查人及相关人员采取限制出境措施，由公安机关依法执行。对于不需要继续采取限制出境措施的，应当及时解除。"对于违反规定限制他人出境，或者不按规定解除出境限制的，应当依法追究相关人员的法律责任。

（9）其他滥用职权、玩忽职守、徇私舞弊的行为。此项规定同样是"兜底式"条款，是对《监察法》未明文列举的监察人员其他滥用职权、玩忽职守、徇私舞弊等违法行为承担责任的补充性规定。作为依法行使监察职能的专责机关，监察机关的工作人员公正廉洁、恪尽职守、不谋私利，是保障监察权公正高效行使的必备要件，因而，对任何滥用职权、玩忽职守、徇私舞弊的行为，均应当追究法律责任。

此处的"滥用职权"，主要是指监察人员违反法律法规的规定或者超越法定职责范围行使职权。"徇私舞弊"，主要是指监察人员为了私利，用欺骗或者其他不正当方式违法犯罪的行为，包括监察人员利用本人职责范围内的权限或者本人职务、地位所形成的便利条件，为自己或者他人谋取私利，袒护或者帮助违法犯罪的人员掩盖错误事实，以逃避制裁，或者利用职权陷害他人的行为。"玩忽职守"，主要是指监察人员严重不负责任、不履行或者不正确履行法定职责，致使国家、集体和人民的利益遭受损失的行为。监察人员玩忽职守有多种表现形式，如不履行监察职责，不实施岗位职务所要求实施的行为；对职责范围内管辖的事务不尽职责，敷衍塞责；在履行职责过程中擅离职守；对于监察对象可能对国家、集体和人民的利益造成损失的行为不采取有效措施予以制止；等等。对玩忽职守的行为，只有在造成了财物损失或者财物损失以外其他损害后果（例如损害了国家机关的形象和声誉、妨碍了监察机关职责的正常履行、给当事人造成严重精神创伤等）的情况下，才追究责任。[①]

《监察法实施条例》在《监察法》规定的基础上，作了进一步细化完善，增加了"贪污贿赂、徇私舞弊"和"不履行或者不正确履行监督职责，应当发现的问题没有发现，或者发现问题不报告、不处置，造成严重影响的"两种违法情形，督促监察人员严格依法履职，严守纪检监察权力边界。

（三）责任类型

1. 政务责任

根据我国《监察法》的相关规定与授权，各级监察机关行使国家监察

[①] 本部分参考中共中央纪律检查委员会、中华人民共和国国家监察委员会法规室编写《〈中华人民共和国监察法〉释义》，中国方正出版社2018年版，第273—276页。

职能时的对象主要是"行使公权力的公职人员",有权对违法的公职人员依法作出"政务处分决定"(《监察法》第十一条第三项)。换言之,作为"监察对象"的"公职人员"因违法而应当承担相应的政务责任。[①]

从立法角度来看,公职人员的政务责任,依据《公职人员政务处分法》的规定,至少包括六种类型:(1)警告;(2)记过;(3)记大过;(4)降级;(5)撤职;(6)开除。

从法律适用角度来看,在追究相关公职人员的政务责任时,依据《公职人员政务处分法》相关规定,应当注意两个问题:一是给予公职人员政务处分,应当事实清楚、证据确凿、定性准确、处理恰当、程序合法、手续完备;二是公职人员依法履行职责受法律保护,非因法定事由、非经法定程序,不受政务处分。

2. 刑事责任

在我国现代法律体系中,刑事责任是一个得到广泛运用的法律概念。通常而言,所谓"刑事责任",是指犯罪人(包括自然人和单位)因实施犯罪行为而应当承担的、由代表国家的司法机关依照刑事法律对犯罪行为所做的否定性评价以及对行为人施予的谴责或者负担。[②] 对于违反刑事法律的行为,自然应该依法追究刑事法律责任,监察机关及其工作人员也不例外。根据《监察法》第六十六条的规定、宪法与法律赋予监察机关的职责以及刑法原则等,监察机关及其工作人员违反法律、构成犯罪,并且应当依法追究刑事责任的行为,主要包括:

(1)玩忽职守罪

玩忽职守罪,是指国家机关工作人员滥用职权、玩忽职守或者徇私舞弊,致使公共财产、国家和人民利益遭受重大损失的行为。

(2)报复陷害罪

报复陷害罪,是指国家机关工作人员滥用职权、假公济私,对控告人、申诉人、批评人、举报人实行报复陷害的行为。

[①] 关于"政务处分"及相关法律责任的理论探讨,可参见郭文涛《〈政务处分法〉双轨惩戒制度之间的衔接协调》,《法学》2020年第12期。

[②] 关于刑事责任的性质,也有学者认为属于一种"惩罚性义务"。参见杨春洗、苗生明《论刑事责任的概念和根据》,《中外法学》1991年第1期("刑事责任是一种法律责任,是行为人在因实施刑法规定的犯罪行为而形成的刑法关系中,应依法向国家担负刑事法律后果的惩罚性义务")。

（3）诬告陷害罪

诬告陷害罪，是指捏造事实诬告陷害他人，意图使他人受到刑事追究的行为。根据我国《刑法》第二百四十三条的规定，如果行为人是国家机关工作人员，则构成"从重"情节。

（4）帮助毁灭、伪造证据罪

帮助毁灭、伪造证据罪，是指帮助当事人毁灭、伪造证据并且情节严重的行为。

（5）妨害作证罪

妨害作证罪，是指以暴力、威胁、贿买等方法阻止证人作证或者指使他人作伪证的行为。

（6）故意（或者过失）泄露国家秘密罪

故意（或者过失）泄露国家秘密罪，是指国家机关工作人员违反保守国家秘密法的规定，故意或者过失泄露国家秘密并且情节严重的行为。

除了前述几种较为典型的犯罪行为之外，监察机关工作人员若有其他违反《监察法》相关规定且构成犯罪的行为，也应当追究其相应的刑事法律责任。例如，根据《监察法》第六十五条第四款的规定，监察机关工作人员"对被调查人或者涉案人员逼供、诱供，或者侮辱、打骂、虐待、体罚或者变相体罚的"行为，也可能会同时构成故意伤害罪、侮辱罪、暴力取证罪等犯罪，依法也要承担相应的刑事法律责任。

3. 国家赔偿责任

监察机关及其工作人员，在行使职权过程中，如果侵犯公民、法人和其他组织的合法权益造成损害的，除了可能承担前述政务责任和刑事责任之外，还应当依法承担相应的国家赔偿责任。[①] 因监察机关及其工作人员侵害行为而应当承担的国家赔偿责任，其直接的法律渊源包括《国家赔偿法》和《监察法》等法律的相关规定。[②]

据此，监察机关及其工作人员因行使职权而侵犯被调查者合法权益并

---

① 关于国家赔偿责任的性质，参见沈岿《国家赔偿：代位责任还是自己责任》，《中国法学》2008年第1期。

② 《国家赔偿法》第二条第一款："国家机关和国家机关工作人员行使职权，有本法规定的侵犯公民、法人和其他组织合法权益的情形，造成损害的，受害人有依照本法取得国家赔偿的权利。"《监察法》第六十七条："监察机关及其工作人员行使职权，侵犯公民、法人和其他组织的合法权益造成损害的，依法给予国家赔偿。"

且造成损害的，被调查者有权依法要求国家赔偿，监察机关则要承担相应的国家赔偿责任。对于因监察人员违法行使作为公权力的国家监察权而给合法私益造成的损害，无论从公平、正义的理念上，还是从私权的保护和公权公信力的维系上讲，作为国家机关重要组织单位的监察机关均应该承担相应的赔偿责任。①

4. 不同法律责任之间的关系

前述三种类型的法律责任——政务责任、刑事责任以及国家赔偿责任——之间的关系，可以大致归纳如下：

（1）政务责任与刑事责任，既可能彼此独立，也可能形成竞合。首先，从两者所依据的法律规范属性上来看，政务责任主要依据的是《公职人员政务处分法》《公务员法》等，刑事责任主要依据的是《刑法》，两者属于彼此独立的法律责任；其次，从两者对违法犯罪行为的惩罚功能上来看，在现实中，某一公职人员的违法行为有可能既违反相关政务法律规定，也违反相关刑事法律规定，既要承担特定的政务责任，也要承担相应的刑事责任，故而两者在规制或者惩罚某些违法犯罪行为时具有一定的功能上的重合；最后，从两者指向的行为的违法性和社会危害性的程度上来看，通常而言，追究政务责任的违法行为较轻，而追究刑事责任的犯罪行为较重。

（2）政务责任或刑事责任与国家赔偿责任之间，基本上是一种彼此独立的关系，但可以相互叠加。从国家赔偿责任承担的法律要件上来看，无论监察机关及其工作人员的违法行使职权的行为是否已经承担了政务责任或刑事责任，只要该行为客观上侵犯了公民、法人和其他组织合法权益并且造成了损害，那么行为人所属的国家机关就要作为赔偿义务机关来依法承担国家赔偿责任，对受害人进行国家赔偿。因此，相对于政务责任或者刑事责任而言，国家赔偿责任是一种独立的法律责任类型。这既是法律在维护特定国家机关组织工作秩序、维系社会秩序与保护公民、法人和其他组织合法权益等方面的多重功能与层级目标的逻辑结果和现实产物，同时也是所有行使公权力的公职人员公正、依法履行职责的内在要求与保护公

---

① 国家赔偿的理论基础，包括特别牺牲理论、风险理论、危险责任理论、社会保险理论等、公共负担平等理论等，参见沈岿《国家赔偿法：原理与案例》，北京大学出版社2011年版，第1章；应松年、杨小君：《国家赔偿若干理论与实践问题》，《中国法学》2005年第1期。

民、法人和其他组织合法权益、维系社会秩序的外部要求共同作用的结果。

第二节 监察救济的机制

一 设立监察救济制度的意义

从制度本身意义上讲,监察法律制度的创设和国家监察体制的改革,是为了"加强对所有行使公权力的公职人员的监督,实现国家监察全面覆盖,深入开展反腐败工作,推进国家治理体系和治理能力现代化"(《监察法》第一条),那么,依法赋予监察机关"独立行使监察权",并且"不受行政机关、社会团体和个人的干涉"的地位(《监察法》第四条第一款),就是为实现上述目标而采取的一个至关重要的制度性措施。另一方面,监察法律制度的构建也是为了保障公民的基本权利,使其免受公权力的不法侵害,"如果政府不给予法律获得尊重的权利,它就不能重建人们对于法律的尊重。如果政府忽视法律同野蛮的命令的区别,它也不能够重建人们对于法律的尊重。如果政府不认真地对待权利,那么它也不能够认真地对待法律"。[1] 然而,从制度实施的层面以及人类自身的局限性来讲,行使国家监察职能的监察机关及其工作人员,在调查和办理案件的实际工作中也可能出现侵犯公民、法人和其他组织合法权益的情形。因此,有必要设置一整套专门用于保障被调查者合法权益免受侵害以及在遭受损害后获得补偿或赔偿的机制。具体包括复审、复核、申诉以及国家赔偿,共同构成监察救济制度。

二 复审与复核

关于监察法律程序中的复审与复核问题,《监察法》第四十九条规定:"监察对象对监察机关作出的涉及本人的处理决定不服的,可以在收到处理决定之日起一个月内,向作出决定的监察机关申请复审,复审机关应当

---

[1] [美]罗纳德·德沃金:《认真对待权利》,信春鹰、吴玉章译,上海三联书店2008年版,第273页。

在一个月内作出复审决定；监察对象对复审决定仍不服的，可以在收到复审决定之日起一个月内，向上一级监察机关申请复核，复核机关应当在二个月内作出复核决定。复审、复核期间，不停止原处理决定的执行。复核机关经审查，认定处理决定有错误的，原处理机关应当及时予以纠正。"

该条规定的主要目的在于，明确监察对象对监察机关涉及本人的处理决定不服提出复审、复核的程序和时限，保障监察对象的合法权益，促进监察机关依法履行职权，不偏不倚，秉公执法。具体内容主要包括以下四个方面：

1. 法定主体

一方面，就提出申请的主体而言，无论是对于监察机关的处理决定，还是对于复审机关的复审决定不服的，提出申请复审或者复核的主体（申请人）只能是"监察对象"，因为监察机关的处理决定或者复审决定只对涉案的"监察对象"本人具有直接利害关系。另一方面，就受理申请的主体而言，对于监察机关的处理决定不服的，申请人只得向作出原处理决定的监察机关——而不能向其他机关——提出复审申请；而对于复审决定不服的，申请人只得向上一级监察机关提出复核申请。

2. 法定程序

在监察对象申请"复审"时，需要有一个不可或缺的前置程序，即监察机关已经依法作出了涉及本人的处理决定。此时，所谓的"复审"，是指监察对象与监察机关围绕已作出的"处理决定"，为了维护监察对象的合法权益而依法展开的一系列程序性活动，具体包括：监察对象对监察机关先前作出涉及本人的处理决定不服，而向作出该处理决定的同一监察机关申请复审；而该同一监察机关受理复审申请后，应当依法对原处理决定进行审查核实，并且在此基础上作出复审决定。

与之相应，在监察对象寻找法律救济的过程中，"复审"又构成了"复核"的一个不可或缺的前置程序。所谓的"复核"，是监察对象与上一级监察机关围绕已作出的"复审决定"，为了维护监察对象的合法权益而依法展开的一系列程序性活动，具体包括：监察对象对复审决定不服，而向作出复审决定的监察机关的上一级监察机关申请复核；上一级监察机关受理复核申请后，应当依法对复审决定进行审查核实，并且在此基础上作出复核决定。

《监察法》之所以专门规定复审和复核程序，主要是为了保证监察机关正确、及时处理复审、复核案件,维护复审、复核申请人的合法权益,监督监察机关依法办事,维护监察机关的法律权威与公信力。

3. 法定期限

为了保证监察机关及时、有效地处理复审、复核案件,维护复审、复核申请人的合法权益,我国《监察法》明确规定了复审、复核的法律期限。具体而言,复审机关应当在一个月内作出复审决定,复核机关应当在两个月内作出复核决定。此处的"一个月"或者"两个月",均是从复审机关或者复核机关收到复审申请或者复核申请之日起计算。

4. 法定效力

涉及复审、复核的法定效力,包括以下两方面内容:一是原处理决定的效力问题,依照《监察法》的相关规定,"在复审、复核期间,不停止原处理决定的执行",也就是说,监察机关的处理决定一经作出,即发生法律效力,并不因复审、复核程序的启动而停止处理决定的执行。二是复审决定和复核决定的效力问题,依照《监察法》的相关规定,监察机关经复审、复核程序后,认为原处理决定不适当的,可以作出变更或者撤销原处理决定的复审决定、复核决定,并且复审决定、复核决定的效力溯及于原处理决定生效之时。

三 申诉

为了保护监察案件中被调查人的合法权益,强化对监察机关及其工作人员的监督管理,《监察法》专门规定了申诉制度。"申诉"不仅是我国《宪法》赋予公民的一项基本权利,也是体现在诸多基本法律(特别是程序法)领域中的一项基本程序权利。《监察法》第六十条包含两款,第一款是关于被调查人基本权利的实体性条款,第二款是关于申诉处理的程序性条款。

(一)申诉主体

根据《监察法》第六十条、《监察法实施条例》第二百七十二条的规定,有权向监察机关申诉的主体是被调查人及其近亲属。"被调查人",包括因涉嫌职务违法或职务犯罪行为而被监察机关立案调查的公职人员,也包括涉嫌行贿犯罪或者共同职务犯罪的涉案人员。关于"被调查人近亲属"的范围,《监察法》及《监察法实施条例》并没有作出明确规定。参照《刑事诉讼法》第一百零八条第六项关于刑事诉讼中"近亲属"范围的规定,拥有申诉权的"被调查人近亲属"应该包括被调查人的配偶、父母、子女、同胞兄弟姐妹等人。

(二) 申诉内容

从理论上讲，只要是任何监察机关和工作人员存在违法失职行为，便可以向有关监察机关提出申诉。因此，申诉的唯一条件是认为监察机关及其工作人员存在不合法的行为。从申诉人的角度而言，申诉的唯一条件是监察权行使违反法律的规定并侵害其合法权益。合法权益受到监察权不当行使的侵害，便是申诉的核心内容。

《监察法》第六十条列举了可以申诉的四种具体情形，但是鉴于申诉人具有宪法规定的权利救济权，这种列举不能狭隘地理解为列举其一排除其他，而是重点强调这些情形。列举四项情形之外的情形，落入该条规定的"其他违反法律法规、侵害被调查人合法权益的行为"之中。当然，申诉必须建立在事实的基础上，即"不得捏造或者歪曲事实进行诬告陷害"。从据以提出申诉的法定事由来看，申诉主要针对以下五项监察机关及其工作人员的违法行为：

一是法定期限届满，不予解除留置措施。我国《监察法》第四十三条明确规定"留置时间不得超过三个月"，特定情况下的"延长时间不得超过三个月"，因而如果超过前述法定期限，相关监察机关及其工作人员不解除留置措施的，属于违法行为，被调查人有权提出申诉。

二是查封、扣押、冻结与案件无关的财物。此处所谓与案件有关的"财物"，具体应该是指：（1）监察机关在调查过程中可以查封、扣押"用以证明被调查人涉嫌违法犯罪的财物、文件和电子数据等信息"（《监察法》第二十五条）；（2）监察机关根据工作需要可以依照规定查询、冻结"涉案单位和个人的存款、汇款、债券、股票、基金份额等财产"（《监察法》第二十三条）。据此，超出前述规定范围的财物即属于"与案件无关的财物"，如果监察机关及其工作人员查封、扣押、冻结此类财物的，属于违法行为，被调查人有权提出申诉。

三是应当解除而不解除查封、扣押、冻结措施。根据《监察法》规定，无论是"查封、扣押、冻结的财物、文件"，还是"冻结的财产"，如果"经查明与案件无关"（实质要件），监察机关及其工作人员均应当"在查明后三日内"（期限要件）予以解除查封、扣押、冻结。如果涉案财物符合法律规定的实质要件和期限要件，监察机关及其工作人员依然不予解除前述强制措施，即属违法行为，被调查人有权提出申诉。

四是贪污、挪用、私分、调换以及违反规定使用查封、扣押、冻结的财物。这是一项列举式规定，其中，"贪污"是指监察机关及其工作人员将被采取强制措施的涉案财物占为己有；"挪用"是指将该涉案财物私自挪作他用；"私分"是指将该涉案财物私下瓜分；"调换"是指将该涉案财物以旧换新，或者换成低档层物品等；"违反规定使用"是指不遵守相关规定擅自使用该涉案财物，例如，违规使用被扣押的车辆等。此类行为均属法律明确禁止的违法行为，一旦发生，被调查人即有权提出申诉。

五是其他违反法律法规、侵害被调查人合法权益的行为。本项规定属于"兜底式"条款，旨在全面保护被调查人的合法权益，特别是针对在前述四项规定范围之外的、明显侵害被调查人合法权益的行为，被调查人及其近亲属也可比照前述四项的规定提出申诉。

（三）申诉处理

《监察法》第六十条第二款设定了关于申诉的两级处理模式。一是原监察机关对于申诉的处理。被调查人及其近亲属对于监察机关及其工作人员的具体违法行为，可以向该监察机关提出申诉；受理申诉的该监察机关应当在受理申诉之日起"一个月内"作出处理决定，也就是说，法律明确规定受理申诉的初级机关是（被诉存在违法行为的）原监察机关，并且处理申诉的期限是"一个月"。二是上一级监察机关的处理。如果申诉人（被调查人及其近亲属）对受理申诉的监察机关作出的处理决定不服的，还可以依法向上一级监察机关申请复查；上一级监察机关应当在收到复查申请之日起"两个月内"作出处理决定。也就是说，法律明确规定受理复查申请的上一级机关是原监察机关的上一级监察机关，并且处理复查的期限是"两个月"，复查具有终局性。

四　国家赔偿

从世界范围内看，国家赔偿从无到有，经历了一个漫长的过程，夹杂着现实和理论世界错综复杂的变迁、挑战和革命，目前大部分国家已建立了国家赔偿法律制度。在监察法律关系中，与行使国家监察职能的监察机关及其工作人员相比，作为"监察对象"或者"被调查人"的公民、法人和其他组织处于相对弱势，宪法和监察法通过保护后者依法享有的地位和安全状态来保障他们的基本权利和合法权益。国家赔偿是《监察法》赋予公民、法人和其他组织为因监察权的行使而遭受的损失寻求法律救济的一种重要途径。《监察法》第六十七条规定："监察机关及其工作人员行使职权，侵犯公民、法人和其他组织的合法权益造成损害的，依法给予国家赔偿。"

监察机关及其工作人员在实际工作中因履行职责而构成侵权的，在符合以下条件时，应当承担相应的赔偿责任：

（一）公民、法人或者其他组织受到的损害必须是监察机关及其工作人员违法行使职权所造成的

此处的"行使职权"，通常是指监察机关及其工作人员依据职责和权限所进行的活动，结合《国家赔偿法》第二条第一款的规定："国家机关和国家机关工作人员行使职权，有本法规定的侵犯公民、法人和其他组织合法权益的情形，造成损害的，受害人有依照本法取得国家赔偿的权利"，构成监察法上的国家赔偿责任的致害行为必须是职务行为，且必须是监察法上的职务行为。监察机关及其工作人员违法行使职权的行为，既包括侵犯公民、法人或者其他组织财产权的行为（例如违法提请人民法院冻结涉案人员的存款等），也包括侵犯公民人身权的行为（例如在采取留置措施时超过法定期限等）。如果监察机关工作人员所从事的是与行使职权无关的个人活动，即使给公民、法人或者其他组织造成了损害，监察机关也无需承担国家赔偿责任。当然，这种情形下，监察工作人员仍应承担相应的民事、行政或刑事法律责任。

判断某个行为是否属于行使职权的行为，是实务中的难点之一。可根据以下几点来进行综合判断：（1）名义标准：行为主体是否以权力机关的名义行使职权、履行职责；（2）时空标准：行为是否是在执行职务过程中和执行职务范围内发生（其中职务范围应根据法律规定、职务权力等内容来判断）；（3）职权标准：行为是否符合法律赋予、其他公权力机关授权或委托的权限；（4）目的标准：依据行为人与受害人的关系、行为人的品质、行为人在职务过程中的惯常行为来判断行为人的主观目的和意图。[1]

---

[1] 参见邹润学《国家赔偿"职务相关论"浅析》，《行政法学研究》1997年第3期；秦涛、张旭东：《论〈监察法〉"行使公权力"的判定标准——基于国家赔偿理论中"行使职权"的探讨》，《上海行政学院学报》2019年第2期。

(二) 有损害事实存在

以受损权利的性质为分类标准,此处的"损害"可分为人身权损害和财产权损害。人身权分为人格权和身份权,《国家赔偿法》所保护的人身权限于生命权、健康权、自由权、荣誉权、名誉权;[①] 财产权包括所有权、用益物权、担保物权等。以损害是否能以金钱衡量或计算为标准,可分为财产损害和非财产损害。非财产损害包括精神损害和社会评价降低等。[②] 但由于任何权利遭受侵犯,所有人都可能主张其精神受到某种打击,因此对于非财产损害的赔偿,一般应以法律的特别规定为依据。[③] 构成监察法上的国家赔偿责任的损害,必须是已经产生或者必然产生的,而不是想象的、虚拟的;是直接的,而不是间接的;是合法权益受损,而不是非法利益受损。实务中,对于合法权益与非权力交织在一起的,需要根据具体情形作出相应处理。一般而言,非法利益与合法权益在空间范围内并存的情形下(如作为职务犯罪赃物的房屋和房屋内的合法财产),应当区别对待,损害合法权益的应当承担国家赔偿责任;如果非法利益与合法权利在结构上交错并存(如作为职务犯罪赃物的房屋与装修房屋所使用的材料),对非法利益的限制或剥夺不可避免地损及合法利益时,国家不承担赔偿责任,但确实可以区分对待的除外。[④]

(三) 违法行使职权的行为与损害后果之间存在法律上的因果关系

也就是说,作为结果的损害事实,确实是由作为原因的特定国家侵权行为所造成的。《国家赔偿法》第二条第一款、第五条、第十九条第(一)项和第(五)项,都体现了因果关系的要求。[⑤] 对于因果关系是否存在如何判断,历来也是实务中的一个难点。主流学说包括"相当因果关系说"(主张致害人必须对以其侵害行为为相当条件的损害负赔偿责任,对于超

[①] 参见高家伟《国家赔偿法》,商务印书馆2004年版,第118—119页。
[②] 参见张新宝《侵权责任法原理》,中国人民大学出版社2005年版,第54—59页。
[③] 参见王泽鉴《侵权责任法》(第一册),中国政法大学出版社2001年版,第184页。
[④] 参见杨小君《国家赔偿法律问题研究》,北京大学出版社2005年版,第278—279页。
[⑤] 《国家赔偿法》第二条第一款:"国家机关和国家机关工作人员行使职权,有本法规定的侵犯公民、法人和其他组织合法权益的情形,造成损害的,受害人有依照本法取得国家赔偿的权利。"第五条:属于下列情形之一的,国家不承担赔偿责任:……(二)因公民、法人和其他组织自己的行为致使损害发生的;……第十九条:属于下列情形之一的,国家不承担赔偿责任:(一)因公民自己故意作虚伪供述,或者伪造其他有罪证据被羁押或者被判处刑罚的;……(五)因公民自伤、自残等故意行为致使损害发生的;……

出这一范围的损害后果不负责任)①和"法规目的说"(主张侵害行为引起的损害赔偿责任应通过探究法规的目的而定,尤其要探讨法规目的究竟在保护何种利益)②。

(四)赔偿应该是法律明确规定的

国家赔偿责任是一种法定责任,因而只有在法律规定的各项条件充分具备之后,国家才能依法予以赔偿。

受害人提出国家赔偿请求,应当在法定范围和期限内依照法定程序提出。凡是合法权益受到监察权行使侵害并造成损失的公民、法人和其他组织都有权要求赔偿。《监察法实施条例》第二百八十条对监察机关及其工作人员行使职责时行使侵害并造成公民、法人和其他组织合法权益损害的具体情形作出了规定:"监察机关及其工作人员在行使职权时,有下列情形之一的,受害人可以申请国家赔偿:(一)采取留置措施后,决定撤销案件的;(二)违法没收、追缴或者违法查封、扣押、冻结财物造成损害的;(三)违法行使职权,造成被调查人、涉案人员或者证人身体伤害或者死亡的;(四)非法剥夺他人人身自由的;(五)其他侵犯公民、法人和其他组织合法权益造成损害的。"

受害的公民死亡,其继承人和其他有扶养关系的亲属有权要求赔偿。受害的法人或者其他组织终止的,其权利承受人有权要求赔偿。那么,应向谁提起赔偿请求呢?根据《监察法实施条例》第二百八十一条第一款的规定,监察机关及其工作人员违法行使职权侵犯公民、法人和其他组织的合法权益造成损害的,该机关为赔偿义务机关。申请赔偿应当向赔偿义务机关提出,由该机关负责复审复核工作的部门受理。

监察赔偿程序包括赔偿请求、监察行为判断和赔偿决定程序。合法权益受到监察权行使侵害的公民、法人或者其他组织应当提出赔偿请求。赔偿请求一经提出后,若监察行为已经被确认违法的,赔偿义务机关应当径直作出赔偿决定;赔偿请求指控的监察行为未被有权机关确认为违法的,赔偿义务机关应当径直或者请求有权机关确认监察行为是否违法,并根据确认结果作出赔偿决定。

---

① 参见张新宝《侵权责任法原理》,中国人民大学出版社2005年版,第61页。
② 参见王泽鉴《侵权责任法》(第一册),中国政法大学出版社2001年版,第221—222页。

在有权对监察行为是否合法进行确认的监察机关拒不确认，或者确认不违法时，赔偿请求人应当有权向其上级申请复核，或者径直向人民法院申请国家赔偿。人民法院有权审查监察行为的合法性并据此作出监察赔偿决定。对于不符合法定条件或者不属于法定赔偿范围的，国家不负赔偿责任。在赔偿方式方面，《监察法实施条例》第281条第2款明确赔偿以支付赔偿金为主要方式。能够返还财产或者恢复原状的，予以返还财产或者恢复原状。《监察法实施条例》的相关规定，既是将监察机关国家赔偿责任具体化，也是对各级监察机关和监察人员依法行使监察职权的提醒和警示。

五　监察人员依法履职的保障与救济

在强化监察人员责任、规范和促进监察人员履职尽责的同时，也必须强化对监察人员依法履职的保障和救济，以促进监察人员公正安心履职、积极担当作为，调动和激发监察人员队伍的积极性、主动性、创造性。《监察官法》在总则中明确了"维护监察官合法权益"的立法目的，强调"监察官依法履行职责受法律保护，不受行政机关、社会团体和个人的干涉"，并在第八章"监察官的职业保障"中以专章的形式对监察官职业保障作出系统规定，明确了职务保障、履职保障、人身保护、工资福利、权利救济等内容。《监察法实施条例》第二百七十六条进一步为监察机关依法履职提供了保障和救济的渠道。该条明确规定：监察人员因依法履行职责遭受不实举报、诬告陷害、侮辱诽谤，致使名誉受到损害的，监察机关应当会同有关部门及时澄清事实，消除不良影响，并依法追究相关单位或者个人的责任。

第十三章

监察法与党纪法规的贯通衔接

第一节 纪法贯通、法法衔接概述

一 纪法贯通、法法衔接的含义

纪法贯通，主要是指纪检监察机关通过纪法双施双守，实现党纪和国法有机、顺畅地融合适用，既要审查党员涉嫌违纪问题，又要调查公职人员涉嫌职务违法、职务犯罪问题；既要考虑纪的因素，又要统筹法的内容；既要用纪律思维和语言，又要用法律思维和语言，促进执纪审查和依法调查有序对接、相互贯通，使执纪执法同向、精准发力。法法衔接，主要是指在监察法与刑法、刑事诉讼法等法律之间，监察机关与司法机关、执法部门之间，实现在法治理念、法治原则、工作职责、案件管辖、权限措施、工作程序、证据要求、处置政策以及反腐败国际合作等各方面的顺畅衔接。[1]

纪法贯通、法法衔接，是贯穿监察法的工作原则和思路，是推动全面从严治党向纵深发展的必然要求。这种贯通和衔接不是纪律与法律的简单叠加，也不是监察法与刑法、刑事诉讼法的简单对接，其最核心、最深层次的要求在于理念和思维的转变与融通。习近平总书记指出，党的十八大以来，我们在反腐败斗争中取得了显著成效、积累了重要经验，其一是构建起党全面领导的反腐败工作格局，健全了党中央统一领导、各级党委统

---

[1] 参见刘一霖《不断夯实纪法贯通、法法衔接制度基础》，《中国纪检监察报》2022年8月3日第5版。

筹指挥、纪委监委组织协调、职能部门高效协同、人民群众参与支持的反腐败工作体制机制。① 当前，随着国家监察体制改革的深入推进，党和国家监督体系得到进一步完善，对纪法贯通、法法衔接的综合效能提出了更高要求。

二　推进纪法贯通的必要性

党内法规对党组织和全体党员具有普遍的约束效力。《监察法》作为国家法律具有普遍性，是所有公民必须遵守的行为准则。依规治党和依法治国一体两面、高度契合，党内监督和国家监察内在一致、高度互补，因此在执纪与执法方面，应当充分融合两者的监督职能。党内监督主要依据党章和党内法规等，国家监察主要依据以《监察法》为代表的相关法律，一个执"纪"，一个执"法"，这就要求纪检监察机关内部做好党内法规和《监察法》的有效衔接，一体两面履行党的纪律检查和国家监察两项职责。② 纪委监委分别按照党内法规和国家法律履行相应的职责，实现执纪审查与依法调查、党纪处分与政务处分、党内问责与监察问责、纪律检查建议与监察建议之间的有效贯通。

（一）实现党内法规与国家法律的功能衔接

党内法规和国家法律都是党的理论、方针、路线的表现形式，是党的主张和人民意志的统一，这就决定了党内法规和国家法律在很多方面可以有效贯通。有学者提议理性对待党内法规和国家法律，把其中相关重要部分视为我国统一规范性文件的组成部分，按照法治化的标准制定、发布、适用和审查党内重要法规和国家法律，使二者达到和促成现代法治下公平正义、程序正义、合法权益保障等基本精神的融通，建立健全国家法治化规范制度体系，避免出现断层，减少冲突，提升国家规范性文件建设的科学化水平。③

---

① 《习近平在中共中央政治局第四十次集体学习时强调　提高"三不腐"一体推进能力和水平　全面打赢反腐败斗争攻坚战持久战》，中央人民政府网站，http://www.gov.cn/xinwen/2022-06/18/content_5696442.htm，2022 年 6 月 18 日。
② 有学者提出，纪法是两把尺子、两种语言，存在异权、异能、异标、异靶四个方面的差异。参见蒋凌申《论监察体制改革中的纪法协同》，《南京大学学报》2020 年第 3 期。
③ 姚文胜、彭箫剑：《治权实体论：认识党政关系新视角》，《人民论坛》2014 年第 29 期。

(二) 适应国家监察体制改革发展

国家监察体制改革是以习近平总书记为核心的党中央作出的事关全局的重大政治体制改革，是强化党和国家自我监督的重大决策部署。改革的目标是，整合反腐败资源力量，加强党对反腐败工作的集中统一领导，构建集中统一、权威高效的中国特色国家监察体制，实现对所有行使公权力的公职人员监察全覆盖。在中国，有超过80%的公务员和95%的领导干部是共产党员。中国共产党党内统计公报显示，截至2021年12月31日，中国共产党党员总数为9671.2万名，其中党政机关工作人员780.5万名。这就决定了党内监督与国家监察在监督对象上具有高度一致性。《监察法》的出台对党纪和国法在反腐败方面的纪法贯通融合提出了新要求。

首先，党内法规和国家法律并不等同，两者无法相互替代。在实践中容易出现"纪法脱节"的问题，例如，一些基层纪检监察机关在查处职务违法案时，有时存在重法轻纪的倾向，而处理非党员公职人员问题时，还存在"以法代纪"现象。对违法案件仅作党纪处分而不进行政务处分。虽然纪检监察机关已实现合署办公，但是两个机关管理事项并不相同，对于违法和违纪涉及行为的定性必须要准确明晰。

其次，现阶段在细化监察法律相关规定方面仍有所欠缺。《监察法》对监察机关内设机构和监察职责等内容需要进一步细化和明确。纪律检查机关设立较早，内部运行体系已较为完善，各个环节都有明确规定，而监察机关对内部机构运行仍未进行整合完善，比如，国家监察体制改革前隶属检察机关的反渎职侵权局，其查办的失职渎职犯罪构成要件复杂，认定条件严苛，涉及知识面广，取证难度较大，当前受客观条件限制，转隶后各级纪检监察机关并未设置失职渎职犯罪案件查办专设或专职部门，实践中还是主要依靠纪律检查机关原有的内设机构。因此，纪法贯通机制对深化国家监察体制改革的创新模式，具有深刻的理论价值和实践价值。

(三) 推动国家治理体系和治理能力现代化

党的十八届三中全会将推进国家治理体系和治理能力现代化作为全面深化改革的总目标。党内法规和监察法律的贯通是国家治理现代化过程中重要的一环。国家治理体系是党领导下管理国家的制度体系，包括以《党章》为统领的党内法规制度体系，也包括以《宪法》为统领的法律制度体系，而纪法贯通为国家治理体系的正常运转提供保障。《党章》和《宪法》在内容上保持贯通，共同规定了中国共产党的性质、历史地位、历史使命、执政宗旨和执政理念，保证国家治理体系有章可循，有法可依[①]。以《宪法》为基本准则的法律法规体系保障国家治理体系依托于国家强制力，从制度上确保国家治理的权威性。《监察法》作为国家法律，以国家治理体系和治理能力现代化为导向，着力于构建集中统一、权威高效的中国特色国家监察体制，充分发挥法律制度优势，促进党内法规和国家法律互联互动，维护党章党纪、法律法规的权威，从而提升国家治理能力。

三 推进法法衔接的必要性

推进法法衔接，是由《监察法》的性质和特点决定的。与其他法律相比，《监察法》具有基础性、综合性和探索性特征。第一，《监察法》是国家监察领域起统领性和基础性作用的基本法律，在监察法律制度体系中居于核心地位。制定《监察法》配套法规制度，必须以《监察法》为基本遵循，不得同《监察法》相抵触。第二，《监察法》以法律方式确认国家监察体制改革成果，对监察机关的组织、权限、程序和救济等作出全面规定，具有监察组织法、行为法、程序法和救济法多法合一的综合性。已公布施行的法律，凡涉及监察组织法、行为法、程序法和救济法等规定的，必须同《监察法》对接，确保监察法律制度体系的协调性和一致性。第三，国家监察体制改革改变了过去相对分散的权力监督模式，是一次组织创新和制度创新。《监察法》的立法过程中，为了照顾实际需要遵循了"宜粗不宜细"的原则，在一些具体问题上留有进一步探索的空间。而与监察工作密切相关的《刑法》《刑事诉讼法》等法律，历经多年实践检验并作多次修改，已形成较为完备的法律制度体系和理论体系。《监察法》有必要同《刑法》《刑事诉讼法》等法律有机衔接，推动监察法律制度体系逐步成熟定型。

推进法法衔接，需要厘定《监察法》与其他相关法律的效力位阶，避免产生法律冲突。首先，《监察法》和其他相关法律不得同宪法相抵触。宪法是国家根本法，具有最高的法律效力。2018年宪法修改前，宪法确立

[①] 冯留建：《"纪法贯通"的实践基础与当代价值》，《人民论坛》2020年第4期。

的"一府两院"权力架构无法为国家监察体制改革提供宪法依据。2018 年宪法修正案确立了"一府一委两院"的新权力架构，明确了监察机关的性质定位、产生方式、人员组成、机构设置和职权行使方式。宪法有关监察的规定处于法律效力的第一位阶，《监察法》和其他相关法律不得违背。其次，要正确认识《监察法》与其他相关法律的效力位阶。《监察法》《刑法》《刑事诉讼法》等法律，都是由全国人大制定的基本法律，处于同一法律位阶，既不能认为《监察法》优于其他相关法律，也不能将其他相关法律凌驾于《监察法》之上。

第二节 纪法贯通、法法衔接的基本原则

一 坚持纪在法前的原则

中国共产党是靠革命理想和铁的纪律组织起来的马克思主义政党，纪律严明是党的光荣传统和独特优势。中国共产党不断改革创新加强党的建设，加强党内监督，始终把纪律建设摆在首位。坚持纪在法前，以党的纪律约束全体党员，同时加强党内法规同国家法律的衔接，创新管党治党的理念。[1]

（一）纪在法前，必须做到纪法分开

"党纪"与"国法"不是一个概念，约束对象和标准不同。党章规定："党的纪律是党的各级组织和全体党员必须遵守的行为规则。"而法律体现的是国家意志，约束和规范的对象是全体公民和法人[2]。党员是有着特殊政治职责的公民，纪律意识和受到的约束必须高于一般公民，这是党纪严于国法的原因所在。如果将党纪和国法混淆，模糊党纪的底线和法律的底线，就无法以更高的标准、更严的要求约束党员干部，导致无法体现中国共产党的先进性，从而影响从严治党、依规治党制度的推进。比如，2013年的《中国共产党纪律处分条例》一共有 178 条，其中 70 多条同刑法等国家法律法规重复，让纪法区分模糊，也影响纪法的执行效果。针对存在

---

[1] 刘焕明：《坚持纪在法前推动纪法衔接》，《红旗文稿》2016 年第 24 期。
[2] 张国栋：《为什么强调"实现纪法分开"》，《中国纪检监察》2015 年第 15 期。

的问题，2015年的《中国共产党纪律处分条例》将70多项与法律法规重合内容删除，避免纪律检查工作和法律工作的重复交叉，保障党的纪律红线发挥作用。

（二）纪在法前，必须强调纪法衔接

纪在法前，强调的是党内法规内容与国家法律的相互衔接，执行上与法律制裁发挥协同作用。习近平总书记强调："要把纪律建设摆在更加突出的位置，坚持纪严于法、纪在法前。"《中国共产党纪律处分条例》除了在总则中重申党组织和党员必须模范遵守国家宪法法律外，还特别强调，凡是触犯刑法已经犯罪的党员，原则上要先受到党纪的严厉处分，这就意味着对违法的党员有着党纪和国家法律的双重惩罚。例如，广西壮族自治区某县监察委员会办理了成立后首例职务犯罪案件——交通管理大队民警涉嫌贪污、挪用公款案。县纪委监委领导与县检察院多次沟通，决定对该案采取"三同时"措施，即同时结案、同时移送审查起诉、同时由检察院采取强制措施。但采取"三同时"之时，必须先经纪委监委审议通过，作出党纪政务处分后再移送检察院起诉。因此，在理论和实践中，都明确遵循党纪严于国法，只有坚持纪在法前，才能用纪律管住大多数。①

二 坚持依规依纪依法与思想政治工作并重的原则

纪检监察工作既要依规依纪依法，也要强调思想政治工作。坚持纪法情理贯通融合，让违纪违法的党员干部、公职人员不仅受到相应处分，更要在思想上深刻转变。

（一）要保持执纪与执法的内在统一性

纪法是党员干部、公职人员行为的准则和底线，从严治党和依法治国的目标一致，均指向纪检监察的质量发展。执纪执法过程中，应把政治意识和法治意识有机统一起来，不断增强纪检监察干部对纪法贯通的认识和把握，形成运用法治思维、法治方式开展工作的思想自觉和行动自觉。例如，在纪法的原则性和灵活性上相互贯通，党纪处分条例中既有"党纪面前一律平等""实事求是"等原则性规定，也在从重或加重、从轻或减轻处分等方面做了具体规定。与之相对应，法律法规中对从宽处理的情形也

---

① 李知龙：《纪严于法 纪在法前》，广西纪检监察网，2019年11月20日。

作出了相关规定,两者是纪法价值内涵一致的具体化。这就要求纪检监察干部在纪法的掌握上既要坚持原则,也要灵活把握,从政治和全局进行思考和证实,将党纪和国法的价值统一起来。

(二) 要做到执纪与执法的刚柔结合

监督执纪执法是严肃的、讲求原则的,又是温柔的、讲情义的。纪法是对党员干部和公职人员的行为规范和约束,切实维护党纪国法的严肃性,同时,纪法也是教化文本和行为指引,践行"惩前毖后、治病救人"方针。一方面,加大监督执纪执法力度,清除各种腐败因素,巩固发展反腐败斗争压倒性态势。通过查处案件及对重大要案的研究,分析腐败行为发生的规律性特点,高效打击贪污腐败,以零容忍的态度严肃惩治"极少数"①。另一方面,注重转变监督执纪执法方式,对被审查调查对象进行党性教育、纪法教育、道德教育,充分展现监督的良苦用心及人文关怀。这就是习近平总书记指出,"要坚持治标不松劲,不断以治标促进治本,既猛药去疴、重典治乱,也正心修身、涵养文化,守住为政之本。"②

三 坚持惩前毖后、治病救人的原则

党内监督和国家监察在指导思想、基本原则上一致,都坚持惩前毖后、治病救人的原则。惩前毖后、治病救人是党内监督的一贯方针,是党从丰富的实践经验和深刻的历史教训中总结出来的。历史证明,只有坚持这一方针,才能达到既严明法纪,又团结同志的目的。《监察法》第五条规定的"惩戒与教育相结合,宽严并济"是惩前毖后、治病救人方针在监察工作中的具体体现。

执纪执法过程中要做好教育感化。在执纪执法中做好思想教育工作,促使被审查调查对象讲清问题、认识错误,既体现"惩前毖后、治病救人"的一贯原则,又体现监察工作的"惩戒与教育相结合、宽严相济"。针对审查调查对象的违纪违法问题,结合其态度认识等实际情况,通过耐心细致的谈话,动之以情,晓之以理,帮助犯错的党员干部、公职人真心悔过。例如,江苏省宿迁市某县人大常委会副主任张某在审查调查初期由

---

① 王杰:《突出"五个重点"让监督更有力量》,人民网,2018年12月6日。
② 习近平总书记在十八届中央纪委七次全会上的讲话。

于思想上存在顾虑，对审查调查不配合、不坦白。纪检监察干部多次对张某展开耐心的谈心谈话，以党纪教育，以政策感召，以案例释情，让张某对审查调查工作消除误解，放下思想包袱，引导张某从内心深处知错、认错、悔错[①]。在执纪执法工作中，不仅要突出党纪和国法的威慑力，还要重礼重情、传道传情，真正做好教育人、挽救人、感化人。

四 坚持政治性与法律性统一的原则

政治效果、纪法效果、社会效果有机统一，是习近平新时代中国特色社会主义思想的有机组成部分，是全面从严治党的重大实践和理论创新，为纪检监察工作高质量发展提供基本遵循[②]。始终坚持和加强党对反腐败工作的集中统一领导，是促进监察机关与审判机关、检察机关、执法部门协作配合、互相制约的政治基础。深化国家监察体制改革，查办职务违法、职务犯罪案件，是落实全面从严治党，推进反腐败治理规范化、法治化的重要体现。反腐败工作的开展，应当坚持依规依纪依法，走法治反腐的道路。这就要求监察与司法机关应当严格按照宪法和法律的规定，受理查办涉嫌贪污受贿、渎职等职务犯罪案件，遵循法定程序进行调查、起诉、审判，以程序意识和法治思维惩治腐败犯罪，从而实现政治效果、法律效果与社会效果相统一。因此纪检监察工作要彰显政治效果、纪法效果、社会效果，确保纪检监察工作成果经得起实践、人民和历史的检验。

(一) 增强政治效果

党的纪律是多方面的，但政治纪律是最重要、最根本、最关键的纪律，是管方向、管立场、管根本的总要求。[③] 纪检监察机关担负政治责任，开展的监督是政治监督，所维护的党的纪律排在第一位的是政治纪律和政治规矩。这要求纪检监察机关不仅要敢于同忽视政治、淡化政治、不讲政治的问题作斗争，而且要自觉讲政治、习惯讲政治、带头讲政治，真正把讲政治的要求贯穿监督执纪问责和监督调查处置的全过程、各方面。党的

---

① 王卓：《将思想政治工作贯穿于纪检监察机关履职全过程——治病救人，有力度也有温度》，《中国纪检监察报》2018年7月17日第1版。
② 吴戈：《"三个效果"有机统一是重大理论创新》，《中国纪检监察》2020年第6期。
③ 《法规建设这十年严明政治纪律和政治规矩》，中央纪委国家监委网站，2022年7月13日。

十八大以来，以习近平同志为核心的党中央，把党的政治建设纳入新时代党的建设总体布局并摆在首位，不断加强制度建设，制定或修订《关于新形势下党内政治生活的若干准则》《中国共产党党内监督条例》《中国共产党重大事项请示报告条例》《中国共产党纪律处分条例》《中国共产党问责条例》等一系列重要党内法规，明确党员干部要坚决杜绝"七个有之"，做到"五个必须"，以铁的纪律维护党中央权威和集中统一领导。① 严密、成体系的党内法规与监察法律法规协同配合，为纪检监察工作突出政治性提供了依据：在工作原则上，强调"体现纪检监察工作的政治性"；在领导体制上，规定"纪检监察机关应当严格执行请示报告制度"，并对报告什么、怎么报告提出明确要求；在实践操作上，针对线索处置、谈话函询、初步核实、审查调查、案件审理等关键环节作出了明确要求；在自身建设上，指出"纪检监察机关应当加强党的政治建设、思想建设、组织建设，突出政治功能，强化政治引领"②。各级纪检监察机关必须旗帜鲜明、毫不含糊，在履行职责中注意提高政治站位，把准政治方向，考量政治影响。把严明党的政治纪律放在首位，监督执纪问责坚持从政治上审视，首先查明违反政治纪律问题。紧盯"七个有之"等违反政治纪律和政治规矩的突出问题，坚决清除阳奉阴违的"两面人"、两面派，用铁的纪律维护党的团结统一。

（二）实现纪法效果

纪检监察机关履行纪检、监察两项职责，既执纪又执法，要在法治轨道上推动全面从严治党取得更大成果，首先要确保纪法效果得到有效实现。通过精准运用"四种形态"，既注重"全面"和"从严"，又注重分类施治、分层施策，有利于把制度优势转化为治理效能，把纪法效果转化为政治效果、社会效果。十八大后，一批原高级干部被调查，向社会释放了纪法面前人人平等的强烈信号，纪法权威得到弘扬，形成强大震慑，从而产生仅2019年就有1万多人主动投案的积极效果。每一个主动投案的背后，都有着唤醒违纪违法党员干部对党的忠诚、对组织的信任、对党纪国法的敬畏，通过为其自我救赎、改过自新、清白做人提供政策通道，在依

---

① 《法规建设这十年 严明政治纪律和政治规矩》，中央纪委国家监委网站，2022年7月13日。
② 陶荣：《讲政治 求事实 守程序 有温度——从〈中国共产党纪律检查机关监督执纪工作规则〉看纪检监察工作的几个特点》，《四川党的建设》2019年第12期。

规依纪依法严肃查处腐败分子中，在充分运用政策策略教育挽救干部中，实现纪法效果最大化①。

（三）达到社会效果

纪检监察工作是否符合或者背离人民群众心中的预期，在某种程度上影响着社会公众的情绪和社会心态。今天，人民美好生活需要的内容更加广泛，要求监督执纪既要有震慑、讲力度，也要有温度、讲情理。《监督执纪工作规则》对此提出明确要求，一方面在总则中强调要"把思想政治工作贯穿监督执纪全过程，严管和厚爱结合，激励和约束并重，注重教育转化，促使党员自觉防止和纠正违纪行为，惩治极少数，教育大多数"；另一方面规定审查调查"应当充分听取被审查调查人陈述，保障其饮食、休息，提供医疗服务，确保安全""对被审查调查人以同志相称，安排学习党章党规党纪以及相关法律法规，开展理想信念宗旨教育"等等。这些要求既体现了对违纪违法党员干部合法权益的保障，也充分体现了对违纪违法党员干部的教育和挽救，突出了监督执纪的情理融合，②彰显了纪检监察工作的社会效果。

五 坚持互相配合、互相制约的原则

《监察法》第四条规定，监察机关办理职务违法和职务犯罪案件，应当与审判机关、检察机关、执法部门互相配合、互相制约。实现监察与司法的有效衔接，真正实现将制度优势转化为治理效能，离不开监察机关与检察机关、审判机关等的互相配合和互相制约。

（一）互相配合

互相配合是要求监察机关与检察机关、审判机关、执法部门严格依照法律法规，依照各自的职责与权限进行的依法协调和配合，避免监察机关和检察机关、审判机关、执法部门各行其是。监察机关与检察机关、审判机关、执法部门的互相配合、协调一致，是建立在平等基础之上，各机关之间只有职能差异，无高低之分。协作配合不是妥协谦让，不能逾越权限范围，也不存在领导与被领导的关系，监察机关更不能利用其地位干预影

---

① 蒋来用：《精准运用"四种形态"的必然要求》，《中国纪检监察》2020年第6期。
② 熊明明、朱建华：《构建监督执纪中纪法情理贯通融合的实现机制》，《河南社会科学》2021年第9期。

响司法判断。

比如，在实践中，监察机关可以申请检察机关提前介入。在刑事诉讼程序中，检察机关提前介入工作机制已经运行较长时间，对提升职务犯罪案件办理质量具有重要意义。国家监察体制改革以来，检察机关提前介入职务犯罪案件工作机制已逐步成型，成为监检衔接中的一项重要内容。为规范检察机关提前介入职务犯罪调查工作，《国家监察委员会与最高人民检察院办理职务犯罪案件工作衔接办法》（以下简称《衔接办法》）中，对检察机关的提前介入问题进行了规定，明确对于监察机关办理的职务犯罪案件，经监察机关商请，检察机关可以派员提前介入。其中，提前介入范围限于重大、疑难、复杂的案件。提前介入需服务于特定任务，要对证据收集、事实认定、案件定性、法律适用等提出书面意见，具体可以通过听取监察委员会关于案件事实和证据情况的介绍、查阅案件监察文书和证据材料，需要对证据合法性进行审查的，可以提请调看讯问被调查人、询问证人同步录音录像等。[①] 但要注意的是，监察机关商请检察机关提起介入需要注意掌握分寸与尺度，提前介入不能代替监察调查，不能形成联合办案，更不能形成监察机关和检察机关、审判机关协商办案的局面，否则有违司法公正与审判权威。另外，提前介入有时间要求。检察机关提前介入监察机关所办理的职务犯罪案件，应当在案件进入审理阶段、调查终结移送起诉十五日前，经监察委员会书面商请后进行。[②]

（二）相互制约

监察机关和检察机关、审判机关、执法部门在相互配合、协作的同时，还要互相制约。检察机关、审判机关对监察机关涉嫌职务犯罪调查的审查与裁判，其本质是一种制约关系。[③] 监察机关是政治机关而非司法机关，不直接适用《刑事诉讼法》的规定。检察机关、审判机关在确保依法独立行使职权的前提下，应当与监察机关做到及时有效沟通，尊重监察机关的建议权与知情权。监察机关在办理职务违法、职务犯罪案件过程中，

---

① 郭竹梅：《完善程序机制做好提前介入工作》，《检察日报》2020年2月16日第3版。
② 郭竹梅：《完善程序机制做好提前介入工作》，《检察日报》2020年2月16日第3版。
③ 徐汉明、李少波：《〈监察法〉与〈刑事诉讼法〉实施衔接路径探究》，《法学杂志》2019年第5期。

也应当严格遵守监察法和其他法律的规定,遵循以审判为中心的基本要求。以下重点探讨两方面情形:

一是不起诉。不起诉是检察机关依法作出的对不符合起诉条件的案件不提交审判而终止诉讼程序的决定。不起诉权是检察机关享有的法定职权,同时也是对监察机关进行监督制约的重要措施之一。《监察法》第四十七条规定:"人民检察院经审查,对于有《中华人民共和国刑事诉讼法》规定的不起诉的情形的,经上一级人民检察院批准,依法作出不起诉的决定,监察机关认为不起诉的决定有错误的,可以向上一级人民检察院提请复议。"根据这一规定,检察机关有权依据案件事实与证据决定是否对案件提起公诉。《刑事诉讼法》明确规定了检察机关作出不起诉决定的类型,包括法定不起诉、酌定不起诉与存疑不起诉等。对监察机关移送的职务犯罪案件,检察机关得依据法律规定进行独立审查,不因是监察机关移送的案件就不作审查直接提起公诉。值得注意的是,根据《监察法》第四十七条第四款规定,人民检察院依法作出不起诉的决定,应经上一级人民检察院批准。监察机关认为不起诉的决定有错误的,可以向上一级人民检察院提请复议。之所以对监察机关办理的案件作相对特殊的规定,原因是由于在全面从严治党与高压反腐的时代背景下,职务犯罪案件从立案到调查终结的所有程序都需要经过严格的内部程序审核。因此,检察机关作出不起诉决定也应当更为慎重,不起诉决定上提一级的规定也是基于严格程序规范的考虑。在实践中,检察机关作出不起诉决定,一般要提前与监察机关进行沟通,主动征询监察机关或上一级监察机关的意见。

二是退回补充调查与自行补充侦查。《监察法》第四十七条规定,人民检察院经审查,认为需要补充核实的,应当退回监察机关补充调查,必要时可以自行补充侦查。《刑事诉讼法》第一百七十条也作出了相应的规定。其中,退回补充调查制度的建立,是法法衔接的一项重要制度,是对以审判为中心的诉讼制度改革精神的贯彻落实。

由于监察程序与刑事诉讼程序的属性差异,个别地方可能出现未能充分认识检察机关退回补充调查的重要作用和意义,以至于检察机关退回补充调查案件面临退不回、退回后不反馈等困境。对此,《监察法实施条例》第二百二十六条明确规定,监察机关对于人民检察院依法退回补充调查的案件，应当向主要负责人报告，并积极开展补充调查工作。同时，第二百二十七条用列举的方式规定了监察机关办理检察机关退回补充调查案件的各类处置方式，对工作程序和要求作了更为明晰和细化的要求，从而有利于规范和统一实务做法。[①] 应当看到的是，退回补充调查是检察机关的法定职权，属于检察机关公诉权的自然延伸。对监察机关移送的案件，发现事实不清、证据不足的情况，检察机关有权将案件退回监察机关补充调查。监察机关应当按照规定及时进行补充调查，不得拒绝退查，也不得拖延办理，随意补证，敷衍了事。对于经过两次补充调查后，仍然事实不清、证据不足的案件，检察机关应当依法作出不起诉决定，确保依法办案、实事求是，每一起案件质量都经得起检验。为避免实践中出现退补衔接不畅的情况，检察机关在作出退补决定前，应当先行同监察机关沟通。对于退回监察机关补充调查的案件，监察机关应当及时、充分地进行补充调查工作，并积极反馈补充调查结果。

在检察机关自行补充侦查问题上，最高人民检察院《人民检察院刑事诉讼规则》第三百三十四条第一款规定了3种人民检察院自行补充侦查的具体情形。包括：（一）证人证言、犯罪嫌疑人供述和辩解、被害人陈述的内容主要情节一致，个别情节不一致的；（二）物证、书证等证据材料需要补充鉴定的；（三）其他由人民检察院查证更为便利、更有效率、更有利于查清案件事实的情形。自行补充侦查完毕后，应当将相关证据材料入卷，同时抄送监察机关。人民检察院自行补充侦查的，可以商请监察机关提供协助。相对于退回补充调查而言，检察机关的自行补充侦查有一定的优势。例如，自行补充侦查有助于加快诉讼进程，提高补证效率。同时，检察机关的自行补充侦查更具有针对性，具体承办案件的检察官对需要补充的证据把握更为明确。但自行补充侦查也存在着手段不足、时间紧

[①] 《监察法实施条例》第二百二十七条规定，对人民检察院退回补充调查的案件，经审批分别作出下列处理：（一）认定犯罪事实的证据不够充分的，应当在补充证据后，制作补充调查报告书，连同相关材料一并移送人民检察院审查，对无法补充完善的证据，应当作出书面情况说明，并加盖监察机关或者承办部门公章；（二）在补充调查中发现新的同案犯或者增加、变更犯罪事实，需要追究刑事责任的，应当重新提出处理意见，移送人民检察院审查；（三）犯罪事实的认定出现重大变化，认为不应当追究被调查人刑事责任的，应当重新提出处理意见，将处理结果书面通知人民检察院并说明理由；（四）认为移送起诉的犯罪事实清楚、证据确实、充分的，应当说明理由，移送人民检察院依法审查。

张等客观劣势。检察机关的退回补充调查与自行补充侦查虽然均是对案件证据、程序的完善机制，但实践中二者适用的范围界限涉及监察机关与检察机关的权限划分，应当有更为清晰和谨慎的认识。

第三节 纪法贯通的主要内容

一 纪法贯通的路径

（一）实体贯通

在合署办公的体制下，构建一体化实体架构，形成党内法规和监察法律相互促进、相互保障的格局。实现路径具体包括：

1. 确保纪法协调统一

党内法规与监察法律在反腐倡廉机制中应保持协调统一。《监察法》的实施代表监察法律体系已初步形成，但对于纪检监察合署办公的现状而言，仅有国家法律的治理机制仍不够，还需要引入党内法规的治理机制，促进党内法规和监察法律的良性互动，保障纪检监察权力的有效运行。

2. 确保纪法分工协作

党内法规和监察法律应各司其职，分工协作。党内法规和监察法律之间有着清晰界限，不能用国法处理免除党纪处分，更不能用党纪处分替代国法处理，而应精准适用违纪处分、违法处置和犯罪处罚。

3. 优化顶层设计

在顶层设计上确立纪法协调贯通的标准。《党纪处分条例》第四章相关纪法衔接条款，本着纪严于法、纪在法前的原则，对于党员干部的违纪违法问题优先适用党内纪律进行规范，有效防止两者的冲突，完善党内立规和国家立法的协调保障机制。

（二）程序贯通

对权力的行使设定必要的程序条件，是反腐败工作的普遍经验，也是保障权力合法依规行使的必然要求。纪法贯通对程序的设置，必须着重考虑合署办公之后的权力运行问题，结合党内法规和监察法律，提供纪法贯通的程序保障。纪检监察工作在线索处置、初步核实、立案、审查调查、审理、处置、移送审查起诉等程序环节同时兼顾执纪与执法活动的性质与内容，完善程序规则。①

1. 实现立案程序上的衔接

具有党员身份的监察对象既违反党纪又违反法律的情况，拟给予党纪轻处分的，一般不再同时监察立案，但如果是在行政管理中发现的违法行为，一般给予监察立案，不再同时党纪立案；拟给予重处分的情况下，才应当进行党纪政务双重立案。

2. 准确适用处分

纪律处分和政务处分分别依据党内法规与监察法律，根据被审查调查人员所从事的具体事务不同，在处置上准确适用，轻重程度上也应相互匹配。实践中，对于具有中共党员身份的公职人员既违纪又违法的行为，在匹配适用党纪处分和政务处分时，通常按照以下情形把握：

应当给予重处分的情形。受到撤销党内职务、留党察看、开除党籍等党纪重处分的，如果仍担任公职，应当依法给予其撤职等政务重处分，即党纪重处分和政务重处分相匹配。对于有严重违法行为的公职人员，依法给予开除处分的，在党纪上应当依纪给予其开除党籍处分。对于严重违反党纪、严重触犯刑律的公职人员，依纪依法给予其开除党籍、开除公职处分，将其涉嫌犯罪问题移送司法机关依法处理。对于基层群众性自治组织中从事管理的人员等不适用政务重处分的公职人员，可不再给予其政务处分，而是依照《中华人民共和国公职人员政务处分法》《农村基层干部廉洁履行职责若干规定（试行）》等规定，作出降低薪酬待遇、调离岗位、解除人事关系或者劳动关系、责令辞职、依法罢免等处理。

应当给予轻处分的情形。党纪轻处分是指警告、严重警告，政务轻处分是指警告、记过、记大过、降级。实践中，党纪轻处分和政务轻处分在何种情形下同时适用、何种情形下单独适用，需根据具体案情综合把握。一般而言，在已达到惩戒目的和效果的情况下，在给予党纪轻处分时，可不再同时给予政务轻处分；对于在行政管理工作中发生的违法行为，在给予政务轻处分时，也可不再同时给予党纪轻处分。一般来说，如果给予党纪轻处分或政务轻处分的后果存在实质性差异，或者有其他影响案件处理

---

① 江国华、何盼盼：《国家监察纪法贯通保障机制研究》，《中国高校社会科学》2019 年第 1 期。

效果的情形，为准确区分责任轻重、体现惩戒效果，可考虑同时给予党纪、政务轻处分。同时适用党纪、政务轻处分的，党内警告处分一般匹配政务记过处分，党内严重警告处分一般匹配政务记大过或者降级处分；但对于本应给予撤销党内职务处分，因本人没有担任党内职务而给予党内严重警告处分的，则应匹配给予其撤职等政务重处分。①

（三）完善纪法贯通制度体系

纪法贯通制度体系的完善既是法规制度贯通的完善，也是工作机制协同的完善，完善纪法贯通制度体系，就是完善纪法一体化制度机制。实现路径包括以下几方面：

1. 推动合署办公制度优势转化为治理效能

纪委监委合署办公不仅是办公场所的合并，还是人员编制和机构运行的整合。在工作开展过程中，纪律检查机关负责违纪监督，监察机关负责职务违法、职务犯罪监督，两者明确分工，纪律监督和监察监督有机结合、同向运行。同时，加强合署办公内设机构、领导成员、案件资源的统筹，保证案件办理的流畅对接。

2. 坚持党的领导与完善监察独立性相统一

在合署办公的前提下，既要求纪委监委在党的领导下履行职责，也要保持监察机关的独立性。《宪法》和《监察法》规定，监察委员会依照法律规定独立行使监察权，不受行政机关、社会团体和个人的干涉。《中国共产党纪律处分条例》第一百二十七条规定，党员领导干部违反有关规定干预和插手司法活动、执纪执法活动，向有关地方或者部门打听案情、打招呼、说情，或者以其他方式对司法活动、执纪执法活动施加影响，根据情节轻重程度给予相应的党纪处分。

3. 畅通纪法衔接、法法衔接体制机制

应做好党内法规和监察法律各自制度体系的建设。党内法规随着政治的动态变化、新的法律出台等原因，需要作出相应的调整和完善，制定机关应当及时修改滞后于实践发展的党内法规。视情况可以采取修订、修正案或者修改决定等方式修改，对相关联的党内法规可以开展集中修改。修

---

① 参见《中央纪委国家监委发布第二批执纪执法指导性案例》，中央纪委国家监委网站，2021年12月29日。

改后,应当发布新的党内法规文本。

4. 推动党内法规的法治化进程

对于部分运行较为成熟的党内法规,可以适时将党内法规转化为国家法律。这样对于非党员的公职人员这类身份群体的约束将有法可依。作为公职人员,承担的责任和所受的约束必然要高于普通群众,因此,必须对其以更高要求、更高标准的制度进行规范。对此,将部分已经受理论和实践考验的党内法规通过立法程序上升为法律,对全体公职人员尤其是领导干部作出约束,将会产生更大的威慑力和影响力,从而推动依法治国和反腐败工作的进程。

二　与党纪处分条例的贯通

（一）党纪处分条例概述

中国共产党高度重视纪律建设。随着党的建设、改革事业的不断前进,逐渐形成了以党章为核心,以《中国共产党纪律处分条例》为基础,政党特点鲜明的纪律规范体系。截至目前,先后发布实施了四版党纪处分条例。

1997年2月,中央纪委发布实施《中国共产党纪律处分条例(试行)》,这是我党第一部比较系统全面的关于党的纪律处分的法规性文件。[1] 自此,党的纪律规范和纪律处分正式进入了规范化、制度化阶段,量纪标准、案件处理也有了遵循。

2003年,中央纪委根据党的建设实践需要,发布实施了《中国共产党纪律处分条例》,这是中国共产党第一部正式的纪律处分条例。这次修订体现了与时俱进,制度创新[2]。

2015年中共中央修订了《中国共产党纪律处分条例》,此条例被不少党建专家称为"改革开放以来最全、最严党纪",体现了党规党纪严于国家法律的要求。该条例将十八大以来落实中央八项规定精神、反"四风"的要求,转化为纪律条文,体现了全面从严治党,从严执纪的改革方向[3]。

---

[1] 吴云俊:《从严治党严肃执纪——学习〈中国共产党纪律处分条例(试行)〉》,《求实》1997年第9期。

[2] 《〈中国共产党纪律处分条例〉解读》,中央纪委监察部网站,2013年9月2日。

[3] 《〈中国共产党纪律处分条例〉解读》,中央纪委监察部网站,2015年10月22日。

2018年颁布实施的《中国共产党纪律处分条例》，是党中央站在新的历史起点上，适应新时代党的建设总要求，对全面从严治党、加强纪律建设再部署、再动员。

(二) 贯通的内容

1. 处置条文适用的贯通

为落实与《监察法》赋予监察机关处置职责的贯通，《中国共产党纪律处分条例》对违法、涉嫌犯罪等行为规定了相关党纪处分的档次，做好了党纪处分与政务处分相匹配工作，实现党纪与国法的有效衔接。

(1) 与违法的职务行为处置的贯通

依据《中国共产党纪律处分条例》第二十八条的规定，党员公职人员实施的与其职务相关联的刑法规定的行为，虽不构成犯罪但须追究党纪责任的，或者有其他违法行为，损害党、国家和人民利益的，应当视具体情节给予警告直至开除党籍处分。例如，某国家工作人员（中共党员）利用职务便利，非法收受他人3000元，为他人谋取利益，属于刑法规定的受贿行为。但由于3000元并未达到受贿罪刑事立案的数额标准，该国家工作人员的行为不构成受贿罪。对此行为，仍须追究其党纪责任，且在行为定性时应表述为受贿行为，而非违反廉洁纪律中的收受礼金行为。

(2) 与涉嫌犯罪的职务行为处置的贯通

《中国共产党纪律处分条例》第二十七条规定，党组织在纪律审查中发现党员有贪污贿赂、滥用职权、玩忽职守、权力寻租、利益输送、徇私舞弊、浪费国家资财等违反法律涉嫌犯罪行为的，应当给予撤销党内职务、留党察看或者开除党籍处分。例如，县领导（中共党员）为让亲属承揽项目，给负责项目审批的上级领导赠送礼品90000元，其亲属因此获得承揽项目的资格。后该名县领导被纪委监委立案审查调查。首先，该名县领导为谋取不正当利益向国家工作人员赠送礼物，有具体的托请事项，符合行贿罪的构成要件，属于涉嫌犯罪的行为。其次，不能认定为违反廉洁纪律，其行为并非单纯的人情来往，而存在明确的托请事项，不属于赠送明显超出正常礼尚往来的礼品礼金[①]。最后，赠送的礼品数额已达到刑事

[①] 付余：《如何正确适用纪法衔接条款》，《中国纪检监察报》2020年4月29日第8版。

立案的数额标准,应当追究刑事责任。据此,上述案件可适用《中国共产党纪律处分条例》第二十七条,给予党纪处分,并给予政务处分,同时依据《监察法》相关规定,按程序移送司法机关。

（3）被司法机关依法处理后纪法处置的贯通

《中国共产党纪律处分条例》第三十三条规定,党员依法受到刑事责任追究的,党组织应当根据司法机关的生效判决、裁定、决定及其认定的事实、性质和情节,依照本条例规定给予党纪处分,是公职人员的由监察机关给予相应政务处分。司法机关作出生效判决、裁定、决定的案件,已经对侦查过程中收集、调取的证据材料进行综合审查判断,并通过法律程序予以确认,党组织无需再对这些证据材料进行审核。因此,党组织可以直接依据上述证据进行认定并给予党纪处分。为落实纪法贯通的要求,受到刑事责任追究的党员是公职人员的,还应由监察机关给予政务处分。[①]

2. 执纪与执法程序的贯通

在纪委监委合署办公的体制下,具体案件处置时,对涉嫌违纪和违法的同一案件可以同时启动立案审查调查程序,形成一份审查调查报告,并经审理程序分别提出两个处置意见。审查调查的一体化给纪检监察机关工作人员提出了新挑战新要求,要进一步理解党章党规党纪和宪法法律法规的内涵和要求,还要增强法律意识、程序意识、证据意识,不断提高工作的规范性、统一性、严密性。

（1）双立案模式

合署办公后的纪检监察机关使用同一套机构和人马,既执纪又执法。当发现具有党员身份的监察对象行为违反党纪和国法,拟给予重处分的,可以根据《中国共产党纪律处分条例》和《监察法》同时分别进行立案,一种是纪律检查机关的党纪立案,另一种是监察机关的政务立案。例如,根据中央纪委国家监委网站的有关通报,山东省粮食局原党组成员、副局长王某因严重违反党的纪律和国家法律法规规定,并涉嫌受贿犯罪被山东

---

① 中共中央纪律检查委员会、中华人民共和国国家监察委员会法规室编写:《〈中华人民共和国监察法〉释义》,中国方正出版社2018年版,第126—127页。

省纪委、山东省监委进行立案审查调查①。从通报内容看，王某被"立案审查调查"，是典型的违纪违法行为被双立案的情形，体现了立案流程中纪法程序适用的贯通。

（2）审查调查一体化

为推动纪检监察机关更好地履行监督执纪问责和监督调查处置的双职责，需要整合好纪检监察机关整体力量，切实提高审查调查工作水平和工作效率，对此，纪检监察机关探索建立审查调查一体化的办案机制。

对于违纪违法案件，纪检监察机关审查违纪问题、调查职务违法、职务犯罪问题同步进行，也就是在工作程序上既符合纪律审查程序，又符合监察调查程序。执纪、执法程序的融会贯通，有效防止程序上的不吻合和偏差，造成一体运作的错乱。例如，证据调取时，对党员知情人士、证人，以纪律检查机关名义谈话；对非党员知情人士、证人，以监察机关名义询问；对违纪违法行为人的财产登记、银行资金往来等情况，以监察机关名义进行查询、调取，以此查证涉嫌违纪违法犯罪的真实情况。因此，审查调查过程中，纪检监察机关工作人员始终坚持以党章党规党纪为尺子，严格遵循宪法法律法规相统一，严格按照执纪程序、执法程序取证并制作相关报告文书，是履行好执纪执法双重职责的有力证明。

（3）一并审理

受理移送案件后，案件审理部门对被审查调查人所实施的违纪行为、职务违法行为和涉嫌职务犯罪行为的定性归类、构成要件、责任认定、危害程度、证据状况等一并进行充分深入的分析论证和评价评判，最终确定党纪处分、政务处分的意见。

一是对被审查人违反党纪行为的分析定性。以党章为根本遵循，以党纪为评判标尺，按照违反政治纪律、中央八项规定精神、组织纪律、廉洁纪律、群众纪律、工作纪律、生活纪律的排列顺序，运用纪言纪语对被审查人所犯错误进行抽象概括、精准刻画，分析其背离党的性质宗旨的错误本质，反映其态度、认识及思想转变过程。另外，还要从总体上评判其违纪行为的性质、根源、严重程度及危害性，为最终得出处理意见奠定

---

① 《山东省粮食局原党组成员、副局长王传民被开除党籍开除公职》，中央纪委国家监委网站，2021年12月28日。

基础。

二是对被调查人职务违法、涉嫌职务犯罪行为的分析定性。从构成职务违法行为的四个方面或结合《刑法》所规定的具体职务犯罪行为的四个构成要件进行分析评价，得出被调查人的行为是否构成职务违法、涉嫌构成职务犯罪，以及构成何种职务违法行为、涉嫌构成何种职务犯罪的结论。

三 与党内监督条例的贯通

（一）党内监督条例概述

《中国共产党党内监督条例（试行）》于 2003 年 12 月颁布施行，在加强党内监督、维护党的团结统一等方面发挥了积极作用。为实现全面从严治党，解决党内监督存在的突出问题的迫切需要，实现新时期党的历史使命，2016 年 10 月，中国共产党第十八届中央委员会第六次全体会议通过《中国共产党党内监督条例》，为新形势下强化党内监督提供了根本遵循。

（二）贯通的内容

党的十九大报告将依法治国与依规治党的有机统一上升为改革目标，贯通协调成为新时代党规国法建设的基本定位。《中国共产党党内监督条例》和《监察法》作为强化党和国家权力运行监督的两部基本法律法规，进一步推动了党内外监督制度的贯通，形成系统完备、前后衔接、上下配套的监督体系。[①]

1. 监督理念的一致性

中国共产党的领导是中国特色社会主义最本质的特征和最大的优势，无论是党内监督还是国家监察，都是在党中央统一领导下进行的。例如，《中国共产党党内监督条例》第十条规定，党的中央委员会、中央政治局、中央政治局常务委员会全面领导党内监督工作。同样，深化国家监察体制改革的目的，是为了加强党对反腐败工作的统一领导，构建一个集中统一、权威高效的国家监察体制。

---

① 冀明武：《论党内监督法规与国家法律制度的衔接——以〈中国共产党党内监督条例〉与〈监察法〉为视点》，《江汉学术》2020 年第 2 期。

2. 监督对象的高度重合性

《党内监督条例》第五条、第六条规定，党内监督的任务是保证全体党员发挥先锋模范作用，保证党的领导干部忠诚干净担当，且党内监督的重点对象是党的领导机关和领导干部特别是主要领导干部。《监察法》第三条规定"各级监察委员会是行使国家监察职能的专责机关，依照本法对所有行使公权力的公职人员进行监察"。可见，党内监督的对象为各级党组织和全体党员，重点监督党的领导机关和领导干部，而监察监督则涵盖了党员领导干部，以及行使公权力的非党员领导干部等。因此在监督对象上两者既有重叠部分，又各有侧重、相互补充，并且都突出针对领导干部这个"关键少数"群体。

3. 党内监督和国家监察互为补充

党内监督和国家监察在监督内容、监督对象上有一定的区别，在实践中二者不能相互代替，但两者之间有着极强的关联性和互补性。党的十八大以来，《党内监督条例》针对党内监督的短板进行修订。总体而言，党内监督的制度建设较为成熟完善，并作为监察监督的工作指引。例如，《党内监督条例》明确监督的主要内容包含有关遵守党章党规情况、执行干部选拔任用工作规定情况、廉洁自律情况的要求，明确4类主体的监督职责，具体监督措施的规定等，都是党章有关要求的细化延伸。此外，《党内监督条例》以《中国共产党纪律处分条例》规定的"六项纪律"为尺子，把"遵守党章党规""牢固树立政治意识、大局意识、核心意识、看齐意识""贯彻党员个人服从党的组织，少数服从多数，下级组织服从上级组织，全党各个组织和全体党员服从党的全国代表大会和中央委员会原则""严明党的纪律特别是政治纪律和政治规矩""执行干部选拔任用工作规定"等情况作为党内监督的内容，督促各级党组织把党的纪律建设放到重要位置来抓，严肃查处违反党章党规党纪的行为。这些规定的主要目的在于不断推动党风廉政建设和反腐败斗争的进程，这也是监察工作的目标所在，因此在监察监督开展过程中，《党内监督条例》为解决党内突出问题提供了有力武器。

4. 探索党内监督转化成国家监察的可能

党的主张和人民的意志通过法定程序上升为国家意志，通过宪法和法律的成文法条形式规范、引领、推动和保障社会生活的各个方面，从而实现党的主张、国家意志、人民意愿的有机统一。这既是我们党治国理政的成功经验，也体现了现代法治社会良法善治的法治精髓。因此，在条件具备、时机成熟的前提下，经过严格的法定程序，党法可以上升为国法。例如，《监察法》的颁布实施就是将党风廉政建设和反腐败斗争的新理念、新经验和新举措具体化概括化并上升为国家法律，体现了反腐治权的法治化。

四 与问责条例的贯通

（一）监察问责的概念

从字面上看，将监察问责分为"监察"和"问责"两个关键词。依据《监察法》，这里的"监察"有两方面含义：一是强调法定问责主体，即监察机关；二是强调法定问责对象，即监察对象。使用"监察"是对监察问责之问责主体和问责对象范围的厘清，同时也是监察问责区别于行政问责和党内问责的关键因素。而"问责"则是最核心的关键构成，其内涵和外延直接对监察问责概念的界定产生决定性影响。

与行政管理框架下行政系统内上问下责的运行机制不同，监察问责是由监察机关启动，主要针对领导干部涉嫌不作为、慢作为等领导不力情形，通过启动调查程序，根据权责对等的基本要求，"以事实为依据、以法律为准绳"，在其法定权限范围内作出问责决定或者问责建议决定的一种监察处置形式。[①]

（二）监察问责与党内问责的关系

问责是执纪监督和执法监督的保证，两项监督的效果最终要靠问责来强化[②]。党内问责和监察问责是问责制度的两大重要组成部分，两者体现了党内监督和国家监察的有机统一，但二者又有区别。

监察问责和党内问责都体现了习近平总书记关于权力和责任的核心思想，即"有权必有责、有责要担当、失责必追究"。监察问责是对党内问责的重要补充，使得问责实现全覆盖。但不同之处在于，党内问责是针对党组织和党的领导干部不履行或不正确履行职责而进行责任追究，而监察

[①] 参见曹鎏《论监察问责的基本法律问题概念澄清与构成要件解析》，《中外法学》2020年第4期。

[②] 肖培：《纪委要全面履行监督执纪问责职责》，《中国纪检监察》2016年第23期。

问责的侧重点则在于追究在行使公权力过程中公职领导干部的失职失责问题。实践中，要全面考量领导干部的政治面貌、职责权限、失职失责的具体情形以及问责效果等因素，准确适用党内问责还是监察问责。一般而言，对仅有党内职务，或者既有党内职务又有单位领导职务的党员领导干部，应首先适用党内问责。如果是在履行行政管理职责中滥用职权、玩忽职守，导致发生重大责任事故或恶性事件等，也可以适用监察问责。对不具有党内职务的党员领导干部，一般应首先适用监察问责，如果是党的建设缺失或维护党的纪律不力等原因失职失责的，可以适用党内问责。对非党员领导干部则直接开展监察问责。针对党内问责作出的党纪处分和针对监察问责作出的政务处分应遵循"轻轻、重重"的匹配原则。党纪轻处分和政务轻处分可以搭配使用，可以单独使用，党纪重处分则必须搭配政务重处分使用。对于党员领导干部严重失职失责，造成重大恶劣影响或特别严重后果，甚至涉嫌违法犯罪的，应当开展党内、监察"双问责"。①

（三）监察问责与党内问责的有序贯通

在问责主体、对象、方式等方面，党内问责和监察问责是相辅相成、有机统一的关系，但二者在一定程度上又存在竞合关系，应当如何在实践中有序贯通、适用衔接，以实现问责功能的最大化，可以从两个方面进行考虑。

首先，从适用性来看，《监察法》的监察对象是所有行使公权力的公职人员，因此监察问责可以适用于党员领导干部。在实践中，应从问责对象的身份、失职失责情形、问题性质、问责效果等方面情况综合考虑，决定适用党内问责还是监察问责。

其次，在纪法衔接方面，党的领导干部履行管理、监督职责不力，管党治党不力，职责范围内发生严重事故、事件，造成重大损失或者恶劣影响情节较重的，对负有主要领导责任的班子主要负责人和直接主管的班子成员，在给予党纪重处分或者重大职务调整的同时，也应给予相应的政务处分，以实现党内问责与监察问责同向发力、党纪国法"双施双守"。例如，2020年12月四川省某煤矿集团发生较大事故，该省纪委监委经调查

---

① 吴轶男：《如何理解和把握监察问责与党内问责关系 贯通协同运用 确保精准问责》，《中国纪检监察》2022年第4期。

后事故相关责任人分别受到党内、监察"双问责"。其中，该集团党委书记、董事长徐某作为该公司防治水工作的第一责任人，履职不到位，对本公司防治水工作重视不够，未督促编制公司防治水中长期规划和年度计划，对安全生产责任及防治水制度、措施的落实督促不到位，对安全监管监察部门提出的问题和隐患整改情况督促检查不到位，受到党内警告处分。其他相关责任人也分别受到撤销党内职务处分和政务撤职处分"双问责"。

问责工作是一项需要共同发力的工作，既是上下纵向的，也是左右横向的。[①] 监察问责和党内问责相辅相成，有机统一，共同发力，形成合力，使得问责制度更加有力有效。

五 与巡视工作条例的贯通

（一）巡视工作条例概述

党的十八大以来，以习近平同志为核心的党中央高度重视巡视工作，领导坚强有力，对加强和改进巡视工作作出一系列重大决策部署，在一届任期内两次修订和修改巡视工作条例，为巡视工作深化发展提供了坚强制度保障。巡视巡察是党章规定的重要制度，是全面从严治党的重大举措，是加强党内监督的战略性制度安排。2015年8月3日，中共中央颁布施行修订后的《中国共产党巡视工作条例》（以下称《巡视工作条例》）。2017年7月1日，中共中央印发《关于修改〈中国共产党巡视工作条例〉的决定》。《巡视工作条例》是加强党内法规制度建设的具体成果，也是全面从严治党的制度利器。

（二）基本原则的相互贯通

监察监督和巡视监督在指导思想和基本原则上是高度一致的，目的都是为了惩前毖后、治病救人，抓早抓小、动辄则咎，防止党员干部和公职人员要么是"好同志"、要么是"阶下囚"。惩前毖后、治病救人，是我们党的一贯方针。惩戒与教育相结合，宽严相济原则体现了党的十八大以来监督执纪"四种形态"的思想和理念，是从当前反腐败斗争形势依然严峻

---

① 《精准有效用好问责利器——各尽其责，不越位更不缺位》，《中国纪检监察报》2019年4月25日第1版。

复杂的实际出发而作出的规定，对巡视工作也同样具有指导意义。

（三）巡视和监察的内容和对象的贯通

1. 巡视内容和监察内容的贯通

巡视监督是党内监督的重要方式，巡视监督的内容从一开始围绕"一个中心"，突出发现问题、形成震慑，到围绕"六项纪律"，突出纪严于法、纪在法前，再到深化政治巡视，聚焦坚持党的领导、加强党的建设、全面从严治党，突出严肃党内政治生活，净化党内政治生态，更加强调标本兼治，抓住了管党治党的根本性、全局性、方向性问题，使巡视内容更加聚焦、问题导向更加鲜明、监督效果更加显著。

国家监察是对公权力最直接最有效的监督，监察全覆盖和监督的严肃性、实效性，直接关乎党的执政能力和治国理政科学化水平。制定监察法，就是通过制度设计实现对所有行使公权力的公职人员监察全覆盖，补上国家监察的短板，体现依规治党与依法治国、党内监督与国家监察有机统一。

2. 巡视内容和监察对象的贯通

《巡视工作条例》第十三至十四条分别规定了中央巡视组，省、自治区、直辖市党委巡视组巡视的对象和范围，体现了全覆盖要求，实现巡视全覆盖，是十八届党中央对巡视工作作出的重大战略部署，充分体现了以习近平同志为核心的党中央全面从严治党的坚定决心。十九届中央第九轮巡视将中央纪委国家监委、中央办公厅、中央组织部、中央国家安全委员会办公室、国务院办公厅等单位党组织纳入巡视对象范围，实现巡视全覆盖的要求。[①]

在国家监察体制改革之前，党内监督已经实现全覆盖，但还没有做到对所有行使公权力的公职人员的全覆盖。改革后监察对象涵盖所有行使公权力的公职人员，在一定意义上实现了与巡视全覆盖有机对接。

（四）巡视和监察程序的衔接

1. 巡视前向纪检监察机关了解基本情况

巡视组开展巡视前，应当向同级纪检监察机关、政法机关和组织、审

[①] 《赵乐际在全国巡视工作会议暨十九届中央第九轮巡视动员部署会上强调 深化新时代巡视工作规律性认识 高质量完成巡视全覆盖任务》，共产党员网，https://www.12371.cn/2022/03/23/ARTI1648036788001673.shtml，2022年6月30日。

计、信访等部门和单位了解被巡视党组织领导班子及其成员的有关情况。通过向相关职能部门了解被巡视党组织的情况，有利于巡视组提前进入工作状态、尽早熟悉全面情况。这是加强巡视机构与其他监督职能部门信息共享的重要方式，有利于形成监督合力。向巡视组通报情况的职能部门包括同级纪检监察机关、政法机关和组织、宣传、审计、信访等部门，这些单位对被巡视地区（单位）负有某方面工作的监管或主管职责，在日常工作中掌握了大量情况，与巡视监督的内容关系十分密切。

纪检监察机关、审计机关、政法机关和组织、信访等部门及其他有关单位，应当支持配合巡视工作。对违反规定不支持配合巡视工作，造成严重后果的，依据有关规定追究相关责任人员的责任。有利于明确有关单位在情况通报、协助了解、成果运用等方面的支持配合义务，强化他们的责任担当。

2. 对巡视发现的问题线索向纪检监察机关移交

经巡视工作领导小组批准，巡视组可以将被巡视党组织管理的干部涉嫌违纪违法的具体问题线索，移交有关纪律检查机关或者政法机关处理；对群众反映强烈、明显违反规定并且能够及时解决的问题，向被巡视党组织提出处理建议。

向纪检监察机关移交的巡视移交问题和线索，不仅包括涉嫌贪污腐败等违反廉洁纪律方面的问题，还包括涉嫌违反政治纪律、组织纪律、群众纪律、工作纪律、生活纪律等方面的问题。派出巡视组的党组织作出分类处置的决定后，依据干部管理权限和职责分工进行移交。纪律检查机关收到巡视移交的问题或者线索后，要结合已掌握的其他线索及时进行综合研判，提出谈话函询、初核、立案或者组织处理等意见，并于3个月内将办理情况反馈巡视工作领导小组办公室，确保巡视移交的问题和线索件件有着落、事事有回音。

六　与监督执纪工作规则的贯通

（一）监督执纪工作规则概述

习近平总书记在中央纪委全会上多次就纪检机关加强自身建设提出明确要求，强调"打铁还需自身硬"，指出不能"以信任代替监督"及"一定要解决灯下黑问题"，要求以更高的标准、更严的纪律要求纪检监察干部,努力建设一支忠诚、干净、担当的纪检监察队伍。2017年1月,十八届中央纪委七次全会审议通过《监督执纪工作规则(试行)》,对纪检监察机关强化自我监督约束作出了明确规定。2018年11月,中央政治局会议审议对《监督执纪工作规则(试行)》进行了完善和调适,是在新的历史条件下党中央给纪检监察机关定制度、立规矩。《监督执纪工作规则》第1条指出,《监督执纪工作规则》适用范围是纪律检查和国家监察工作,规范纪检监察机关监督执纪工作。相较于《监察法》较为原则性的规定,《监督执纪工作规则》是《监察法》的细化和延伸,属于具体、细致的操作性规定,因此研究二者的贯通具有重要的现实意义。

(二)贯通的内容

1. 线索处置中的衔接及需要注意的问题

从线索受理范围来看,综合《监察法》和《监督执纪工作规则》的相关规定,案管部门受理的具体线索范围如下:①信访部门直接受理的信访举报,下一级纪检监察机关和派驻纪检监察机关所报送的相关信访举报;②本机关其他部门发现的相关问题线索,以是否具有受理权限为界,分别在案管部门履行备案和线索移交手续;③统一受理巡视工作机构、审计机关、行政机关、司法机关等单位移交的相关问题线索。合署办公之后,案件监督管理部门需要同时接受纪委和监委两个机构职权范围内的举报和线索,原有的线索受理范围需要进行扩展以适应新的实践需要。[1]

从线索分办程序来看,《监督执纪工作规则》明确在受理相关的问题线索之后,案件监督管理部门应按要求对每条线索提出具体的分办意见,按规定进行审批后,移送给相应的承办部门进行处置。实践中,对案件监督管理部门提出的分办意见是程序性的分流意见还是实质性的线索处置意见,各地做法不尽一致。《监察法》和《监督执纪工作规则》还未对线索分类和预判的标准、审批程序等作出明确的规定,需在后续立法中加以完善,以确保纪检监察工作的严肃性。

从线索处置方式来看,目前纪委和监委的线索处置方式基本相同,即"谈话函询、初步核实、暂存待查、予以了结"。为增强工作灵活性,《监

---

[1] 江国华、何盼盼:《国家监察纪法贯通保障机制研究》,《中国高校社会科学》2019年第1期。

察法实施条例》第一百七十四条第一款通过不完全列举的方式，明确监督检查部门可以采取谈话、函询、初步核实、暂存待查、予以了结或者移送调查部门的方式处置问题线索，并通过"等方式进行处置"的表述，为今后进一步丰富处置方式预留制度空间。下一步，有必要对此再进行细化并提供更为具体可行的处置规则和标准，以确保案件线索处置的科学与妥当。

2. 立案审查调查中的衔接及需要注意的问题

从立案标准来看，在纪检监察工作中，依性质不同可分为两种立案情形：一是对"存在违纪行为且需要追究党纪责任"的情况进行的党纪立案；二是对"涉嫌职务违法、职务犯罪且需要追究法律责任"的情况进行的政务立案①。立案程序的衔接重点就是有效组织不同性质立案程序的问题，以及如何将其与刑事立案程序对接的问题。对涉嫌严重违纪、职务违法职务犯罪，拟给予重处分的，同时进行党纪立案和监察立案。监察调查过程中按照刑事诉讼证据标准收集的证据，可以在刑事诉讼中使用，也可以在党纪案件中使用。

从立案审查调查程序来看，根据《监察法》和《监督执纪工作规则》的相关规定，对符合立案条件的，由承办部门起草立案审查调查呈批报告，按规定的权限和程序审批。立案审查调查决定应当向被审查调查人宣布，并向相关组织和单位主要负责人通报。《监察法实施条例》第一百八十四条第二款规定，"对涉嫌严重职务违法或者职务犯罪的公职人员立案调查并采取留置措施的，应当按规定通知被调查人家属，并向社会公开发布"。在审查调查方案的批准确定、重要事项的请示与审批、审查调查措施使用、审查调查报告呈批等方面，也均须严格按规定的权限和程序进行。

3. 监督管理上的衔接及需要注意的问题

《监察法》第五十三条至第六十一条，对监察机关和监察人员的监督作了明确规定。其具体内容包括：对监察机关和监察人员进行监督的种

---

① 《监督执纪工作规则》第三十七条：纪检监察机关经过初步核实，对党员、干部以及监察对象涉嫌违纪或者职务违法、职务犯罪，需要追究纪律或者法律责任的，应当立案审查调查。凡报请批准立案的，应当已经掌握部分违纪或者职务违法、职务犯罪事实和证据，具备进行审查调查的条件。

类；监察人员的法定义务；登记备案制度、回避制度；监察人员的离任后义务；被调查人及其近亲属的申诉权；监察人员的失职追责。《监督执纪工作规则》专设第九章，对纪检监察机关及其工作人员的监督管理进行了规定，是在监察法的基础上进行了细化补充。

（1）对纪检监察机关的监督

《监察法》将对监察机关的监督分为外部监督和内部监督。明确各级监察委员会应当接受本级人民代表大会及其常务委员会的监督；依法公开监察工作信息，接受民主监督、社会监督、舆论监督；并通过设立内部专门监督机构的方式进行内部监督。《监督执纪工作规则》与《监察法》一样践行自律与他律并举原则，在第六十条率先明确了纪检监察机关在强化自我内控监督基础上，应自觉接受党内监督、社会监督和群众监督。并在其他条款中强调，从提高纪检监察机关干部准入标准与加强纪检监察机关自我教育、作风建设着手，确保纪检监察机关依法正确行使权力并受到严格监督，保证党和人民赋予的权力不被滥用。

（2）对纪检监察人员的监督

《监察法》第五十六条规定，监察人员要自觉接受监督。这是指监察人员要坦然面对来自上级与下级的监督、党内与党外的监督、组织与群众的监督、社会与媒体的监督，把自觉接受监督养成习惯，绝不凌驾于组织和群众之上，绝不能游离于党组织和群众的监督之外。《监督执纪工作规则》在理念层面与之保持了协调一致，在细化了《监察法》规定的登记备案制度、回避制度、监察人员离任后的保密义务等监督措施之外，补充了关于审查调查组借调制度、监督执纪的保密制度、谈话规则、安全责任制与检查制度等相关内容，归纳总结了纪检监察干部在工作中的违纪、违法情形，并引入了"一案双查"与终身问责。

七 监察法与其他党内法规的贯通

党内法规，是党的中央组织以及中央纪委、中央各部门和省区市党委制定的规范党组织的工作、活动和党员行为的党内规章制度的总称。[①] 党内法规具有强烈政治属性、鲜明价值导向、科学治理逻辑、统一规范功

---

① 《中国共产党党内法规制定条例》第3条。

能，高度凝结党的理论创新和实践经验，是党的中央组织、中央纪律检查委员会以及党中央工作机关和省、自治区、直辖市党委制定的体现党的统一意志、规范党的领导和党的建设活动、依靠党的纪律保证实施的专门规章制度。① 一直以来，我们党始终高度重视党内法规的建设，到目前为止，已初步构建起一个以党章为核心的管党治党的制度体系，党内立法质量也在逐步提高。

2021年7月1日，习近平总书记在庆祝中国共产党成立100周年大会上宣布，我们党已经"形成比较完善的党内法规体系"。截至2021年7月1日，全党现行有效党内法规共3615部。其中，党中央制定的中央党内法规211部，中央纪律检查委员会以及党中央工作机关制定的部委党内法规163部，省、自治区、直辖市党委制定的地方党内法规3241部。党内法规使用党章、准则、条例、规定、办法、规则、细则7类名称，现行有效党内法规中，党章1部，准则3部，条例43部，规定850部，办法2034部，规则75部，细则609部。②

由于党内法规制度体系内容繁多、不胜枚举，本节中仅简要列举了监察法与纪律处分条例、党内监督条例、问责条例、巡视工作条例、监督执纪工作规则等党内法规的贯通内容。事实上，监察法与其他党内法规的贯通同样至关重要。比如，2020年12月修订颁布的《中国共产党党员权利保障条例》坚持义务与权利相统一，严明纪律要求，明确党员享有13项权利，并具体规定20条措施保障党员权利行使，这与监察法第49条中监察对象享有复审、复核等权利的规定相互贯通。

第四节　监察法与其他法律的衔接

一　概述

总体上，与《监察法》衔接的法律法规，大体可分为刑事法律法规、

---

① 中共中央办公厅法规局：《中国共产党党内法规体系》，《人民日报》2021年8月4日第1版。

② 中共中央办公厅法规局：《中国共产党党内法规体系》，《人民日报》2021年8月4日第1版。

与监察相关法律法规和其他法律法规三种类型。

（一）刑事法律法规

《监察法》与《刑法》《刑事诉讼法》等刑事法律均属基本法律，效力位阶上无高低之分，必须衔接紧密、协调一致，共同为形成集中统一、权威高效的反腐败工作格局提供法律制度保障。2018年10月28日，十三届全国人大常委会六次会议对《刑事诉讼法》进行修订，进一步明确了监察与刑事诉讼法法衔接的各项要求。2021年1月，国家监察委员会和最高人民法院、最高人民检察院、公安部联合印发《关于加强和完善监察执法与刑事司法衔接机制的意见（试行）》，聚焦国家监察体制改革后的新情况新问题，有针对性地提出对策措施，进一步规范法法衔接关系。这些法律制度，为监察机关与审判机关、检察机关、执法部门在办理职务犯罪案件中互相配合、互相制约，健全衔接顺畅、权威高效的工作机制，奠定了坚实的法律基础。

具体而言，监察机关调查职务犯罪，开展问题线索处置、初步核实、立案、审查调查、审理等工作，从履行审批手续到执行，要适用《监察法》的规定；监察机关调查后移送检察机关审查起诉的是涉嫌职务犯罪案件，要适用《刑法》关于职务犯罪的规定，根据犯罪构成要件来收集、固定、审查、运用证明罪与非罪、此罪与彼罪、罪重与罪轻等方面的证据；涉嫌职务犯罪案件移送起诉后，检察机关对于是否决定采取逮捕、取保候审或者监视居住等刑事强制措施，则要严格适用《刑事诉讼法》的规定。

（二）与监察相关的法律法规

与监察相关的法律法规是根据《监察法》的有关规定制定的配套立法，是《监察法》的细化和延伸，应当与《监察法》衔接。例如，根据《监察法》第四十五条第二项规定："对违法的公职人员依照法定程序作出警告、记过、记大过、降级、撤职、开除等政务处分决定。"2020年6月20日十三届全国人大常委会十九次会议通过的《公职人员政务处分法》。又如，2021年8月20日十三届全国人大常委会三十次会议表决通过的《监察官法》和2021年9月20日国家监察委员会出台的《监察法实施条例》，均根据《监察法》制定，也属于与监察相关法律法规的范畴。

（三）其他法律法规

这里的其他法律法规主要是指行政法。国家监察体制改革前，行政监察作为一种行政监督手段,属于行政组织法的范畴。与监察相关的行政处分规范和围绕其构建的申诉救济程序,属于行政救济法的范畴。改革后,行政监察制度上升为国家监察制度,有必要探索改革转隶后原有行政监察职能与国家监察新机制的衔接问题。一些专门行政法,如《安全生产法》中有关监督、问责和刑事责任的规定,需要同《监察法》规定的监察权限衔接。此外,《监察法》还应与民事法律尤其是《民法典》衔接。《民法典》属于私法,虽然与属于公法的《监察法》分属不同的法律领域,但《民法典》的基本精神对监察工作的开展有着重要指导意义。因此,需要研究《民法典》的法律价值和法律原则与监察之间的关系,推进《监察法》与《民法典》相关规定的衔接。

二 监察法与刑事诉讼法的衔接

国家监察体制改革后,纪检监察机关集中负责对涉嫌违纪、职务违法和职务犯罪的查处。其中,对于涉嫌职务犯罪的案件,在调查终结后由监察机关移送至检察机关依法审查、提起公诉,并由法院作出最终审判。职务犯罪案件的办理,必然涉及纪检监察机关与检察机关、审判机关、执法部门的衔接问题,涉及《监察法》与《刑事诉讼法》的衔接问题。

(一) 案件管辖的衔接

目前,《监察法》《刑事诉讼法》《监察法实施条例》等已经就案件的属地管辖、级别管辖、指定管辖作出了规定,但在理论研究与实务工作中,对涉及案件管辖范围尤其是与检察机关、公安机关互涉案件的管辖方面仍存在争议。

互涉案件是指案件既涉及监察机关管辖的贪污贿赂、滥用职权、玩忽职守、权力寻租、利益输送、徇私舞弊以及浪费国家资财等职务犯罪罪名,又涉嫌检察机关或者公安机关管辖的罪名。《监察法》第三十四条第二款规定,被调查人既涉嫌严重职务违法或职务犯罪,又涉嫌其他违法犯罪的,一般应当以监察机关为主调查,其他机关予以协助。《监察法实施条例》第五十一条进一步明确,公职人员既涉嫌贪污贿赂、失职渎职等严重职务违法和职务犯罪,又涉嫌公安机关、人民检察院等机关管辖的犯罪,依法由监察机关为主调查的,应当由监察机关和其他机关分别依职权立案,监察机关承担组织协调职责,协调调查和侦查工作进度、重要调查和侦查措施使用等重要事项。

随着《监察法实施条例》的施行,互涉案件的管辖争议得以解决。

结合《监察法》《监察法实施条例》等相关法律法规的立法精神与当前实践,对于被调查人既涉嫌职务犯罪,又涉嫌其他犯罪的,一般应当由监察机关与其他机关依照各自的管辖权限范围予以立案,并应以监察机关为主调查,其他机关予以协助。"以监察机关为主调查"具体是指由监察机关负责组织协调工作,协调的内容包括把握、协调调查与侦查活动的进程,协调各项调查与侦查措施的适用等重要事项。以监察机关为主展开调查,可以避免对于互涉案件管辖与办理的相互推诿甚至相互冲突,从而使得监察人员与司法人员能够同向发力,提高反腐败的工作效能。因此,从这一角度看,监察机关的"为主调查"并非对互涉案件的大包大揽,不是由监察机关包办代替其他机关的侦查,而是在办理互涉案件中仍应分别依职权立案。

1. 与检察机关互涉案件的管辖问题

2018年《刑事诉讼法》修改,对检察机关查办的职务犯罪的罪名进行了调整。同时,最高人民检察院出台的《关于人民检察院立案侦查司法工作人员相关职务犯罪案件若干问题的规定》,对案件的管辖范围、互涉案件的处理进行了明确。根据该规定,人民检察院立案侦查本规定所列犯罪时,发现犯罪嫌疑人同时涉嫌监察委员会管辖的职务犯罪线索的,应当及时与同级监察委员会沟通,一般应当由监察委员会为主调查,人民检察院予以协助。经沟通,认为全案由监察委员会管辖更为适宜的,人民检察院应当撤销案件,将案件和相应职务犯罪线索移送监察委员会。

由此可见,在对互涉案件的处理上,检察机关的处理与监察机关是一致的,即遵循了"以监察委员会为主调查"的基本原则。根据上述规定,对于司法人员利用职权实施的犯罪案件,实际既可以由检察机关管辖,也可以由监察机关管辖。对于此类案件的管辖冲突,《监察法实施条例》第五十二条明确规定,监察机关必要时可以依法调查司法工作人员利用职权实施的涉嫌非法拘禁、刑讯逼供、非法搜查等侵犯公民权利、损害司法公正的犯罪,并在立案后及时通报同级人民检察院。监察机关在调查司法工作人员涉嫌贪污贿赂等职务犯罪中,可以对其涉嫌的前款规定的犯罪一并调查,并及时通报同级人民检察院。人民检察院在办理直接受理侦查的案件中，发现犯罪嫌疑人同时涉嫌监察机关管辖的其他职务犯罪，经沟通全案移送监察机关管辖的，监察机关应当依法进行调查。这就意味着，《监察法实施条例》明确了互涉案件的管辖，是各机关依职权立案为基础，同时以监检机关的沟通协调为辅。

2. 与公安机关互涉案件的管辖问题

一般而言，对于监察对象既涉嫌监察机关管辖的职务违法与职务犯罪，又涉嫌公安机关管辖的违法犯罪时，根据《监察法》、《监察法实施条例》等相关法律法规的规定，由监察机关与公安机关分别立案进行调查或侦查。在进行调查或侦查的过程中，监察机关应当负责跟进、组织协调审查调查与侦查进度、协调重要调查和侦查措施使用等重要事项。在审查调查终结时，监察机关应当与公安机关就监察对象的所涉职务犯罪与其他犯罪问题进行沟通协商，再移送至检察机关并案审查起诉。

（二）留置措施与刑事强制措施的衔接

对于职务犯罪案件，监察机关认为犯罪事实清楚，证据确实充分的，应当移送检察机关审查起诉。如被调查人已经被采取留置措施，则涉及留置措施与刑事强制措施的衔接问题。《监察法》第四十五条、第四十七条规定，对涉嫌职务犯罪的，监察机关经调查认为犯罪事实清楚，证据确实、充分的，移送人民检察院依法审查、提起公诉，人民检察院依照刑事诉讼法对被调查人依法审查、提起公诉，人民检察院依照刑事诉讼法对被调查人采取强制措施。《刑事诉讼法》规定，对于监察机关移送起诉的已采取留置措施的案件，人民检察院应当对犯罪嫌疑人先行拘留，留置措施自动解除。人民检察院应当在拘留后的十日以内作出是否逮捕、取保候审或者监视居住的决定。在特殊情况下，决定的时间可以延长一日至四日。

可见，根据《监察法》和《刑事诉讼法》的规定，留置措施与刑事强制措施的衔接方式是，对于已经采取留置措施的被调查人，在监察机关调查终结后，继续由检察机关采取拘留措施，在拘留期间再行决定如何适用刑事强制措施，由此解决了留置措施与刑事强制措施的衔接问题。在先行拘留期间，检察机关应当严格依照《刑事诉讼法》及其司法解释的规定，审查被调查人是否符合适用逮捕、取保候审或者监视居住等强制措施的条件，如果决定适用逮捕措施，则应依法作出批捕决定并进行羁押必要性审查。将"先行拘留"作为留置措施与刑事强制措施衔接过渡的方式，解决了在调查终结至审查起诉前被调查人无人监管的难题,消除了措施转换的空档期,实现留置与刑事强制措施之间的无缝对接。在先行拘留后留置措施的自动解除,提高了监察机关的工作效率,避免人民检察院的审查决定占用监察机关的法定留置时间,有利于监察与司法顺畅衔接。

此外,在措施衔接问题上,还需要重点关注以下几个方面的问题。

1. 互涉案件中,犯罪嫌疑人被采取刑事强制措施后,因调查职务犯罪需采取留置措施的,如何进行措施变更的问题。对于这一问题,实践中做法不尽相同。例如,由公安机关办理管辖的普通刑事犯罪案件,经检察院批准后羁押于看守所,当监察机关发现其还涉嫌职务犯罪时,对于此时正处于关押状态中的犯罪嫌疑人,是否可以直接将其带离看守所执行留置?

本书认为,目前对于互涉案件中如何进行措施转换衔接尚未作出明确细化的规定,但将犯罪嫌疑人带离径行采取留置的行为于法无据。对于上述情况,在羁押强度等同的条件下,从更有利调查便利的角度,如果犯罪嫌疑人、被告人、罪犯已经处于被羁押状态或者在监管场所服刑,监察机关一般不应当再采取留置措施。监察机关讯问犯罪嫌疑人、被告人、罪犯的,可与有关案件主管机关沟通后,按照法定程序与要求进行提讯、提解。讯问在监管场所服刑的人员,也应持工作证件和介绍信按照法定程序与要求进行。如果涉及案情重大复杂,确有必要带离关押场所的,应在相关机关办理解除拘留、逮捕措施等相关手续后,监察机关可依法将采取留置措施。

2. 在监察机关移送审查起诉,检察机关先行拘留期间的律师会见问题。《人民检察院刑事诉讼规则》第一百四十五条规定,人民检察院应当自收到移送起诉的案卷材料之日起三日以内告知犯罪嫌疑人有权委托辩护人。对已经采取留置措施的,应当在执行拘留时告知。根据上述规定,对于监察机关移送起诉的已采取留置措施的案件,检察机关应当在受理案件后,及时对犯罪嫌疑人作出拘留决定,交公安机关执行。检察机关应当在公安机关执行拘留决定时告知犯罪嫌疑人有权委托辩护人。

主要原因包括三方面:一是案件阶段的变化。案件由监察机关移送到检察机关后,即由监察调查进入刑事诉讼阶段,应当按照刑事诉讼有关规定,充分保障犯罪嫌疑人的辩护权。二是措施性质的变化。检察机关采取先行拘留措施，实际上属于刑事诉讼法中的刑事强制措施，应当以《刑事诉讼法》为依据，允许犯罪嫌疑人、被告人委托辩护律师，辩护律师自然可以会见在押的犯罪嫌疑人、被告人。三是不影响实际效果。先行拘留期间，监察机关已经完成了事实调查与证据收集活动，整个调查工作基本已经结束，此时的辩护律师介入不会对监察机关的调查工作造成实质影响。

（三）审判程序的衔接

党的十八届四中全会决定提出"推进以审判为中心的诉讼制度改革"，具体而言，就是要全面贯彻证据裁判原则，保证庭审在查明事实、认定证据、保护诉权、公正裁判中发挥决定性作用。其重大意义在于，以审判为中心是尊重司法规律，保证司法公正和提升司法公信力的必由之路。[①] 在国家监察体制改革中，监察机关办理职务犯罪案件，仍然需要围绕以审判为中心展开。《监察法》第三十三条第二款规定，监察机关在收集、固定、审查、运用证据时，应当与刑事审判关于证据的要求和标准相一致。因此，要形成以审判为中心的诉讼格局，要求调查、审查起诉依照审判的标准执行，同时审判机关也要通过庭审审查监察调查的事实与证据，确保案件经得起历史和法律的考验。

1. 非法证据排除规则

为保证取证过程合法，保障当事人合法权益，《监察法》第三十三条规定："以非法方法收集的证据应当依法予以排除，不得作为案件处置的依据。"同时，第四十条规定："严禁以威胁、引诱、欺骗及其他非法方法收集证据，严禁侮辱、打骂、虐待、体罚或者变相体罚被调查人和涉案人员。"《监察法实施条例》对非法证据排除的范围、程序等作了进一步规定。对此，需要重点把握两个方面内容：一是言词证据与实物证据适用不同的排除标准。采用暴力、威胁以及非法限制人身自由等非法方法收集的言词证据一律予以排除，而收集方法不符合法定程序的物证、书证，可以予以补正或作出合理解释，不能补正或作出合理解释的，才依法予以排除。这主要是因为，言词证据主观性较强，容易受非法方法的影响而发生改变，而物证、书证是客观证据，取证程序的违法一般不影响证据可信度。在这方面，《监察法实施条例》的规定与《刑事诉讼法》是一致的。

---

① 陈光中、步洋洋：《审判中心与相关诉讼制度改革初探》，《政法论坛》2015年第2期。

二是《监察法实施条例》对非法证据排除的程序作了细化。监督检查、调查、案件审理、案件监督管理等职能部门均有排除非法证据的职责，与《刑事诉讼法》的规定亦保持一致。这意味着，监察调查全过程同样适用非法证据排除规定。当案件进入审判程序，法官依据此规则判断监察调查活动是否存在以非法手段收集证据的情况，非法证据排除规则成为审判权制约监察调查权的重要手段。之所以作这样的规定，是为了确保监督执法的各个环节都贯彻非法证据排除的要求，各相关部门均应当履行自身职责。具体线索来源包括两种，一种是工作中主动发现，另一种是接到相关控告、举报。《监察法实施条例》第六十六条第二款特别强调，经调查核实，确认或者不能排除以非法方法收集证据的，对有关证据依法予以排除。也就是说，只要不能排除以非法方法收集证据的，相关证据就应当予以排除，并不都要求达到确认的程度。

2. 缺席审判制度

2018年修改后的《刑事诉讼法》第五编"特别程序"中，增加了主要适用于贪污贿赂犯罪案件的缺席审判程序。缺席审判程序的建立，是对违法所得没收程序的发展，旨在通过进一步完善刑事审判程序追究外逃贪官的法律责任。对于被告人身在境外且经送达程序后仍未到案的，经监察机关调查终结后，检察机关认为事实清楚、证据确实、充分，应当追究法律责任的，可直接向人民法院提起公诉。法院经审查后决定开启缺席审判后，以检察机关指控的犯罪事实与证据进行审理，同时对被告人的违法所得以及涉案财产一并作出处理决定。缺席审判的建立，可以使案件得到及时审判，案件事实得以及时查清，有利于加强对腐败案件的打击力度，恢复被破坏的社会秩序。《监察法实施条例》进一步明确了缺席审判制度的适用范围、条件和程序设计。实践中缺席审判制度的适用，必须做到以下三点：一是严格把握案件范围。适用缺席审判程序的贪污贿赂犯罪案件，主要包括《刑法》分则第八章规定的贪污罪、挪用公款罪、受贿罪、行贿罪、巨额财产来源不明罪、隐瞒境外存款罪等。二是严格批准权限。缺席审判取消了被告人部分诉讼权利，适用应当经过严格审批，慎之又慎。《监察法实施条例》第二百三十三条规定监察机关立案调查拟适用缺席审判程序的贪污贿赂犯罪案件，应当逐级报送国家监察委员会同意，旨在强化国家监察委员会对缺席审判案件的统筹管理，做到依法稳慎、有序推进。三是严格办案要求。根据《刑事诉讼法》及相关规定，人民法院对缺席审判案件作出有罪判决的，应当达到证据确实、充分的证明标准，即缺席审判案件与一般刑事案件的证明标准一致。考虑到缺席审判案件中被调查人不在案，对监察机关调查取证工作提出了更高更严的要求。

此外，要注意把握缺席审判程序与《监察法实施条例》第二百三十二条规定的没收违法所得程序的区别。主要有三个方面：一是适用案件范围方面存在区别。二者都可以适用于"贪污贿赂犯罪案件"，没收违法所得程序还可以适用于失职渎职犯罪案件。二是处置对象方面存在却别。没收违法所得程序主要是对涉案财物进行处置，不涉及对犯罪人的定罪量刑；缺席审判程序则主要是审理并判决被告人是否有罪，并对涉案财物进行处置，不仅对"物"，更侧重对"人"。三是被调查人方面。没收违法所得程序适用于被调查人逃匿，在通缉一年后不能到案，或者被调查人死亡的情形，包括被调查人在境内境外的情形；缺席审判程序仅适用于被调查人在境外的情形。

（四）从宽处罚建议的法法衔接

为贯彻宽严相济的刑事政策，实现司法资源的优化配合，推动构建多层次的诉讼体系，2018年修改后的《刑事诉讼法》正式将认罪认罚从宽制度纳入法律规定当中，《监察法》和《监察法实施条例》也规定了从宽处罚建议制度。《监察法》第三十一条规定："在监察调查过程中，涉嫌职务犯罪的被调查人有权主动认罪认罚"，在符合条件的情况下监察机关可以在移送人民检察院时提出从宽处罚的建议。《监察法实施条例》第二百一十三条规定："涉嫌职务犯罪的被调查人和涉案人员符合监察法第三十一条、第三十二条规定情形的，结合其案发前的一贯表现、违法犯罪行为的情节、后果和影响等因素，监察机关经综合研判和集体审议，报上一级监察机关批准，可以在移送人民检察院时依法提出从轻、减轻或者免除处罚等从宽处罚建议。报请批准时，应当一并提供主要证据材料、忏悔反思材料。上级监察机关相关监督检查部门负责审查工作，重点审核拟认定的从宽处罚情形、提出的从宽处罚建议，经审批在十五个工作日以内作出批复。"第二百一十九条进一步明确了监察机关提出从宽处罚建议的方式与时机。从宽处罚建议一般应当在移送起诉时作为《起诉意见书》内容一并提出，特殊情况下也可以在案件移送后，人民检察院提起公诉前，单独形成从宽处罚建议书移送人民检察院。

但从目前的实践情况来看，《刑事诉讼法》与《监察法》在从宽建议方面仍存在衔接不畅的问题。相关法律法规均未明确监察机关所提出的从宽建议的法律效力以及与刑事诉讼程序中的认罪认罚从宽制度如何衔接等问题。

1. 适用的条件

根据《刑事诉讼法》第十五条的规定，被追诉人自愿如实供述自己的罪行，承认指控的犯罪事实，愿意接受处罚的，可以依法从宽处理。在刑事诉讼程序中，认罪认罚从宽制度的适用前提是满足上述的基本条件即可。《监察法》则对从宽建议提出了相对具体的要求。根据《监察法》第三十一条的规定，包括：（一）自动投案，真诚悔罪悔过的；（二）积极配合调查工作，如实供述监察机关还未掌握的违法犯罪行为的；（三）积极退赃，减少损失的；（四）具有重大立功表现或者案件涉及国家重大利益等情形的。这就意味着，在监察程序中，除了满足被调查人认罪认罚这一基础条件外，还需要具备上述四种情形之一，才可以适用认罪认罚从宽制度。因此，有必要进一步研究从宽处罚建议与刑事诉讼认罪认罚从宽制度的有效衔接问题。尽管从目前来看，两种制度的适用条件存在一定的差异，但在"认罪认罚可以从宽处罚"的立法精神上具有一致性。根据《监察法实施条例》第八十三条、第二百一十九条的规定，讯问时告知被讯问人如实供述自己罪行可以依法从宽处理和认罪认罚的法律规定；对于被调查人在调查阶段认罪认罚，但不符合《监察法》规定的提出从宽建议条件，在移送起诉时没有提出从宽处罚建议的，应当在《起诉意见书》中写明其自愿认罪认罚的情况，确保被调查人移送审查起诉后依法适用刑事诉讼认罪认罚从宽制度。

此外，在具体操作层面，《监察法》及相关监察法规对何为"认罪"与何为"认罚"未作明确解释，实践中各地各机关在认识上的分歧，可能会影响认罪认罚从宽制度的适用效果。2019年由两高三部联合发布的《关于适用认罪认罚从宽制度的指导意见》中，分别对"认罪""认罚"进行了相应的解释。其中，"认罪"是指犯罪嫌疑人、被告人自愿如实供述自己的罪行，对指控的犯罪事实没有异议。"认罚"是指犯罪嫌疑人、被告人真诚悔罪，愿意接受处罚。因此，在出台进一步的法律解释前，对《监察法》中"认罪认罚"的理解，可以参照《刑事诉讼法》以及《关于适用认罪认罚从宽制度的指导意见》中的解释，以保证在具体适用过程中的统一性。

2. 适用的程序

根据《监察法》的规定，对被调查人提出从宽处罚的建议，需要经过相关的法定程序。首先，如被调查人主动认罪认罚，同时满足《监察法》第三十一条的四项条件之一的，需要经监察机关领导人员集体研究，决定是否应当提出从宽建议。其次，在经过监察机关领导集体研究之后，形成是否予以适用从宽建议的初步决定，如果决定不予适用的，则不启动认罪认罚从宽制度；如果认为可以适用从宽建议的，则还需要报请上一级监察机关批准，形成最终决定。由此可见，在适用从宽建议的问题上，监察机关设置了严格的程序，持较为谨慎的态度。

3. 从宽处罚建议的效力

《监察法》和《刑事诉讼法》分别规定了对职务犯罪案件，可以由监察机关提出从宽处罚建议，由司法机关适用认罪认罚从宽制度，但这两部法律和《监察法实施条例》均未明确规定监察机关提出的从宽处罚建议具有何种效力。对移送审查起诉的职务犯罪案件，监察机关提出从宽处罚建议的，会对后续的司法程序产生重要影响。司法机关综合全案的事实与证据材料情况，结合被追诉人的认罪情况，依法对被调查人从程序从简、强制措施适用和量刑情节等方面进行从宽处理。总体而言，对于认罪认罚的被调查人，遵循主动认罪优于被动认罪、早认罪优于晚认罪、彻底认罪优于不彻底认罪、稳定认罪优于不稳定认罪的原则。

三 监察法与政务处分法、监察官法的衔接

（一）与政务处分法的衔接

1. 政务处分及相关概念

在国家监察体制改革前，针对公职人员的处分有行政处分、政纪处分；如果公职人员是党员身份的，则还有党纪处分。对于如何正确理解三种处分之间的差异，在此作一个简要说明。

行政处分是指原行政监察机关、公务员任免机关或单位对行政机关公

务员的违法行为予以惩罚、以示警戒的制度，这实质上是行政管理权或人事任免权向下延伸的结果。① 国家监察体制改革之前，对公务员实施行政处分的主体是行政监察机关及公务员的任免机关，所依据的法律主要是《公务员法》《行政监察法》和《行政机关公务员处分条例》等法律法规。监察制度改革之后，行政监察机关不复存在，对公务员的行政处分由公务员任免机关或所在单位来执行。行政处分对象一般仅限于公务员这一群体，而政务处分的对象则是所有行使公权力的公职人员，所以政务处分的处分对象范围大于行政处分的处分对象范围；行政处分是由任免机关作出的内部行为，而政务处分则是由监察机关依照《政务处分法》由人大授权的监察机关针对违法的公职人员作出的外部行为。

政纪处分是在长期的行政管理过程中发展出的对行政处分和纪律处分的总称，其处分的对象不仅限于公务员，也包括一些事业单位的人员。政纪处分的功能与政务处分有相似之处，但处分对象的范围要小于政务处分，如针对基层群众性自治组织中从事管理的非党员，政纪处分就无法适用。随着《监察法》《政务处分法》等的出台，政务处分取代了过去的政纪处分。

党纪处分是党的纪律检查机关对党员违反党的纪律的行为进行处分的制度，其处分的对象仅限于党员。党纪处分与政务处分可以同时适用于有党员身份的公职人员。党纪处分的主要形式为警告、严重警告、撤销党内职务、留党察看以及开除党籍。党纪处分与政务处分针对有党员身份的公职人员适用程度应基本相当，如有中国共产党党员身份的公职人员受到撤销党内职务、留党察看或者开除党籍处分的，政务处分也一般会给予撤职或者开除公职处分。随着我国监察体制的不断完善及《政务处分法》的出台，之前所称的给予"党纪政纪处分"已由"党纪政务处分"取代。

2. 政务处分法与监察法的关系

《监察法》对政务处分作了原则性规定，但是关于公职人员哪些行为应当给予政务处分，给予什么样的政务处分，按照什么程序给予政务处分，都没有明确。在《监察法》出台后，2018年国家监察委员会制定了

---

① 郭文涛：《〈政务处分法〉双轨惩戒制度之间的衔接协调》，《法学》2020年第12期。

《公职人员政务处分暂行规定》，对政务处分的依据、程序作了规定，这一规定成为了实施政务处分的过渡性规范。但政务处分关系公职人员切身利益，对公职人员有重要影响，需要由法律作出规定。2020年6月20日，全国人大常委会表决通过了《公职人员政务处分法》。《公职人员政务处分法》是继《监察法》之后，深化国家监察体制改革的又一法律成果，是我国第一部全面系统规范公职人员惩戒制度的法律。

制定政务处分专门立法既是为了完成"以政务处分替代政纪处分"的改革目标，也是为了清除"纪法衔接"与"法法衔接"中的法治障碍，推进法治反腐的全面深化。此前，关于公职人员处分的情形、适用规则、程序等方面的规定，散见于《公务员法》《法官法》《检察官法》《行政机关公务员处分条例》《事业单位工作人员处分暂行规定》等法律法规中，缺乏统一规定。《公职人员政务处分法》的出台，统一了处分标准，进一步明确了政务处分种类、处分期间以及政务处分的适用规则，为监察机关精准规范开展政务处分提供了法律依据。

3. 衔接的内容

《公职人员政务处分法》在制定之时就参照了《公务员法》《监察法》等法律规定的内容，政务处分的专门法律化本身就是对《监察法》相关规定的具体化。《公职人员政务处分法》与《监察法》等法律法规在作出处分的原则、处分的种类及其适用、处分决定的主体及其权限，以及处分决定作出的程序和受处分人的救济途径等方面具有一致性。因此，《公职人员政务处分法》在制定层面就已经考虑并体现了"法法衔接"的逻辑。

（1）处分体制上的衔接

依据2018年修订后《公务员法》的规定，对公务员的违法行为，公务员所在机关可以给予处分。这与《监察法》共同确立了处分与政务处分并行的体制。《公职人员政务处分法》将任免机关、单位的处分和监察机关的政务处分并行的体制以法律形式明确规定下来，进一步衔接了《监察法》和《公务员法》。[①]

[①] 中央纪委国家监委法规室：《实现政务处分制度的纪法贯通、法法衔接》，《中国纪检监察报》2020年7月4日第2版。

（2）种类与适用上的衔接

《监察法》第四十五条第一款第（二）项规定，监察机关根据监督、调查结果，依法对违法的公职人员依照法定程序作出警告、记过、记大过、降级、撤职、开除等政务处分决定，与《政务处分法》第七条规定的政务处分种类相一致。由于立法功能定位的不同，《公职人员政务处分法》在对《监察法》具体化方面，细化了政务处分的影响期间。

《监察法》第十一条第（三）项规定："监察委员会依照本法和有关法律规定履行监督、调查、处置职责，对违法的公职人员依法作出政务处分决定。"《公职人员政务处分法》第二条第一款和第三款规定："本法适用于监察机关对违法的公职人员给予政务处分的活动；本法所称公职人员，是指《中华人民共和国监察法》第十五条规定的人员"。在适用主体上，二者都明确政务处分主体为监察机关。在适用对象上，政务处分的对象是违法的公职人员，与《监察法》第十五条规定的监察机关予以监察的人员范围基本一致。但存在区别的是，《监察法》第十五条还是对公职人员和有关人员作出了区分，而《公职人员政务处分法》则将有关人员的概念纳入公职人员，统一指称为公职人员。在适用情形上，《公职人员政务处分法》第三章对违法情形予以了细化和归纳，在《公务员法》《法官法》《检察官法》《行政机关公务员处分条例》等法律法规的基础上进行提炼和完善，设定出政务处分的违法情形，保证了法律体系的内在一致性。

（3）程序和救济上的衔接

《公职人员政务处分法》第四十二条至四十六条规定了政务处分作出的一般程序，包括依法调查审理、告知当事人、听取陈述和申辩、依法调查终结后作出决定、印发与送达决定并在一定范围公布、存入档案等。这是对《监察法》规定的监察程序的细化，也契合法治精神。

针对公职人员对监察机关作出的处理处分决定不服的情况，《监察法》和《公职人员政务处分法》均规定了复审、复核，以及变更或撤销处分的程序。《监察法》第四十九条规定，监察对象对监察机关作出的涉及本人的处理决定不服的，可以在收到处理决定之日起一个月内，向作出决定的监察机关申请复审，复审机关应当在一个月内作出复审决定；监察对象对复审决定仍不服的，可以在收到复审决定之日起一个月内，向上一级监察机关申请复核,复核机关应当在二个月内作出复核决定。复审、复核期间,不停止原处理决定的执行。复核机关经审查,认定处理决定有错误的,原处理机关应当及时予以纠正。《公职人员政务处分法》第五十五条规定,公职人员对监察机关作出的涉及本人的政务处分决定不服的,可以依法向作出决定的监察机关申请复审;公职人员对复审决定仍不服的,可以向上一级监察机关申请复核。监察机关发现本机关或者下级监察机关作出的政务处分决定确有错误的,应当及时予以纠正或者责令下级监察机关及时予以纠正。

(4) 对被调查人依法不追究刑事责任后的衔接

由于违法和犯罪的构成要件和情节轻重存在差异,被调查人涉嫌职务犯罪的,在监察机关将其移送检察机关审查起诉后,可能会出现被调查人依法没有被追究刑事法律责任的情况。但职务违法和职务犯罪往往有密切的关系,根据"先处后移"的原则要求,对于涉嫌职务违法、职务犯罪的被调查人,一般应当先由监察机关对其进行政务处分,随后再移送检察机关审查起诉。因此,一旦检察机关作出不起诉或者法院作出无罪判决,就涉及到前序已经作出的政务处分的效力问题。

首先,需要明确的是,对于依法不予追究刑事责任的案件,并不必然导致政务处分决定的调整。主要原因在于两种处理的依据、事实和证据标准存在着差异,需要监察机关根据案件的具体情况,对原有的政务处分决定进行审核,以确定是否有必要作相应调整。

其次,为确保监察机关办理职务违法案件的质量,促进政务处分与刑事司法的有效衔接,《监察法实施条例》第二百三十一条明确规定,对于监察机关移送起诉的案件,人民检察院作出不起诉决定,人民法院作出无罪判决,或者监察机关经人民检察院退回补充调查后不再移送起诉,涉及对被调查人已生效政务处分事实认定的,监察机关应当依法对政务处分决定进行审核。认为原政务处分决定认定事实清楚、适用法律正确的,不再改变;认为原政务处分决定确有错误或者不当的,依法予以撤销或者变更。上述规定明确了对依法不予追究刑事责任的案件政务处分的审核要求。

（二）与监察官法的衔接①

1. 概述

监察权的正确行使离不开一支政治过硬、能力过硬、纪律过硬、知识过硬、作风过硬的监察官队伍。② 建立监察官制度是深化国家监察体制改革的一项重要内容，党的十八大以来，习近平总书记多次谈到"谁来监督纪委的问题"，并指出纪检监察机关不是天然的保险箱，监察权也要关进制度的笼子，严格依纪依法行使。制定监察官法，将监察官的履职要求具体化、制度化、法律化，有利于进一步明确权力边界、严格内控机制、强化自我约束、加强外部监督，促进国家监察权规范正确行使。

（1）衔接的内容

《监察法》第十四条规定："国家实施监察官制度，依法确定监察官的等级设置、任免、考评和晋升等制度。"《监察法》为探索建立中国特色的监察官制度提供了法律支持，有利于保障监察权正确行使这一价值目标的实现。两者的衔接主要体现在监察官的职责、监督和惩戒、对监察对象的合法权益保障和对监察人员职业保障等方面。

①任免与职责上的衔接

《监察官法》第三条、第十九条分别规定了监察官的范围和任免程序，与《监察法》第八条、第九条规定的各级监察委员会的组成以及各级监察委员会主任、副主任、委员的任免程序协调一致。《监察官法》第八条规定监察官的职责：（一）对公职人员开展廉政教育；（二）对公职人员依法履职、秉公用权、担当作为、廉洁从政从业以及道德操守情况进行监督检查；（三）对法律规定由监察机关管辖的职务违法和职务犯罪案件进行调查；（四）根据监督、调查的结果，对办理的监察事项提出处置意见；（五）开展反腐败国家合作方面的工作；（六）法律规定的其他职责，与《监察法》第十一条规定的监察委员会依照本法和有关法律规定履行监督、调查、处置职责内容基本相同。

---

① 关于《监察法》和《监察官法》衔接中涉及的详细内容，可参见本书第五章"监察官制度"。

② 李斌雄、廖凯：《构建中国特色监察官制度的必要性、原则及基本思路》，《廉政文化研究》2020年第5期。

②监督上的衔接

对监察官的监督协调一致。根据《监察法》第五十六条的规定，监察人员必须模范遵守宪法和法律，忠于职守、秉公执法，清正廉洁、保守秘密；必须具有良好的政治素质，熟悉监察业务，具备运用法律、法规、政策和调查取证等能力，自觉接受监督。《监察官法》将对监察人员的监督细分为4个主体的监督，分别为党和国家的监督、内设监督机构的监督、司法执法的监督、特约监察员的监督。同时，根据《监察官法》第四十三条的规定，任何单位和个人对监察官的违纪违法行为，有权提出检举、控告。另外，《监察法》关于监察人员打听案情、过问案件、说情干预等情形的报告备案制度；监察人员的回避制度；监察人员的保密制度和离任回避，《监察官法》都与之保持了协调一致，并补充了规范亲属经商办企业和亲属从业回避的相关内容。

③惩戒上的衔接

《监察法》第六十五条规定，"监察机关及其工作人员有下列行为之一的，对负有责任的领导人员和直接责任人员依法给予处理"，其中列举了9项行为。《监察官法》第五十二条对这9项行为进行了归纳，并在原来的基础上增加了监察人员贪污受贿、徇私舞弊；履行监督职责不力两项行为内容。另外值得注意的是，《监察官法》第五十三条和第五十四条还增加了暂时停职和终身追责问责的内容，对监察人员的惩戒进行了补充。

④权益保障和职业保障上的衔接

根据《监察法》第五条的规定，国家监察工作严格遵照宪法和法律，以事实为根据，以法律为准绳；在适用法律上一律平等，保障当事人的合法权益；权责对等，严格监督；惩戒与教育相结合，宽严相济。《监察官法》第十条规定，监察官应当履行保障监察对象及有关人员的合法权益的义务；第五十二条规定，监察官对被调查人或者涉案人员逼供、诱供，或者侮辱、打骂、虐待、体罚或者变相体罚的，依规依纪依法严肃处理，构成犯罪的，依法追究刑事责任。由此，体现出二者在保障监察对象合法权益的协调一致。

《监察法》第四条规定，"监察委员会依照法律规定独立行使监察权，不受行政机关、社会团体和个人的干涉"；第六十四条规定，"监察对象对监察人员进行报复陷害的,依法给予处理",体现了对监察人员履职和人身安全方面的保障。《监察官法》在此基础上为监察人员的职业保障增添了许多内容,例如明确调离事由、澄清正名、保护措施、工资福利待遇、抚恤优待、权利救济等事项,既做到协调一致又做到补充融合。

四 监察法与其他相关法律的衔接

尽管《监察法》与刑事法律和与监察相关法律的衔接是法法衔接中十分重要的方面,但也不能忽视《监察法》与其他相关法律的衔接问题。《监察法》与其他相关法律之间的法法衔接,也是形成监察法律制度体系的重要一环。

(一)监察法与审计法的衔接

党的十九大提出,健全党和国家监督体系,把党内监督同国家机关监督、民主监督、司法监督、群众监督、舆论监督贯通起来,增强监督合力。党的二十大报告强调,要"健全党统一领导、全面覆盖、权威高效的监督体系,完善权力监督制约机制,以党内监督为主导,促进各类监督贯通协调,让权力在阳光下运行"。这就是说,党和国家监督体系是一个密不可分的有机整体,各类监督贯通协调是党和国家监督体系发挥作用的基本前提。实践中,监察调查与审计监督之间存在密切联系。2018年2月,党中央组建中央审计委员会,加强党中央对审计工作的领导,构建集中统一、全面覆盖、权威高效的审计监督体系,更好发挥审计监督作用。作为党和国家监督体系的重要一环,审计监督对《监察法》的实施具有重要意义。《监察法》第三十四条规定,审计机关在工作中发现公职人员涉嫌贪污贿赂、失职渎职等职务违法或者职务犯罪的问题线索,应当移送监察机关,由监察机关依法调查处置。审计工作中发现的问题线索是监察机关查办案件的重要信息来源。由于财会问题具有较强专业性,审计机关往往能发现一些监察机关不易发现的问题线索,以较低成本固定证据。就此而言,《审计法》强化了《监察法》,为监察工作的顺利开展注入了润滑剂。简言之,《监察法》与《审计法》衔接,是健全党和国家监督体系的重要内容和内在要求。

推进《监察法》与《审计法》法法衔接,首先要正确认识《审计法》的性质。《审计法》1994年8月31日经八届全国人大常委会九次会议审议通过，2006年2月28日十届全国人大常委会二十次会议修订，主要调整对象是政府审计，规范行政主体与行政相对人之间的行政法律关系，违反《审计法》的行为应受到行政处罚，相应的救济包括行政内部救济和行政复议、行政诉讼等外部救济。根据《审计法》的规定，审计机关是行政机关，实施行政行为，行使行政检查、行政调查、行政强制、行政处罚等职权。从这种意义上说，《审计法》属于行政法。① 因此，《监察法》与《审计法》的衔接是监察机关与行政机关的法法衔接问题。

从性质上说，审计属于财务监督，是由审计人员对会计账目进行审核和稽查，以确定其真实性和合法性的行为。《审计法》针对的是钱，调整对象是审计行为；《监察法》针对的是人，调整的是公职人员的职务违法和职务犯罪行为。两者在性质上存在根本区别。根据《监察法》第三十四条的规定，审计机关在审计过程中发现公职人员贪污贿赂、失职渎职线索的要移送监察机关，表明《审计法》与《监察法》衔接遵循"钱先人后"的原则，即审计先行，发现监察机关管辖事项的，移送监察机关处理。

具体而言，审计工作和监察工作均需开展证明活动，而审计工作先于监察工作。《监察法》第三十三条规定，监察证明应当与刑事审判关于证据的要求和标准相一致。因而监察调查措施具有刑事证明的一般特征。但审计证明主要是认定审计事项，是审计人员依照已经收集的证据，根据其所包含的财务信息，进行综合认定的结果。② 这表明，审计证明远没有监察证明严格。因此，审计证据转化为监察证据时，必须由监察调查人员按照刑事审判的证据要求和标准严格把握。根据《国家审计准则》第九十二条的规定，审计人员获取审计证据有检查、观察、询问、外部调查、重新计算、重新操作等方法，与监察调查中的讯问、询问、鉴定、勘验检查、查询、冻结、搜查、调取、查封、扣押、技术调查等取证措施截然不同。审计证据收集方法专门针对财务事项，通过这些方法收集的证据在转化为监察证据时，证明对象和性质都发生变化，监察人员有必要重新核实审计证据的客观性、关联性和合法性，以监察调查的证据要求和标准予以衡量

---

① 刘旺洪主编：《审计法学》，高等教育出版社2020年版，第43页。
② 刘旺洪主编：《审计法学》，高等教育出版社2020年版，第231页。

和把握。

此外，审计法律责任与监察处置也需衔接。根据《审计法》第44条的规定，被审计单位违反本法规定，转移、隐匿、篡改、毁弃财政收支、财务收支资料，转移、隐匿违法取得的资产的，审计机关认为对负有直接责任的主管人员和其他直接责任人员依法应当给予行政处分的，应当提出给予行政处分的建议，被审计单位或者其上级机关、监察机关应当依法及时作出决定；构成犯罪的，由司法机关依法追究刑事责任。上述规定表明，审计机关查证核实被审计单位确实存在违法行为的，并不直接作出处理，而是提出处分建议，移交监察机关处理。监察机关监察调查核实后，根据《监察法》第四十五条作出监察处置；涉嫌犯罪的，监察调查后移送检察机关审查起诉。

（二）监察法与民法典的衔接

民法是私法，主要调整平等主体的公民、组织之间的财产关系和人身关系，保护公民各项民事权利。而《监察法》属于公法，主要调整国家与监察对象之间的法律关系，促进监察权规范行使，使公权力在法律轨道上运行。两者看起来没有交集和联系。事实上，深刻理解和准确把握《民法典》蕴含的基本精神和法律价值，是促进监察权规范行使的必要保证，是健全监察法律制度体系的基本途径。

原则上，监察权的行使应当尊重《民法典》的价值，保持一定谦抑性。《民法典》的重心在于保护公民的各项民事权利，而《监察法》是公法，监察权的行使可能影响公民的民事权利，这就要求监察机关在履行监察职能时秉持冷静、审慎的态度。在处理职务违法和职务犯罪问题时，监察机关应当稳妥处置各种线索，不得降低初核门槛，严格把握立案标准，杜绝审查调查措施运用随意化，严格遵守请示审批程序，以免损害监察对象的合法权益。

在运用调查措施时，应当遵循比例原则等。《民法典》规定了公民的人身权、财产权、人格权等一系列权利，监察调查不可避免会影响这些权利。实践中必须把握调查措施运用与民事权利保障的平衡点，使干预民事权利的手段和其所要达成的目的之间合乎比例，并将《监察法》和《民法典》的基本精神落到实处，不得因片面追求监察调查结果而不当运用监察权限限制涉案人员的合法权利。

监察法的颁布实施和国家监察委员会的组建运行，标志着深化国家监察体制改革取得重大阶段性成果，也标志着中国特色社会主义法治体系得到了进一步完善。新时代，纪检监察机关担负监督执纪问责和监督调查处置的双重职责，势必会遇到与其他法律法规的衔接之处。由于我国法律体系中各项法律法规数量繁多，纪法贯通、法法衔接问题还需要作不断的探索和研究。

参考文献

中央重要讲话和文件

习近平总书记在首都各界纪念现行宪法公布施行30周年大会上的讲话，2012年12月4日。

习近平总书记在第十八届中央纪律检查委员会第三次全体会议上的讲话，2014年1月14日。

习近平总书记在十八届中央纪委七次全会上的讲话，2017年1月6日。

习近平总书记在十九届中央纪委四次全会上发表重要讲话，2020年1月13日。

习近平总书记在中国共产党第十九届中央纪律检查委员会第五次全体会议上发表重要讲话，2021年1月22日。

《习近平关于全面依法治国论述摘编》，中央文献出版社2015年版。

《习近平关于党风廉政建设和反腐败斗争论述摘编》，中央文献出版社、方正出版社2015年版。

习近平：《决胜全面建成小康社会 夺取新时代中国特色社会主义伟大胜利——在中国共产党第十九次全国代表大会上的报告》，人民出版社2017年版。

《习近平谈治国理政》（第三卷），外文出版社2020年版。

《习近平论中国共产党历史》，中央文献出版社2021年版。

《习近平法治思想学习纲要》，人民出版社、学习出版社2021年版。

《习近平谈治国理政》（第四卷），外文出版社2022年版。

习近平：《高举中国特色社会主义伟大旗帜 为全面建设社会主义现代化国家而团结奋斗——在中国共产党第二十次全国代表大会上的报告》，人民出版社2022年版。

《十八大以来重要文献选编（中）》，中央文献出版社2016年版。

《中共中央关于坚持和完善中国特色社会主义制度、推进国家治理体系和治理能力现代化若干重大问题的决定辅导读本》，人民出版社 2019 年版。

法律法规等

《中华人民共和国宪法》（2018 年 3 月 11 日修正）
《中华人民共和国监察法》（2018 年 3 月 20 日发布）
《中华人民共和国公务员法》（2018 年 12 月 29 日修正）
《中华人民共和国民法典》（2020 年 5 月 28 日修正）
《中华人民共和国公职人员政务处分法》（2020 年 6 月 20 日发布）
《中华人民共和国刑法》（2020 年 12 月 26 日修正）
《中华人民共和国监察法实施条例》（2021 年 9 月 20 日发布）
《中华人民共和国监察官法》（2021 年 8 月 20 日发布）
《中华人民共和国行政监察法》（已失效）
《全国人民代表大会常务委员会关于在北京市、山西省、浙江省开展国家监察体制改革试点方案》（2016 年 12 月 25 日发布）
《全国人民代表大会常务委员会关于国家监察委员会制定监察法规的决定》（2019 年 10 月 26 日发布）
《中国共产党章程》（2022 年 10 月 22 日修改）
《中国共产党廉洁自律准则》（2015 年 10 月 18 日修订）
《中国共产党党内监督条例》（2016 年 10 月 27 日发布）
《中国共产党巡视工作条例》（2017 年 7 月 1 日修改）
《中国共产党纪律检查机关监督执纪工作规则》（2018 年 12 月 28 日发布）
《中国共产党问责条例》（2019 年 8 月 25 日发布）
《中国共产党党内法规制定条例》（2019 年 9 月 3 日修订）
《中国共产党纪律检查委员会工作条例》（2021 年 12 月 24 日发布）
《监察机关监督执法工作规定》（2019 年 7 月 15 日发布）
《人民检察院刑事诉讼规则》（2019 年 12 月 30 日发布）
《关于加强和完善监察执法与刑事司法衔接机制的意见（试行）》（2021 年 1 月印发）
《关于办理国有企业管理人员渎职犯罪案件适用法律若干问题的意见》（2022 年 2 月印发）
《联合国反腐败公约》（2003 年 10 月 31 日由第 58 届联大审议通过，于

2006 年 2 月 12 日对我国生效）

工具书

本书编写组：《〈中国共产党纪律检查机关及监督执纪工作规则〉学习问答》，中国方正出版社 2018 年版。

本书编写组：《监察机关 15 项调查措施学习图解》，方正出版社 2019 年版。

孙国华主编：《中华法学大辞典：法理学卷》，中国检察出版社 1997 年版。

法律出版社法规中心编：《〈中华人民共和国刑法〉注释本》，法律出版社 2017 年版。

中共中央纪律检查委员会、中华人民共和国国家监察委员会法规室编写：《〈中华人民共和国监察法〉释义》，中国方正出版社 2018 年版。

中共中央纪律检查委员会、中华人民共和国国家监察委员会法规室编写：《〈中华人民共和国监察法〉学习问答》，中国方正出版社 2018 年版。

中国社会科学院语言研究所词典编辑室编：《现代汉语词典》，商务印书馆 2016 年第 7 版。

著作

《中央纪委国家监委执纪执法指导性案例（第二批）》，中国方正出版社 2021 年版。

蔡放波主编：《中国行政制度史》，武汉大学出版社 2009 年版。

曹建明等：《在中南海和大会堂讲法制（1994 年 12 月至 1999 年 4 月）》，商务印书馆 1999 年版。

曹鎏：《行政官员问责的法治化研究》，中国法制出版社 2011 年版。

陈光中主编：《证据法学》，法律出版社 2015 年版。

陈雷：《反腐败国际合作与追逃追赃实务教程》，中国方正出版社 2020 年版。

杜兴洋主编：《国家监察概论》，武汉大学出版社 2019 年版。

高家伟：《国家赔偿法》，商务印书馆 2004 年版。

高其才：《法理学》，清华大学出版社 2007 年版。

郭译仁：《中国廉政法制建设的进程与研究》，国家行政学院出版社 2012 年版。

黄风主编：《中国境外追逃追赃：经验与反思》，中国政法大学出版社 2016

年版。

江国华主编：《中国监察法学》，中国政法大学出版社2018年版。

李晓明、芮国强主编：《国家监察学原理》，法律出版社2019年版。

刘明波主编：《国外行政监察理论与实践》，山东人民出版社1990年版。

刘旺洪主编：《审计法学》，高等教育出版社2019年版。

刘小枫选编：《施米特与政治法学》，上海三联书店2002年版。

马怀德主编：《〈中华人民共和国监察法〉理解与适用》，中国法制出版社2018年版。

马怀德主编：《监察法学》，人民出版社2019年版。

马怀平、项俊波、赵耿、刘家义主编：《监督学概论》，中国财政经济出版社1990年版。

冉刚：《国际追逃工作实务》，中国方正出版社2018年版。

沈岿：《国家赔偿法：原理与案例》，北京大学出版社2011年版。

沈太霞：《人权的守卫者：欧洲人权法院个人申诉制度》，暨南大学出版社2014年版。

沈宗灵主编：《法理学》，北京大学出版社2001年版。

石俊超、刘彦伟：《比较监察制度》，中州古籍出版社1991年版。

谭宗泽、张震、褚宸舸主编：《监察法学》，高等教育出版社2020年版。

王成礼：《法治的均衡分析》，山东人民出版社2008年版。

吴建雄、廖永安主编：《监察法学》，中国人民大学出版社2020年版。

吴建雄主编：《读懂〈监察法〉》，人民出版社2018年版。

吴建雄主编：《监督、调查、处置法律规范研究》，人民出版社2018年版。

肖峋：《中华人民共和国国家赔偿法的理论与实用指南》，中国民主法制出版社1994年版。

谢尚果、申军贵主编：《监察法教程》，法律出版社2019年版。

薛波主编：《元照英美法词典》（缩印版），潘汉典总审订，北京大学出版社2013年版。

薛小建编著：《中国国家监察体制的历史与变革》，人民日报出版社2020年版。

杨小君：《国家赔偿法律问题研究》，北京大学出版社2005年版。

杨永华主编：《中国共产党廉政法制史研究》，人民出版社2005年版。

姚文胜：《国家监察体制改革研究》，中国社会科学出版社 2019 年版。
易延友：《证据法学：原则　规则　案例》，法律出版社 2017 年版。
尤光付：《中外监督制度比较》，商务印书馆 2003 年版。
詹复亮：《纪法思维导论》，中国方正出版社 2021 年版。
张晋藩：《中国监察法制史》，商务印书馆 2019 年版。
张文显主编：《法理学》，高等教育出版社、北京大学出版社 2018 年版。
张新宝：《侵权责任法原理》，中国人民大学出版社 2005 年版。
张云霄：《监察法学新论》，中国政法大学出版社 2020 年版。
周佑勇：《行政法原论》，北京大学出版社 2018 年版。

期刊论文

卞建林：《配合与制约：监察调查与刑事诉讼的衔接》，《法商研究》2019 年第 1 期。
蔡乐渭：《论国家监察视野下公权力的内涵、类别与范围》，《河南社会科学》2018 年第 8 期。
曹鎏：《论监察问责的基本法律问题概念澄清与构成要件解析》，《中外法学》2020 年第 4 期。
常保国、刘思涵：《〈监察法〉中监察对象范围的认定标准》，《人民论坛·学术前沿》2019 年第 7 期。
陈光中、步洋洋：《审判中心与相关诉讼制度改革初探》，《政法论坛》2015 年第 2 期。
陈辉：《论监察委员会处置权的合理配置与规范运行》，《社会主义研究》2019 年第 6 期。
陈瑞华：《论国家监察权的性质》，《比较法研究》2019 年第 1 期。
陈卫东、聂友伦：《职务犯罪监察证据若干问题研究——以〈监察法〉第 33 条为中心》，《中国人民大学学报》2018 年第 4 期。
陈伟、沈腾初：《监察调查与刑事司法的证据衔接及其完善》，《深圳社会科学》2021 年第 6 期。
陈永生：《电子数据搜查、扣押的法律规制》，《现代法学》2014 年第 5 期。
代星均、杨艳：《构建一体推进"不敢腐不能腐不想腐"的体制机制》，《党政干部论坛》2020 年第 12 期。

杜倩博：《监察委员会内部机构设置与运行机制：流程导向的组织变革》，《中共中央党校学报》2018年第4期。

方明：《职务犯罪监察调查与刑事诉讼的衔接》，《法学杂志》2019年第4期。

冯俊伟：《〈监察法〉实施中的证据衔接问题》，《行政法学研究》2019年第6期。

冯留建：《"纪法贯通"的实践基础与当代价值》，《人民论坛》2020年第4期。

龚举文：《论监察调查中的非法证据排除》，《法学论坛》2020年第1期。

郭道晖：《社会权力：法治新模式与新动力》，《学习与探索》2009年第5期。

郭文涛：《〈政务处分法〉双轨惩戒制度之间的衔接协调》，《法学》2020年第12期。

郭文涛：《论监察委员会的双重属性及其制度优势》，《深圳社会科学》2020年第6期。

韩旭：《监察委员会调查收集的证据材料在刑事诉讼中使用问题》，《湖南科技大学学报》（社会科学版）2018年第2期。

侯少文：《监督的含义及其与制约的区别》，《党政干部论坛》2003年第9期。

胡玮铭：《监察机关实施留置措施的困境与出路》，《文化学刊》2020年第4期。

皇甫鑫：《国家监察权的基本属性与运行规范》，《廉政文化研究》2020年第5期。

黄建达：《双重属性视角下监察委员会与人民代表大会的关系》，《北京社会科学》2019年第2期。

黄武：《述评之二　监督是纪委监委的首要职责基本职责》，《中国纪检监察》2018年第9期。

冀明武：《论党内监督法规与国家法律制度的衔接——以〈中国共产党党内监督条例〉与〈监察法〉为视点》，《江汉学术》2020年第2期。

贾金峰：《准确理解和把握监察官的范围》，《中国纪检监察》2021年第17期。

江国华、何盼盼：《国家监察纪法贯通保障机制研究》，《中国高校社会科学》2019 年第 1 期。

姜明安：《公法学研究的几个基本问题》，《法商研究》2005 年第 3 期。

姜明安：《论法治反腐》，《行政法学研究》2016 年第 2 期。

姜明安：《论监察法的立法目的与基本原则》，《行政法学研究》2018 年第 4 期。

蒋来用：《精准运用"四种形态"的必然要求》，《中国纪检监察》2020 年第 6 期。

金成波、张航：《国家监察视阈下谈话制度的运用与完善》，《长白学刊》2020 年第 2 期。

李斌雄、廖凯：《构建中国特色监察官制度的必要性、原则及基本思路》，《廉政文化研究》2020 年第 5 期。

李建明：《刑事证据相互印证的合理性与合理限度》，《法学研究》2005 年第 6 期。

李景平、赵亮、于一丁：《中外行政监察制度比较及其启示》，《西安交通大学学报》（社会科学版）2008 年第 4 期。

李莉：《国家监察体制改革视域下的制度设计变迁——新中国成立以来权力监督的历史梳理》，《当代世界与社会主义》2018 年第 3 期。

李霞：《新时代"不敢腐、不能腐、不想腐"机制建构——以法院保障为视角》，《北京工业大学学报》（社会科学版）2018 年第 4 期。

李小勇：《论监督权的独立性》，《中共福建省委党校学报》2006 年第 5 期；

李欣然：《坚持"三不"一体推进标本兼治深化反腐败斗争》，《中国纪检监察》2020 年第 16 期。

李勇：《〈监察法〉与〈刑事诉讼法〉衔接问题研究——"程序二元、证据一体"理论模型之提出》，《证据科学》2018 年第 5 期。

刘呈祥：《注重对监察官的职业保障》，《中国纪检监察》2021 年第 17 期。

刘焕明：《坚持纪在法前推动纪法衔接》，《红旗文稿》2016 年第 24 期。

刘练军：《监察官立法三问：资格要件、制度设计与实施空间》，《浙江社会科学》2019 年第 3 期。

刘权：《均衡性原则的具体化》，《法学家》2017 年第 2 期。

刘艳红:《〈监察法〉与其他规范衔接的基本问题研究》,《法学论坛》 2019年第1期。

刘艳红:《职务犯罪案件非法证据的审查与排除——以〈监察法〉与〈刑事诉讼法〉之衔接为背景》,《法学评论》2019年第1期。

刘作翔、龚向和:《法律责任的概念分析》,《法学》1997年第10期。

龙宗智:《监察与司法协调衔接的法规范分析》,《政治与法律》2018年第1期。

马怀德:《〈国家监察法〉的立法思路与立法重点》,《环球法律评论》 2017年第2期。

马怀德:《再论国家监察立法的主要问题》,《行政法学研究》2018年第1期。

马岭:《宪法性法律的性质界定》,《法律科学》(西北政法学院学报) 2005年第1期。

马森述:《深刻领会〈中国共产党纪律处分条例〉修订的重大意义》,《中国纪检监察》2018年第17期。

莫纪宏:《国家监察体制改革要注重对监察权性质的研究》,《中州学刊》 2017年第10期。

莫纪宏:《论数据时代虚拟事实的法律效力》,《暨南学报》(哲学社会科学版)2020年第7期。

莫纪宏:《准确把握监察法的属性》,《中国纪检监察》2018年第7期。

南京市人民检察院课题组、潘科明:《监检衔接中的证据问题探析》,《中国检察官》2020年第21期。

聂资鲁:《防止公职人员利益冲突立法的理论与实践》,《中国法学》2013年第6期。

彭超:《国家监察权的法教义学阐释》,《中州学刊》2020年第5期。

钱小平:《监察委员会监督职能激活及其制度构建——兼评〈监察法〉的中国特色》,《华东政法大学学报》2018年第3期。

秦涛、张旭东:《国家监察对象的认定:以监察权为进路的分析》,《中共中央党校(国家行政学院)学报》2019年第5期。

秦涛、张旭东:《论〈监察法〉"行使公权力"的判定标准——基于国家赔偿理论中"行使职权"的探讨》,《上海行政学院学报》2019年第

2 期。

任建明：《监察对象：法律规定、存在问题与解决思路》，《广州大学学报》（社会科学版）2019 年第 2 期。

沈岿：《国家赔偿：代位责任还是自己责任》《中国法学》2008 年第 1 期。

石艳红：《"全覆盖"不是"啥都管"》，《中国纪检监察》2018 年第 14 期。

谈江萍、饶兰兰：《我国刑事诉讼回避制度的完善》，《江西社会科学》2008 年第 9 期。

谭宗泽：《论国家监察对象的识别标准》，《政治与法律》2019 年第 2 期。

唐晓清、杨绍华：《防止利益冲突制度：国际社会廉政建设的经验及启示》，《当代世界与社会主义》2011 年第 2 期。

童之伟：《对国家监察委员会自身的监督制约何以强化》，《法学评论》2017 年第 1 期。

王谦：《浅析中共五大产生的中央监察委员会》，《党的文献》2010 年第 6 期。

王希鹏：《深化国家监察体制改革须重点把握好五个问题》，《党政干部论坛》2018 年第 9 期。

魏昌东：《国家监察委员会改革方案之辨正：属性、职能与职责定位》，《法学》2017 年第 3 期。

魏昌东：《监督职能是国家监察委员会的第一职能：理论逻辑与实现路径——兼论中国特色监察监督系统的规范性创建》，《法学论坛》2019 年第 1 期。

翁文刚：《法律责任的构成要件与承担条件应予区分》，《法商研究》2001 年第 2 期。

吴戈：《"三个效果"有机统一是重大理论创新》，《中国纪检监察》2020 年第 6 期。

吴光升、杨宝贵：《刑事证据补强：功能性思考、适用范围与补强程序》，《证据科学》2019 年第 6 期。

吴宏耀：《侦查讯问制度研究》，《中国刑事法杂志》2001 年第 5 期。

吴轶男：《如何理解和把握监察问责与党内问责关系　贯通协同运用　确保精准问责》，《中国纪检监察》2022 年第 4 期。

吴云俊：《从严治党严肃执纪——学习〈中国共产党纪律处分条例（试

行)》,《求实》1997 年第 9 期。

奚玮:《我国电子数据证据制度的若干反思》,《中国刑事法杂志》2020 年第 6 期。

夏金莱:《论监察全覆盖下的监察对象》,《中国政法大学学报》2021 年第 2 期。

夏金莱:《论监察体制改革背景下的监察权与检察权》,《政治与法律》2017 年第 8 期。

肖培:《纪委要全面履行监督执纪问责职责》,《中国纪检监察》2016 年第 23 期。

肖泳冰:《公职人员利益冲突治理的中国路径探讨——兼论〈中国共产党廉洁自律准则〉和〈中国共产党纪律处分条例〉的利益冲突治理策略》,《探索》2016 年第 2 期。

谢登科:《论监察环节的非法证据排除——以〈监察法〉第 33 条第 3 款为视角》,《地方立法研究》2020 年第 1 期。

熊明明、朱建华:《构建监督执纪中纪法情理贯通融合的实现机制》,《河南社会科学》2021 年第 9 期。

徐汉明:《国家监察权的属性探究》,《法学评论》2018 年第 1 期。

徐汉明、李少波:《〈监察法〉与〈刑事诉讼法〉实施衔接路径探究》,《法学杂志》2019 年第 5 期。

闫召华、范智凯:《监察调查案件非法证据排除标准研究》,《黑龙江社会科学》2020 年第 3 期。

杨春洗、苗生明:《论刑事责任的概念和根据》,《中外法学》1991 年第 1 期。

阳平:《"两规"到留置的演进历程、逻辑及启示》,《法学杂志》2021 年第 5 期。

姚文胜:《"是否行使公权力"是确定监察对象范围的基本标准》,《南方》2018 年第 18 期。

姚文胜:《国家监察体制改革有关问题的思考》,《环球法律评论》2017 年第 2 期。

姚文胜:《监察法中"公权力"相关问题的探讨》,《南方》2021 年第 5 期。

姚文胜：《论〈行政监察法〉的立法缺陷与完善》，《深圳大学学报》（人文社会科学版）2000 年第 6 期。

姚文胜、彭箫剑：《治权实体论：认识党政关系新视角》，《人民论坛》2014 年第 29 期。

叶勤：《准确理解适用各类谈话的概念与规定》，《党风廉政建设》2018 年第 7 期。

应松年：《加快法治建设促进国家治理体系和治理能力现代化》，《中国法学》2014 年第 6 期。

应松年、杨小君：《国家赔偿若干理论与实践问题》，《中国法学》2005 年第 1 期。

于安：《反腐败是构建新国家监察体制的主基调》，《中国法律评论》2017 年第 2 期。

喻少如、丁俊文：《监检移送审查衔接问题研究——以"四种形态"转化为切入点》，《西部法律评论》2021 年第 4 期。

袁柏顺：《范围、界限与动态发展：也论监察对象"全覆盖"》，《河南社会科学》2019 年第 1 期。

袁曙宏：《深化国家监察体制改革的四重意义》，《中国纪检监察》2018 年第 5 期。

曾坚、李雪华：《中国古代言谏制度探究》，《河北法学》2006 年第 6 期。

张光博、张文显：《以权利和义务为基本范畴重构法学理论》，《求是》1989 年第 10 期。

张国栋：《党的领导本身包含着管理和监督》，《中国纪检监察》2016 年第 24 期。

张建军：《论刑法中兜底条款的明确性》，《法律科学》2014 年第 2 期。

张硕：《监察案件非法证据排除制度体系：法理解构与实践路径》，《政法论坛》2020 年第 6 期。

张腾腾：《丹麦监察专员制度对中国廉政工作的启示》，《黑龙江社会科学》2016 年第 3 期。

张英伟：《十八大以来全面从严治党 新理念新思想新特色述略》，《中国纪检监察》2017 年第 12 期。

张瑜：《从"应然"层面解析国家监察体制相关概念及内涵》，《行政法学研究》2017 年第 4 期。

赵冠男：《论职务犯罪监察调查程序中刑事证据规则的构建》，《湘潭大学学报》（哲学社会科学版）2020 年第 5 期。

中央纪委国家监委国际合作局：《一体推进追逃防逃追赃　完善党和国家监督体系》，《中国纪检监察》2020 年第 5 期。

周永坤：《法律责任论》，《法学研究》1991 年第 3 期。

周佑勇：《监察委员会权力配置的模式选择与边界》，《政治与法律》2017 年第 11 期。

朱福惠：《"五四宪法"与国家机构体系的形成与创新》，《中国法学》2014 年第 4 期。

朱福惠：《国家监察体制之宪法史观察——兼论监察委员会制度的时代特征》，《武汉大学学报》（哲学社会科学版）2017 年第 3 期。

朱福惠：《论监察法上政务处分之适用及其法理》，《法学杂志》2019 年第 9 期。

朱孝清：《刑事诉讼法与监察法衔接中的若干争议问题》，《中国刑事法杂志》2021 年第 1 期。

宗婷婷：《国家监察对象的认定标准：核心要素、理论架构与适用场域》，《中共中央党校（国家行政学院）学报》2019 年第 4 期。

邹润学：《国家赔偿"职务相关论"浅析》，《行政法学研究》1997 年第 3 期。

左卫民、刘帅：《监察案件提前介入：基于 356 份调查问卷的实证研究》，《法学评论》2021 年第 5 期。

报纸文章

曹志瑜：《法律职业资格考试有助监察队伍专业化》，《法治日报》2017 年 8 月 10 日。

陈雷：《监察法对监察对象进行法律界定具有重要意义》，《中国纪检监察报》2018 年 5 月 17 日第 5 版。

付余：《如何正确适用纪法衔接条款》，《中国纪检监察报》2020 年 4 月 29 日第 8 版。

高伟：《浅议监察调查各阶段的证明标准》，《中国纪检监察报》2018 年 6 月 6 日第 8 版。

郭竹梅：《完善程序机制做好提前介入工作》，《检察日报》2020年2月16日第3版。

侯颗、颜惊蕾：《深圳开展防止利益冲突专项监督》，《中国纪检监察报》2020年12月5日第1版。

黄娟：《关于谈话函询的几点思考》，《中国纪检监察报》2017年9月13日第8版。

瞿芃、孙灿：《今年将研究起草政务处分法检察官法》，《中国纪检监察报》2019年2月15日第1版。

兰琳宗：《扎实做好巡视"后半篇文章"》，《中国纪检监察报》2022年2月11日第2版。

刘海涛：《发挥四项监督整体效能》，《中国纪检监察报》2020年6月11日第6版。

刘金祥：《古代回避制度》，《中国纪检监察报》2016年12月12日第8版。

刘一霖：《不断夯实纪法贯通、法法衔接制度基础》，《中国纪检监察报》2022年8月3日第5版。

刘泽琦：《紧盯痛点难点坚决斩除病根》，《中国纪检监察报》2019年7月10日第4版。

马艳燕：《审核鉴定意见需注意哪些问题》，《中国纪检监察报》2021年3月3日第8版。

莫纪宏：《党的领导是鲜明优势》，《人民日报》2018年8月31日第7版。

舒瑜：《各级行政监察机构组建完毕一年来突出重点查处违纪案》，《人民日报》1988年12月18日第1版。

宋健：《监督执纪"四种形态"的科学内涵》，《学习时报》2018年7月13日第A4版。

宋振策、牛颖秀、胡楠：《一体推进"三不"提高治理效能》，《中国纪检监察报》2021年3月25日第8版。

孙晓勇：《党的领导是中国特色社会主义法治之魂》，《光明日报》2021年8月6日第11版。

王丹：《深化监察全覆盖增强监督有效性》，《中国纪检监察报》2019年7月23日第1版。

王卓：《将思想政治工作贯穿于纪检监察机关履职全过程——治病救人，

有力度也有温度》,《中国纪检监察报》2018年7月17日第1版。

夏正林:《权力制约中的监督与制衡》,《中国纪检监察报》2017年4月19日第7版。

新疆维吾尔族自治区纪委监委调研组:《把握政策策略精准运用"四种形态"》,《中国纪检监察报》2020年7月23日第8版。

闫鸣:《监察委员会是政治机关》,《中国纪检监察报》2018年3月8日第3版。

闫鸣:《牵住"牛鼻子"管好一把手——〈中国共产党党内监督条例〉系列解读之四》,《中国纪检监察报》2016年11月25日第1版。

姚文胜:《锻造权威高效反腐败机构——国家监察体制改革试点若干问题的思考》,《深圳特区报》2017年1月10日第C1版。

姚文胜:《国家监察体制乃国之重制》,《深圳特区报》2018年4月3日第C1版。

姚文胜:《监察权是符合党和人民意志的宪定权》,《中国纪检监察报》2018年4月26日第6版。

姚文胜:《尽快构筑具有中国特色的监察官制度》,《深圳特区报》2018年8月28日第C1版。

姚文胜:《一体推进"三不"的基层探索》,《深圳特区报》2020年9月8日第B2版。

姚文胜:《一体推进不敢腐不能腐不想腐的探索思考》,《中国纪检监察报》2020年8月20日第5版。

姚文胜:《中国特色监察制度的重要里程碑——写在监察法颁布实施之际》,《中国纪检监察报》2018年3月29日第6版。

姚文胜:《准确把握监察对象的两个维度》,《中国纪检监察报》2018年8月1日第8版。

张子兴:《运用"四种形态"做到"四个坚持"》,《中国纪检监察报》2017年5月3日第3版。

中央纪委国家监委法规室:《实现政务处分制度的纪法贯通、法法衔接》,《中国纪检监察报》2020年7月4日第2版。

古代文献

《睡虎地秦墓竹简·语书》。

《史记·汉高祖本纪》。

《史记·周本纪》。

《汉书·朱博传》。

《唐六典》。

《新唐书》卷四十八所载《监察六条》。

《通典·职官六》。

《宋史·职官志四》。

《明史·职官志二》。

《钦定台规》。

外国文献

[德] 恩斯特·卡西尔：《人论》，甘阳译，西苑出版社2004年版。

[德] 萨维尼：《当代罗马法体系Ⅰ：法律渊源·制定法解释·法律关系》，朱虎译，中国法制出版社2010年版。

[德] 柯武刚、史漫飞：《制度经济学：社会秩序与公共政策》，韩朝华译，商务印书馆2000年版。

[法] 勒内·达维德：《当代主要法律体系》，漆竹生译，上海译文出版社1984年版。

[美] 埃尔斯特、[挪] 斯莱格斯塔德：《宪政与民主——理性与社会变迁研究》，潘勤、谢鹏程译，三联书店1997年版。

[美] E. 博登海默：《法理学：法律哲学与法律方法》，邓正来译，中国政法大学出版社2004年版。

[美] H. C. A. 哈特：《惩罚与责任》，王勇等译，华夏出版社1989年版。

[美] 罗纳德·德沃金：《认真对待权利》，信春鹰、吴玉章译，中国大百科全书出版社1998年版。

[美] 何塞·E. 阿尔瓦雷斯：《作为造法者的国际组织》，蔡从燕等译，法律出版社2011年版。

[美] 卢埃林：《荆棘丛——关于法律与法学院的经典演讲》，明辉译，北京大学出版社2017年版。

[瑞典] 本特·维斯兰德尔：《瑞典的议会监察专员》，程洁译，清华大学出版社2001年版。

[意] 恩里科·菲利：《犯罪社会学》，郭建安译，商务印书馆2017年版。

［英］保罗·塞格特：《人类的法定权利》，张伟译，中国人民大学出版社 2016 年版。

［英］梅因：《古代法》，沈景一译，商务印书馆 1959 年版。

［英］约翰·埃默里克·爱德华·达尔伯格·阿克顿：《自由与权力》，侯健等译，译林出版社 2014 年版。

［英］J. S. 密尔：《代议制政府》，汪瑄译，商务印书馆 2009 年版。